# 编 委 会

“十三五”江苏省高等学校重点教材（编号：2018-1-021）

# 现代大学体育教程

## 微视频版

主　编　曹桂祥

副主编　张　哲　张英姿　陈雁秋

上海交通大学出版社

**内容提要**

本书分上下两篇，上篇理论部分包括体育概述，体育卫生与健康，职业与健康，营养、膳食与健康，身体机能的锻炼原则与方法，运动损伤的预防与处理；下篇实践部分包括篮球、排球、足球、乒乓球、羽毛球、网球、健美操、瑜伽、体育舞蹈、民族传统体育、跆拳道、游泳、啦啦操、塑身运动、休闲时尚运动等。

本书可作为高等院校的公共体育教材，也可供广大体育爱好者业余学习之用。

**图书在版编目（CIP）数据**

现代大学体育教程 / 曹桂祥主编．—上海：上海交通大学出版社，2019（2021 重印）
ISBN 978-7-313-21285-6

Ⅰ．①现… Ⅱ．①曹… Ⅲ．①体育—高等学校—教材
Ⅳ．①G807.4

中国版本图书馆 CIP 数据核字（2019）第 090852 号

**现代大学体育教程**

主　　编：曹桂祥
出版发行：上海交通大学出版社　　地　　址：上海市番禺路 951 号
邮政编码：200030　　电　　话：64071208
印　　制：江苏唐邦彩印包装有限公司　　经　　销：全国新华书店
开　　本：787mm×1092mm 1/16　　印　　张：18.5
字　　数：300 千字
版　　次：2019 年 6 月第 1 版　　印　　次：2021 年 6 月第 6 次印刷
书　　号：ISBN 978-7-313-21285-6
定　　价：64.80 元

# 前　言

大学体育课程是学校课程的重要组成部分，是高等学校体育工作的中心环节。本书在编写过程中，以更好地落实教育部《高等学校体育工作基本标准》文件精神和《“健康中国2030”规划纲要》精神，满足学生日益增长的体育健康知识学习需要为指导思想，力求成为在校大学生体育学习和满足其终身体育锻炼的指导性用书。本书以发展学生的个性，培养学生的终身体育锻炼习惯和终身体育能力为核心，概括起来具有以下特色。

第一，全面性。本书摒弃以“竞技体育”为主的指导思想，牢牢树立“科学运动，健康第一”的观念，紧紧围绕体育锻炼与增进健康的关系进行阐述，使学生在学习的过程中，充分认识到体育锻炼的益处和进行终身体育锻炼的重要性。

第二，文化性。本书突出体育的文化内涵，使“人文体育”的概念深入人心，努力构建“以学生为主体，以教师为主导”的教学模式。在介绍各种体育项目时，拓展性地推出丰富多彩的项目内容，意在引导学生发挥主观能动性，选择并创编出适合自身需要的健身方式，以便开展个性化体育锻炼，或者按照个性特点培养终身体育健身习惯。

第三，实用性。本书在内容编排上积极吸收了国内外最新的大学体育研究成果，有选择地摒弃了陈旧、烦冗的内容，使得内容精炼、实用，并且版式活泼、通俗易懂、图文并茂，方便教与学。

第四，针对性。本书根据不同的职业特点，专门编写了“职业与健康”一章，使学生能根据专业、未来可能从事职业的特点，紧密围绕学生职业能力的发展需要，积极开展职业实用身体训练、职业病的预防和保健。

第五，立体化。本书打破了体育常规教学模式，把“互联网+”理念融入书中，插入大量二维码链接丰富教学资源，便于学生随时随地观看学习。微视频的运用，将体育知识与技能通过视、听、说相结合的方式，形象生动地将知识传达给学生，不仅增加了书本的知识性和趣味性，而且视频教学还进一步培养了学生对体育课程的兴趣，提高了书本的互动性，在打造立体化教材方面有了创新性的尝试。

本书在编写过程中参考了各兄弟院校出版的相关教材及有关文献资料，在此一并表示最诚挚的谢意！书中存在的不当之处，恳请广大读者不吝指正。

编　者

# 目　录

## 上篇　理论部分


**第一章　体育概述** …… 3

第一节　体育的产生与发展 …… 3
第二节　体育的功能 …… 7

**第二章　体育卫生与健康** …… 9

第一节　健康的定义 …… 9
第二节　体育与健康文明生活方式 …… 11
第三节　个人卫生与健康 …… 13
第四节　生理卫生 …… 14
第五节　心理卫生 …… 16
第六节　环境卫生 …… 18
第七节　运动卫生 …… 19
第八节　女大学生体育卫生 …… 20
第九节　国家学生体质健康标准 …… 21

**第三章　职业与健康** …… 23

第一节　职业危害因素与职业损害 …… 23
第二节　职业性心理社会因素及其对健康的影响 …… 24
第三节　职业病与现代文明病 …… 25
第四节　不同职业者的身体锻炼 …… 27
第五节　学生职业实用身体训练 …… 28

**第四章　营养、膳食与健康** …… 32

第一节　基础营养 …… 32

第二节　营养的作用……35
第三节　健康膳食指导……39

**第五章　身体机能的锻炼原则与方法……41**

第一节　身体机能的锻炼原则……41
第二节　运动处方的科学应用……43
第三节　简便易行的锻炼方法……45

**第六章　运动损伤的预防与处理……48**

第一节　运动损伤的概述……48
第二节　运动损伤的原因及预防……49
第三节　常见的运动损伤及处理……51

## 下篇　实践部分

**第七章　篮球……59**

第一节　篮球运动概述……59
第二节　篮球基本技术……60
第三节　篮球基本战术……73
第四节　篮球竞赛规则简介……78

**第八章　排球……82**

第一节　排球运动概述……82
第二节　排球基本技术……83
第三节　排球基本战术……90
第四节　排球竞赛规则简介……93
第五节　气排球运动……95

**第九章　足球……100**

第一节　足球运动概述……100
第二节　足球基本技术……101
第三节　足球基本战术……113
第四节　足球竞赛规则简介……121

**第十章　乒乓球……125**

第一节　乒乓球运动概述……125
第二节　乒乓球基本技术……126
第三节　乒乓球基本战术……137
第四节　乒乓球竞赛规则简介……138

**第十一章　羽毛球** …… 143

第一节　羽毛球运动概述 …… 143
第二节　羽毛球基本技术 …… 144
第三节　羽毛球基本战术 …… 147
第四节　羽毛球竞赛规则简介 …… 147

**第十二章　网球** …… 149

第一节　网球运动概述 …… 149
第二节　网球基本技术 …… 149
第三节　网球基本战术 …… 155
第四节　网球竞赛规则简介 …… 157

**第十三章　健美操** …… 159

第一节　健美操运动概述 …… 159
第二节　健美操的基本动作与练习方法 …… 160
第三节　健身健美操的创编 …… 164
第四节　健美操竞赛规则简介 …… 168

**第十四章　瑜伽** …… 170

第一节　瑜伽概述 …… 170
第二节　瑜伽姿势与呼吸法 …… 171

**第十五章　体育舞蹈** …… 174

第一节　体育舞蹈概述 …… 174
第二节　体育舞蹈的分类及其特点 …… 175
第三节　体育舞蹈竞赛规则简介 …… 179

**第十六章　民族传统体育** …… 181

第一节　武术概述 …… 181
第二节　武术的基本功与基础练习 …… 183
第三节　二十四式简化太极拳 …… 192

**第十七章　跆拳道** …… 211

第一节　跆拳道概述 …… 211
第二节　跆拳道基本技术 …… 212
第三节　跆拳道基本战术 …… 221

第十八章　游泳……223

第一节　游泳概述……223
第二节　游泳的基本技术……225
第三节　游泳安全与卫生常识……240

第十九章　啦啦操……242

第一节　啦啦操的起源与发展……242
第二节　啦啦操的分类……244
第三节　啦啦操的特点……247
第四节　啦啦操基本技术……249
第五节　全国啦啦操比赛评分方法……254

第二十章　塑身运动……259

第一节　排舞运动……259
第二节　形体训练……260
第三节　健身健美……262

第二十一章　休闲时尚运动……266

第一节　高尔夫……266
第二节　轮滑……269
第三节　棒球、垒球……274
第四节　定向运动……278
第五节　散打……280

参考文献……285

# 上篇
# 理论部分

# 第一章　体育概述

**学习目标**

（1）了解体育的起源。

（2）理解体育的功能。

## 第一节　体育的产生与发展

### 一、体育的产生与发展

1．体育的产生

体育是一种社会文化现象，其形成是一个漫长的历史过程。它是应社会生产和生活的需要产生和发展起来的，并随着社会的发展而逐渐完善。

马克思曾写道：“任何个人如果不是同时为了自己的某种需要和为了这种需要的器官而做事，他就什么也不能做。”任何社会现象无不以社会需要和人的需要为其产生、存在和发展的依据。人的活动都是由需要引起的。人世间任何事物的产生和发展，都受到人类社会需要的制约。某一事物只有在为社会实践所需要时，才有可能存在和发展。原始人类为了互相传递信息、交流思想感情而产生了语言；为了帮助记忆，出现了结绳记事，后来又发明了文字；为了得知适宜的种植季节而发明了历法，产生了最初的天文气象学；为了丈量土地，求取面积，便产生了数学、几何学……正是为了满足人类的各种需要，才产生了各种各样的社会活动。人类社会的历史就是在新的需要不断地产生、发展、得到满足的过程中前进的。体育也正是由于社会生产和生活的需要而产生和发展起来的。

在漫长的原始社会中，人类在极其艰苦的条件下生活，只能靠采集、狩猎、捕鱼等方法来获取各种食物，维持生存，在繁重的生产劳动过程和与野兽搏击以及部落之间的斗争中，改进了自己的体力和智力，发展了走、跑、跳跃、投掷、攀登、爬越、游泳以及攻防、格斗等生活技能。正是由于这些技能的发展，也发展了人类自身。人类的这些活动，可以说是人类最初的体育形态。

随着生产工具的改进，生产力水平不断提高，劳动技能日益复杂化。同时，社会生产的物品增多，人们的衣食生活有了一定的改善。在这样的条件下，为了适应整个社会生活的需要，使社会物质生产和社会生活持续发展，年长者在劳动生产过程中和日常生活中向年轻一代传授各种经验和技能，这就是人类最初的教育。原始社会的教育主要都是一些生产技能的传授，而这些生产技能又多是极其笨重的体力劳动。这种以身体活动为主要手段的教育，其中也包含有体育的因素。据民族学提供的材料，1945年还处于原始社会末期的我国大兴安岭西北麓原始森林中过着狩猎生活的鄂温克人，为了适应这种狩猎生活，从小孩起就进行教育，孩子五六岁时就常玩狩猎游戏，经常练习射箭和打靶。可见，原始的教育活动与体育是很难截然分开的。这是人类教育的萌芽，也是体育活动的萌芽。

2、体育的发展

体育的发展是随着社会的发展而发展的。随着社会的进步，人类的目光逐渐从人体之外的自然转向人体自身，也从最初由对自然物的需要而转为对人类自身增强征服改造自然能力的需要。体育的发展，也正是随着人类社会需求层次的不断提高而不断发展的。

体育在原始社会的萌芽时期，由于社会生产力水平十分低下，人们在极其艰苦的环境中生活，因而原始社会还不可能形成专门的体育，也无法成为一项专门的社会活动。只是到了原始社会末期，人类生产力水平有了较大提高，智力水平也有了较大发展，人们在长期生产和劳动实践中，才逐步认识到通过体育活动，可以强身健体，培养更好的劳动力和优秀的勇士，从而推动了体育的发展。

奴隶制的建立，拉开了人类文明史的序幕。特别是工具的运用，极大地提高了生产力水平，同时引起了生产关系的变革，也为体育的初步形成提供了物质条件和社会条件。由于生产方式和生活条件的改变，人类社会对体育的需要也发生了变化，形成了对体育的广泛而具体的需要，体育的运动形式也相对独立和日益丰富起来。

在封建社会，体育的发展与奴隶社会相比有了长足的进展，这一时期的运动项目和参加体育活动的人数日益增多，体育活动的范围扩大，内容也十分丰富。体育项目多样化与规范化，体育竞技状况空前兴盛，规模也较大，运动技术水平有了很大提高。到了封建社会的后期，体育的发展在组织程度上有了空前的提高。

资本主义社会的生产把私有制的社会形态推向顶峰。生产力的巨大飞跃给人类社会生活带来了深刻的影响和变化。随着物质生活水平的相对提高，体育具有广泛的社会需要并得到迅速发展。体育科学开始形成独立的学科体系。体育活动项目和规模都远远地超过了奴隶社会和封建社会。其发展速度是这两个社会所无法比拟的。同时，体育已成为学校教育的重要组成部分。

社会主义社会力求把每个社会成员都培养成为德智体全面发展的人才。体育作为培养全面发展人才的重要内容与手段，社会对体育也不断地提出新的要求。正是这种不断丰富发展的社会需要，使体育从早期的增强生存能力发展到丰富、美化人们的生活，培养全面发展的人，建设社会主义物质文明和精神文明的需要。随着生产的发展、文明的进步、社会的前进，体育的社会需要必将提出更多更新的要求，从而推动体育朝着更加光辉的前景走去。

## 二、体育的概念与本质特征

### 1. 体育的概念

任何概念都有它产生、发展和演变的历史。“体育”一词在中国的使用有一个演变过程。中国是世界文明发展最早的国家之一。中国古代有着丰富多彩的体育活动。但是，由于地理环境、历史传统等原因，中国古代并没有“体育”一词，而是使用“养生”“导引”“武术”等名词。直到 19 世纪，鸦片战争打破了中国闭关自守的局面。德国和瑞典的体操传入中国，才开始使用“体操”这个词。20 世纪初，“体育”一词从日本传入我国，此后一段时期“体操”和“体育”两词并用。到了 1923 年，在《中小学课程纲要（草案）》这一官方文件中，才正式把“体操”改为“体育”。自此，“体育”一词才逐步取代了“体操”，而被广泛使用。

“体育”一词在含义上也有一个演化过程。它刚传入中国时，是指身体的教育，是作为教育的一部分出现的，是与维持和发展身体的各种活动有关联的一种教育过程。随着社会的进步和体育事业的不断发展，其目的和内容都大大超出了原来“体育”的范畴。体育的概念也出现了“广义”与“狭义”的解释。当用于广义时，一般是指体育运动，其中包括了体育教育、竞技体育和群众体育 3 个方面；用于狭义时，一般是指体育教育（即学校体育）。近年来，有关“体育”的概念解释较多，但比较趋于一致的解释为：“体育是以身体活动为媒介，以谋求个体身心健康、全面发展为直接目的，并以培养完善的社会公民为终极目标的一种社会文化现象或教育过程。”体育的这一定义既说明了它的本质属性，又指出了它的归属范畴，同时也把自身从与其邻近或相似的社会现象中区别出来。当然，体育的概念并非是一成不变的，随着社会的不断发展和进步，人们对体育的认识必将有所发展和前进。

“体育”是个总的概念。我国现代体育主要是由各自形成体系的学校体育、竞技体育和群众体育三大部分组成的。学校体育是竞技体育和群众体育的基础，竞技体育是学校体育和群众体育的提高，群众体育是竞技体育和学校体育的延伸。

学校体育（狭义的体育）是通过身体活动，增强体质，传授锻炼身体的知识、技术、技能，培养道德和意志品质的有目的、有计划的教育过程，它是教育的组成部分，是培养全面发展的人的一个重要方面。

竞技运动是指为了最大限度地发挥和提高人体在体格、体能、心理和运动能力等方面的潜力，取得优异的成绩而进行的科学系统的训练和竞赛。

群众体育是指以健身、医疗、卫生、休闲、娱乐等为目的的身体活动。其特点是：组织形式多样，内容丰富多彩，因人而异，自愿参加，讲究自我教育和锻炼效果。

以上 3 个方面因目的不同而相互区别，但又相互联系、相互渗透，共同构成了体育的整体。

### 2. 体育的本质特征

人类实践活动的形式是多种多样的，体育是人类诸多实践活动中的一种。它是以身体运动为基本手段来达到增强体质、培养人才的一种有目的的活动过程，但并不是所有的身体运动都是体育。体育这种社会现象和其他社会现象的不同点在于：体育运动的主体和客体都是统一于人自身，以身体运动为基本手段，利用阳光、空气、水等自然因素，结合卫生措施等，使人有意识地进行专门的身体锻炼过程。其目的在于增强自身的体质，造就全面发展的人。因此，体育所采用的身体运动有其特殊的活动结构和活动方式，是经过事先精心编排的、科学的、有利于提高健康水平的，满足人的身心需要的运动。它不同于其他身体运动，如体力劳动虽然也是一种身体运动，但其对人类的影响是不同的。在一定条件下，可以是积极有益的，而在另一条件下，则可能是消极和有害的，如某些生产部门由于分工过细，或由于思想高度集中等而引发的各种职业病等，这样的劳动对人体的消极作用就明显地表现出来。此外，体育活动的开展需要具备一定的场地、设备等条件。

总之，运动是体育的核心，是体育的最基本手段，即体育的本质特征是身体运动。

### 三、现代体育的主要特点

第二次世界大战以后，现代科学技术迅速发展。特别是计算机和互联网技术、生物医学工程、新材料、新能源、海洋工程、宇宙工程等的出现，极大地影响了整个社会生活的各个方面。随着社会现代化水平的不断提高，体育的社会价值和地位也日益提高，为体育的发展创造了极其有利的条件，从而促使体育以前所未有的速度飞快地向前发展。现代体育主要呈现以下几个特点。

#### 1. 体育越来越成为社会的需要，人民生活的需要

现代科学技术促使人们的劳动效益不断提高，社会物质生活日益丰富。人们对精神生活、体育生活提出了越来越高的要求。现代社会的生产和生活方式，使体育日益成为社会和人民生活的迫切需要。现代“文明病”已严重地威胁着人们的健康和生命，因而不少国家掀起以保健和娱乐为目的的“群众体育”的热潮，因为适当的体育运动是预防“文明病”的最好方法，经常参加体育活动的人越来越多。实践证明，社会生产力越发达，物质生活越丰富，体育运动的普及程度就越高，体育社会化程度也就越高。

#### 2. 竞技运动向国际化和高水平方向发展

体育的一个重要方面——竞技运动，半个多世纪以来得到了迅速的发展。国际的体育竞赛吸引着千千万万的群众，特别是通信工具的现代化，人们可以通过电视画面直接观看到世界上各种体育比赛的实况，这对社会生活的影响是巨大的。因此，各国政府都十分重视，不惜花费大量资金建设现代化体育设施和竞赛场馆，并采取各种措施来提高运动技术水平，赢得国际体育比赛的胜利。

当今世界每年都会举办国际体育比赛，参加各种世界大赛的国家和地区也越来越多，如现代奥林匹克运动会、世界大学生运动会、国际中学生运动会以及各大洲运动会、各单项的世界锦标赛、世界杯赛、邀请赛等。各种各样的国际体育比赛，极大地推动了运动技术向前发展，也很好地丰富了人们的业余文化生活。如今，竞技体育已成为世界上影响最大的社会活动之一。例如，一些重大的国际体育比赛，往往有上百个国家实况转播，观众可达几十亿人。竞技运动已成为丰富人民群众文化生活的重要内容。

#### 3. 体育科学飞速发展

体育科学是一门年轻的新兴学科。它是研究体育现象，揭示体育内部和外部规律的一个有系统的学科群，即体育是一种社会现象。研究这一现象的科学就是体育科学。把体育作为一门科学来研究，始于20世纪初期，而探索体育科学体系，却是近十几年的事。

我国的体育科学研究虽然起步较晚，但在党和国家的关怀下，专门从事体育科学研究的

队伍不断壮大，并取得了可喜的研究成果，为我国体育事业的发展做出了很大的贡献。随着体育实践的不断发展，给体育科学提出了许多新的课题，必将促使体育科学不断发展、完善，反过来又将推动体育实践的发展。

## 第二节 体育的功能

随着社会的进步，生产的发展，人类需求层次的提高，体育科学研究的蓬勃发展，特别是人类对自身认识的日益深化，以现代体育科学的“生物、心理、社会三维体育观”来认识体育的功能。可以肯定，体育既有生物方面的功能，又有社会、心理方面的功能，它是满足人类个体及社会的物质需要和精神需要的一种实践活动，它既作用于人体，又作用于社会。因此，体育的价值是多方面的。

### 一、健身功能

体育是以身体运动为基本手段的，它要求人体直接参与活动，这就决定了体育具有健身功能。体育健身的基础理论，是运动能促进人体新陈代谢，加强同化和异化作用，增强人的生命力。体育健身的基础理论主要表现在以下几个方面。

（1）改善和提高神经系统的灵活性，提高工作能力。

（2）促进体格健壮，通过体育锻炼能促使人体各器官系统的生长发育。

（3）提高机体的机能。

（4）调节人的心理，消除不良情绪，使人充满活力。

（5）提高适应能力，防病治病，延年益寿。

### 二、教育功能

体育与教育从产生时起就紧密相连。体育作为培养人和教育人的必要手段，历来都是教育的重要组成部分。体育不仅为各国政府纳入教育体系之中，给受教育者以强有力的影响，而且体育过程不但包括了学校体育，也扩展到了全社会，是对人们进行爱国主义、集体主义教育和顽强拼搏、自强不息、勇攀高峰精神培养的有效手段。

### 三、娱乐功能

现代社会的生产力水平大幅度提高，人们的闲暇时间增多，丰富多彩、健康文明的闲暇生活不仅能使人在繁忙的工作、学习、劳动之后获得休息，还可以陶冶情操，愉悦身心，培养高尚的品格，满足人们的精神享受。

现代体育运动，特别是竞技运动，运动技术日益向难、新、尖、高的方向发展。人们在观赏精彩的比赛或表演时，运动员丰富多彩的运动姿势及其相互间各种动作的绝妙编排与组合，显示出运动员健、力、美的高度统一，充分体现了形式美的特征。加上和谐的韵律、鲜明的节奏、微妙的配合，给人以美的享受。尤其是韵律体操、花样滑冰、花样游泳等运动项目，把健美的体态、动作、悦耳的音乐和优美的造型组合在一起，更具有强烈的艺术美感和艺术效果，使人们在观赏体育比赛时，犹如欣赏到最优美的舞蹈，使观赏者忘却一切烦恼和不快，净化观众的感情，陶冶高尚的情操。

人们在闲暇时间积极参加体育运动，特别是参加自己喜爱和擅长的运动项目，更会增添无穷的生活乐趣。参加球类比赛，会使人在与同伴的默契配合中，在与对手的斗智拼搏中获得美妙的快感和心理上的满足感。练气功可以使人悠然自得，乐在其中；跑步使人感到有条不紊，勇往直前；举步登高，万物尽收眼底，令人心旷神怡；旅游则可以饱览名山大川，使人赏心悦目。

### 四、医疗保健功能

在社会生活中，体育与医疗保健是紧紧联系在一起的。两者的对象都是人，主要任务都是解决人的健康问题。因此，体育与医疗保健是相互联系、相互促进的。当今医疗体育和运动处方已成为现代医疗方法的重要组成部分，我们的祖先早就认识到了体育的医疗保健功能，在长期的生产和生活中积累了许多极其宝贵的体育医疗保健的方法，如用来治疗关节痛的“消肿舞”。

现代社会由于科学技术的发展，机械化水平的不断提高，使人类从繁重的体力劳动中解放出来，给人类生活带来了极大的好处。但是从另一方面来看，也给人类带来了新的危机——运动不足，严重影响人类的健康。此外，由于城市工业化带来的环境污染、生态平衡的破坏、生活方式和饮食结构的改善、营养过剩等，对人类健康形成了巨大的威胁。体育运动不仅健身、防病治病的效果好，而且无药物的副作用。所以，人们都以极大的热情参加各种体育运动，以增强体质、谋求健康水平的不断提高，进而达到健康长寿的目的。

### 五、社会功能

社会功能主要是指体育具有调整人的社会心理平衡的作用。由于体育运动有竞赛性、对抗性和比赛结果的不确定性，因此它能引起广泛的社会关注，使人产生强烈的感官刺激和感情体验，特别是在参加或观看国际比赛时，其祖国意识、民族意识的体验是十分深刻的。调整人的心理平衡，振奋民族精神，使之化为建设祖国的强大力量。例如，1981 年中国男排转败为胜，夺得世界杯赛亚洲区冠军的消息传开，北大学生喊出了“团结起来，振兴中华”的口号，极大地振奋了民族精神。再如，中国运动员在奥运会上取得了辉煌的成就，引起了世界震动，给海内外中国人巨大的鼓舞，大大地提高了中国的国际地位，增强了中国人的自信心和自豪感，使人民看到中国的前途和希望，从而发愤努力建设祖国。同时，人民在参加体育运动的活动中，亲身体验到对健康、生活和未来充满信心，从而使整个民族朝气蓬勃、生机盎然。

# 第二章　体育卫生与健康

**学习目标**

（1）了解健康的含义。

（2）养成健康文明卫生的生活方式。

## 第一节　健康的定义

### 一、什么是健康

健康是人类生存发展的一个基本要素，没有健康将一事无成。居里夫人有一句名言："科学的基础是健康的身体。"可见健康对于大学生来说是多么重要。然而，健康是什么呢？习惯上，人们认为没有病就是健康，这种认识是不全面的。在1978年9月召开的国际初级卫生保健大会上通过的《阿拉木图宣言》中明确提到，健康不仅仅是没有病和痛苦，而且包括在身体上、心理上和社会适应各方面的完好状态。这就是人们常说的身心健康。世界卫生组织在1984年制定的宪章中指出，健康不仅是免于疾病和衰弱，而且是保持在身体上、精神上和社会适应方面的完美状态。1989年，世界卫生组织又进一步深化了"健康"概念，提出健康应该包括躯体健康、心埋健康、社会适应良好和道德健康，即从现代健康观来看，一个完全健康的人应包含躯体健康、心理健康、社会适应良好以及道德健康四个方面。

（1）躯体健康，一般指人体生理的健康，是指躯体的形态、结构和功能正常，具有生活自理能力。

（2）心理健康，是指能正确认识自己及周围的环境和事物，表现为人格是完整的，自我感觉良好，情绪稳定，积极向上，有较好的自控能力，保持心理上的平衡。

（3）社会适应良好，是指一个人的心理活动和行为能适应复杂的环境变化，并为他人理解和接受。

（4）道德健康，是指能明辨是非，能按照社会规范的准则约束自己的言行，能为大众的幸福做出贡献。

## 二、人体健康的10条标准

近年来，世界卫生组织提出了衡量人体健康的10条标准。

（1）精力充沛，能从容不迫地应付日常生活和工作。

（2）处事乐观，态度积极，乐于承担任务，不挑剔。

（3）善于休息，睡眠良好。

（4）应变能力强，能适应各种环境的各种变化。

（5）对一般感冒和传染病有一定的抵抗力。

（6）体重适当，体型匀称，头、臂、臀比例协调。

（7）眼睛明亮，反应敏锐，眼睑不发炎。

（8）牙齿清洁，无缺损，无病痛，齿龈颜色正常，无出血。

（9）头发光泽，无头屑。

（10）肌肉、皮肤富有弹性，走路轻松。

## 三、影响健康的因素

人体的健康受多种因素的影响，这些因素互相渗透、互相制约、互相作用。这些因素归纳起来主要有两个方面：先天因素和后天因素。

### 1．先天因素

影响人体健康的先天因素是遗传。遗传是指自然界多种生物通过一定的生殖方式，将遗传物质从上代传给下代的一种生物现象。人类遗传学提出，人体细胞内所含染色体DNA（脱氧核糖核酸）是遗传物质的基础，有遗传意义的DNA称为基因。人体的遗传正是这些遗传基因不断地向后代传递的结果。目前已经发现5 000多种遗传病。随着科学技术的发展、各基因功能的明确，很多遗传病是可以治愈的。

### 2．后天因素

影响人体健康的后天因素有很多，但主要是以下5种。

（1）生活方式。生活方式是指人们的衣、食、住、行以及工作、生活、娱乐、社交等活动方式，生活方式对健康影响很大，并具有潜袭性、累积性和广泛性的特点。

（2）环境因素。人类的健康状况离不开在存的环境，自然环境与社会环境可对健康产生直接或间接的影响。

（3）心理因素。人的心理活动对人体健康的影响已越来越引起人们的重视。人的心理活动是客观存在的，是人的大脑对社会客观现实的反映。

（4）营养因素。营养与健康有着密切的关系。合理的营养是正常生长发育的基础，也是增进健康、防治疾病的有效手段之一。

（5）运动（体育锻炼）因素。“运动运动，百病难碰”“跑跑跑，再过十年不嫌老；跳跳跳，年过花甲也显少”。这些民间的格言、谚语是人们在历史发展进程中，对健康追求的真实体验，道出了体育运动对强身健体、防病治病、延年益寿的重要作用。

# 第二节　体育与健康文明生活方式

## 一、健康文明生活方式的概念

生活方式是指人们为满足自身（物质生产和精神生产）需要而消费生活资料（物质资料和精神财富）的各种形式的总和，以及支配闲暇时间的方式。那么，何为健康文明的生活方式呢？《黄帝内经·灵枢·本神》中明确指出："故智者之养生也，必顺四时而适寒暑，和喜怒而安居处，节阴阳而调刚柔。如是则僻邪不至，长生久视。"虽是传统的养生方式，更是健康文明生活方式的最佳阐释。生活方式是一种可评比性文化，它可以分为文明的生活方式与不文明的生活方式。而健康是人类永恒的追求，随着时代的发展，人类的寿命越来越长，人类将更加注重健康和树立"健康第一"的观念。因此，能够促进健康的生活方式就是健康文明的生活方式。

## 二、健康文明生活方式的内容

选择健康文明生活方式是获得健康、减少疾病的最简便易行、最经济有效的途径，其内容很多，主要有以下 6 个方面。

### 1. 合理安排膳食

合理安排膳食包括健康的饮食和良好的饮食习惯两大方面。健康的饮食是指膳食中应该富有人体必需的营养，同时还要避免或减少摄入不利于健康的成分。良好的饮食习惯包括按时进餐、坚持吃早餐、睡前不饱食、咀嚼充分、吃饭不分心、保持良好的进食心情和气氛等。成年人每天的食谱应该包括以下 4 类食物：五谷类，蔬菜水果类，蛋白质类，油、盐、糖等。

### 2. 坚持适当运动

生命需要运动，过少和过量运动都不利于健康。个人可根据自己的年龄、身体状况和环境选择适当的运动种类。运动形式并不重要，重要的是量力而行，循序渐进，持之以恒。最简单的运动是快步走，每天快步走路 3 km，或做其他运动 30 min 以上（如爬楼梯）。每周至少运动 5 次。运动的强度以运动时的心率达到 170 减去年龄数为宜。例如，一个 50 岁的人运动时能够使心率达到 120 次/min 就比较合适。最好能够保持 15 min 以上的心率加快、身体发热状态。

### 3. 改变不良行为

（1）不吸烟。吸烟不仅浪费金钱，污染环境，危害安全，还与高血压、慢性支气管炎、冠心病、癌症等多种疾病有直接关系，严重危害健康。

（2）不酗酒。长期大量饮酒会损害人体的肝脏、肾脏、神经和心血管系统，另外，酒后驾驶也是对自己和他人的生命不负责任的行为。

（3）不涉毒。毒品（海洛因、大麻、冰毒、摇头丸等）麻醉人的神经，危害极大，所有人都应该远离毒品。切不可与别人共用针头注射毒品，否则极易传染艾滋病和肝炎等疾病。

（4）保持忠贞的爱情，遵守性道德。卖淫、嫖娼是传播性病、艾滋病、肝炎等疾病的高危行为。

（5）保持规律的生活方式。无规律的生活习惯会扰乱人体的生命节律，降低人体的免疫力，使疾病发生率增高，对健康极为不利。因此应该起居定时、按时作息、保证充足的睡眠。睡前不喝茶或咖啡，进食不过饱。心情平静，避免焦虑或激动，不做剧烈运动。

（6）工作张弛有度，不过度紧张和长期劳累。

（7）娱乐有度，不放纵，如不看通宵电影，不通宵打麻将，听音乐音量不过大等。

（8）不喝生水或不清洁的水，不吃不洁或腐败变质的食物。

（9）不随地吐痰，不乱扔垃圾，不践踏草坪，不毁坏树木，不浪费资源等。

（10）接触有毒有害物质或在危险环境工作时，严格遵守操作规章并采取自我保护措施。

#### 4. 保持平和心态

在学习、工作和生活中要注意让自己的思想跟上客观环境的变化，不断变换角色，调整心态。在与他人和社会的关系上要能够正确看待自己、正确看待他人、正确看待社会，保持良好的人际关系，适应社会。要树立适当的人生追求目标，控制自己的欲望。

#### 5. 自觉保护环境

人类生存的环境对人的健康十分重要，每个人都要遵守保护环境的法律法规，遵守社会公德，在日常生活中注意自觉养成保护环境的良好习惯，如节约资源（水、电、煤、煤气和天然气、纸张、汽油、木料等），不污染环境（不随地吐痰、不乱扔垃圾、分类回收垃圾、减少汽车尾气排放、慎用洗涤剂等），为保护环境贡献力量（植树造林、保护绿地、保护野生动物等）。

#### 6. 学习健康知识

建立健康文明的生活方式需要懂得健康知识，知识是不断调整自己行为的指南针。在当今新知识层出不穷的时代，健康知识也在不断更新，只有注意不断学习新的健康知识，抵制迷信和各种错误信息的影响，才能使自己的生活方式更健康。

### 三、健康文明生活方式与体育

#### 1. 体育健身促进了人们健康的生活方式

人体完美状态或健康状态是通过健康的生活方式来形成和保持的，后者包括有规律的体育锻炼、健身健美和营养适宜、消除不良习惯（如抽烟、酗酒和滥用药物等）以及控制精神压力等。实践证明，体育锻炼是促进健康、文明、科学的生活方式的最积极、最有效的方法。

#### 2. 体育健身成为卫生保健的重要内容

为了根治由于生活方式造成的社会疾病，人们把体育健身纳入医学卫生与保健养生的重要内容中。因为体育运动锻炼是贯穿整个生活方式之中起着调节作用的成分，它调节并改善人们由于饮食、营养、体重、作息等方面长期某些不合理的积习所造成的生活方式的健康效应，并日益成为保健养生和延年益寿的方式。人们已经日益认识到在体育健身保健康方面花钱比在医疗治病方面花钱更重要，人们日益意识到身体健康的重要性。

3. 体育健身丰富了人们科学健康文明的生活方式

现代社会科学技术的日新月异促进了物质文明的提高，极大地改善了人们的生活质量，丰富了人们的生活方式，使人们的生活在有了物质保障的同时，劳动时间也相对缩短，休息娱乐时间相对延长，人们有更多的物质条件和时间、精力去参加自己所喜欢的文艺、体育等各项有益于身心健康的活动。因此，现代体育可用以增强体质、促进健康、娱乐身心、文明社会。我国推行的《全民健身计划纲要》，就是促使人们积极投身体育运动、健身健美和养生保健、休闲娱乐之中。毫无疑问，体育健身一旦进入人们的生活，就必然会丰富科学、健康、文明的生活方式，提高生活质量，充实人们的生活时间和空间，活跃社会市场消费，促进社会主义物质文明与精神文明建设。

## 第三节 个人卫生与健康

### 一、服装鞋袜与被褥卫生

勤洗衣服常晒被，这是尽人皆知的卫生常识。但人们在日常生活中并不是都做得到，有的人是由于学习紧张没时间，有的人是因为身体疲劳懒得动，还有的人对清洁卫生马马虎虎，不修边幅。这样就做不到个人的清洁卫生，也就不能保证皮肤健康、身体无病。

如果内衣或衬衫不经常清洗，衣领上受到汗液和皮脂的侵蚀，加上空中落下的灰尘细菌的沾污，衣领就变得又硬又脏，与颈部皮肤的摩擦刺激，会导致细菌侵入毛囊和皮脂腺，引起发炎症状，既痛苦又妨碍学习和生活。

内裤常换洗，是因为阴部阴囊部皮肤的皮脂腺和汗腺分泌很旺盛，分泌的皮脂和汗液经常把内裤浸渍得很潮湿，适于细菌繁殖生长。内衣裤不清洁还会刺激皮肤，产生不舒服的感觉，使人精神不快，心情容易烦躁。所以，勤洗勤换衣服，对皮肤卫生、身体健康很重要。另外，内衣裤要宽松，不宜太小太紧。青春发育期的少女不宜长期穿着紧身衣裤，否则会影响乳房和臀部的正常发育。男孩子不宜将游泳裤当内裤穿着。内衣裤要轻而柔软、吸汗、透气。最好放在阳光下晾晒，经常接受紫外线照射消毒。

鞋袜有保护双脚和防止脚受伤的功能，鞋袜要符合季节需要并保持清洁。鞋子的大小要舒适合脚，不妨碍足趾和足跖的自然形态，不影响脚的正常发育。鞋了太小，容易引起脚部疲劳，鞋子窄小会压迫神经血管，引起脚趾变形和脚发育受阻。鞋帮应柔软透气，鞋底应有弹性且能吸水，并具有防滑性能。大学生上体育课应穿运动鞋。袜子可减少脚与鞋子的摩擦，吸收脚汗。袜子要厚实一些，富有弹性，大小适宜，以纯棉为好，鞋内要保持干燥，袜子应勤洗勤换。

此外，被褥应勤拆洗、常晾晒。因为皮肤里有无数的汗腺排泄汗液，并随时蒸发进入被褥里，受冷变成微小水珠，附在棉絮的空隙里，使被褥变得潮湿。如果在阳光下晾晒可使被褥干燥，并起到灭菌消毒的作用，这样有利于皮肤卫生和身体健康。

### 二、皮肤保健

人们不仅希望自己的皮肤细腻洁白有光泽，而且还希望皮肤能健康地行使它的生理功能。

皮肤内含丰富的神经末梢，既是一个感觉器官，又是人体的天然屏障，能保护人体免受外界的各种侵害，具有感觉冷热疼痛、调节体温、分泌排泄以及防止细菌入侵的生理功能。皮肤中有大量的皮脂腺和汗腺。皮脂腺分泌皮脂，以保持皮肤的润滑；汗腺分泌汗液，排泄代谢产物，调节体温。保持皮肤的清洁卫生，能增强皮肤的抵抗力和皮脂腺、汗腺的生理功能，增进身体健康。皮脂腺和汗腺排泄管堵塞时，易引起皮脂和汗液分泌障碍，造成细菌繁殖而形成毛囊炎。夏季人体出汗较多，皮肤容易脏，如不注意皮肤的清洁卫生，易生痱子，甚至引起皮炎，所以应每天洗澡，使汗腺和皮脂腺导管畅通，恢复体力，解除肌肉和神经疲劳。但是应注意：利用公共浴室洗澡，要防止某些皮肤病或眼病的传染；饥饿时不要洗澡，因为饥饿时血糖低，可导致头晕、心慌，洗澡活动消耗能量，会加重低血糖，容易晕倒，甚至休克；饭后不要立即洗澡，一般在饭后 0.5h 以上洗澡为宜；运动后也不宜立即洗澡，要稍事休息待汗干后再洗澡。手掌皮肤和指甲缝最容易沾染细菌，经常洗手和剪指甲，能减少细菌和病菌的滋生。要养成饭前便后洗手的卫生习惯。脚趾间容易积垢，每天要清洗，保持脚的干净和干燥，能预防脚癣的发生。人体大腿、阴部、腋下和乳房下方，汗腺分泌旺盛，也应经常清洗。夏季在室外进行体育活动，要避免在阳光下曝晒过久，以免引起日光性皮炎。经常参加体育活动，能加速血液循环、提高皮肤温度，使细胞得到充分的营养供给，排泄更多体内代谢产物，有利于皮肤的健康。此外，还可根据实际需要选择适当的护肤膏霜来养护皮肤。

### 三、口腔卫生与牙齿清洁

唇红齿白，给人以美感，给人以青春的魅力，谁都希望自己的牙齿排列整齐，洁白如玉。要保持牙齿的健美，就要注意口腔卫生和牙齿的清洁。刷牙和漱口是重要的口腔保健措施。刷牙能消除牙齿表面的菌斑和牙缝间的食物残渣，预防龋齿和牙周病等口腔疾病。同时，还有按摩牙齿的作用，促进牙周围的血液循环，使牙齿健康。保持口腔卫生，要做到天天刷牙，每次饭后都应刷牙，至少早晚两次，尤其是临睡前的刷牙更为重要，能使口腔内的细菌和污物减少到最低限度。要选用符合卫生要求的标准牙刷，掌握正确的刷牙方法。刷牙时可根据各人情况，选用预防龋齿或促进牙周健康的牙膏。漱口可以除去食物残渣及部分软垢，清洁口腔。饭后必须马上漱口，一般可用清水，也可用茶水，漱口对口腔细菌有一定的收敛、清洗作用。漱口的效果取决于含漱的水量、次数和力量。

## 第四节　生 理 卫 生

### 一、不要养成不良嗜好

#### 1. 不抽烟

抽烟不仅有损健康、增多疾病、减少寿命，而且还对运动和工作能力造成不良影响。因此，不要养成抽烟的不良嗜好。

#### 2. 不酗酒

酒是很多人喜爱的饮料，但大量饮酒会对人体运动机能、身体健康有一定的影响。

## 二、养成正确的身体姿势习惯

正确身体姿势的特点是：上体和头正直，胸廓展开，两肩稍向后张，并在同一水平上，脊柱正常地自然弯曲，髋关节和膝关节完全伸直；紧贴胸廓上的两肩胛骨在同一高度上。

## 三、注意饮食卫生

人体是一个有机的整体，能量的储存、转化、利用，要不断地在更新的过程中保持相对平衡。为了维持生命与健康，保证生长发育和从事各项活动，必须每天从外界摄取一定数量的食物，每天的饮食，不但要注意食物的质量和数量，还要注意饮食卫生。

（1）要定时进餐，使肠胃消化正常、有规律，避免消化系统功能紊乱和胃肠道疾病。

（2）要适量进食，节制进食的质量和数量，切忌暴食。

（3）要合理安排三餐，早餐应占一天总热量的 30%～40%，中餐占 40%～50%，晚餐占 20%～30%。荤素适当搭配，饭菜宜淡不宜咸，选用新鲜未被污染的食品，正确合理烹调。

（4）要细嚼慢咽，使唾液得到充分分泌，有助于肠胃消化吸收。

## 四、用眼卫生

眼睛在人的一生中具有特别重要的作用，所以保护视力、预防近视十分重要。

正常眼睛，看近物和一定距离的远物都一样清楚，这是因为眼睛有调节功能，起调节作用的主要是眼睛的晶状体和睫状肌。看物越近睫状肌收缩就越紧张，时间过长，就容易造成睫状肌疲劳而影响正常机能的恢复。早期的近视，只是由于睫状肌疲劳、痉挛，看远物时物象落在视网膜后而看不清楚，这称为“假性近视”。此时只要及时采取措施，视力还是可以恢复正常的。如果长期不注意用眼卫生，引起睫状肌过度疲劳，晶状体长期不能恢复原状，眼球发生变化，眼球前后径逐渐变长，就形成了“真性近视”。一旦形成真性近视，就不易复原，需要靠眼镜来矫正视力了，所以应注意用眼卫生。

（1）学习时，身体要坐正，头不歪，桌椅高矮要适当，胸部距桌子一拳的距离，眼睛与书本保持 30～50cm 的距离。

（2）用眼工作时，光线要充足，不宜在耀眼的强灯下或强烈的阳光下和光线太暗之处看书。一般情况下光线宜从左前方照射。

（3）吃饭、走路、乘车时，不要看书报。

（4）阅读或写字 1h 后，就应休息几分钟，看看远景，或闭目休息一会，或做眼保健操。

（5）经常做眼保健操，可以消除眼睛疲劳，预防近视眼的发生和发展。它的功能主要是使紧缩的眼肌放松，使眼部血液循环加强，做操时要取穴正确，认真坚持，才有效果。

## 五、睡眠卫生

睡眠是人的生理需要，是维持机体正常生理活动的必要条件，能使人得到充分的休息和体力恢复。充足的睡眠有利于提高学习效率和身体健康。睡眠时间取决于年龄、健康状况和个人特点，年龄越小，需要的睡眠时间越长。青少年每天的睡眠时间不应少于 9h，身体活动量较大时，还应适当增加睡眠时间。夏季最好能安排一定的午睡时间。应养成按时睡觉的习惯。睡前要保持安静，避免各种刺激因素，如高声谈笑、剧烈活动、喝浓茶或咖啡等。不要躺在床上看书入睡，不要蒙头睡觉。卧室要保持清洁，空气清新。晚饭不宜吃得太饱或喝水太多。长期睡不好应找出原因，非必要时不要使用镇静剂。睡前用热水洗脚或洗温水浴，有利于入眠。

在日常生活中还应注意张弛交替，即紧张的学习要和轻松的休息结合起来。脑力、体力活动交替，脑力活动和体力活动在大脑皮层的工作区是不同的，体力活动时大脑的相应工作区脑细胞兴奋、紧张，而在脑力活动时该工作区脑细胞则抑制休息。如果脑力、体力活动有所交替，两部分的脑细胞都能得到工作和休息的调剂。参加适当的体育活动，学习效率会更高。

## 第五节　心 理 卫 生

心理卫生，也称精神卫生，是研究如何达到心理健康的学问，其含义有广义和狭义之分。广义的心理卫生，是指维护和促进人的心理健康，以保持对社会生活的良好适应能力；狭义的心理卫生，则是指对不健康心理的诊断、预防和治疗。这两方面相互联系、相互补充、不可分割。

### 一、心理健康

人们一谈到卫生与健康，往往只重视生理方面的，而常常忽视了心理方面，其实这两个方面的卫生与健康都是同等重要的。心理健康的增进，是预防心理不健康的积极手段；而预防心理不健康的同时，即是维持心理健康。

青春期是人的一生中心理变化最大的时期，也是心理趋近成熟的关键时期。处于青春期的少男少女，其心理上既有童年时的一些痕迹，又有成年期的某些萌芽。他们既要应付生理变化带来的心理问题，又要应付社会环境变化产生的心理矛盾。他们常常处于错综复杂的心理矛盾之中，不可避免地会遇到多种多样的心理卫生问题。除了家庭、学校、社会有责任帮助青少年学生解决好青春期的心理卫生问题外，让学生们懂得青春期的心理特点、心理矛盾、学会扬长（发挥自己心理特点中好的一面）避短（抑制心理特点中不利的一面），注意培养和提高自我心理调节能力，对青少年的健康成长有着十分重要的意义。

### 二、常见心理障碍

#### 1．焦虑

焦虑是人的自尊心在可能受到威胁的情况下而产生的一种情绪体验。焦虑分正常焦虑和过敏性焦虑。后者为心理障碍，表现为遇事易提心吊胆，惴惴不安，敏感而易受惊，无论是考试还是外出交友，都会产生强烈的焦虑体验。

#### 2．抑郁

抑郁表现为苦闷、悲观的情感和心境。其最基本的表现是“丧失”。对学习、生活和娱乐失去兴趣，对前途失去希望，面对困难和痛苦失去办法，无力自拔，他人爱莫能助；对自己失去正确评价等，并伴随着身体不适的症状。

3. 偏执

主要表现为固执、敏感、多疑，情感不稳定，暴躁易怒，自我评价过高，对挫折或羞愧过于敏感。

4. 强迫

主要表现为常有个人的无安全感和不完整感，因而紧张，过分地自我克制，过分自我关注，过分拘谨，思想得不到适当的松弛和休息。

## 三、影响心理健康的因素

1. 性格

性格是指人对现实的态度和行为方式中的比较稳定的、独特的心理特征的总和。性格始终支配着一个人的行为及其方式，几乎涉及一个人心理活动的全部特点和品质。由于青少年时期处于心理上的“断乳阶段”，因而心理冲突多、情绪起伏大，这种不稳定的心理状态与性格特征相联系。与影响心理健康，造成心身疾患关系较密切的不良性格主要有自卑、孤僻、暴躁、固执、易受暗示、嫉妒、依赖性强等。

2. 情绪易起伏波动

情绪是人的自然需要是否得到满足而产生的一种体验。情绪几乎对人的所有活动起着很大的调节作用。消极的情绪不仅会影响人的正常学习工作，还会影响人的身体健康而引起身体疾患。青少年时期的情绪和情感常以迅速而又极强烈的方式表现出来。这种丰富广泛、易变、大起大伏的情绪特点，也是引发青少年心理障碍的主要因素之一。

3. 人际关系敏感

作为社会人，最为广泛、最为复杂、最为必须的需要就是交际需要。这种需要在青少年时期表现得尤为强烈和突出。但是由于青少年在伴随自我独立过程中出现的不安全感、孤独感和急躁感等人格不完善和心理不成熟的特点，加上情绪不稳定、自制力差易感情用事等情绪特点，使其在人与人的交往过程中常常出现各种各样的交际心理障碍，产生不少困扰，进而影响心理健康状态。

4. 心理耐挫力差

人的一生总免不了要遭受到这样那样的挫折和失败，挫折和失败会使人感到痛苦、烦恼、灰心、失望。青少年的人生经历少，对挫折和失败缺乏心理准备，因此对挫折和失败尤其感到难以承受。青少年心理对挫折和失败的耐受力差主要表现为：在挫折失败面前束手无策、悲观失望、一蹶不振。

5. 早恋、失恋与单恋

恋爱阶段的心理活动是最复杂最奇妙的。青少年时期，性意识和爱意识很朦胧，其特点是单纯、狂热、富于幻想。目前青少年中早恋问题突出。对青少年来讲，恋爱容易产生感情冲突和感情危机，造成心理状态波动大，易引起急性焦虑和抑郁发作，因而也是导致心理障

碍的重要因素之一。

6．自我心理保健意识不强

自我心理调节和自我心理保健是预防心理疾病的最好方法，但大多数青少年没有自我心理保健的意识。当生活、学习、恋爱、人际关系等方面遇到困扰或较大挫折时，当自己处于悲伤、抑郁、痛苦等不良心理状态之中时，大多数青少年不懂得采取自我调节、自我控制、自我保健的方法来化解不良情绪、消除痛苦、维持心理平衡，致使不良心理反应进一步恶化，导致心理出现障碍，最终导致心理疾病或自杀的严重后果。

### 四、克服心理障碍，保证心理健康

1．乐于学习、工作和生活

在学习、工作、生活中发挥积极性和创造性，努力争取优良的成绩，从中获得满足和愉快的体验。

2．保持稳定的情绪与快乐的心情

情绪稳定表明其中枢神经系统处于相对平衡状态，意味着机体功能的协调。喜怒无常是情绪不稳定、心理不健康的表现，快乐的心情表示身心活动的和谐与满意。心理健康的学生一般会心胸开阔、情绪乐观稳定、整个身心处于积极向上的状态、对未来充满希望，即使遇到烦恼、挫折，也能较快地摆脱忧郁和悲伤，而不会灰心绝望。

3．保持和谐的人际关系

人与人的交往活动即人际关系的正常、和谐，不仅是维持心理健康的必要条件之一，而且是获得心理健康的重要方法。心理健康的学生乐于与别人交往，和同学的关系融洽，容易与他人建立正常、友好的关系，并且热爱集体，有集体荣誉感。对学校班级，对老师、同学充满爱心，才能得到别人的信任与友谊。

4．正确地对待他人、对待自己

正确地对待他人、对待自己特别是对自己的优点估计适当，对自己的缺点努力克服和改正；对自己某些无法补救的缺陷正确对待，不悲观失望，不自寻苦恼。在客观地进行自我评价的基础上，为自己选定一些切实可行的努力方向与奋斗目标，并在实践中做到思想与行动互相统一、协调，努力去实现自己的理想。

## 第六节　环 境 卫 生

### 一、教室卫生

教室是学习的重要场所，教室的环境卫生，对保护身体健康、提高学习效率有积极的意义和作用。因此，搞好教室卫生是很重要的，应每天打扫得干干净净，布置得庄严美观，课桌整齐清洁，黑板明亮清晰，教室阳光充足，通风良好，没有噪声和污染，随时给人以舒适、

宁静和美的感受。

### 二、宿舍卫生

学生宿舍既是休息、睡眠的场所，又是学习场所。因此，要兼顾生活和学习的需要。学生宿舍应建在土壤干燥、向阳、空气流通、环境幽静、周围无污染和噪音的地方。每室应按每人占地面积不小于 $3m^2$ 安排，宿舍应附设厕所和洗漱室等。双层床的床铺外侧床沿应设挡板或栏杆，宿舍应安装纱窗。为保持室内空气清新，宿舍内不应吸烟和燃烧废纸。脏衣服和脏鞋袜应及时换洗，不宜在宿舍内久放，被褥应勤拆洗、常晾晒，从而起到灭菌消毒的作用。每日应当清扫地面，擦净桌椅用具和整理床铺。定期擦净门窗玻璃，增加光照，早晨起床后应打开门窗，对流通风。白天也应经常开窗换气。阳光照射使室温增加，促进室内外空气对流，防止潮气对人的侵袭，减少衣裳被褥湿冷，对预防风湿病或关节炎等有益。

### 三、公共卫生

不随地吐痰、不乱扔果皮纸屑有利于保持环境卫生。保持环境卫生是做人的起码道德，体现着个人和社会的文明程度，同时它还能控制细菌病毒的增长，减少发生各种疾病的机会，有益于人们的身体健康。痰是呼吸道内的分泌物，特别是呼吸道有病的人，痰里带有大量损害人的细菌。痰在地上干了之后，随灰尘扬在空中，被人们吸进体内，就可以传染肺结核、流行性感冒等多种疾病。应该将痰吐到痰盂里，找不到痰盂就吐在纸上，包好丢在垃圾筒里，或者吐到手绢上带回去洗净。有人认为，吐到地上，用脚上的鞋擦干就可以了。要知道鞋是擦不死细菌的，相反还会因为擦干而随灰尘飞扬传播更快。

乱扔果皮纸屑不仅破坏了环境美，而且腐烂、发臭的果皮是细菌繁殖的好地方，这样会污染空气，招引蚊蝇。

爱护公共财物，不在各种建筑物和文物古迹上乱写乱画，不采摘、攀折和践踏花草树木。遵守社会公德，为保护自然资源、防止环境污染做出应尽的义务。

## 第七节　运动卫生

“生命在于运动”，这是千真万确的道理。但只有树立正确的动静观、掌握科学的锻炼方法、合理安排好运动量及足够的营养补充，才能有效地促进健康、增强体质。发展身体各项素质，要达到锻炼的最佳效果，还必须注意运动卫生。

参加激烈运动前准备活动要充分，运动器械常检查，防止发生运动事故。注意选择锻炼时间、地点和环境。在空气污染严重、灰尘飞扬的地方不适于锻炼；一般应在早晨树荫下、草地或池塘旁边锻炼最好。运动时服装和鞋要合适。运动结束时要注意整理活动，待身上的汗干后及时洗澡、换衣。

饭前饭后不宜剧烈运动，剧烈运动刚结束时，大脑皮层运动中枢和交感神经仍然处在兴奋状态，消化腺的分泌受到一定抑制，所以食欲较差。运动后马上进食，会影响食欲和消化。长此下去，可能引起消化不良，甚至导致慢性肠胃病。因此，剧烈运动后一定要休息 20～30min

再进食。饭后立即进行剧烈运动也不好。由于运动使肌肉小动脉扩张，毛细血管大量开放，胃液分泌减少，食物得不到充分的搅拌和消化，就会延长食物在胃里的停留时间，影响消化吸收，长此下去，也可能造成胃病。

饭后和运动后不要大量吃冷饮。饭后大量吃冷饮，首先会使肠胃血管突然收缩，使肠胃供血减少，妨碍消化。其次，消化液必须在一定的温度下才起作用，肠胃的温度突然降低，消化能力也随之下降，影响食物消化。运动刚结束时，由于体温长期较高，大量出汗，使人感到又热又渴，这时如果大量饮食冷饮，肠胃会因受刺激而造成功能紊乱，甚至可能引起腹泻、腹痛等病症。

## 第八节　女大学生体育卫生

女性一生要经历 6 个阶段，即新生儿期—幼年期—青春发育期（少年期）—成熟期（青春期）—更年期—绝经期。6 个阶段的生长发育速度是不均衡的。在人的生命中有两个突出的生长发育高峰，第一个是新生儿期，第二个就是青春发育期。青春发育期是人生可塑性最强的黄金时期，也是身体发育的转折关头和定型阶段。

处于青春期的女大学生的体育锻炼应该根据自身的生理、心理特点，科学地、积极地、有计划地进行长期的锻炼。要积极指导和启发女子参加体育锻炼的自觉性和积极性，通过锻炼进一步加强肩带肌、腹肌、腰背肌、盆底肌的锻炼，克服自身弱点，提高内脏器官的功能。在科学方法的指导下逐渐承担更大的运动负荷，增进健康水平，提高运动成绩。

（1）女大学生的身体发育日渐成熟，她们的脊柱软骨组织厚，韧带弹性强，柔韧性、灵敏性都比男生好，适于健美操、艺术体操、舞蹈、游戏、游泳等练习。在较长距离的运动中，女子在形态和功能方面具有优越性，除体脂较多，用脂肪作能源的利用率较高外，女子对氧气的利用率和调节体温的能力高于男子，对能量消耗时所引起的体温升高有较好的散发能力。

（2）女大学生的肌力弱，心脏承受能力和肺活量也不如男生。因此，应当多进行一些力量、耐力练习，但是运动量和运动强度要适当安排。

（3）要多安排发展骨盆底肌和腹肌的练习。骨盆底肌需要坚强的肌肉支持，以维持内生殖器官的正常位置，这对保持体形健美和繁衍后代是大有益处的，应着重加强练习。

（4）女性的骨架小，肩部狭窄，肩带肌肉细弱，在进行支撑、悬挂和大幅度摆动练习时，应特别注意循序渐进和加强帮助与保护。另外，锻炼时要选择适合女生身体形态的器材、器械等。

身体健康、月经周期正常的女生，在经期应积极参加适当的体育锻炼。由于人具有很强的适应能力，经期参加体育活动会让身体很快地适应。经期的体育活动可改善盆腔的血液循环，运动时腹肌、盆底肌的收缩与放松交替进行，对子宫起到按摩作用，有利于经血的排出。同时，对大脑皮层的兴奋与抑制有调节功能，可以减轻或消除经期带来的身体不适感。

# 第九节　国家学生体质健康标准

## 一、《国家学生体质健康标准》评价指标与分值

《国家学生体质健康标准》评价指标与分值如表 2-1 所示。

表 2-1　《国家学生体质健康标准》评价指标与分值

| 年级 | 评价指标（测试项目） | 分值 | 备注 |
|---|---|---|---|
| 大学各年级 | 身高标准体重 | 10 | 必测 |
| | 肺活量体重指数 | 20 | 必测 |
| | 从 1 000m 跑（男）、800m 跑（女）、台阶试验 | 30 | 选测一项 |
| | 坐位体前屈、掷实心球、仰卧起坐（女）、引体向上（男）、握力体重指数 | 20 | 选测一项 |
| | 50m 跑、立定跳远、跳绳、篮球运球、足球运球、排球垫球 | 20 | 选测一项 |

## 二、《国家学生体质健康标准》实施办法

（1）《国家学生体质健康标准》（以下简称《标准》）的实施工作在教育部、国家体育总局的领导下，由各级教育行政部门管理，体育行政部门指导，学校组织实施。

（2）《标准》的组织实施工作在校长领导下，由学校体育教研部门、教务部门、校医院（医务室）、学工部门、辅导员（班主任）协同配合共同组织实施。《标准》的测试应与学生的健康体检有机结合，避免重复测试。学生的《标准》测试成绩按评定等级记入《国家学生体质健康标准登记卡》，小学列入学生成长记录或学生素质报告书，初中以上学校列入学生档案（含电子档案），作为学生毕业、升学的重要依据。对达到及格以上成绩的学生颁发证章。《标准》的实施工作记入教师的教学工作量。

（3）学生《标准》测试成绩达到良好及以上者，方可参加三好学生、奖学金评选；成绩达到优秀者，方可获体育奖学分。《标准》成绩不及格者，在本学年度准予补测 1 次，补测仍不及格，则学年《标准》成绩为不及格。普通高中、中等职业学校和普通高等学校学生毕业时，《标准》测试的成绩达不到 50 分者按肄业处理。

（4）因病或残疾不能参加测试的学生，可向学校提交免予执行《标准》的申请，经医疗单位证明，体育教学部门核准后，可免予执行《标准》，并填写《免予执行〈国家学生体质健康标准〉申请表》，存入学生档案。对确实丧失运动能力、免予执行《标准》的残疾学生，仍可参加三好学生、奖学金、奖学分评选，毕业时《标准》成绩可记为满分，但不评定等级。

（5）认真上好体育课、积极参加体育活动、每天锻炼时间达到 1h 者，奖励 5 分，计入学年《标准》总成绩。

（6）属下列情况之一者，其《标准》成绩记为不及格，该学年《标准》成绩最高记为 59 分。

① 评价指标中 400m（50m×8 往返跑）、1 000m 跑（男）、800m 跑（女）、台阶试验的得分达不到及格者。

② 体育课无故缺勤，一学年累计超过应出勤次数 1/10 者。

（7）各地、各学校在实施《标准》时要树立“安全第一”的指导思想，健全各项安全保障制度，落实安全责任制，加强对场地、器材、设备的安全检查。要认真做好学生的体检工作，对生病学生实行缓测或免测。

（8）全国各级各类学校每年均直接将本校各年级《标准》测试数据，通过中国学生体质健康网，报送至教育部“国家学生体质健康标准数据管理系统”，上报数据的时间为每年 9 月 1 日—12 月 31 日，上报测试数据的工具软件由学校在中国学生体质健康网上免费下载使用。

（9）高职、高专类学校参照有关要求执行。

（10）教育部每年公布各省、自治区、直辖市实施《标准》的基本情况；每学年对教育部直属高校本科新生《标准》测试结果，按生源所在地进行统计，并以省、自治区、直辖市为单位进行公布。

（11）各地教育、体育行政部门对本地各级各类学校实施《标准》的情况，要认真检查监督。要将《标准》的实施情况纳入各级政府教育督导内容和评估指标体系，并作为对各级各类学校进行评优、表彰的基本依据。对弄虚作假、徇私舞弊者，给予通报批评，情节严重者，给予行政处分。

（12）为保证《标准》测试数据的科学性、准确性，各地、各学校招标、选用的《标准》测试器材必须是经国家认证认可、监督管理委员会批准的相关认证机构认证合格的产品。

（13）本办法由教育部负责解释。

# 第三章　职业与健康

**学习目标**

（1）了解职业与健康常识。

（2）掌握不同职业者的身体训练方法。

## 第一节　职业危害因素与职业损害

生产劳动是人类社会活动的重要组成部分，劳动者是社会的宝贵资源，劳动者的文化技术水平和身体健康水平直接影响着社会的进步和经济的发展。

### 一、职业危害因素

在职业生产过程中，生产流程、生产环境、生产方式等因素对生产者产生作用，这些职业因素称之为职业有害因素。其一般可分为两个方面：一方面是在生产活动过程中接触的环境（职业、生活、自然、生态）有害因素；另一方面是人的因素如病态、遗传基因、精神心理紧张、不良行为习惯、年龄和营养状况等。

### 二、职业损害

职业有害因素对职业人群引起的健康损害，称为职业损害。职业危害因素、个体、作用条件构成了职业损害的三大原因。

随着社会的演进、文明的发展、科技的进步，人类已进入了知识经济时代，以知识经济为特征的有关疾病，将迅速显现出来。知识经济的生产劳动方式是以脑力劳动为主，过重的脑力紧张负荷可能损害心脑血管系统、神经系统和内分泌系统，从而引起冠心病、高血压病、心肌梗死、精神和心理障碍、糖尿病和癌症等现代生活方式疾病。

## 第二节　职业性心理社会因素及其对健康的影响

物理、化学和生物性职业有害因素广泛存在，对人体健康损害明显，评价指标客观，已得到各级部门的相对重视。非物理、化学、生物的职业性有害因素，统称为职业性心理社会因素。职业性心理社会因素的存在虽然也很广泛，但由于其对人体健康的影响不如物理、化学、生物因素明显，且评价暴露剂量和健康损伤的指标不易控制，所以至今未得到足够的重视。

### 一、职业性心理社会因素

#### 1. 特殊人群的职业性心理因素

一些特殊职业人群承受职业性心理社会因素的伤害，如精神病科医务人员，经常受到精神病人的不良刺激；武警、公安、军人、司机等受到生命安全威胁；演员、教师等承受超负荷的情绪及心理活动骤变等。

#### 2. 职业性消极因素

生于工作场所的消极因素、悲观情绪是一种职业性心理社会因素。消极因素主要是由同事间或部门间因关系不协调以及在资源配置上因公平、公正等方面的问题，直接从自身产生，还有来自于工作环境中存在的非积极因素对自身情绪的影响。不同职业人群可能接触不同的消极因素，超负荷地接触消极因素可以影响自身情绪，直接地引起心理健康问题，并间接地引起生理健康问题。

#### 3. 职业紧张与职业应激

职业紧张主要来自于工作者自身与所承担工作之间的各种矛盾。对白领层职业人群中提出的各种要求，如工作责任、工作难度的压力，完成任务的时间紧迫感，互相冲突相互抵触的要求等；工作者被动承受来自各方的支配，却得不到满意的劳动报酬；缺乏部门和上级的支持和理解，缺少接受教育与再教育的机会。

#### 4. 体力活动缺乏

静坐式职业：上班期间缺乏适当的体力活动，下班仍然无适当的体力活动，形成的体力活动缺乏的职业性社会有害因素。

### 二、职业性心理社会因素对健康的影响

职业性心理社会因素与人体多种疾病，尤其是非传染性疾病有密切的关系。高科技人群的以情感异常为特征的斯坦福和筑波综合征（高科技综合征）；长期倒班者的神经衰弱、失眠、非溃疡型消化不良、消化性溃疡；长期缺乏体力活动人群的高脂血症、脂肪肝、心脑血管疾病及视力和视觉疾病；农民，特别是农村妇女，由于卫生条件、营养、自然和人文环境、接受教育程度等原因引起的身心健康问题。

# 第三节 职业病与现代文明病

## 一、职业病

职业病是指特殊的工种，在特殊的工作环境中接触特殊的职业危害因素（职业病因）所致的特种疾病。作业环境和作业条件以及使用的物质都是构成职业病的起因，造成某一职业所特有的疾病。因为从事某项工作，多数人有患病的危险性，所以必须引起对职业病的重视。

## 二、现代文明病

“现代文明病”也可称为“现代社会生活方式病”“都市病”“富贵病”。现代文明病区别于“乡村病”“落后病”，它主要是由于人们的生活方式和非健康行为引起的身心不能应付外环境（自然环境、社会环境、心理环境）的刺激（诸如社会运转节奏的加速，竞争程度的提高，个体心理环境的紧张以及拥挤、噪音等），产生某些生理、心理、社会层面不良反应的结果。现代化生产向着机械化、自动化、电气化、智能化、精密化的方向发展。人们在生产中的身体活动，越来越多地被现代化技术装置所替代，生产中的体力劳动因此大为减少，而脑力劳动日益增加。在动作技能上，主要是小肌肉群参加的小幅度动作，要求劳动者灵活、准确、协调地控制生产过程，快速而正确地判断和处理各种数据。高强度、高速度、高效率的劳动和工作使人们经常处于注意力高度集中的状态，神经和体力都极易疲劳。托夫勒在他的名著《第三次浪潮》中说：“20 年来，用术语说，计算机科学家已经经历了从毫秒（千分之一秒）到毫微秒（十亿分之一秒）的归纳时间的压缩。也就是说，一个人的全部工作寿命，以 8 万个工作小时计，每年 2 000h，40 年可以压缩为 4.8min。”

现代分工的脑力化趋向和生产的智能化，使脑力劳动者的数量明显增多。脑力劳动者的劳动有 3 个明显的特点：一是长时间伏案工作，四肢、胸背、腹腔均处于对健康不利的位置；二是中枢神经系统长时间处于高度紧张的状态，大脑对氧气和能量物质的消耗明显增多；三是肌体维持相对的静态，新陈代谢处于较低的水平，氧和能量物质的供应难以满足全身，特别是大脑需要。因此，脑力劳动者易患“神经衰弱”“不活动性肌肉萎缩”“新陈代谢低下”等病症。

人类在享受现代工业文明带来的幸福和财富时，同时受到工业文明导致的自然生态环境破坏的困扰，人们面临着来自自然界，甚至来自人类自身失误所造成的挑战，如环境污染病、办公室病、汽车病、电视病、电脑病等。与职业有关的现代文明病列举以下几种。

### 1. SOHO 族的居家抑郁症

越来越多从事软件编程、装饰设计、图书策划的脑力工作者，正在成为这个社会的 SOHO 一族（即家居办公的人），SOHO 已成为这个崇尚个性的社会中最时尚的工作方式。有关专家研究发现，家居办公者极易患上抑郁症。心理专家指出，工作环境是人们进行社交活动的重要场所，人们对工作中遇到的问题，通过讨论和互相交流，可以解除烦闷不安，而独自在家工作的人则没有这种机会，他们不仅郁闷寂寞，且经常超时工作。他们即便是依靠电话与外界保持联系，久而久之也仍然会脱离社会，使人际关系变得冷漠。专家告诫，除非人们学会并适应独自在家工作这一新的工作方法，否则，抑郁症在这类职业人群中将逐步升级。

2. 静坐综合征

静坐综合征是由于人们长期以坐姿从事工作导致的疾病。美国科学家最近的研究发现长期坐着工作的人，体力活动减少，其肠道蠕动速度显著减慢，使粪便在肠内停留的时间较长，粪便中的致癌物刺激肠黏膜的时间也就较长，这就增加了患结肠癌的危险性。

3. 信息焦虑综合征

随着社会的进步，越来越多的文明病威胁着当代年轻人。许多25～40岁拥有高学历的正常成年人会在没有任何病理变化，也没有任何器质性改变的情况下，突发性地出现恶心、呕吐、焦躁、神经衰弱、精神疲惫等症状，女性并发停经、闭经和痛经等疾病。这实际上是一种身心障碍，未正式公布的名字是“信息焦虑综合征”。信息焦虑综合征又称“知识焦虑综合征”。在信息爆炸的时代，人们对信息的吸收是呈平方数增长的。但人类的思维模式还没能很好地调整到可以接受如此大量信息的阶段，若接受的信息超过自身所能接受的极限，加上没有合理地安排好休息时间，经常加班、熬夜就易产生这种病症。

4. 电脑病

现代社会中计算机被广泛应用，计算机已成为现代人工作、娱乐、休闲必不可少的工具。计算机在给人们带来便利的同时，也给人们带来了一种新的疾病——电脑病。长时间在键盘上操作，头、眼、手、指的频繁活动，加上不良的操作体位和较大的工作量，很容易造成骨骼肌劳累、手指疲倦或麻木、腕关节疼痛等症状。由计算机屏幕的辐射引起的视力下降在从事该行业的职业人员中也屡见不鲜；另外，如果坐姿不正确，还会感觉脖颈和背部疼痛，导致静脉血液循环障碍。长期使用计算机的人还会表现出焦躁、胃部不适、头部发痒等自主神经紊乱症状。

5. 上网成瘾综合征

当今社会，上网已成为一种时尚，不上网者就有跟不上时代潮流之感。很多人沉迷于上网，无节制地花费大量时间和精力在因特网上持续聊天、浏览，导致一些“网痴”沉溺于网上生活而无法自拔。由于对网络生活的过分迷恋和依赖，使“网痴”在现实生活中表现出各种行为异常、心理障碍和交感神经部分失调，如上网时精神亢奋、断网后情绪低落、社会活动减少，大量吸烟嗜酒和滥用药物、自我评价能力下降、生物钟紊乱、思维迟缓、食欲下降、有自杀意念和行为，宁可抛弃学业、事业，甚至家庭也要与网络相依为命等，即是“上网成瘾综合征”。鉴于网络与计算机间的关系，电脑身心失调症、电脑狂暴症、肱骨外上髋炎、腕管综合征、电脑疲劳综合征等，会更易在“网虫”身上发生，这是每一位已“触网”或即将“触网”的人都应引起重视的。

# 第四节 不同职业者的身体锻炼

## 一、农业劳动者的身体锻炼

就农业劳动者来说，他们的身体常常固定于某种姿势进行一些简单重复的动作，这样就只能使那些参加工作的肌群得到锻炼，用力小或参加工作少的肌群就得不到锻炼；有些农活要使胸腹固定以便用力，因而每次呼吸机能得不到很好的锻炼；干农活一般持续时间较长，耐力较强，但肌肉收缩的速度、关节的活动幅度等得不到很好的锻炼。农业劳动者的健身运动方式可以是多种多样的。例如，劳动休息时做些田间操。由于干农活下蹲、弯腰和挥臂等动作较多，而下肢肌群、腰背肌群等处于静力性工作状态，所以休息时可以做些压腿、踢腿、转体、体侧屈、扩胸和上肢的放松动作，其他如登山、散步、踢球、扭秧歌等有助于消除疲劳和增进健康。如果经济条件稍好的话，可以运用健身器械，进行运动锻炼。农业劳动者一般都是独居一院，环境清幽，如果将健身器械搬至室外，一边欣赏着田园风光，呼吸着新鲜空气，一边做健身锻炼，效果会更佳。

## 二、工业劳动者的身体锻炼

工业劳动者长期从事一定量的体力劳动，比较劳累，如果是“三班倒”的工人，工作、休息、睡眠等时间经常改变，影响休息质量。为了增强体质、提高健康水平、保证工作时有旺盛的精力，工业劳动者应经常参加身体锻炼，合理安排时间和项目。

在时间安排上，要考虑上班时间，可把身体锻炼安排在上班前和下班后。上班前适合做小活动量的生产操或广播操，活动身体，调节局部姿势的活动，不宜进行活动量大，体力消耗多的活动，以避免引起疲劳，影响工作。下班后的健身练习，除了要放松神经、肌肉，解除疲劳外，还可以根据劳动中较少参加工作的部分进行锻炼，练习时间控制在 1h 左右为宜。注意针对劳动过程的生理特点选择合适的运动项目。一般来说，针对劳动过程中由于反复使用或负荷较大容易疲劳的部位，应选择能使之舒解、松弛的运动项目；针对在劳动过程中较少使用而容易衰退的身体部位，则应选择那些能够使之充分运动的项目。睡前最好不要做剧烈运动，以免大脑过度兴奋而影响睡眠。

另外，工业劳动者一般都有节假日，可以利用这段时间走出户外，旅游、打球、游泳、垂钓、跳舞、进健身房……使疲惫的身心得以放松，为工作积蓄力量。

## 三、知识分子的身体锻炼

知识分子的工作性质是以脑力劳动为主。脑力劳动是一项艰苦的劳动。紧张的脑力劳动，尤其在高度精神集中时，营养的消耗最多。以医生为例，他们每天面对的是患有各种各样疾病的患者，与“死神”打着交道。各种传染细菌侵蚀着他们，门诊部的医生们，每人要看近百名患者，大医院门诊部的医生诊治的病人为数更多。骨科医生为了解除患者的痛苦，手术室的医生们进行一次手术，经常要持续四五个小时，甚至七八个小时。而且，每次手术都是高度的神经紧张，固定的低头含胸姿势。他们没有一定的精力和体力是不能很好地施展自己的才华的，甚至会导致晕倒或虚脱，成为被抢救的对象。因此，医生应选择健身跑、爬山、游泳等体育锻炼项目，提高有氧代谢能力，改善心肺功能，降低大脑皮层及血管中枢的兴奋性，降低血压；进行双臂屈伸、引体向上、俯卧撑、指卧撑、杠铃、哑铃操等练习，有效增强手指、手腕及上肢肌肉的力量；进行各种小型球类运动，提高手指、手腕的高度灵敏性、精确感和用力的准确性，同时还可以锻炼眼睛，扩大视野，促进眼球运动，有效地恢复睫状肌的疲劳，保护视力。

教师是人类灵魂的工程师，不仅具有一般知识分子的特点，还肩负着用健美的姿态影响人，以规范的行为教育人的重要任务。因此，教师除了要选择有利于健身的走步、慢跑、保健体操等项目外，还应进行健美操等形体锻炼，使自己体形匀称、举止端庄、姿态优美，以身示范，做学生的楷模。

### 四、公务员的身体锻炼

国家公务员是以坐姿的脑力劳动为主的。据研究，脑力劳动对氧的消耗很大，另外，脑力劳动时，身体多处于静坐状态，胸腔里的心肺受到压挤，呼吸、循环、消化、排泄等系统的功能又比较缓慢，这种状态很难满足脑力劳动时大脑对营养的需要。时间长了，营养供不应求，废物不能排出，大脑产生疲劳，理解力、记忆力降低，甚至发生头痛、头晕、恶心等现象。如果大脑长期处于疲惫状态，势必影响身体的健康。因此，公务员应根据自身的特点，选择适合自己的身体锻炼项目。

## 第五节　学生职业实用身体训练

### 一、学生职业实用身体训练的意义与地位

为适应现代社会对人体的要求，学校的劳动教育应当使年轻人在参加生产活动时，能够迅速地了解工具，掌握工艺，适应生产条件。但是，这一切只有在他们具有对职业十分重要的身体训练水平，具有控制自己身体的能力，能够灵活节省地完成必须的动作的情况下才能实现。

职业实用身体训练是一种专门化的教育过程，它通过使用体育的形式、手段和方法，最大限度地保证人的适应劳动和军事活动所必要的机能和运动能力得到发展和完善，提高职业教学的效果和让学生在职业生产中保持良好的工作能力。

众所周知，体育锻炼对人的机体有着良好的影响，系统从事身体锻炼的人很少有病，对生产活动的适应比一般人快，能够态度明确，意志坚定地达到预期的目标。但是，研究表明，一般身体训练水平与顺利适应职业需要和提高劳动生产率之间并不存在直线相关关系。譬如，一个工作了 10～15 年、年龄为 45～50 岁的车工，尽管身体训练水平不高，不会游泳，单杠引体向上做不了 3 次，短跑很费力，却能顺利地适应生产作业。为了更顺利地掌握专业技能，必须发展某些对具体专业最为重要的体能。同样，在劳动过程中能够发展和提高与职业技能相关的体能和技能。生产劳动本身使职业活动所必须的体能、技能和生理机能得到发展，而职业性身体训练对生产劳动的职业体能、技能、机能具有十分重要的作用。

## 二、学生职业实用身体训练的任务与方法

### 1. 职业实用身体训练的基本任务

充实和完善对职业活动有益的运动技能储备和体育教育知识；强化发展对职业重要的身体能力及其相关能力，在此基础上保障身体活动水平的稳定性；提高机体对不良劳动环境条件的耐受力和适应能力，保持和增进未来劳动者的健康。

### 2. 职业实用身体训练的方法

主要采用一般体育运动和竞技运动中的身体练习动作，以及根据职业活动的特点进行改造和专门设计的练习。职业实用身体训练并不排斥模仿劳动活动的某些特点，即形式上与职业劳动中的运动动作相类似的练习。但是，它并不是简单地在形式上对劳动动作的模仿，而主要是有针对性地动员对于职业非常必要的、直接决定着具体职业活动的效果、身体机能能力、运动能力及相关能力的练习动作。

## 三、职业实用身体训练的手段

### 1. 一般实用性练习

借助一般实用性练习可以形成在一般职业活动条件下和可能出现的极端情况下使用的运动技能。

### 2. 职业实用性体操和职业实用性运动项目

职业实用性体操不仅要符合职业活动的要求，而且必须预防职业活动对身体状况和姿势所造成的不良影响。职业实用性运动项目则无论是在操作方式还是身体能力方面，均需与职业特点相似，如对司机职业来说，实用性运动项目应该是汽车拉力赛、摩托车比赛等项目。

### 3. 自然环境的锻炼因素

如专设的高温舱、压力舱、人造紫外线辐射、空气离子疗法、专业化营养等，这对提高机体适应力水平和抵抗职业活动特殊条件下的不良影响也是十分必要的。

## 四、特殊职业实用身体训练的内容与手段

根据几种典型的职业活动对体能和技能的特殊要求，训练的主要内容和手段如下。

### 1. 车工、铣工、切削工、钻工职业要求

发展肩带肌、躯干肌和脚掌肌力量，发展平衡能力，上肢运动的协调性和准确性、目测力、注意力的专注。

训练手段：一般耐力、下肢静力性耐力、各种走、左脚和右脚交换跳跃；团体操、藤圈、实心球、哑铃练习；爬绳，滚翻，手倒立，重物投掷目标；山上滑雪降下，装配和摆放物件等；田径运动、篮球和手球。

### 2. 无线电安装员、装配工、绘图员、缝纫工、钟表工职业要求

发展一般耐力、手指协调性、动作的准确性、触觉的敏感性、注意力的专注、反应等。

训练手段：300m 跑、1 000m 跑、跳绳、体操凳练习、俯卧体后屈、两手耍网球、篮球运球、排球、乒乓球、手球。

3. 吊车司机、拖拉机手、汽车司机、建筑和农业机械驾驶员职业要求

发展上肢和下肢协调性、上肢和肩带肌肉静力性耐力、一般耐力、简单和复杂反应、注意力的转换能力。

训练手段：实心球、哑铃、橡皮缓冲装置练习，加速运球和听信号急停，听信号加速，听信号蹲踞式、站立式起跑，体操、篮球。

4. 木工、瓦工、粉刷工、油漆工职业要求

发展肩带和下肢肌肉、静力性耐力、前庭稳定性、灵敏性。

训练手段：左右手同时运球，在高空和有限地点、爬楼梯、爬绳、爬竿和跳跃中保持平衡的能力。沿纵放、斜放、横放的梯上做攀爬练习，肋木练习和爬绳练习；头手倒立和手倒立，窄木行走，负重和对抗练习，在不高处做跳下练习；竞技体操、技巧运动、跳水。

5. 传送带装配工职业要求

发展动作速度和准确性、动作的灵敏性和协调性。

训练手段：30m 跑、按标记跳远、支撑跳跃；篮球、排球、田径。

6. 安装工、调整工、修理工职业要求

发展手指灵巧性、上肢动力性、静力性耐力和一般耐力。

训练手段：速度运球、传球、投篮；滑雪；上肢、肩带和躯干的力量和耐力，哑铃、实心球、橡皮减震器、体操凳和肋木练习；杠铃、壶铃练习；举重和搬运重物；投掷小球、手榴弹、推铅球；球类运动动作；运动准确性和灵活性练习；注意力游戏；体操、击木游戏、冰球。

7. 采矿工职业要求

发展肩带肌、背肌力量和耐力、灵敏和柔韧。

训练手段：器械练习（体操棒、实心球、哑铃）；攀爬练习；跳远、体操、摔跤。

8. 控制台操作员、畜牧业工人、农艺师和其他农业工人职业要求

发展动作速度、反应速度、协调性、躯干肌肉的静力性耐力；培养在紧张的情况下完成动作的能力。

训练手段：徒手、器械体操练习；体操凳、肋木练习；手球、排球、乒乓球。

## 五、不同专业学生职业实用身体训练的主要内容

1. 地质、勘探类专业学生

应具备的身心素质是心肺耐力好、吃苦精神强、身体基本活动能力高，能适应各种自然环境的特点。宜选用耐力性、准确性、灵敏性游戏；发展肩带肌、背肌力量和耐力，灵敏及柔韧练习，如爬山活动、野营拉练、游泳活动、武装泅渡、长跑练习、攀越障碍等活动。

2. 交通运输专业学生

应具备良好的视力、目测判断力和注意力的转换能力，运动知觉好，反应灵敏，双手动作灵活性好，身体耐力素质好的特点。宜选用发展上肢和下肢协调性、上肢和肩带肌肉静力性耐力、一般耐力的各种球类活动如篮球、排球、乒乓球、网球、羽毛球等，击剑、器械体操。

3. 航空、航海专业的学生

应具备方位判断力好，反应能力强，前庭分析器发育良好，双手活动灵活性和准确性好，耐力素质好，有一定水上功夫的特点。宜选用秋千（包括旋转秋千）练习，花样滑冰，跳伞和跳水及游泳、划船、铁饼练习，链球、体操等活动。

4. 建筑专业学生

应具有坚毅精神，立体感强，灵敏素质好，平衡能力强的特点。需发展肩带和下肢肌肉，静力性耐力能力，宜开展技巧运动；需耐力好，适应高空作业能力，宜开展跳水、滑雪活动，摔跤、爬楼梯、爬绳、爬杆和锻炼前庭分析器的活动。

5. 冶金专业学生

应具备力量和一般耐力素质好，双手动作准确性强，机体耐热能力好，支配能力好的特点。宜开展击剑、篮球、长跑、滑雪、足球、沙滩排球等练习。

6. 机电专业学生

应具备反应快、分配能力强，双手运用灵活性好，一般耐力好的特点。宜选用篮球、排球、乒乓球、滑雪、游泳、长跑等活动。

7. 食品专业学生

应具备分配注意能力强，一般耐力好，能吃苦耐劳的特点。宜开展篮球、乒乓球、长跑、游泳等活动。

8. 农业专业学生

应具有吃苦耐劳精神，应发展动作速度、反应速度、协调性、躯干肌肉的静力性耐力，培养在紧张情况下完成动作的能力。宜开展徒手器械体操练习，体操凳、肋木练习，耐力性、准确性、灵敏性游戏，篮球、手球、排球、乒乓球等。

9. 文科和艺术专业学生

应具备良好的心理素质，开朗的性格以及对外交往的能力。宜开展网球、乒乓球、体育舞蹈、形体训练、游泳和一般耐力等项目。

# 第四章 营养、膳食与健康

**学习目标**

（1）了解营养的基本常识。

（2）掌握健康膳食方法。

## 第一节 基础营养

机体摄取、消化、吸收和利用食物中的养料以维持生命活动的综合过程称为营养。合理营养意味着机体能够摄入保持身体健康所必需的营养成分，能促进生长发育、增强体质、增加体能、增加免疫功能、预防疾病、搞好工作效率和运动能力。

存在于食物中、为健康身体所需要的物质称为营养素，可分为两大类，即三大营养素和微量营养素。三大营养素包括糖、脂肪和蛋白质，它们是构成机体组织和提供能量需要的物质。微量营养素包括微量元素和无机盐，它们的主要作用是维持细胞的功能。

### 一、三大营养素

膳食中的营养素能满足人体的需要，既不缺乏，又不过剩的情况称为平衡膳食。平衡膳食应该由大约 58%的糖、30%的脂肪和 12%的蛋白质组成。这些营养素是供给机体能量的物质。在正常生理状况下，糖和脂肪是主要的供能物质。在体育锻炼中，究竟是糖还是脂肪作为主要能源，运动强度起决定性作用，蛋白质的基本功能则是修补组织。然而，当糖不足或机体处于应激状态时，蛋白质也作为能源物质。下面讨论三大营养素的功能。

1．糖

糖是体育活动中最重要的能量来源，因为它是供给肌肉收缩的主要能源。

（1）单糖和双糖。葡萄糖是最值得注意的一种单糖，因为它是唯一的能够被机体以自身形式直接利用的糖分子。作为能源，所有其他的糖都必须转变为葡萄糖后才能被机体利用。饭后，葡萄糖以糖原（葡萄糖分子链）的形式贮存在骨骼肌和肝脏中。此外，血糖（血液中的葡萄糖）常转变为脂肪贮存在脂肪细胞中以备将来的能源利用。

身体需要葡萄糖来维持正常生理功能，在中枢神经系统中，葡萄糖是能量的唯一来源。若机体摄糖不足，将导致蛋白质转变为葡萄糖，从而使机体蛋白质分解。所以，膳食中的糖不仅是机体的直接能源，而且对节省蛋白质的消耗有重要影响。

（2）多糖。多糖既含有微量营养素，又具有产生能量所需的葡萄糖，大量存在于淀粉和植物纤维中。淀粉是存在于谷类、马铃薯和豆类等食物中的长链糖，淀粉在体内以糖原的形式贮存。在体育活动中，当人体需要能量时，淀粉可快速提供机体能量。植物纤维是一种线状的、不能被消化的糖类，多存在于谷物、蔬菜和水果中，其基本形式是纤维素。由于纤维素不能被消化，所以，它既不能提供能量又不能提供营养素，但它却是健康膳食中不可缺少的成分。

近年来的研究表明，植物纤维提供了肠道的大体积，这个大体积有助于食物废物的形成和排除，因此减少了废物通过消化道的时间，降低了直肠癌的危险。植物纤维也被认为是减少冠心病和乳腺癌发生危险的因素之一，并可控制糖尿病患者血糖的升高。某些植物纤维可使消化道中的胆固醇凝固，阻止其在血液中的吸收，从而降低血液胆固醇的浓度。

2．脂肪

脂肪是能量贮存的有效形式，每克脂肪所产生的能量是每克糖或蛋白质的两倍多。膳食中过多的脂肪摄入易贮存于人体的皮下和内脏周围的脂肪组织中。脂肪不仅来源于膳食中的脂肪，也来自于膳食中过多的糖和蛋白质的转化。尽管体内能合成脂肪，但脂肪中有些脂肪酸是不能合成的，必须由食物提供，这些脂肪酸称为必需脂肪酸。所以，膳食脂肪是必不可少的，是这些必需脂肪酸（如亚油酸、亚麻酸等）的唯一来源，而这些必需脂肪酸又对保持机体的正常生长和皮肤的健康是非常重要的。

脂肪有保护内部器官的作用，帮助脂溶性维生素 A、D、E、K 的吸收、运输和贮存。脂肪可分为单脂肪、复合脂肪和派生脂肪。

（1）单脂肪。单脂肪最通常的形式是甘油三酯，膳食中大约 95%的脂肪为甘油三酯，它是机体脂肪的贮存形式。在运动中脂肪被分解为甘油三酯并产生能量用于肌肉收缩。脂肪酸是甘油三酯的基本结构单位。脂肪酸分为饱和脂肪酸和不饱和脂肪酸。饱和脂肪酸一般来自动物，室温下为固体，也有一些饱和脂肪酸（如椰子油等）来源于植物。不饱和脂肪酸来自于植物，室温下为液体。

饱和脂肪酸和不饱和脂肪酸对健康有不同的影响。饱和脂肪酸能够增加血液胆固醇水平，易在冠状动脉形成脂肪斑块，从而导致心脏病的发生。不饱和脂肪酸一般分为单不饱和脂肪酸和多不饱和脂肪酸。

另一类不饱和脂肪酸近年来受到广泛的注意，该类此脂肪酸被认为有降低血液胆固醇和甘油三酯的功效。它存在于一些新鲜的和冷冻的深海鱼内，而罐装的这些鱼中由于其分子结构被破坏而没有此类脂肪酸。有些研究者认为每周吃 1～2 次含有此类脂肪酸的鱼，可降低心脏病发生的可能。

（2）复合脂肪。从健康角度来看，最重要的复合脂肪是脂蛋白，脂蛋白是蛋白质、甘油三酯和胆固醇的复合物。尽管脂蛋白有数种形式，但基本形式只有两种，即低密度脂蛋白（又称低密度胆固醇）和高密度脂蛋白（又称高密度胆固醇）。低密度胆固醇中只含有少量的蛋白质和甘油三酯，而含有大量的胆固醇。因此它易在心脏的血管上形成脂肪斑块，并导致心脏病。一般认为，高密度胆固醇是利于健康的胆固醇，而低密度胆固醇则是不利于健康的胆固醇。

（3）派生脂肪。胆固醇是派生脂肪。尽管胆固醇不含脂肪酸，但因为它和其他脂肪一样不溶于水，故还称它为脂肪。胆固醇主要来源于动物性食物，如肉、牡蛎等。尽管食物中的高胆固醇增加了心脏病发生的可能性，但一些胆固醇对维持正常生理功能是必需的，胆固醇是构成细胞和某些激素（如男、女性激素）的成分。

#### 3. 蛋白质

蛋白质的基本作用是构建和修补组织，同时也参与维持机体的功能（包括合成酶、激素和抗体等），以调节机体代谢和抵抗疾病。如前所述，蛋白质在正常情况下并不是主要能源，然而在糖摄入不足的情况下，蛋白质可转变为葡萄糖供给能量。在糖摄入充足的情况下，食物中过多的蛋白质则转变为脂肪，贮存在脂肪组织中作为能量储备。

### 二、微量营养素

微量营养素是由维生素和无机盐组成的。在功能方面，微量营养素和三大营养素一样重要，是维持生命所必需的。尽管它们不能提供机体能量，但三大营养素的分解利用都离不开它们的参与。

#### 1. 维生素

维生素指在维持许多机体功能方面起关键作用的一类小分子，特别是在机体生长和发育方面。按其能溶于水还是脂肪，维生素可分为两类，即水溶性维生素和脂溶性维生素。水溶性维生素包括维生素 B 族和维生素 C，它们由肾脏排出；脂溶性维生素包括维生素 A、D、E、K。由于这些维生素贮存在脂肪中，因此它们很可能在机体积聚达到中毒水平。

大多数维生素不能由机体产生，必须由膳食供给，而维生素 A、D 和 E 则能由机体少量产生。由于维生素易在烹调中丧失，因此最好生吃或蒸蔬菜以保持其最大的营养价值。维生素存在于几乎所有的食物中，平衡膳食供给所有必需维生素，以维持身体功能。

近年来的研究表明，维生素和无机盐的一个新的功能是防止组织损伤，这对体育锻炼参加者来说是重要的。

#### 2. 无机盐

无机盐指维持正常生理功能所需要的化学元素。像维生素一样，无机盐存在于很多食物中并在调节机体许多重要功能方面起很大作用，如维持神经冲动、肌肉收缩、酶功能和水平衡等。无机盐还构成机体成分，钙、磷、氟是构成骨骼和牙齿的重要成分。3 个最重要的无机盐为钙、铁和钠。钙在骨骼形成中起到重要作用，钙缺乏将导致骨质疏松；膳食中铁缺乏将导致缺铁性贫血，出现慢性疲劳；摄入高钠可导致高血压或心脏病。

### 三、水

机体的 60%～70%是由水构成的，水参与机体所有重要的生命过程。对体育锻炼参加者来说，水是最重要的营养素。在炎热、潮湿的环境中进行大运动量锻炼时，人体每小时将通过排汗失去 1～3L 的水。若失去 5%的机体水，将导致疲劳、乏力和注意力不集中等。若失去

15%的机体水可能导致死亡。水对维持体温、消化吸收食物、造血和排泄废物等都是非常重要的。

水存在于所有食物中，特别是水果和蔬菜中。正常情况下人体每天大约需要饮用8～10杯水，还不包括引起体液过度损失的状态，如过度出汗、献血、腹泻和呕吐等。

# 第二节　营养的作用

## 一、营养对人发展的作用

营养与人体的关系十分密切，它对保证人体生长发育、维护健康、提高生理机能、防治疾病以及运动员达到优异成绩，都是不可缺少的重要因素。

营养是人类生存的最基本的物质条件，它关系着人们的体质强弱、民族的繁荣昌盛，同时还是衡量一个国家经济和科学文化发展水平高低的标志之一。

### 1．营养与生长发育

人体的生长发育受遗传、营养、运动、环境和疾病等许多因素的影响，而营养是最重要的因素之一，因为营养素是构成机体的物质保证。在机体生长发育过程中，必须不断摄取食物营养来建造组织。若营养不足，生长发育必然受到影响。研究表明，胎儿的身高、体重，与父母的营养状况呈正相关，合理的营养能促进儿童的生长发育。世界卫生组织的调查表明，一个国家或民族的体格发育水平，与其营养状况有很大关系。我国人民的体格发育水平自新中国成立以来之所以有明显提高，是与生活改善分不开的。

### 2．营养与健康

营养与健康的关系十分密切，合理营养不仅能够增进健康，还可以作为防止疾病的手段。营养失调不仅使人体质衰弱，而且可引起疾病。营养不足会引起营养缺乏病，如缺乏维生素A引起眼干燥症，缺钙引起佝偻病等。营养过剩或失去平衡，如热量及脂肪过多，会引起肥胖症、高血压病、冠心病和糖尿病等。此外，营养还与癌症有关，如脂肪摄入量与乳腺癌发生率呈正相关，食物纤维摄入量与直肠癌呈负相关。美国的统计资料表明，妇女的癌症60%与营养有关，男子的癌症40%与营养有关。而适量的某些营养素具有一定的抗癌作用。

### 3．营养与生理机能

营养可以从神经和体液两个方面影响人体机能。人脑的决定性成长是在出生后到2周岁，若此时缺乏营养，不但在脑发育上影响到脑细胞的数量、大小和髓鞘的形成，而且也影响到神经递质的形成，给神经传导造成障碍。研究表明，营养不良对儿童的智力发育有严重影响，并影响其行为活动能力。动物实验表明，营养缺乏对脑的不良影响，需经过两代后才能恢复。

### 4．营养与免疫功能

机体的免疫功能与营养情况有密切关系，良好的营养是发挥免疫系统正常功能的重要条件。脂肪与碳水化合物过多时，对免疫系统也有不良影响。因此，合理营养是增强机体免疫机能、调动机体主动抗病能力、预防疾病的最好措施。

5．营养与体育运动

营养与体育运动都是维护和促进人体健康的重要因素。营养是构成机体组织的物质基础，体育运动是增强人体机能的有效手段，两者的科学配合，可有效促进身体发育、提高健康水平和运动成绩。只注意营养而缺乏体育运动，会使人体肌肉松弛、肥胖无力、机能减弱；反之，进行体育运动而缺乏必要的营养，体内消耗的物质能量得不到应有的补偿，也会使人的机能减弱，影响发育，并可引发营养缺乏症，有碍身体健康。所以，要想使体育运动获得良好效果，就必须有适当的营养保证。

## 二、营养不足对人体的危害

正常人所需营养素的摄入过多或不足时，均会导致营养不良。营养缺乏病是由于摄入营养素不足，而临床上引起各种表现的疾病。

1．营养缺乏病的病因

营养缺乏病的病因有原发性和继发性两类。原发性指单纯摄入不足，可以是综合性的各种营养素摄入不足，也可以是个别营养摄入不足，前者较为多见。继发性是由于其他疾病过程而引起的营养素不足，除摄入不足外，还包括消化、吸收、利用、需要等因素的影响。按照营养素在体内的代谢途径，营养缺乏病的原因可以分为以下几种。

（1）营养素摄入不足。最常见的是食物摄入不足，其原因可以是原发的，也可以是继发的。一般情况下，偏食可引起某种营养素缺乏，有时某人群的习惯性偏食甚至会导致某种营养素缺乏病的流行。食物因加工烹调不合理而破坏营养素，虽摄入量并不少，但也可引发营养缺乏病。此外，由于食欲不振、昏迷、精神失常或神经性厌食、口或颜面手术后以及食道癌等引起的摄食不足，也会发生营养缺乏病。

（2）营养素吸收不良。腹泻及胰腺功能不足会引起消化道广泛性的吸收不良，胃及十二指肠或回肠切除会引起部分小肠的吸收不良。容易缺乏的营养素有脂肪、叶酸、脂溶性维生素和维生素 $B_{12}$、铁等。有些药物可阻止营养素的吸收，或影响其代谢而导致主动运输机制受到抑制，如泻药中的液体石蜡会溶解脂溶性维生素而造成吸收不良等。近年来的研究证明营养素之间的不平衡也是造成吸收不良的因素。如对于防治心血管疾病和肠道肿瘤有益的膳食纤维，如果摄入过多，将影响无机盐的吸收；膳食中的铁和锌应保持一定比例，若一方过高，会导致另一方吸收不良。

（3）营养素的利用减少。常见的是肝脏疾病使人体对营养素的利用率或储存能力下降。如肝硬化时，常导致维生素 A、$B_6$、$B_{12}$ 和叶酸的储存减少而出现缺乏症；尿毒症患者的肾脏不能使 25-一羟胆固醇转变为有活性的 25-二羟胆钙化醇，导致肠道吸收醇障碍等。有的药物是某些营养素的拮抗剂，故在使用时可抑制营养素的功能而发生缺乏症状。如抗肿瘤药脱氧吡哆醇是维生素 $B_6$ 的同素物，能抑制需要维生素 $B_6$ 的酶系，引起维生素 $B_6$ 的利用。某些遗传病可引起机体对维生素利用的缺陷，如肝脏中先天性缺少亚胺甲基转移酶或 N-5 甲基四氢叶酸转换酶活力减低，都会使叶酸的利用受影响。

（4）营养素的损耗增加。长期发热，代谢机能亢进，各种癌症及其他消耗性疾病如糖尿病、结核病等均会明显地增加体内各种物质的消耗。创伤、大手术、大面积烧伤等会促使组织分解代谢加剧，从而使体内的氮从尿液及创面中大量丢失。消化道瘘与肾脏病也会使蛋白质损耗较大，并容易发生营养缺乏性疾病。寄生虫感染会引起营养的素损耗增加，长期慢性失血也是导致营养缺乏的原因。

（5）营养素的需要量增加。在人体生长发育旺盛期及妊娠、哺乳等生理过程中，营养素的需要明显增加。此时如有营养素吸收不良、利用减少和损耗增加的情况，则更易发生营养缺乏的情况。

### 2．营养缺乏病的表现

营养缺乏病的发病过程是缓慢的，按其程度和时间可分为轻度、中度、重度和急性、亚急性和慢性。其病理变化则经历储存不足、生化病变、功能变化和形态改变 4 个阶段。到了形态变化阶段，往往会形成一些不可逆的变化，从而使病程进一步恶化。在功能变化阶段以前，患者主诉或体检不易发现明显的异常，因此属于亚临床缺乏。近年来由于检查方法的进步，许多亚临床缺乏都可以用实验手段加以证实，从而有利于对营养缺乏病进行早期诊断和早期治疗。

营养缺乏病的临床表现与人体对营养需要量的适应性有关，各种营养缺乏病的表现概括为以下几方面。

（1）生长发育不良。不论是婴幼儿、学龄前儿童还是青少年，营养缺乏病都会影响到生长发育。孕妇营养缺乏则影响胎儿的生长发育，这种影响是从体力和智力两方面发生作用的。

（2）代谢调节异常。营养缺乏所导致的生物活性物质功能和合成率降低，会影响到整个代谢的调解，如体内的重要酶类和激素都是由各种营养素组成，或其生理功能都需要某些营养素促进。正常人体构成稳定的内环境，各种物质代谢保持着平衡，营养缺乏病打破了这一稳定的内环境，异常的代谢反应成为许多临床表现的内在原因。

（3）抗感染能力下降。人体在营养缺乏时，对感染的抵抗能力明显降低，已有研究证明许多营养素都与人体免疫机能有关，有的是细胞免疫，有的是体液免疫；营养不良与感染往往成为相互影响的因素，形成了恶性循环。

（4）组织的再生和恢复延缓。营养缺乏时，代谢率下降，蛋白质合成率降低，组织的再生及其功能的恢复明显延缓。手术后的创面愈合、综合治疗后的康复时间都在一定程度上反映出患者的营养状况。

（5）并发症较易发生，死亡率增加。营养缺乏作为原发性疾病的临床表现之 ，也是预测并发症和死亡率的一个指标。营养缺乏如果不及时纠正，会导致很多并发症发生，使原发性病症更加严重而难于治疗。患者对治疗措施的反应能力下降，会使死亡更为迅速。

### 3．营养缺乏病的诊断

营养缺乏病的诊断依赖于膳食史、体检、生化检查和治疗试验。

（1）膳食史。了解膳食摄取情况的最精确的方法是称量法膳食调查。

（2）体检。体检包括人体测量、症状检查和生理功能检查这几部分。

① 临床检查营养缺乏病的临床症状有特异性和非特异性。

② 生化检查。

③ 治疗试验。

当临床症状难以确定诊断，而生化检查一时无条件进行时，可采用治疗试验。即让患者接受某种营养素的补充，观察其临床症状有无好转，若治疗有效表明为该种维生素缺乏症。

治疗试验应注意的是有的营养素过量时会产生毒性，如维生素 A 和维生素 D 中毒。

4．营养缺乏病的治疗原则

（1）营养缺乏病的治疗应针对病因。对继发性缺乏病应注意主要病因的治疗，同时也要考虑解除影响摄入不足的因素，为补充食物和营养素创造条件。营养治疗要成为整体治疗方案中的组成部分，与其他治疗措施相辅相成、相互促进和补充。

（2）营养缺乏病在治疗时所采用的补充剂量要适宜，不必使用过高的治疗量或维持量，尤其是对于有毒副作用的营养素更应注意。不同年龄、不同情况的病人要区别对待，最好是根据临床症状和生化检查结果来决定。

（3）治疗营养缺乏病时，不能只考虑主要缺乏的营养素，而应全面地从营养素之间的相互关系来考虑治疗方案，以期患者恢复到具有合理营养状况的健康水平。

（4）营养缺乏病的治疗应循序渐进，如不宜突然用高热能高蛋白质膳食治疗重度蛋白质热能营养不良，因机体长期缺乏后肠胃道和其他器官的功能都处在萎缩和较低状态，不能适应一时的超负荷。

（5）营养缺乏病的治疗，一般应充分利用食物，配制适合于疾病特点的治疗膳食。当患者摄食困难或神志不清时，才考虑匀浆膳或要素膳的应用，当要素膳仍不能满足需要时，才考虑用静脉高营养。在患者病情好转以后，应尽早恢复正常的膳食治疗。

（6）营养缺乏病的治疗，因见效缓慢一般需要坚持一段时间。效果应以患者营养状况的全面恢复、临床与亚临床症状消失、抵抗力增强等客观指标为依据。

## 三、营养与疾病

1．营养与高血压病

高血压病是一种临床综合征，一般可分为原发性高血压病和继发性高血压病，前者占绝大多数。高血压的病因很多，膳食营养是重要的原因之一。

2．营养与高脂血症和冠心病

冠心病的病因和发病机理，目前尚未完全清楚，但普遍认为高脂血症、高血压、糖尿病、吸烟、体重过大和缺乏体力活动是引起冠心病的危险因素。大量流行病学资料、临床实践和动物试验都已证实，合理调整饮食对于防治高脂血症和冠心病具有十分重要的意义。

3．营养与骨质疏松症

随着年龄的增长而发生的骨骼大量损耗称为骨质疏松。当骨骼损耗明显时（相当于原成人骨质的 1/3 时），骨骼极易发生骨折，并难以愈合。中老年人多发此病，主要表现为骨密度减少，患者骨骼疼痛，易发生骨折，常见部位有股骨颈、前臂、骨盆、脊柱压缩性骨折、锥体融合等，尤其是闭经女性多见，与男性的比例为 8∶1。

4．营养与糖尿病

糖尿病是一种慢性内分泌代谢性疾病，病因不明。基本的病理生理变化为：绝对或相对的胰岛素分泌不足，所引起的糖、脂肪和蛋白质等物质代谢紊乱。其特征为血糖浓度超出正常值上限及尿中出现糖，并有“三多一少”（多尿、多饮、多食和体重减轻）的临床症状。糖尿病患者易并发感染、心肾等重要脏器的动脉硬化、神经系统病变及眼部病变。

5. 营养与肿瘤

肿瘤是一种不正常的组织块，其生长速度超过正常组织，并与正常组织的生长不协调。肿瘤分良性和恶性两种，肿瘤的病因很多，主要与环境因素有关。水和食物是环境因素，营养状况及膳食习惯与肿瘤的发病类型有一定关系。

# 第三节 健康膳食指导

在膳食中合理地选择三大营养素和微量营养素是非常重要的，就此提出一些指导性建议，以促进合理饮食的形成。

## 一、营养膳食指南

为满足机体所需的三大营养素，一个人应摄入大约 58%的糖（48%的多糖和 10%的单糖）、30%的脂肪（10%的饱和脂肪和 20%的不饱和脂肪）和 12%的蛋白质。成人每天对蛋白质的需要量大约为 0.8g/kg 体重。

膳食专家曾提出了一些建议，认为应从 4 组基础食物中选择食物。这 4 组食物为豆类，粮食和坚果，水果和蔬菜，家禽、鱼、肉和蛋、奶制品。

每一个人的情况都会有所不同，每一个民族的饮食习惯也不同，但必须有一个科学的膳食指南。综合了中国居民平衡膳食宝塔，美国农业部的食品指南金字塔，澳大利亚营养基金会的健康饮食金字塔，还有胆固醇控制金字塔后，得出了如图 4-1 所示的健康饮食指南。

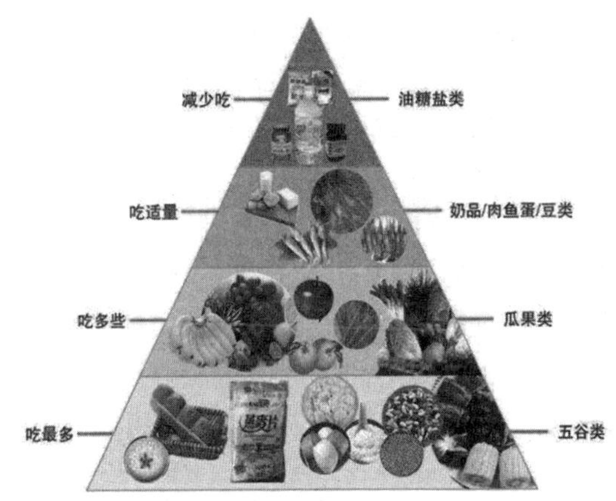


图 4-1

## 二、热量与健康

膳食中摄入一定数量热能物质对发展良好的膳食习惯是非常重要的。但膳食中出现的大部分问题，不是缺乏三大营养素，而是能量物质过剩。因此，应该检查总能量物质的摄入，防止膳食能量的摄入过高。

在检查膳食能量时，应记住两点：第一，避免从单糖中摄入过多的能量。大部分膳食中的单糖是蔗糖。单糖的主要营养问题是不含有丰富的营养素。换言之，单糖含有高热能却几乎不含微量营养素。第二，限制膳食中能量物质脂肪的摄入量。脂肪是高能量物质，同时也含有高胆固醇，每克脂肪所含的能量是每克糖和蛋白质的两倍（1g 脂肪含 9.1kcal 热能，1g 糖含 4.6kcal 热能，1g 蛋白质含 4.6kcal 热能），限制膳食中的脂肪摄入可减少心脏病发生的危险和能量过剩导致的肥胖。

### 三、应该避免的食物

在前面已经列出了膳食中应包括的三大营养素和微量营养素，为了保持健康，我们就应该将有些食物减少到最小，因为这些食物与许多健康问题密切相关。即使现在还没有这些健康问题，但也应该注意饮食习惯，否则在以后的生活中就可能出现这些健康问题。

首先，应该避免那些含有高脂肪的食品，无论是饱和脂肪还是不饱和脂肪都与心脏病、肥胖和某些癌症密切相关。此外，人们常常忽略膳食中脂肪比蛋白质或糖对形成身体脂肪有更大的可能性。

胆固醇是一种维持身体功能所必需的物质，但胆固醇太高可能引起心脏病，因此，食用低胆固醇的食物可降低发生心脏病的危险。冠心病的发生率与膳食中胆固醇的含量密切相关。减少 1%的食物胆固醇摄入量可降低 2%的冠心病发生率。高胆固醇食品中脂肪含量也较高，人们常用膳食中胆固醇饱和脂肪指数来反映某些食物对心血管系统的危害。

盐（氯化钠）是必需营养素，但每日需要量较小（小于 1/4 匙）。排汗量较大的人，其需要量可增加到 1.5 匙/天。世界卫生组织建议每人每日食盐用量以不超过 6g 为宜。人体应该避免摄入过多的盐，因为高盐是引起高血压的一个重要原因。

膳食中少盐的国家，其国民高血压发生率极低。因此，即使目前还没有患高血压，也应该在膳食中减少每日盐的摄入量。

据统计，一般人每天膳食中摄入的糖是以蔗糖形式摄入的。蔗糖是用来做糕点、糖果、冰淇淋、甜饮料、甜食品和其他食物的原料。有研究认为，过多摄入这些单糖与许多健康问题（从儿童多动症到糖尿病）密切相关，过多摄入这些糖，对机体有许多不良影响。首先，大量的食糖增加了膳食中的热能，容易产生肥胖，而肥胖又可导致许多健康问题（如糖尿病）。其次，单糖提供的热能被认为是纯的热能，它不能提供机体所需的微量营养素用于三大营养素的代谢。因此，多糖对机体更有利，因为他们可提供多种微量营养素。其次，食糖也易产生龋齿，尽管吃过甜食后刷牙可预防这些问题，但不能解决其他摄糖过渡所带来的问题。由于食糖有不良后果，我们应该注意适当食糖。

# 第五章　身体机能的锻炼原则与方法

**学习目标**

（1）了解身体机能的锻炼原则。

（2）掌握科学锻炼方法。

## 第一节　身体机能的锻炼原则

尽管具体的锻炼手段和方法因人而异，但增强体能的锻炼原则是每一位锻炼者都应该遵循的，下面介绍几个增强体能的原则。

### 一、超负荷原则

1．何谓超负荷原则

超负荷原则是指人体对某一负荷刺激基本适应后，必须适时、适量地增大负荷使之超过原有负荷，运动能力才能继续增长。例如，为了提高骨骼肌力量，应对肌肉施加超过平常状态下的负荷。这可通过提高运动强度（如增加重量）来达到超负荷的锻炼目的。同时，通过延长锻炼的持续时间也可以达到超负荷锻炼的目的。例如，为了提高肌肉耐力水平，肌肉就应该比平时工作更长的时间（通过增加练习的重复次数）。当然，超负荷原则也适用于柔韧性的练习。例如，为了增加关节运动的幅度、提高运动的能力和预防受伤，在锻炼中就应该使肌肉比平时拉伸得更长或增加肌肉拉伸的时间，这样才能有效地提高关节的柔韧性。

尽管超负荷锻炼有利于提高体能水平，但这并不意味着每次锻炼时都要练习到筋疲力尽的状态，事实上，即使不进行超负荷的练习，一般性的锻炼也能促进体能水平的提高。

2．如何运用超负荷原则

超负荷练习中的负荷应适宜，负荷通常包括负荷量与负荷强度。负荷量通常是以练习的次数、时间、距离、重量来表示；负荷强度一般是以练习的速度、负重量、密度、难度或者以速度、负重量、密度、难度的练习占总练习的百分比来表示。负荷量和负荷强度相互影响、

相互制约，在强度最大时，负荷量肯定是最小的；如果负荷量很大，强度也不可能达到最高。一般来说，当负荷强度为90%～100%时，负荷量最小；当负荷强度达到75%～89%时（即次最大强度），负荷量达到中等；当负荷强度为50%～74%时，负荷量一般能达到次最大量。相反，当负荷量最大时，负荷强度也只能是最小强度，即30%～50%的负荷强度。

负荷的增加必须考虑到锻炼者的体能水平。负荷过大或过小都不利，但负荷过大比负荷过小的害处更大。负荷过小，机体得不到必要刺激，也就达不到理想的锻炼效果。负荷加大（即接近人体极限的负荷）能有效地提高人体机能水平。问题是，每个人的适宜负荷总是很难掌握，需要锻炼者逐渐地摸索。

## 二、循序渐进原则

### 1．何谓循序渐进原则

循序渐进原则是超负荷原则的延伸，该原则是指在实施增强某种体能的锻炼方案时应逐渐增加负荷。需注意的是，在实施某种锻炼方案的前4～6周内通常应缓慢地增加负荷。要想获得最佳的体能状态，增加负荷不宜太慢或太快。负荷增加太慢会限制体能水平的提高，增加太快则可能造成长期的疲劳和损伤。由于运动量太大而引起的肌肉或关节损伤称为过度锻炼损伤。锻炼引起的损伤可能是由一次短时间高强度的练习造成的，也可能是由一次长时间低强度的锻炼造成的。

### 2．如何运用循序渐进原则

在体育锻炼期间，多大的渐进速率是安全有效的呢？对这个问题不可能有明确的答案，因为每个人对锻炼负荷的忍受水平不尽相同。但是，“百分之十规则”可指导锻炼者提高体能水平和避免过度锻炼损伤。这个规则的含义是：每周运动强度或持续时间的增加不能超过前一周的10%。例如，一个每天跑步20min的锻炼者，在下一周可将每天的跑步时间增加到22min。

当锻炼者达到他所希望的体能水平时，就无须再增加运动强度或持续时间。实际上，一旦达到所希望的体能水平后，以某种固定的负荷进行有规律的锻炼，就能保持这种体能水平。为维持某种体能水平而进行的锻炼称为维持方案。但值得注意的是：体能的锻炼符合“用进废退”的规律，即当锻炼者达到所希望的体能水平时，如果停止锻炼，那么该锻炼者的体能水平就会随时间的推移而恢复到锻炼前的水平。

## 三、专门性原则

### 1．何谓专门性原则

专门性原则是指锻炼时针对身体的某一部位或某一机能进行反复的练习。例如，经过10周的举重练习后，手臂肌肉力量加强。对某个特殊肌肉群的锻炼称为神经肌肉专门化锻炼；对某个供能系统的锻炼称为能量代谢专门化锻炼。

### 2．如何运用专门性原则

如果锻炼的主要目的是提高有氧运动能力，那么可以选择慢跑、步行、自行车、有氧操以及远距离游泳等运动项目进行锻炼。锻炼的专门性原则同样也适用于肌肉的不同类型。例如，力量练习能增强肌肉的力量，但无法更大程度地提高肌肉的耐力水平，因此，力量练习对提高肌肉力量是专门性的。同样，耐力练习能提高肌肉的耐力水平，而不能改变肌肉的力量。在日常锻炼中，应根据锻炼的目标来选择适当的锻炼手段与方法，这样才能更好地实现锻炼目标。

### 四、恢复性原则

#### 1. 何谓恢复性原则

人体机能的提高是通过负荷、疲劳、恢复、提高等这样一个循环往复的过程而实现的。

由于超负荷原则要求锻炼者在身体活动时增加运动强度和运动量，故其身体会产生疲劳感。因此，要想从锻炼中获得最大收益，在下一次锻炼之前必须注意休息，以使体力得以恢复。两次锻炼之间的休息阶段称为恢复阶段。

#### 2. 如何运用恢复性原则

两次大运动量锻炼之间究竟要休息多少时间呢？对大多数人来说，休息一两天就足够了。如果两次大运动量锻炼之间得不到足够的休息时间，可能会引起过度锻炼的疲劳综合征。

过度锻炼是指在锻炼过程中的总负荷超过了锻炼者的机体所能正常承受的能力。那么，如何判断自己是否过度锻炼了呢？一般过度锻炼的表现是在锻炼后的第二天早上产生，锻炼者会肌肉酸痛僵硬或感到疲劳，有时称之为“锻炼的延续效应”，这是一种常见的症状。严重的过度锻炼甚至会产生一些心理症状，如注意力涣散、容易激动，而且还会出现睡眠不好、夜间盗汗、食欲不振等症状。

缓解过度锻炼症状的方法是增加两次锻炼之间的休息时间和锻炼时降低运动强度。对于严重的过度锻炼者来说，还需要增加营养、接受理疗和按摩等，使肌体得以恢复，否则会导致症状的进一步恶化。尽管运动量过大是引起过度锻炼症状的主要原因，但饮食不平衡也可能引起“锻炼的延续效应”。

### 五、大小运动量相结合原则

交叉采用大小运动量不仅能提高锻炼的效果，而且能降低身体受伤的可能性，换言之，注意交叉采用大小运动量能让人从一种锻炼方案中获得最大收益。因此，应该做到以下四方面。

（1）不要连续几天进行高强度运动。

（2）高强度运动一周最多只能进行 3 次。

（3）每周安排 1 次超强度运动，让身体尽全力活动。

（4）了解自己的身体状况，合理安排活动内容。

如果肌肉疼痛不断或疼痛加剧，应立即停止锻炼。另外，在进行大运动量锻炼时，应逐渐增加运动强度。

## 第二节　运动处方的科学应用

医生在每个病人求诊时只有对症下药，才能治愈病人的某种疾病。同样，对每一个锻炼者来说，只有一个合理的运动处方才能有效地提高其体能水平。运动处方应适合个体的需要。一份运动处方应包括锻炼目标、准备活动、锻炼模式和整理活动。

## 一、运动处方的组成

### 1. 设置锻炼目标

确立短期和长期目标对设计一份运动处方十分重要，目标能促使个人去实施某一个锻炼方案，而达到目标后又能进一步提高自信心，从而激励其终身从事有规律的体育锻炼。

可以为与健康相关的各个体能成分设置锻炼目标。如表 5-1 所示反映的是一个假设的例子，讲述某人如何通过体能测试来判断他何时达到目标，然后在此基础上设置短期和长期目标。表中的“当前状况”栏是指这个人在开始执行锻炼方案前通过测试所获得的体能水平等级。然后，他确立了一些短期目标，希望在 8 周内达到这些目标。值得注意的是，短期目标并非固定不变的，它可以随个体的情况而进行调整。他的长期目标是希望在 18 个月内达到的体能水平，同样，长期目标也可随个体的需要或环境变化而进行调整。

**表 5-1 设置短期和长期锻炼目标**

| 体能成分 | 当前状况 | 短期目标 | 长期目标 |
| --- | --- | --- | --- |
| 心肺功能 | 差 | 一般 | 极好 |
| 肌肉力量 | 差 | 一般 | 极好 |
| 肌肉耐力 | 很差 | 一般 | 好 |
| 柔韧性 | 差 | 一般 | 好 |
| 身体成分 | 高脂肪 | 较高脂肪 | 最佳 |

此外，还要考虑设置一些坚持锻炼的目标，即设置保证每周专门有几天用来锻炼的目标。坚持锻炼的目标很重要，因为只有有规律地锻炼，个人的体能水平才能维持和提高。

### 2. 重视准备活动

准备活动是在锻炼前进行的短暂的练习活动（5～15min）。准备活动的内容通常包括小运动量的健美体操、低强度的跑步或伸展性练习等。准备活动的目的是提高肌肉的温度，增加工作肌的血流量。准备活动还可降低大运动量锻炼对心脏的压力以及减小肌肉和肌腱受伤的可能性。

### 3. 选择锻炼模式

锻炼模式包括锻炼方式、频率、强度和持续时间。锻炼方式是指个体从事某种专门性的身体练习活动。每一位想参加体育锻炼的人首先应选择一项适合于自己的运动项目作为锻炼的方式，例如，为了提高心肺功能适应水平，可以从广泛的锻炼方式中选择，如跑步、游泳或骑自行车。当选择某种锻炼方式时应考虑的主要因素是：运动的适用性和受伤的危险性。

根据体育锻炼时施加在关节上的负荷量，可将身体运动划分为高冲击和低冲击两种。对关节施加负荷量大的运动称为高冲击运动，而对关节施加负荷量小的运动称为低冲击运动。由于高冲击的运动方式易使锻炼者受伤，所以许多体能专家建议，初学者或那些易受伤者（如老年人或身体肥胖者）最好选择低冲击的运动方式。高冲击运动包括跑步、篮球以及节奏很快的有氧操等；低冲击运动包括散步、骑自行车、游泳及节奏较慢的有氧操等。

锻炼频率是指每周锻炼的次数。为提高与健康有关的体能水平，建议每周锻炼3～5次。

4. 注意整理活动

整理活动是在主要锻炼阶段结束后立即进行的5～15min的低强度练习。例如，慢走可作为一次跑步锻炼的整理活动。整理活动能达到的目的：首先，整理活动可以使血液从肌肉返回心脏。锻炼时，大量的血液被运送到工作肌中，锻炼停止后，如果不能使沉积的血液重新分流，就会感到头晕甚至昏倒。防止血液沉积最好的办法是对工作肌进行低强度练习。其次，尽管一次整理活动不能完全消除肌肉酸痛，但会减低因运动而引起的肌肉酸痛的程度。最后，整理活动有助于体温的逐渐降低。

### 二、强调因人而异

1. 锻炼方式因人而异

锻炼方式应根据个人的需要和目标来制定，尽管每个人锻炼时应用的基本原则相同，但没有两个完全相同的人。因此，选择锻炼方式时应考虑一些因素，如个体的健康、年龄、体能、骨骼肌和身体结构等状况。

2. 合理的运动量

“运动量多大才够”是一个常常涉及的问题，对这一问题的回答应根据具体的锻炼目标而定。为改善健康状况所需的最小运动量称为健康阈；为增强健康相关体能的最小运动量称为锻炼阈。近年来的研究表明，进行一些较低水平的身体活动（如园艺活动、做家务、慢走等）对健康也有益处。只要这些活动是有规律地进行而且持续相当长的时间（每周至少消耗2 000cal热量），就能从中获益。例如，从事园艺活动9～12h可能需要消耗2 000cal热量。然而，尽管低水平的身体活动可改善健康状况，但通常体能水平得不到提高。因此，要增强体能，就需要逐渐加大运动量。但运动量过大除了会导致身体受伤外，还可能引起其他的疾病。

## 第三节　简便易行的锻炼方法

体育锻炼的内容和方法形形色色、多种多样，且每位参加锻炼的人也有着不同的动机和目的。怎样选择适合自己的锻炼方法是一个必须考虑的问题，否则，体育锻炼不但不能增进健康，而且还可能有损于健康。本节将介绍一些常见的简易和有效的个人锻炼方法。

### 一、步行锻炼法

步行是体育锻炼中最简便易行的运动，常言道“饭后百步走，活到九十九”“百练不如一走”，可见步行（也称散步）是古今长寿的妙法之一。步行之所以能成为人们进行健康锻炼的良好手段，自然有着诸多的原因。首先，人们在不花额外费用的情况下，可以在任何时候、任何地方，与任何人一起进行活动。其次，步行是一项有趣的运动，它极易被各种年龄的人所接受并融入日常的生活安排中去。再次，步行锻炼虽然也存在技术的问题，但这些技术非常简单，极易掌握。最后，参加步行锻炼不需要什么特殊的装备，有一双穿着舒适的运动鞋即可。总之，这项运动普遍受到人们的喜爱。

## 二、跑步锻炼法

跑步锻炼对任何人都很适宜，从儿童到老人，无论是体力劳动者还是脑力劳动者，也无论其性别或所处的生活环境，只要穿上运动鞋跑起来，就一定会体验到其中的乐趣。绝大多数的人参加跑步的目的不外乎保持优美体形和健康这两大方面。跑步是一种有关肌群反复活动的全身性有氧运动。肌肉活动必须有能量的提供才能完成，跑步则消耗大量的能量物质。因此，利用跑步消耗体内过剩的热量有助于减少体脂和控制体重。

## 三、游泳锻炼法

游泳的锻炼价值与跑步有很大的相似之处，两者的主要区别是游泳以手臂和腿的运动推动人体在水中前进的同时，还必须花费一定的能量使身体免于下沉。因此，通过同样的距离，游泳消耗的能量是跑步的 4 倍之多。游泳时人体通过克服来自前进中的阻力获得对肌肉力量和耐力的锻炼。由于水的浮力减轻了人体承重关节的负荷，水的良好导热性又帮助锻炼者散发运动时产生的热量，因此，游泳锻炼虽然消耗的能量较多，但心率却相对处于较低的水平，是一种更为安全的健身方法。

## 四、跳绳锻炼法

坚持跳绳锻炼能提高心血管系统和呼吸系统的功能，提高肌肉长时间工作的能力。不仅普通人可以通过跳绳来锻炼身体，就连对心肺功能和肌肉耐力要求极高的拳击运动员们都常将跳绳作为身体练习的重要手段。此外，跳绳对速度、灵敏、协调等体能成分也有较高的要求，锻炼时同样会使这些体能得到增强。对肥胖的人来说，很难找到比跳绳更好的减肥方法，完全可以寻找一处空间进行跳绳练习，从而实现控制体重的愿望。

## 五、有氧操锻炼法

崛起于 20 世纪 80 年代，至今仍长盛不衰的有氧操，以其特有的魅力及良好的健身价值受到人们的青睐。有氧操是一种以锻炼身体为目的，以徒手运动为基础，结合舞蹈动作并在音乐伴奏下所进行的健身活动。无论男女老少都可根据自己的年龄特点、体能状况和锻炼目的等，选择或自编有氧操进行锻炼。

有氧操是一种充满活力的体育锻炼方法，在提高心血管系统和呼吸系统工作能力方面具有明显作用。通过有氧操锻炼可以使个人体重得到有效的控制，而良好的体能和健美的身材会让人增强自信。另外，有氧操练习中体验到轻松和快乐还能减轻精神上的烦恼和痛苦，使情绪得到改善。

有氧操为人们提供了一种既经济又实用的体育锻炼手段。一般的有氧操不需要什么特殊的装备，只要在服装方面稍加注意即可。着装以舒适和便于活动为原则，包括紧身衣、中短裤、T 恤和软底鞋。人们可以通过参加学校或社会办的健美班、体育俱乐部、休闲活动中心等进行有氧操锻炼，也可以在家中跟着电视中的有氧操节目一起做，或一边看录像一边进行有氧操锻炼。

## 六、自行车锻炼法

在发达国家，自行车锻炼是一种受到人们广泛喜爱、老少皆宜的有氧运动。我国虽然是世界上首屈一指的自行车大国，有着自行车锻炼的巨大潜力，但目前自行车在我国还处于代步工具阶段。随着社会的发展和人民生活水平的提高，自行车作为一种身体锻炼的手段必将被大家所接受。

自行车锻炼能使人在生理上产生理想的应答反应，通过锻炼能有效地增强肌肉力量，提高机体的耐久力并使体重得到控制。另外，在有关健康的研究中，几乎没有因自行车锻炼的过度负荷而导致运动损伤的报道。因此，自行车锻炼不仅可以成为人们日常体育锻炼的良好手段，还能在受伤后的康复期内作为保持身体活动能力的有效替代练习。

# 第六章　运动损伤的预防与处理

**学习目标**

（1）了解运动损伤的基本常识。

（2）掌握常见运动损伤的处理方法。

## 第一节　运动损伤的概述

### 一、运动损伤的概念

运动损伤是指在体育运动过程中，人体组织或器官在解剖上的破坏或生理上的紊乱所造成的损伤。与日常生活中所发生的损伤不同的是运动损伤与运动项目、训练安排、运动环境、运动者的自身条件以及技术动作有密切的关系。它是人们在参加体育活动中经常遇到的问题，由于运动项目很多，因而运动损伤种类也很多。运动损伤的特点和防治重点，也因运动项目和部位的不同而不同。但总体来说小损伤多、慢性伤多，严重及急性伤少。这些慢性小损伤，有的是一次急性损伤后处理不当或训练过早而变成的慢性伤，而更多的是由于运动量安排不当或由许多细微损伤逐渐积累而成。这些损伤对运动员来说，严重影响训练计划、成绩提高以及运动寿命，并且病期较长，治疗的难度较大，经常是在极大运动量训练的情况下边练边治，常用的方法有按摩、针灸、理疗、针对性的功能锻炼、保护支持带、使用中药等。因此，对细微损伤应重视治疗，停止局部训练，避免反复损伤，使受伤的组织有一个安静的修复过程和条件。对体育健身参加者来说，运动损伤会影响其健康、学习和工作，也会造成不良的心理影响，妨碍体育健身的正常开展。

### 二、运动损伤的分类

运动损伤的分类方法有很多，可按损伤的性质、损伤的程度或损伤的组织等进行分类。

（1）按运动损伤的性质分为慢性损伤和急性损伤。

（2）按运动损伤的表现形式分为开放性损伤和闭合性损伤。

（3）按运动损伤的程度分为轻度损伤、中度损伤和重伤。

（4）按运动损伤组织结构分为皮肤、肌肉、肌腱韧带损伤；关节损伤；骨组织损伤；骨髓损伤；神经和血管损伤；关节滑囊和滑膜损伤等。

（5）按运动损伤时间分新伤和旧伤。

# 第二节　运动损伤的原因及预防

## 一、运动损伤发生的原因

大学生造成运动损伤并非偶然，虽造成运动损伤的原因是复杂的、多方面的，但其发生原因有一定的规律性，只要认识和掌握了这种规律性，就可以把运动损伤的发生率降到最低限度。运动损伤的发生与参加体育锻炼者的运动基础、体质水平有关，也与运动项目的特点、技术难度以及运动环境等外部因素有关，可以概括为以下几点原因。

### 1．对预防运动损伤不够重视，思想麻痹大意

对运动损伤预防的重要性认识不足，思想麻痹大意是造成运动损伤的主观因素，也是最主要的因素。运动前不做准备活动就进行激烈的体育活动，或者准备活动的内容不得当、不充分、不全面，或者没有根据运动项目的特点进行准备活动，未能使机体运动器官、内脏器官功能进入运动状态，或者不检查器械、预防措施不得力。运动中注意力不集中、动作粗野、不注意自我保护等，都很容易造成运动损伤。尤其在冬季，由于肌肉活动能力降低、关节的灵活性下降，更容易受伤。

### 2．运动时心理状态不良

一是兴奋性过高，争强好胜，或急于求成，情绪急躁，常在盲目或冒失的运动中受伤；二是运动情绪低下，往往在畏难、恐惧、害羞、犹豫以及过分紧张的心态下容易发生运动损伤。另外，由于运动情绪低下，兴奋不起来，以致反应迟钝、行动缓慢，从而导致受伤。

### 3．缺乏运动经验和自我保护能力

在体育运动中出现意外情况时不知道如何处理，惊慌失措或者缺乏自我保护能力是造成运动损伤的原因之一。例如，摔倒时用肘部或直臂撑地，造成尺骨或肘关节损伤；由高处跳下时，用脚跟落地或屈膝缓冲不够，易造成腿部、腰部或内脏震伤。在运动中保护和帮助不及时、不准确，经常是器械运动项目产生损伤的直接原因。因此进行器械体操练习时，必须加强保护和帮助，练习者一旦从器械上摔下来，就可能引起软组织损伤，甚至发生骨折、关节脱位或脑震荡等严重损伤。

### 4．身体素质差，运动技术水平低

身体素质的好坏直接关系到运动技术水平的高低。身体素质好，运动技术水平相对较高。身体素质较低则不能很好地适应体育活动的需要，不易正确掌握动作要领，容易造成动作不协调、不准确，从而导致局部受力过大或身体失去平衡和控制，出现错误动作，违背了生物力学原理，造成运动损伤。

5. 体育锻炼计划安排不合理

在体育运动中，运动负荷安排过大，尤其是局部负荷量过重，超过了锻炼者生理承受力，是造成运动损伤的原因。身体过于疲劳，技术动作就会出现错误或变形，身体的协调性和反应速度也会下降，因此容易发生损伤和意外事故；而长期局部负荷过大，会使局部发生劳损。另外，当身体机能状态不良时，人体的运动能力减弱，如果体育活动的计划和安排不能根据身体机能状态改变而调整时，就可能发生伤害事故。

6. 运动环境不好

运动场地狭窄，地面不平坦，并常有人或车辆过往；器械安装不坚固，位置不恰当，未能充分利用保护装置和保护措施；空气污浊、光线暗淡和噪声太大，或者气温过高、过低等，都容易造成运动损伤。

另外，运动着装不符合运动要求；组织纪律混乱和违反活动规定；身体疲劳或睡眠、休息不好，带伤、带病，身体机能状态不佳等都会直接或间接造成运动损伤。

## 二、运动损伤的预防

大学生大都喜爱运动，但常常因缺乏一定的运动训练和出现运动损伤后所采取的应急措施知识，受伤后往往造成不必要的痛苦，严重者甚至导致终生遗憾。为了减少运动损伤的发生，避免伤害事故，保证体育教学、训练和比赛正常进行，首要任务是做好预防工作。其实，只要了解运动损伤发生的原因，掌握一些基本的运动保健知识等，所有伤害都是可以预防和避免的。预防运动损伤应注意以下几点。

1. 学习预防知识，加强安全意识

掌握运动损伤的预防知识，是防止运动损伤发生的基本要求；加强安全意识，克服麻痹大意思想是防止运动损伤发生的一个重要手段。认真进行体育道德风尚教育，提倡文明参加各种形式的体育比赛，也有助于预防运动损伤。

2. 做好准备活动和整理活动

准备活动可以提高中枢神经系统的兴奋性，克服机体机能活动的生理惰性，为正式练习做好准备。准备活动能增加肌肉中毛细血管开放的数量，提高肌肉的力量、弹性和灵活性，同时还可以提高关节韧带的机能，增强韧带的弹性，使关节腔内的滑液增多，防止肌肉和韧带的损伤。在运动前要认真做好准备活动，除了做一般性、专门性的活动外，还要有针对性，对易受伤部位的关节、韧带和肌肉要充分活动开。在进行准备活动时，既要让躯干、肢体的大肌肉群和关节充分活动开，同时也要注意各个小关节的活动。在运动、训练或比赛结束后要充分做好整理活动。

3. 合理安排运动负荷，遵循运动技能形成规律

要掌握正确的训练方法和运动技术，科学地增加运动量，避免单调片面的训练方法，防止局部负担量过重。对于不同性别、年龄、水平及健康状况的人，训练时在运动量的安排上应因人而异、循序渐进，遵循教学规律，注意全面地锻炼身体。身体的全面发展对掌握动作，提高技术、战术，尤其是预防运动损伤起着积极的、重要的作用。

4. 认真检查场地、器材，提高自我保护能力

熟悉运动环境，重视运动器材、场地的安全和卫生，掌握运动器材的正确使用方法，加强对场地器材的维护和检查。在运动中掌握动作要领、加强保护与帮助以及自我保护意识。如摔倒时，立即屈肘低头、团身，以肩背着地，顺势滚动，而不能直臂或肘部撑地；由高处跳下时，要用前脚掌着地，注意屈膝、弯腰，两臂自然张开，以便缓冲和保持身体平衡；另外，禁止穿戴不适合运动的鞋子、服装和饰品参加运动。

5. 加强医务监督

加强医务监督，提高自我保健意识，并善于把握自己在运动前后的生理变化，定期进行体格检查，了解身体的生长发育和健康情况，结合实际，科学地安排运动训练计划，或者在医生和体育老师的指导下进行体育锻炼。

# 第三节　常见的运动损伤及处理

## 一、运动中最常见的运动损伤

1. 软组织损伤

软组织损伤可分为开放性和闭合性损伤两类。前者有擦伤、刺伤和切伤等；后者有挫伤、肌肉拉伤和肌腱腱鞘炎等。

1）闭合性软组织损伤

（1）肌肉拉伤。

原因与症状：肌肉拉伤是体育运动中最常见的一种肌肉损伤，是指通常在外力直接或间接作用下，肌肉过度主动收缩或被动拉长时所致的损伤。特别是在准备活动不充分或运动过度时，动作不协调以及肌肉弹性、伸展性、肌力差者更容易拉伤。肌肉拉伤后，受伤处肿胀、压痛，肌肉紧张或痉挛，触之发硬，出现功能障碍。严重的肌肉拉伤可导致肌肉撕裂。

处理：肌肉拉伤可根据疼痛程度判断其受伤的轻重，一旦出现痛感应立即停止运动，受伤轻者可即刻冷敷，使小血管收缩，减少局部充血、水肿，并局部加压包扎，抬高患肢，切忌搓揉及热敷，24h 后方可施行按摩或理疗。如果肌肉已大部分或完全断裂者，在加压包扎后，应立即送医院进行手术治疗。

（2）肌肉挫伤。

原因与症状：肌肉挫伤是运动中身体某个部位受到钝性外力直接作用所引起的闭合损伤。运动时身体相互冲撞，或身体某部位碰在器械上，都可发生局部挫伤。单纯挫伤在损伤处出现红肿，皮下出血，并有疼痛以及功能障碍等。严重挫伤且有并发症时，还可能出现全身症状或特殊症状，若头部挫伤并发脑震荡或胸腹挫伤并发内脏器官损伤时，则出现头晕、脸色苍白、心慌气短、出虚汗、四肢发凉、烦躁不安，甚至休克症状。

处理：在 24h 内可冷敷或加压包扎，抬高患肢或外敷中药。24h 后方可施行按摩或理疗。进入恢复期后可进行一些功能性锻炼。如果怀疑有其他组织器官损伤并出现休克症状，应立即进行抗休克处理，并送医院进行急救。肌肉断裂者应及早进行手术治疗。

（3）肩关节扭伤。

原因与症状：一般因肩关节准备活动不充分、训练过度、用力过猛以及反复劳损所致，也有因技术错误，违反解剖学原理而造成损伤，肩关节扭伤多发生在排球、棒球和田径的投掷等运动项目中。其症状有压痛、疼痛，急性期有肿胀，慢性期三角肌可能出现萎缩，肩关节活动受到限制。

处理：单纯韧带扭伤，可采用冷敷，加压包扎，24h 后可用理疗、按摩和针灸进行治疗。出现韧带断裂时，应立即送医院缝合和固定处理。当肩关节肿胀和疼痛减轻后，可适当进行功能性锻炼。

（4）踝关节扭伤。

原因与症状：踝关节扭伤多发生在跑步、篮球、足球、跳高、跳远、滑冰、滑雪、跳伞、摔跤等运动项目。运动中因跳起落地时身体失去平衡，使踝关节过度内翻或外翻所造成的损伤。在准备活动不充分、场地不平坦或动作不协调等情况下，更容易造成这类损伤。踝关节扭伤后，伤处肿胀、疼痛，韧带损伤处有明显压痛，皮下瘀血。如果疼痛剧烈，不能站立、行走，可能发生骨折。

处理：踝关节受伤后，应立即进行冷敷，用绷带固定包扎，并抬高伤肢。24h 时后可根据伤情综合治疗，如外敷伤药、理疗、按摩等，必要时做封闭治疗。待病情好转后进行功能性练习。对严重患者，可用石膏固定。

（5）急性腰扭伤。

原因与症状：急性腰扭伤是体育运动中最常见的一种急性损伤，尤其在举重、跳水、跨栏、投掷、跳高、体操、篮球、排球等运动中容易发生。运动时因腰部受力过重，肌肉收缩不协调，或脊椎运动超过正常生理范围而引起腰扭伤。损伤后，腰部疼痛，有时听到瞬间“格格”声，有时出现腰部肌肉痉挛和运动受到限制。

处理：腰部急性扭伤后，若轻度损伤，可轻轻揉按；若受伤较为严重，应立即让患者平卧（一般不应随意扶动），并用担架护送医院治疗。处理后，应睡硬板床或腰后垫一枕头，使肌肉韧带处于放松状态，先冷敷后热敷，24h 后可施行按摩；也可用针灸、外敷药进行治疗。

（6）肌肉痉挛。

原因与症状：肌肉痉挛俗称抽筋，是肌肉不自主地强直收缩，使肌肉变得坚硬，失去活动能力。游泳运动容易发生肌肉痉挛，最容易发生痉挛的肌肉是小腿后面的腓肠肌，其次是足屈拇肌和屈趾肌。引起肌肉痉挛的原因是多方面的，如在寒冷的环境中进行锻炼时，准备活动做得不充分，肌肉受到寒冷刺激后，兴奋性增高，容易引起肌肉痉挛；如果进行剧烈运动时间较长，由于身体大量排汗使体内盐分丧失过多，破坏了电解质的平衡，导致体内盐分含量过低，兴奋性增高而使肌肉发生痉挛。在运动锻炼中肌肉快速连续收缩，放松时间过短，以致收缩与放松不能协调地交替，引起肌肉痉挛。肌肉痉挛时，局部肌肉坚硬或隆起，剧烈疼痛，且一时不易缓解。有的缓解后，仍有不适感并易再次发生痉挛。

处理：肌肉痉挛发生时，一般通过慢慢加力、持续牵拉肌肉，就可使之得到缓解并消除疼痛。如小腿抽筋时，可伸直膝关节，用力将足尖勾起或用异侧手牵拉前脚掌或用类似方法进行处理。牵拉时用力适宜，不可突然用力。此外，采用重力按压，推、揉、捏小腿肌肉以及点压委中、承山、涌泉穴等手法，可使痉挛缓解。游泳时发生腓肠肌痉挛，不要惊慌，尽量漂浮水面，用异侧手握住前脚掌向身体方向牵拉，即可缓解肌肉痉挛。

2）开放性软组织损伤

损伤局部有创口者，称为开放性损伤。对于开放性软组织损伤，首先要止血。一般毛细血管出血，几分钟内会自行止血。创口出血较多时，现场可用干净的手帕覆盖伤口，再直接压迫或加压包扎止血，手指出血，则可用力压住指根两侧或扎紧指根部止血。其次要减少创口污染，保持创口清洁，减少不洁物品接触创口。创口小，边缘对合良好的，可在消毒后直接用胶带牵拉固定一周。创口大或位于面部的创口要缝合，一周后拆线（面部五天即可）。最后，必要时口服消炎药物，以防感染。对于较深的污染伤口，应在清洁伤口后注射破伤风抗毒素。下面介绍几种常见的开放性软组织损伤的原因、症状和处理方法。

（1）擦伤。

原因与症状：擦伤是皮肤表面受到摩擦后的损伤。在运动中皮肤擦伤最为常见，多发生在摔倒时，擦伤后皮肤有出血或组织液渗出。

处理：如擦伤部位较浅，只需涂红药水即可；如擦伤创面较脏或有渗血时，应用生理盐水清创后再涂上红药水或紫药水，再用消毒布覆盖，最后用纱布包扎。如果是面部浅表的擦伤可用生理盐水或凉开水洗创伤面，创口周围用 76% 的酒精消毒，创伤面涂 0.1% 的新洁尔溶液或消炎软膏，无须包扎。面部不要擦有色药水。关节附近的擦伤用消炎软膏包扎较好，这样可以防止关节活动时创伤面干裂而影响愈合。

（2）撕裂伤。

原因与症状：在剧烈运动时，受到突然强烈的撞击，造成肌肉撕裂，常见的有眉际撕裂和跟腱撕裂等。开放性撕裂伤有出血，周围肿胀，有疼痛感等症状。

处理：轻度开放性撕裂伤，用红药水涂抹伤口即可；裂口大时，则需要止血和缝合伤口，必要时注射伤风抗毒血清，以防破伤风症。

2．骨折

原因与症状：在运动中，身体某部位受到直接或间接的暴力撞击时，骨骼的完整性和连接性受到破坏，称为骨折。常见骨折分为两种，一种是皮肤不破，没有伤口，断骨不与外界相通，称为闭合性骨折；另一种是骨头的尖端穿过皮肤，有伤口与外界相通，称为开放性骨折。前者皮肤完整，较易治疗；后者皮肤破裂，骨折端与外界相通，容易发生感染，较难治疗。运动中发生的骨折多为闭合性骨折，它是严重的损伤之 ，但是比较少见。

骨折发生后，肢体形态常发生改变，患处立即出现肿胀，皮下瘀血，肌肉可产生痉挛，有剧烈疼痛，移动时可听到骨骼的摩擦声，肢体失去正常功能。严重骨折时，伴有出血和神经损伤、发烧、口渴，甚至导致休克等全身性症状。

处理：骨折发生后，如有休克症状者，应先让其躺下，将下肢抬高，头部略放低，同时注意保暖，保持呼吸道畅通，并给予止痛药，防止休克。若受伤者昏迷不醒，可指掐人中、合谷穴使其苏醒。如果发生开放性骨折大出血，应迅速止血，并用消毒纱布等对伤口做初步包扎，此时不可用手回纳，以免引起骨髓炎。骨折后暂勿移动患肢，否则会产生剧烈疼痛或加重损伤，应用木板、塑料板等固定伤肢。若上肢骨折，可屈曲肘关节固定于躯干上；若下肢骨折，可伸直腿固定于健肢上；若疑似脊柱骨折，应平卧并固定躯体，不能抬伤者头部，否则会引起伤者脊髓损伤或发生截瘫；若疑似颈椎骨折时，需固定头颈以避免晃动。对于骨折患者不要盲目处理，最好是打急救电话去医院治疗。对伤者经过处理后，应选择适当的搬运方法尽快送到医院进行治疗。

3. 髌骨劳损

原因与症状：髌骨劳损是膝关节长期局部负担过重或反复损伤累积而成的，也可因一次直接外力撞击致伤而未及时治疗所致，大多发生在足球、体操、篮球和排球等运动项目。髌骨具有保护股骨关节面，维护关节外形，传递股四头肌力量的作用，是维护膝关节正常功能的主要骨骼。髌骨劳损常有关节疼痛、肿胀等症状，特别是在上下楼梯、跑跳用力和半蹲位起跳时疼痛明显，而且还常常伴随有膝关节发软无力的症状，重者在步行及静止时也觉疼痛。

处理：髌骨损伤后，可采用中药外敷、针灸和按摩等进行治疗。平时也可加强膝关节肌群力量练习，如采用高位静力半蹲，每次保持 3～5min 即可。病情好转时，可逐渐增加练习时间，每日进行 1～2 次。

4. 关节脱位

原因与症状：关节脱位即脱臼，是受直接或间接的外力作用，使关节面脱离了正常的解剖位置。关节脱位可为分完全关节脱位和半关节脱位（或称错位）两种。在发生关节脱位的同时，常常伴有关节囊、周围韧带及软组织损伤，甚至可能伤及神经、血管等。运动中发生的关节脱位，大多是间接外力撞击所致。如摔倒时，用手撑地，引起肘关节或肩关节脱位。

关节脱位常出现畸形，与健肢对比不对称，因软组织损伤而出现炎症反应，局部疼痛、压痛和关节肿胀等症状，并失去正常活动功能，甚至发生肌肉痉挛等现象。

处理：一旦发生关节脱位，应叮嘱病人保持安静，不要乱动，更不可揉搓关节脱位部位，妥善固定处理后送医院治疗。如用长度和宽度相称的夹板固定伤肢，或者将伤肢固定在自己的躯干、健肢上；也可以先冷敷，扎上绷带，保持关节固定不动。如果脱位在肩关节，可把患者肘部弯成直角，用三角巾等宽带物把前臂和肘部托起，挂在颈上。如果脱位在髋关节，则应立即让病人躺在软卧上送往医院。必须指出，如果没有把握做整复处理时，切不可随意做整复手术，以免再度增加伤情。

5. 脑震荡

原因与症状：脑震荡是指头部受到外力打击或碰撞到坚硬物体后，脑神经细胞和神经纤维受到过度震动后所引起的意识和功能的一时性障碍。根据受伤的程度可分为轻度、中度和重度脑震荡，一般可恢复，多无明显的解剖病理改变。在体育运动中，头部受到重物打击或撞击器械、地面、硬物时，都可造成脑震荡。

脑震荡后，由于大脑管理平衡的膜半规管、椭圆囊、球囊等感受器功能失调，伤者会出现神志昏迷，脉搏徐缓，肌肉松弛，瞳孔稍大但能保持对称，神经反射减弱或消失等症状。清醒后，患者常有头痛、头晕、恶心、呕吐感。头痛、头晕的症状在伤后数日内较明显，以后逐渐减轻；恶心、呕吐等现象在伤后数天内多可消失。此外，还可能出现情绪烦躁，注意力不易集中，耳鸣、心悸、多汗、失眠、记忆力减退等一系列植物性神经功能紊乱的症状。

处理：应让伤者平卧，保持安静，不可坐起或站立，头部冷敷，注意保暖；若出现昏迷，可指压人中、内关、合谷穴；若发生呼吸障碍，应立即进行人工呼吸。上述处理后，出现反复昏迷，两侧瞳孔不对称，或耳、鼻、口内出血及眼球青紫等现象，或者伤者清醒后，有剧烈头痛、呕吐以及再度昏迷者，表明损伤较为严重，应立即送医院进行治疗。在运送途中，伤者要平卧，头部要固定，避免颠簸振动。意识不清者，要保持呼吸道的畅通，可使伤者侧卧，以防止发生窒息。

## 二、运动损伤中最常见的急救技术

急救是指对运动中突然发生的严重损伤，进行紧急、初步和临时性处理，以减轻患者痛苦，预防并发症，为转送医院进一步治疗创造条件。运动损伤的急救是一种极其重要的工作。如果处理不当，轻者加重损伤，甚至感染，增加患者痛苦；重者致残，甚至危及生命。因此，急救应当及时、准确、合理、有效地进行。对运动损伤采用的最常见的急救技术有止血、包扎和心肺复苏等方法。

### 1．止血

人体受伤后，如果大量出血将危及生命，因此应立即进行止血处理。根据出血的性质分为毛细管出血、静脉出血和动脉出血三种。如果是静脉出血，血液呈暗红色，危险性较小，一般用加压止血法止血即可；如果是动脉出血，血液呈鲜红色，危险性较大，常用指压止血法进行止血。根据出血的部位可分为外出血和内出血两种。在开放性损伤中血管因受伤破裂，血液从伤口向体外流出称为外出血。这里介绍外出血的止血法。

（1）加压包扎止血法。主要用于小的外伤、毛细血管或小静脉出血，流出的血液易于凝结，在伤口部盖上消毒敷料，然后用三角巾或绷带等加压包扎即可。

（2）指压止血法。是用手指压迫创口或压迫身体浅部的动脉，达到止血的目的。一般用于动脉止血，即用手指将出血动脉的近心脏端，用力压向其相对的骨面，以阻断血液来源而达到临时止血的目的。

（3）止血带止血法。四肢大动脉出血，不宜用加压包扎或指压法止血时，可用止血带（橡皮带或其他代用品）缚扎于出血部的近心脏端，并应迅速送医疗单位。

### 2．包扎

包扎有保护伤口、减少感染、压迫止血、固定骨折部位和减少伤痛的作用，是损伤急救的主要技术之一。包扎常用的材料有绷带、三角巾等。现场如果没有这些材料，也可用毛巾、衣物等代替。包扎动作应力求熟练、柔软，松紧应适宜。这里介绍以绷带为材料或类似绷带材料的几种包扎法。

（1）环形包扎法。常用于肢体较小部位的包扎，或用于其他包扎法的开始和终结。包扎时打开绷带卷，把绷带斜放在伤口之上，用手压住，将绷带绕肢体包扎一周后，再将绷带头和一个小角反折过来，然后继续绕圈包扎，第二圈盖住第一圈，包扎 3～4 圈即可。

（2）螺旋包扎法。绷带卷斜行缠绕，每圈压着前面的 1/2 或 1/3。此法多用于肢体粗细差别不大的部位。

（3）反折螺旋包扎法。做螺旋包扎时，用一拇指压住绷带上方，将其反折向下，压住前一圈的 1/2 或 1/3，多用于肢体粗细相差较大的部位。

（4）“8”字包扎法。多用于关节部位的包扎。在关节上方开始做环形包扎数圈，然后将绷带斜行缠绕，一圈在关节下缠绕，两圈在关节凹面交叉，反复进行，每圈压过前一圈的 1/3 或 1/3。

3．心肺复苏

心肺复苏以口对口呼吸法和仰卧心脏胸外挤压法最为有效。

（1）口对口人工呼吸法。使患者仰卧、头部后仰、托起下颌、捏住患者鼻孔，压住食道管，防止空气吹入胃中，急救者深吸一口气，两口相对，将大口气吹入患者口中，吹气后将捏住鼻子的手放开，如此反复进行。吹气频率约为 16～18 次/min，直到患者自主恢复呼吸为止。

（2）胸外心脏按压。使伤者仰卧，急救者两手上下重叠，将掌根置于患者的胸骨中、下 1/3 处，借助体重和肩臂力量，均匀而有节奏地向下施压，将胸壁下压 3～4cm，然后迅速地将手松开，胸壁自然弹回，如此反复进行。以 60～80 次/min 的频率进行，直到恢复心脏跳动为止。

下篇

# 实践部分

# 第七章 篮 球

**学习目标**

（1）了解篮球运动的基本常识。

（2）掌握篮球运动的基本方法。

## 第一节 篮球运动概述

篮球运动是1891年由美国马萨诸塞州春田青年会训练学校体育教师詹姆斯·奈史密斯博士所发明的。起初，他设计将两只竹篮分别钉在健身房看台的栏杆上，竹篮上沿距离地面约3.05m，用足球做比赛工具，向篮内投球，入篮得一分，按得分多少决定胜负。以后逐步以活底的铁质球篮代替竹篮，后又在铁球篮上挂了线网。到1893年，形成了近似现代的篮板、篮圈和篮网。因最初使用的是竹篮和球，故取名为“篮球”。

最初的篮球比赛，场地的大小和上场人数的多少以及比赛时间均无统一规定，比赛的规则也比较简单。1892年，奈史密斯制定了13条规则。以后，随着篮球运动的开展，场地、设备和比赛规则都不断地得到完善和改进。

1932年国际业余篮球联合会成立。1936年正式出版国际统一的篮球竞赛规则。同年，第11届奥运会将男子篮球列入正式比赛项目。1946年，美国出现职业篮球联赛，并发展为目前的NBA。2002年，我国篮球运动员姚明以状元的身份被NBA的休斯敦火箭队选中。他在2003—2008年连续6个赛季入选NBA西部全明星阵容。女子篮球运动到20世纪初才开展起来。1976年，女子篮球被列为奥运会正式比赛项目。

篮球运动是深受广大群众，特别是青少年喜爱的球类项目之一，对身体有着全面的锻炼价值。篮球运动已成为我国学校体育的主要内容，在高等学校中有广泛的群众基础。

篮球运动的特点如下。

（1）对抗性。篮球运动的持续时间可长可短，但需要参与者快速奔跑、突然与连续起跳、反应敏捷与力量抗衡。

（2）集体性。篮球运动不仅要求运动员具有技、战术能力以及在比赛中表现出智慧、胆略、意志、活力与创造力，同时也要求运动员必须具备勇敢顽强的斗志和团结协作的精神。

（3）观赏性。篮球比赛中，可以欣赏到娴熟的运球、巧妙的传球、准确的投篮、机智的抢断、精彩的扣篮和出奇的封盖，再加上攻守交错、对抗变换，比赛双方斗智斗勇，球场形势变化富有戏剧性，能使参与者和观看者得到心理上的满足和愉悦。

（4）趣味性。篮球运动简单易行，趣味性很强，可以因人、因地、因时、因需而异。通过变换各种活动方式，篮球运动更加吸引人们的参与，以达到活跃身心、健身强体的目的，进而提高社会的文明氛围，充实人们的业余文化和娱乐生活。

（5）健身性。人们通过参与篮球运动，既可以强身健体，也可以使个性、自信心、审美情趣、意志力、进取心、自我约束力等都有很好的发展，也有利于培养团结合作、尊重对手、公平竞争的道德品质。

## 第二节　篮球基本技术

篮球技术可分为进攻技术和防守技术两大部分。进攻技术有传接球、投篮、运球、持球突破等；防守技术有防守对手、抢球、打球、断球、封盖等；攻防技术有移动、抢篮板球。

### 一、移动

移动是篮球比赛中队员为改变位置、方向、速度和争取高度等所采用的各种脚步动作的通称。

1．移动技术

篮球-移动技术

移动技术有基本站立姿势、起动、跑、跳、急停、跨步、转身、滑步、后撤步、攻击步等。

（1）基本站立姿势。两脚左右开立，两脚间距离约与肩同宽，前脚掌着地，两膝微屈，身体重心的投影点（以下简称“重心”）落在两脚之间，上体前倾，两臂屈肘自然下垂置于体侧，目视场上情况。

（2）起动。起动是队员在球场上由静止状态变为运动状态的一种动作。在进攻时，突然快速的起动是摆脱防守的有效手段。在防守时，迅速的起动是保持或抢占有利位置，看住对手的首要环节。

动作方法：从基本站立姿势开始，起动时以后脚（向前移动）或异侧脚（向侧移动）前脚掌短促有力地蹬地，同时上体迅速前倾或侧转，向跑动方向移动重心。手臂协调摆动，迅速向跑动方向迈出。起动后的两三步要积极，短促而迅速，使之能在最短的距离内把速度充分发挥出来。

（3）跑。跑是队员在球场上改变位置、提高速度的重要方法。比赛中经常运用的跑有变速跑、变向跑、侧身跑等。

① 变速跑。变速跑是指在跑动中利用速度的变换来争取主动的一种方法，动作要突然。加速时，上体稍前倾，前脚掌短促有力地向后蹬地，加快跑的频率，手臂相应摆动。减速时，上体逐渐直立，前脚掌用力抵地，减缓向前的冲力，从而降低跑速。

② 变向跑。变向跑是指在跑动中突然改变方向来摆脱防守的一种方法。向左变向跑时，右脚前脚掌内侧用力蹬地，脚尖内扣，屈膝，腰部和上体左转，右脚向左方跨出一步，左脚迅速向左侧前方跨出。然后继续向前跑进（右变向跑时动作相反）。

③ 侧身跑。跑动中为了抢位或接球常采用侧身跑。向前跑动的同时，头部和上体自然地向有球方向扭转，做到既保持跑速，又注意观察场上情况。

（4）急停。急停是指跑动中突然制动速度的动作方法。各种脚步动作的变化，大多以此动作来衔接和过渡。跨步急停和跳步急停是常用的急停动作。

① 跨步急停（两步急停）。跨步急停是指在快速跑动中，先向前跨出一大步，以全脚掌抵住地面，迅速屈膝，同时身体稍后仰，重心后移。第二步着地时，身体侧转，脚尖稍内转，重心落在两脚之间。两手臂张开，保持身体平衡。

② 跳步急停（一步急停）。跳步急停是指在慢速跑动中，以一脚起跳（要求腾空低，距离近），上体稍后仰，两脚同时平行落地，两脚间距离略比肩宽。前脚掌内侧蹬地，屈膝降低重心，保持身体平衡。

（5）跨步。跨步是一种起步的动作方法。作为一种假动作或过渡性动作经常与起动和转身等动作结合运用。以一脚为中枢脚，另一脚向前、向后、向侧跨出。

（6）转身。转身是以一脚做中枢脚，另一脚蹬地向不同方向跨移来改变站立的位置和方向。转身前，两膝微屈，上体稍前倾，重心落在两脚之间。转身时，以中枢脚的前脚掌为轴，重心移至中枢脚上，腰部转动带动上体转动。同时移动脚的前脚掌用力蹬地向前（前转身）或向后（后转身）改变身体方向。

（7）跳。跳是在球场上争取高度和远度的一种动作方法，有双脚和单脚起跳两种。

① 双脚起跳。双脚起跳指两脚开立，屈膝下蹲，两臂后摆。起跳时，两脚蹬地，两臂上摆，上体在空中自然伸展。落地时，前脚掌着地，屈膝缓冲，以保持身体平衡。多用于原地起跳。

② 单脚起跳。单脚起跳指起跳时，踏跳腿屈膝蹬地，同时摆臂提腰，另一腿屈膝上摆，身体上升到最高点时，摆动腿自然伸直。落地时，两脚开立，屈膝缓冲。多用于助跑起跳。

（8）滑步。滑步是队员防守时移动的主要动作方法，分前滑步、后滑步和侧滑步 3 种。

① 侧滑步。由平行站立姿势开始，向左侧滑步时，右脚前脚掌内侧蹬地，左脚沿地向左跨出，落地时右脚紧跟滑动，靠近左脚，然后左脚继续跨出。身体重心不要上下起伏，保持屈膝低重心姿势，眼睛要注视对手。向右侧滑动时动作方法与左侧滑步相同，只是方向相反。

② 前滑步、后滑步。由前后站立姿势开始，向前滑步时，后脚的前脚掌蹬地，前脚向前跨一小步。着地时，后脚紧跟向前滑动。注意屈膝降低身体重心。后滑步的动作方法与侧滑步相同，只是向后滑动。

（9）后撤步。后撤步是变前脚为后脚的一种起步方法，并与滑步结合运用。撤步时，前脚用前脚掌内侧蹬地，加上腰部用力向后转动，同时后脚蹬地，前脚后撤紧接滑步。后撤角度不宜过大，身体重心不要上下起伏。

（10）攻击步。攻击步是防守队员突然向前跨步的一种脚步动作，目的是为了抢、打、断球或造成持球者动作困难。上步时，利用后脚蹬地，前脚迅速向前跨出，逼近对手身体前，前脚同侧手伸出打球或干扰，身体重心落在后脚上。

2．练习方法

（1）原地做好基本站立姿势，根据手势或其他信号向不同方向做起动、快跑、滑步练习。

（2）原地持球或不持球，面对或背对防守队员做跨步、撤步、前后转向练习。

（3）利用标志杆做不持球的起动、急停、转身、变向跑等练习。

（4）原地背向站立，听信号后转身起跑，做急停、转身等综合练习。

（5）在球场内利用曲线，做变向跑、变速跑、侧身跑练习。

（6）原地向上、向侧上方、向前上方做双脚起跳练习。

（7）助跑中单脚起跳，做手触篮板、篮圈练习。

（8）全场不持球做一对一攻守脚步动作练习。

3．注意事项

（1）练习时应遵循先易后难、逐步提高的原则进行。

（2）基本站立姿势是各种脚步移动的基础。身体重心移动和手臂的协调配合是快速移动的关键。

（3）移动练习要与技术、战术、身体素质训练紧密结合。

## 二、传、接球

传、接球是进攻队员之间有目的地转移球的方法，也是进攻队员在场上相互联系和组织进攻的纽带，是实现战术配合的具体手段。

1．传球技术

篮球-传球技术

传球技术有双手胸前传球、双手反弹传球、单手肩上传球、单手体侧传球等动作方法。

（1）双手胸前传球。双手胸前传球是基本的和常用的传球方法，可在不同距离和方向运用，也便于和投篮、突破等动作结合运用。

动作方法：双手持球，五指自然分开，拇指相对成“八”字形，用指根以上部位持球，手心空出。两臂自然弯屈于体侧，置球于胸前。传球时，后腿蹬地，身体重心前移的同时前臂迅速前伸，手腕翻转，拇指下压，食、中指弹拨，将球传出。远距离传球时，则需加大蹬地、伸臂和腰腹的全身协调用力（见图 7-1）。

图 7-1

（2）双手反弹传球。双手反弹传球的动作方法与双手胸前传球相同。反弹球的击地点在传球人与接球者的 2/3 处，球弹起高度在接球者的胸腹部。

（3）单手肩上传球。单手肩上传球是一种中、远距离传球方法，它速度快，准确性高，在发动长传快攻时运用较多。

动作方法：持球方法与双手胸前传球相同。两脚开立，右手传球时，左脚向传球方向跨出半步，同时将球引到右肩上方，右手持球。上臂与地面近似平行，手腕后仰，托住球后下方。左肩对传球方向，重心落在右脚上。出球时，右脚蹬地，转体，挥臂，手腕前屈，通过食指、中指和无名指拨球，将球传出（见图 7-2）。

图 7-2

（4）单手体侧传球。单手体侧传球是一种隐蔽传球方法。

动作方法：双手持球于胸前，两脚开立，两膝微屈。右手传球时，右手持球后引，经体侧向前做弧线摆动，手腕前屈，通过食指、中指和无名指拨球，将球传出。

### 2. 接球技术

不论双手或单手接球，接球时眼睛要注视来球，肩臂放松，手臂前伸迎球，手指自然分开。当手指触到球时，屈肘，臂后引。接球后立即将球置于胸腹之间，以便衔接下一动作。

（1）双手接胸部高度球。目视来球，两臂前伸迎球，手指自然分开，两拇指成“八”字形，手指向前上方，两手成一个半圆形接球。

（2）双手接反弹球。动作方法与接胸部高度球相似。不同点在于：接球时，迎球跨步，上体前倾，两手迎球向前下方伸出。

### 3. 练习方法

（1）徒手做各种传、接球的模仿性练习。

（2）2 人 1 组 1 球，一人原地传球，另一人向前、后、左、右移动做接球练习；2 人 1 组 1 球，对面站立，相距 4～6m，做各种传、接球练习。

（3）2 人 1 组 2 球，做传、接球练习，其中一人用双手胸前传球，另一人用反弹传球。交换练习。

（4）半场四角跑动传、接球练习（见图 7-3）。可分 4 组成四方队形。⑤传球给⑥后做弧线跑进并接⑥的回传球，然后将球传给⑦后，跑到⑦的背后。⑥传球给⑤后，立即跟在⑤的后面做弧线跑动，并接⑦的传球，接球后立即将球传给⑧，并跑至⑧的后面。依次进行。

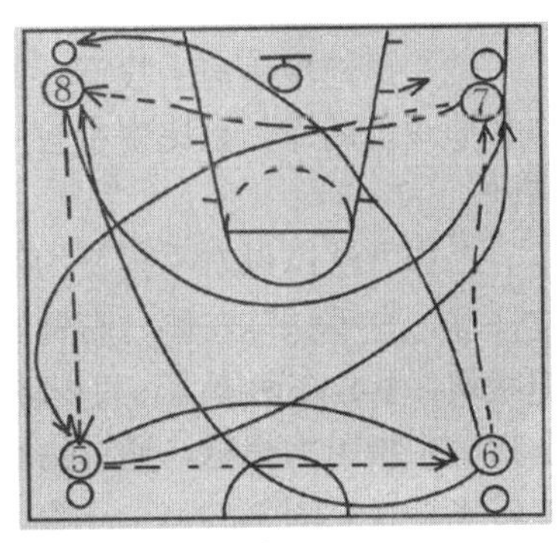


图 7-3

（5）两三人行进间全场传、接球练习。

（6）2 人 1 组 1 球，做单手肩上传球快攻练习。

4．注意事项

（1）传、接球的教学应从持球动作开始，先教接球，再教传球；先原地，后移动。重点掌握手法。

（2）扩大视野，传球时，尽量做到隐蔽、准确、多变。接球时，要积极移动迎前接球。

（3）传、接球练习时，要与投篮、突破、运球等技术结合起来。

## 三、投篮

投篮是篮球运动的主要进攻技术，是得分的唯一手段。为此，掌握和运用好投篮技术，不断提高投篮命中率，具有十分重要的意义。

1．投篮技术

投篮技术包括持球方法、瞄准点、出手动作、投篮的弧线及球的旋转等几个环节。

（1）原地双手胸前投篮。原地双手胸前投篮适用于中、远距离投篮，便于与传球和突破动作结合。女队员运用较多。

动作方法：双手持球于胸前，肘关节自然下垂，两脚前后或左右开立，两膝微屈，重心落在两脚间，目视球篮。投篮时，两脚蹬地，腰腹伸展，两臂向前上方伸出，前臂内旋，拇指下压，手腕前屈，食、中指用力拨球，通过指端将球投出。身体随出球方向自然伸展，脚跟提起，球在空中向后旋转飞行（见图 7-4）。

图 7-4

（2）原地单手肩上投篮。原地单手肩上投篮能在不同距离和位置上运用，便于结合和转换其他攻击动作，是比赛中应用较广泛的一种投篮方法。它是行进间、跳起单手肩上投篮的基础。

动作方法：以右手投篮为例，右手持球于肩上，五指自然分开，手心空出，指根以上部位持球。左手扶球左侧，右臂屈肘，翻腕，前臂与地面接近垂直。两脚左右或前后开立，两腿微屈，重心在两脚上，目视球篮。投篮时，下肢蹬地发力，右臂向前上方伸直，手腕前屈，食指、中指用力拨球，通过指端将球投出。身体随出球方向伸展，脚跟提起，球在空中向后旋转飞行（见图 7-5）。

图 7-5

（3）行进间投篮。行进间投篮多在快攻中或切入篮下时运用。

① 行进间单手肩上投篮。以右手投篮为例，右脚跨出一大步，同时接球，左脚接着跨出一小步并用力蹬地起跳，右腿屈膝上抬，同时举球于肩上。腾空后，身体接近最高点时，采用原地单手投篮的动作方法将球投出。落地时屈膝缓冲（见图 7-6）。

图 7-6

② 行进间单手低手投篮。以右手投篮为例，跑动步法与行进间单手肩上投篮基本相同。不同点是在接球后第二步要继续加快速度，向前上方起跳。腾空后，左手离球，右手外旋，掌心向上托球，并充分向球篮上方伸直，接着屈腕，食、中指拨球，通过指端将球投出（见图 7-7）。

图 7-7

（4）跳投。跳投具有突然性强，出手高，不易防守的优点，可与传球、突破和假动作结合运用。常用的有原地跳投和急停跳投。

原地跳起单手肩上投篮。以右手为例，两手持球于胸前，两脚自然开立，两膝微屈，重心落在两脚上。两腿迅速用力蹬地向上跳起，同时双手举球于右肩上方，当身体腾空至最高点时，左手离球，右手将球投出。其手法与原地单手肩上投篮相同。在空中保持身体平衡，出手要快而高（见图 7-8）。

图 7-8

2．练习方法

（1）徒手做各种投篮模仿练习。

（2）持球做完整的投篮动作，体会手法和用力过程。练习时，两人一组一球，相距 4～5m 相对站立，互相对投。

（3）各种角度、距离的投篮练习。4～5 人 1 组，每人 1 球，面对球篮站成弧形，距球篮由近至远，做原地双、单手投篮练习。

（4）移动中接球后投篮练习。2 人 1 组 1 球，一人移动中接球做原地或跳起投篮，另一人抢篮板球。交换练习。

（5）五点连续投篮练习（见图 7-9）。④在篮下持球，传给⑤接球跳投，然后跑至下个点接④传球跳投。投完五点交换。

（6）运球行进间投篮练习。

（7）传切投篮练习（见图 7-10）。⑤将球传给④后，立即向篮下切进，接④回传球做行进间投篮，然后跑至⑧后面，④传球后跟进抢篮板球，并运球至⑨后面，依次进行。

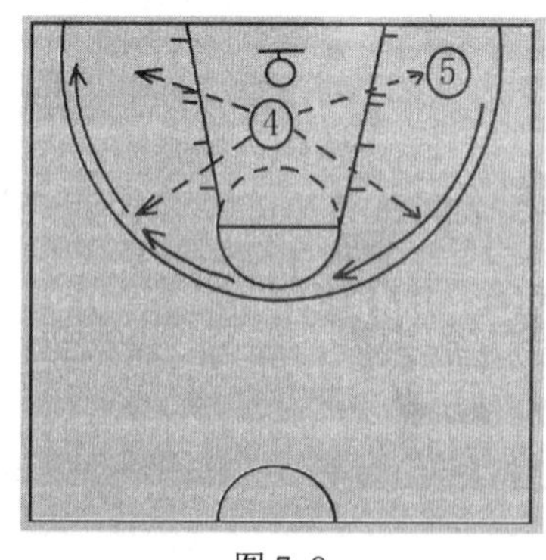


图 7-9

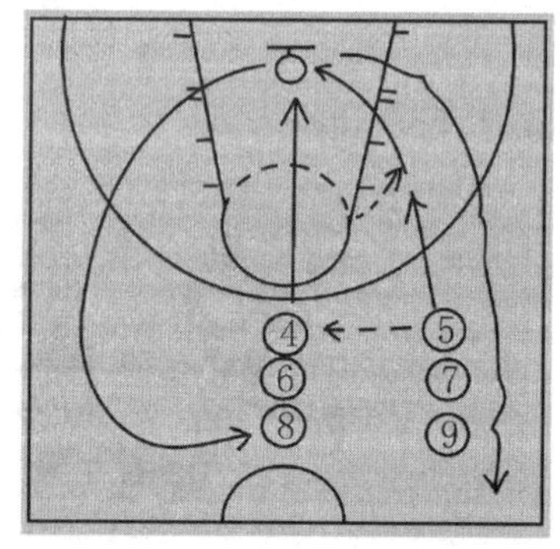


图 7-10

（8）行进间传接球投篮练习（见图 7-11）。2 人 1 组 1 球。④和⑥、⑤和⑦按图中队形站好，两组同时开始沿边线做短传推进。至前场由外侧队员⑥和⑦做行进间投篮。④和⑤跟进抢篮板球。交换位置练习。

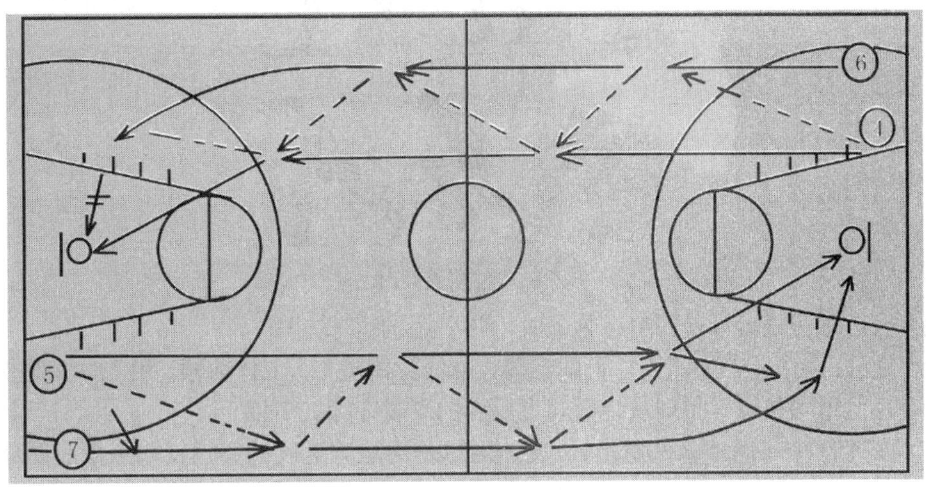

图 7-11

3. 注意事项

（1）根据各种投篮技术动作的内在联系，先学双手投篮，后学单手投篮；先学原地投篮，后学行进间和跳起投篮。

（2）因人制宜，选择适当的投篮方法进行反复练习，形成正确定型。投篮与移动、突破、传球等技术结合起来练习。加强在对抗条件下的投篮练习，不断提高投篮命中率。

（3）投篮练习可安排在不同条件和环境下进行，以提高心理的适应和承受能力，增强投篮信心。

## 四、运球

持球队员在原地或移动中，用手连续拍按从地面反弹起来的球的动作称为运球。运球是控制、支配球，组织战术配合及突破防守的重要手段。

篮球-运球技术

1. 运球技术

运球技术有多种类型。运球时的手型是五指分开，手心空出，靠手指触及球的部位来改变球的运行路线。

（1）高运球。运球时，两膝微屈，上体稍前倾，目视前方。手用力向前下方推按球，把球的落地点控制在身体的侧前方。球的反弹高度在胸腹之间。手脚要协调配合（见图 7-12）。

图 7-12

（2）低运球。低运球是在对手紧逼时，常采用的运球方法。

动作方法：抬头，目视前方，两腿深蹲，降低身体重心。上体前倾，用上体和腿保护球，同时用手短促地拍按球，使球从地面向上反弹的高度在膝关节以下。

（3）变速运球（运球急停急起）。变速运球是用运球速度的突然变化来摆脱防守的一种方法。

动作方法：急停时，用手快速拍按球的前上方，同时两脚做跨步急停，并转入低运球。用身体和腿保护球。急起时，后脚用力蹬地，拍按球的后侧上方，用高运球向前推进，超越对手（见图 7-13）。

图 7-13

（4）变向运球。

① 体前变向运球。这是运球队员突然改变运球方向，用来突破防守的一种方法。

动作方法：运球队员欲从对手右侧突破时，先向对手左边快速运球，当对手重心向左侧转移时，运球队员突然改变方向，右手拍球的右侧上方，使球从自己身体右侧移向左侧前方。同时，右脚向左前跨出，上体左转，用肩挡住对手，然后换左手运球，左脚跨出，靠近对手右侧运球突破（见图 7-14）。

图 7-14

② 背后变向运球。这是通过身后改变运球方向的技术。这一技术较体前变向运球复杂，它适用于快速运球中距防守者较近的情况。紧逼防守的广泛采用，迫使更多的运动员掌握背后变向运球技术，提高运球的能力，以达到摆脱防守，争取主动的目的。

动作方法：运球（以右手为例）无堵截时将球保护在右侧前方，遇到防守堵截时上右腿将球拉在体侧，再上左腿，身体前移，手将球拉至身体侧后的同时，手拍扣球的外侧，手腕手指用力将球往身后拍扣到左前方，左手自然伸出将球向前送。这时脚的变换动作同身前变向动作相同。在此练习中应注意重心要低，要始终保持水平向前移动，拍按球的方向（对球的用力方向）应和左腿迈出的方向相同，球的落地点应接近于左脚，将球保护在身体左侧，始终围绕着自己的身体运动。

（5）运球转身。运球队员被对手逼近并堵截一侧时，利用身体做前或后转身挡住防守者，改变运球路线，摆脱防守。

动作方法：如防守堵住右侧时，左脚向前跨一步置于对手两脚之间。以左脚为轴，右手拍按球的中侧前方，随着后转身动作，将球拉向身体后侧方，同时换左手拍球，从对手的右侧突破。

2. 练习方法

（1）原地运球练习，每人一球做高运球和低运球。左、右手交替做横向运球，做体侧前、后换手运球练习。

（2）全场直线行进间左、右手交替运球练习。

（3）看信号做高、低、变速、变向运球练习。

（4）弧线运球，沿场内罚球圈、中圈做变向换手运球练习。

（5）绕障碍做变向换手和运球转身练习（见图 7-15）。

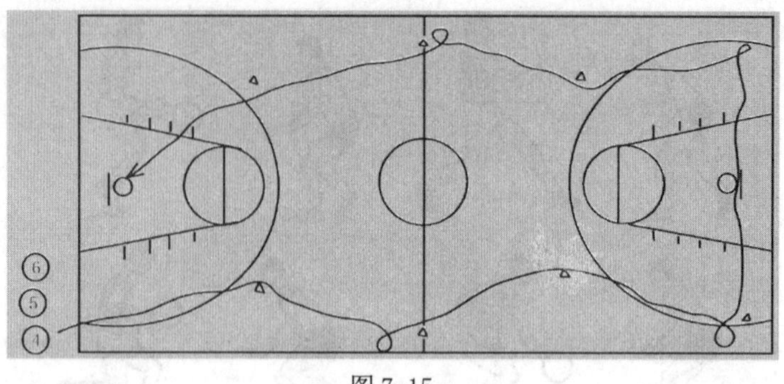


图 7-15

（6）两人全场攻守练习（见图 7-16）。2 人 1 组分别在两边端线同时开始。④和⑤各持 1 球，可运用各自的运球方法，力争突破各自的防守。首先要求背后防守，练习防守脚步移动，抢占有利位置，让运球队员有机会运用运球突破动作。几次练习后，改为正常防守或积极防守，攻守交换进行练习。

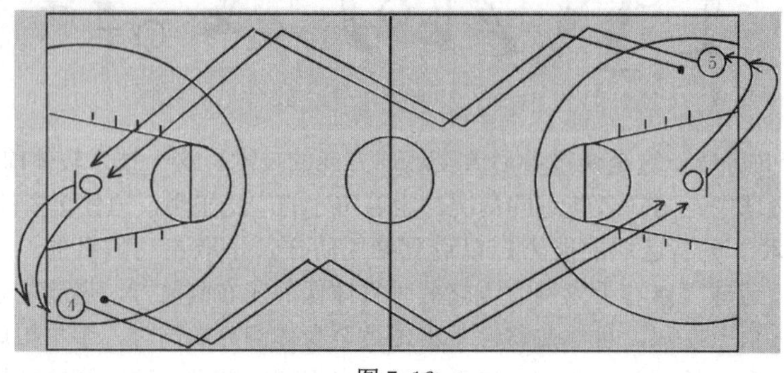


图 7-16

（7）结合传球、运球、投篮技术做全场综合性练习。

3．注意事项

（1）先原地后行进间运球，逐步加大运球难度，提高控制球的能力。注意培养抬头、观察场上情况的习惯。

（2）在掌握运球技术动作的基础上，与传球、投篮技术结合练习。

## 五、持球突破

持球队员运用脚步动作和运球技术快速超越对手的一种进攻技术。

1．持球突破技术

持球突破技术可分为交叉步、同侧步持球突破、前后转身突破三种，主要由蹬跨、转身探肩、推放球和加速技术环节组成。

（1）交叉步持球突破。以右脚做中枢脚为例，两脚左右开立，两腿微屈，身体重心下降，持球于胸腹前。突破时，左脚内侧迅速蹬地并向右侧前方跨出。同时，上体右转，左肩前探下压，将球引于右侧，接着右手持球，右脚蹬地向前跨出，迅速超越对手（见图 7-17）。

图 7-17

（2）同侧步持球突破。以左脚做中枢脚为例，动作方法与交叉步持球突破基本相同。不同处，右脚向右前方跨步，左脚蹬地向前方跨出。

2．练习方法

（1）原地持续突破练习。掌握交叉步和同侧步突破的动作方法，以及突破时身体各部位协调配合。

（2）自抛自接急停后，做交叉步和同侧步持球突破练习。

（3）接球急停突破上篮练习。④先为防守队员，其余队员按图站成纵队，每人持一球。⑤传球给④后，跑上一步急停接④的回传球，用交叉步或同侧步突破上篮。④转身抢篮板球后运球至队尾。⑤投篮后变为防守，依次进行（见图 7-18）。

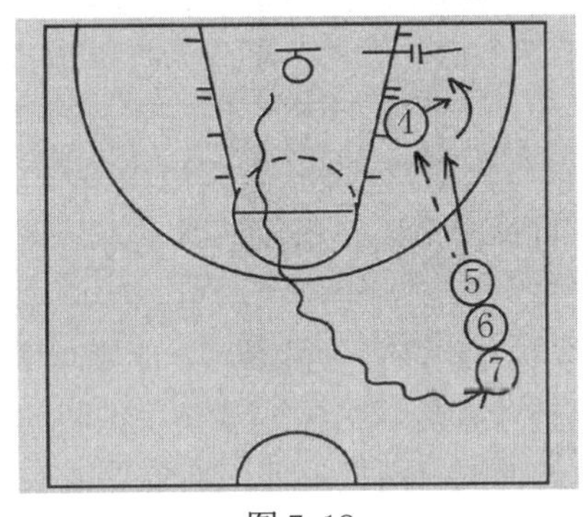


图 7-18

3．注意事项

（1）要注意培养学生勇猛顽强，敢于突破对手的战斗风格和拼搏精神。

（2）强调持球突破技术规范，要求反应快，动作突然，突破技术各环节衔接快速连贯。

（3）突破前假动作要做得逼真，真假动作要紧密结合。

（4）突破意识培养要贯穿在全部教学过程中。要将突破意识和突破技术贯穿在一起，使学生掌握和利用各种突破的时机，并把传球、运球、投篮较好地结合起来。

## 六、防守对手

防守队员利用合理的脚步动作和手臂动作，积极地抢占有利位置，阻挠和破坏对手的进攻战术。以守为攻，夺取控制球权。

### 1. 防守技术

防守技术包括移动，站位，抢、打、断球，防守无球队员，防守有球队员等技术动作。

（1）基本防守姿势。基本防守姿势与基本站立姿势相同。

（2）防守无球队员。防守无球队员主要应注意位置的选择，防守队员应站在对手与球篮之间偏向有球一侧的位置上，积极移动，保持正确的防守姿势。离球较近处防守时，采用面向人、侧向球的站法。堵截对手摆脱移动的接球路线，挥动手臂封锁接球路线。离球较远处防守时，采用侧向人、面向球的站法。随对手的移动而积极运用各种脚步移动并跟住对手，堵截移动路线。在防守对手的基础上，以便进行协防或断球反击。

（3）防守有球队员。防守有球队员时，首先抢占对手与球篮之间的有利位置，挥动两臂阻封传球和投篮，积极移动堵截运球突破。不要轻易失去重心。如对手善于投篮，离球篮近，采用斜步防守，一臂前上举，另一臂斜下伸，可干扰对手投篮：如对手善于突破，而对手离球篮较远，则采用平步防守，两臂侧举不停挥臂，左右滑动，可堵截对手移动路线。

（4）抢球、打球、断球。抢球、打球、断球是防守中具有攻击性的技术，它是建立在准确的判断、快速的移动及合理的手臂动作基础上的。

① 抢球。抢球是从进攻队员手中夺取球的方法。在持球队员思想松懈或没有保护好球而使球暴露比较明显时，是抢球的好机会。抢球时手部动作方法有拉抢和转抢两种。抢球时，用两手抓住球向后猛拉或用前臂、手腕及上体扭动的力量将球夺走。

② 打球。打球是击落对手手中球的方法，可分为打原地持球队员的球，打运球和上篮队员的球两种。打原地持球队员的球有自上而下（手心向下）和自下而上（手心向上）两种打球方法。当对手持球由胸以上部位向下移动时，宜采用由下向上的方法打球。若持球较低时，多采用由上向下的方法打球。打球时多用手指、手掌击球，用手指、小臂与手腕短促快速动作弹击。

③ 断球。是截获对方传球的方法，它分横断球、纵断球和封断球三种。横断球时，身体重心下降，做好起动准备。当持球者传球给同伴球离手的瞬间，突然起动，快速短促助跑，单脚或双脚蹬地向侧跃出，身体伸展，两臂前伸，用单手或双手将球截获（见图 7-19）。

图 7-19

2．练习方法

（1）2 人 1 组 1 球，原地做打、抢球手法练习。一人持球原地跨步移动，另一人做打、抢球练习。然后交换练习。

（2）断球练习。3 人 1 组 1 球，2 人相距 5～6m 传球，一人做横断球练习。3 人轮换进行。

（3）全场一对一防无球队员练习。2 人相距 1m，一攻一守，攻方做变速变向突破等，摆脱防守者，防守者练习撤步堵截。然后交换练习。

（4）全场一对一防有球队员练习。一人运球突破，另一人进行防守练习。然后交换练习。

（5）半场一对一练习。一人持球进攻，一人防守。进攻队员开始先做投篮和突破动作，防守队员做防投篮、防突破、撤步及扬手等动作。然后进攻队员积极进攻，增加防守队员的练习难度。

（6）四对四防有球队员和防无球队员综合练习。半场 4 个进攻队员站成一个四角形，互相传球。4 个防守队员根据球的位置，不断调整位置，并注意协防。传球速度由慢到快，然后交换练习。

3．注意事项

（1）防守的基本姿势和脚步动作是防守对手的基础。应先练习防无球队员，后练习防控制球的队员，注意从单个技术到综合技术练习。

（2）积极地占据有利位置是防守的关键。注意人球兼顾，松紧结合。结合对手的情况，主动合理地运用抢、打、断球技术。

## 第三节 篮球基本战术

篮球战术是比赛中队员个人技术的合理运用和队员之间有意识地相互协调配合的组织形式。任何战术都是为了更好地发挥本方队员的技术，制约对方，力争掌握比赛的主动权，取得比赛的胜利。战术可分进攻战术和防守战术两部分。

### 一、进攻战术

1．进攻战术基础配合

进攻战术基础配合是两三人之间有目的、有组织、协调行动的方法，是组织全队进攻战术的基础，包括传切、掩护、突分、策应配合。

（1）传切配合。传切配合是进攻队员之间利用传球和切入技术组成的简单配合。配合要点是切入队员要善于掌握时机，持球队员要及时准确将球传出。

示例：④传球给⑤后，立即摆脱对手的防守，向篮下切入，接⑤的回传球投篮（见图 7-20）。

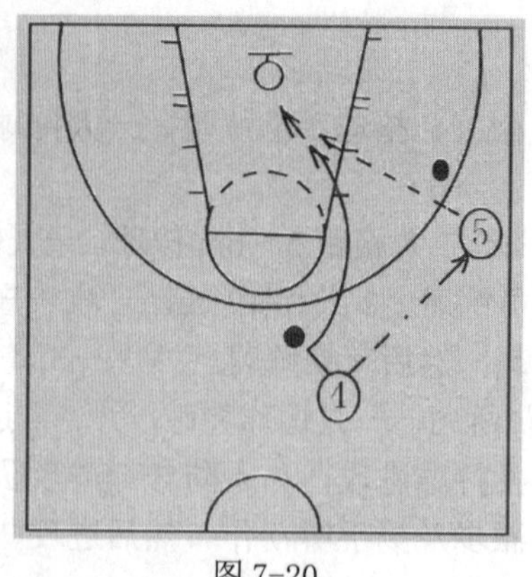


图 7-20

（2）掩护配合。掩护配合是进攻队员有目的地去选择最适当的位置，运用合理的技术动作，用身体挡住同伴的防守者的移动路线，使同伴借以摆脱防守的一种配合。根据掩护位置和方向的不同，可分为前掩护、侧掩护和后掩护 3 种。运用时，可根据不同情况进行多种变化，如反掩护、假掩护、定位掩护和双掩护等。掩护配合可以在无球队员之间进行，也可在无球和有球队员之间进行。在阵地进攻中，掩护应用较多，尤其在破“人盯人”防守中，掩护有着重要作用。

① 侧掩护配合。掩护队员站在同伴的防守者侧面（稍偏后）做掩护配合。

示例：进攻队员⑤传球给④后，立即跑到同伴防守者的左侧做掩护。④接球后看到⑤到掩护位置后，从右侧贴着⑤的身体运球突破上篮。⑤掩护后，随着转身切入篮下抢篮板球或接回传球（见图 7-21）。

② 后掩护配合。掩护队员站在同伴的防守者后面做掩护配合。

示例：进攻队员⑤接④传球，内线队员⑥跑在同伴⑤的防守者身后做掩护，⑤先向防守者右侧做假动作，然后突然向左运球突破向篮下进攻，⑥及时转身跟进抢篮板球或接回传球（见图 7-22）。

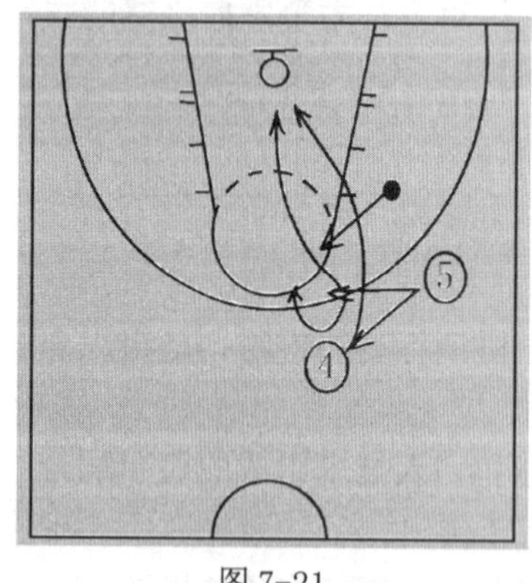


图 7-21

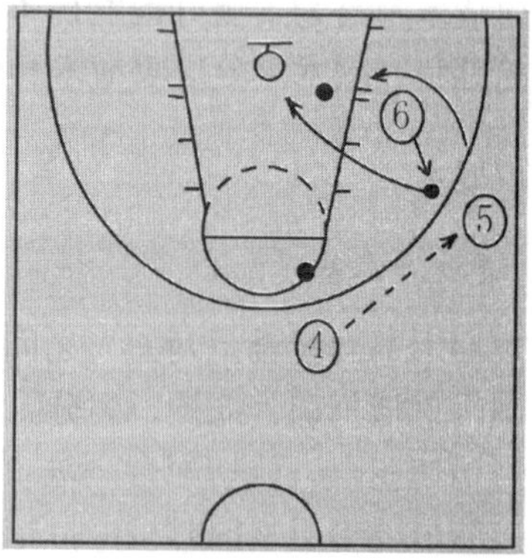

图 7-22

2. 快攻

快攻是由防守转入进攻时，以最快速度、最短时间，在对方尚未部署好防守之前，赢得人数上、位置上的优势，果断合理地进行攻击的一种战术配合。快攻在现代篮球战术中占有重要位置，也是当前篮球比赛中采用的最普遍的战术之一。

快攻最能体现篮球运动快速、灵活、全面、准确的特点。它对培养队员的意志品质，提高身体素质水平有着显著作用。

快攻战术形式，一般分为长传快攻和短传结合运球推进快攻两种。快攻由发动与接应、推进和结束三阶段组成。

抢到后场篮板球后快攻示例：当⑧抢到后场篮板球后，迅速转身将球传给同侧接应队员⑤，此时异侧④沿边线快下，⑥或⑦居中接应第二传，⑤接球后可长传给④，或传给居中接应的⑥或⑦，并迅速沿边线快下，形成三角短传快攻阵式（见图 7-23）。

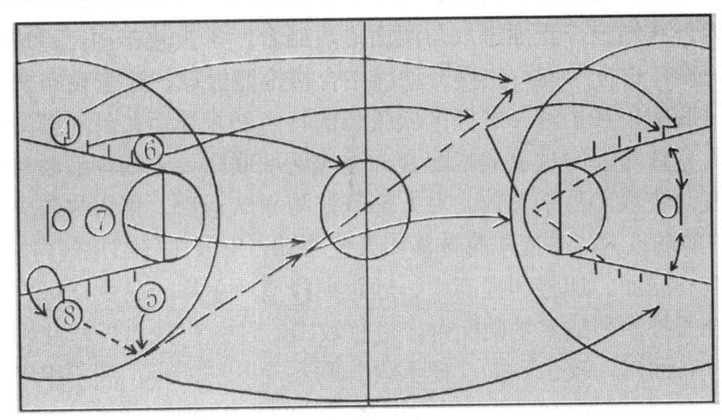

图 7-23

以多打少配合。以多打少配合是指快攻结束阶段，创造人数上的优势，形成“二攻一”“三攻二”等最有利局面。

① “二攻一”配合。两队员应保持适当的距离，依据防守队员的位置和防守情况进行配合。要尽可能创造近距离投篮机会。

示例：④、⑤短传推进至前场，当对方突然上来防守持球队员⑤时，⑤立即传球给切入篮下的④投篮，若对方防守④时，⑤运球投篮（见图 7-24）。

② “三攻二”配合。左右两侧的进攻队员要拉开，中间队员稍在后，保持三角形，以扩大攻击面，增加防守困难。注意防守队员的站位情况，展开进攻配合。

示例：④、⑤、⑥推进中场时，⑤从中路运球突破，如遭到对方堵截时，立即把球传给切入篮下的⑥投篮，若对方不堵截，⑤则运球投篮（见图 7-25）。

图 7-24

图 7-25

3．阵地进攻

阵地进攻是进攻队针对对方已部署好的防守阵形，采用相应的队形站立，合理地运用个人技术和战术基础配合进行攻击的战术。

阵地进攻的战术队形常用的有“2-1-2”“1-3-1”“1-2-2”等。

（1）进攻半场人盯人防守。是根据半场人盯人防守的特点，综合运用传接球、运球、突破等个人技术和传切、掩护、策应等几个人之间的战术基础配合所组成的全队进攻战术。进攻战术的选择和运用，都应该根据本队的技术条件和特点，调动全队的积极性，发挥每个队员的技术特长，争取进攻的主动权，攻破防守。要求合理组织进攻队形，在动中配合，有目的地穿插换位，内外线结合，正面进攻与两面进攻结合，扩大攻击面，造成局部防区以多打少的机会。注意速度，讲究节奏，快慢、动静结合拼抢篮板球，注重攻守平衡。

（2）进攻区域联防。在了解和掌握区域联防的特点和规律后，针对其薄弱环节，结合本队具体情况组织具有针对性的进攻战术配合。进攻区域联防要求获球后趁对方尚未部署好防守队形前，积极发动快攻，易于奏效。对方部署好防守队形后，采用与防守队形相应的进攻队形，占据防守的薄弱地区，通过球的转移和人位移动，争取在局部地区内，集中优势兵力，造成以多打少的有利局面。加强和提高中、远距离投篮命中率，拉大防区，以便篮下进攻。同时，充分运用个人技术和战术基础配合，进行攻击。注意拼抢篮板球及攻守平衡。“1-3-1”进攻队形，队员分布面广，攻击点多，便于内外联系，左右配合，利于组织抢篮板球和保持攻守平衡。如图 7-26 所示为“2-1-2”进攻区域联防的基本阵式。

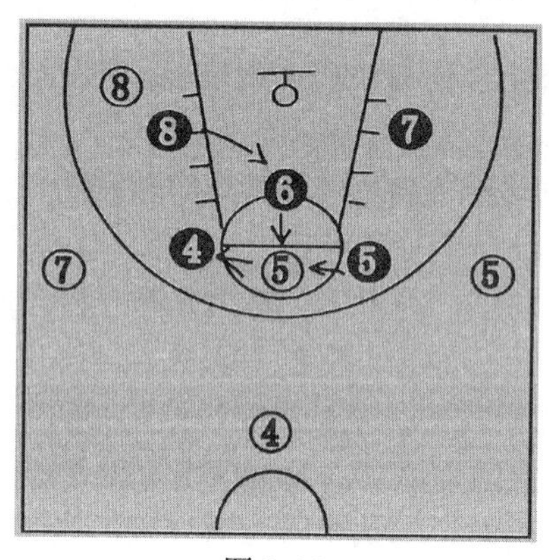


图 7-26

## 二、防守战术

1．防守战术的基础配合

防守战术基础配合包括挤过、穿插、交换、关门、夹击、补防、围守中锋等配合方法所形成的协同防守配合。

交换防守配合是为了破坏进攻队员的掩护配合，防守队员之间彼此及时地交换自己防守的对手的一种配合方法。对方队员进行掩护时，防守队员相互呼应，并紧跟自己的对手。当进攻队员切入时，及时换防。

2. 防守快攻

由攻转防时，队员有组织地运用个人战术行动和几个人之间协同配合，主动堵截对手，积极抢断球，破坏对方快攻战术，力争控制对手转攻的速度。在此基础上迅速组成阵地防守战术。

方法：提高进攻成功率；积极拼抢前场篮板球；封堵快攻等一传和截断接应；退守时要堵住中路突破和防守住快下队员；提高以少打多的防守能力。

示例：当对方抢到篮板球后，⑥应立即堵截其传球或突破，这时⑧应积极堵住对方的接应路线，使其不能很快地接到第一传，其他队员④、⑤、⑦根据防守要求，各自防住对手，并迅速组织防守阵式（见图 7-27）。

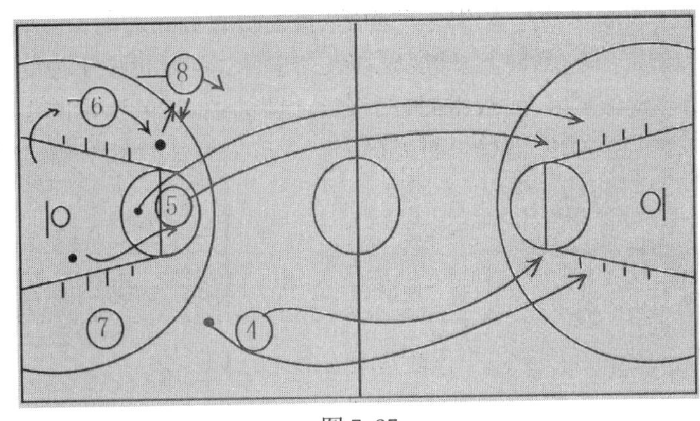

图 7-27

以少防多。以少防多一般指对方快攻以多打少，防守队员只有一人或两人退守时的防守方法。

① 一防二。防守队员要沉着冷静，根据进攻队形迅速抢占有利位置。准确判断对方的进攻意识，合理运用假动作，果断进行抢、断、打球或设法迫使对方技术较差的队员掌握球，以便形成重点防守的有利局面。

② 二防三。防守队员要积极移动，配合默契，相互补位，迫使对方在传、运球中产生错觉，延误其进攻，为同伴赢得迅速退防时间。防守站位有平行、重叠和斜线 3 种。

3. 半场人盯人防守

半场人盯人防守是由攻转守时，全队有组织地退回后半场，每个防守队员盯住一个进攻队员，同时协助同伴完成集体防守任务的全队防守技术。它的特点是防守任务明确，机动灵活，能有效地控制对方进攻重点，但容易被进攻队在局部击破。防守的基本要求是根据对手、球和球篮来选位。以盯人为主，近球紧，远球松，积极移动，抢占有利位置，破坏对方进攻配合，加强防守的集体性。

防持球队员时，要逼近对手，积极干扰对手的投篮、传球和运球，不让对手持球任意行动。防无球队员时，应切断对手接球路线和防止对手空切篮下，及时调整位置，人球兼顾，注意协防。

4. 区域联防

区域联防是一种半场防守的全队战术，是指由攻转守时，防守队员退回半场，每人分工负责防守一区域，严密防守进入该区域的球和进攻队员，并与同伴协同防守的集体防守战术。它的基本要求是在分工负责防守区域基础上，五个队员必须协同一致，积极随球移动，以防球为主，人球兼顾。

防持球队员时，要按人盯人防守的要求。防无球队员时，离球近的防守队员要抢占有利的防守位置，减少对手在有威胁的区域内接球，同时还要协助同伴进行“关门”“补防”等防守配合。离球远的防守队员要防其“背插”“溜底线”。

常用的区域联防战术队形有“2-1-2”“3-2”“2-3”“1-3-1”等。

“2-1-2”联防是区域联防的基本形式。5 个队员的位置分布均匀，移动距离短，便于相互协作。“2-1-2”联防适用于防守外围运球突破和夹击中锋。同时也便于控制后场篮板球发动快攻（见图 7-28）。防守的薄弱环节是防区的衔接处，即如图 7-29 所示的阴影区。

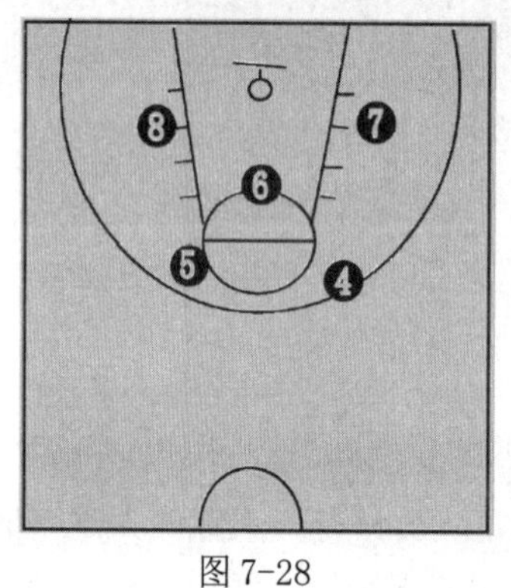

图 7-28

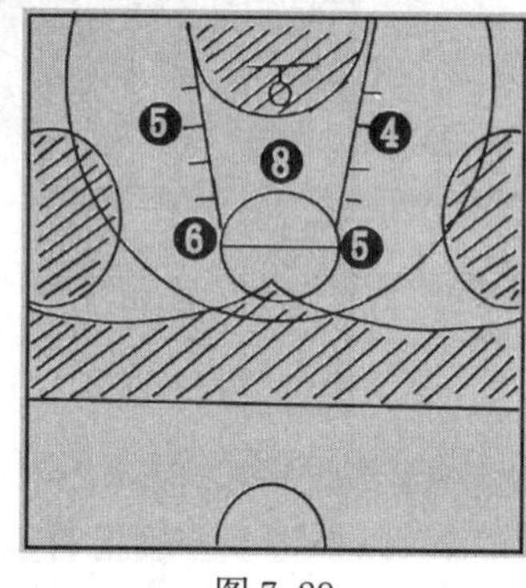

图 7-29

# 第四节　篮球竞赛规则简介

## 一、场地、设备、球队及比赛时间

1. 场地

标准篮球场是长 28m、宽 15m 的长方形，场地面积均从界线内沿量起，场地各线的宽度为 0.05m。

2. 设备

（1）篮板。篮板横宽 1.80m，竖高 1.05m。沿篮板四周画 0.05m 的线。在板面上篮圈后画长 0.59m，高 0.45m 的长方形（从外沿量起），线宽 0.05m。底线上沿与篮圈上沿齐平。篮板应牢固地安置在球场两端，垂直于地面，并与端线平行。它的下沿距离地面 2.90m，中心垂直落在场内距离端线中点 1.20m 的地方。篮板支柱应设在场外距离端线外沿至少 2m 处。

（2）球篮。球篮包括篮圈和篮网。篮圈内径为 0.45m，圈条的直径为 0.02m。篮圈应牢固地安装在篮板上，篮圈顶面须水平，离地面垂直距离为 3.05m。篮网悬挂在篮圈下，长 0.40m。

### 3. 球队及比赛时间

（1）球队。不超过 12 名合格参赛的球员。1 名教练员，如果球队需要，可配备 1 名助理教练员。其中 1 名合格参赛球员是队长。

（2）比赛时间。每节 10 min，第 1 节和第 2 节、第 3 节和第 4 节中间的休息时间分别为 2min；第 2 节和第 3 节中间的休息时间为 15min。

如果比赛终了时得分相等，要延长 5min 作为决胜期继续比赛，必要时需延长几个这样的 5min，直到分出胜负为止。

在所有的决胜期中，球队按下半时或第 4 节进攻方向的相同球篮继续比赛。

每一次决胜期前允许有 2min 的休息时间。

## 二、违例及罚则

违例是违犯规则。罚则是发生违例的队失去发球权。

将球判给对方队在最靠近发生违例的地点掷界外球，直接位于篮板后面的地方除外。如果投篮或罚球的球中篮无效，则要在罚球线延长部分的界外掷界外球。

### 1. 持球移动

（1）确定了中枢脚后，传球或投篮中，中枢脚可抬起，但在球离手前不可以落回地面；运球开始时，在球离手前中枢脚不可以抬起。

（2）停步后，当哪只脚都不是中枢脚时，在传球或投篮中，一脚或双脚都可抬起，但在球离手前不可以落回地面；运球开始时，在球离手前哪只脚都不可以抬起。违反本条规则是违例。

罚则：将球判给对方队员在违例地点最近的边线外掷界外球。

### 2. 非法运球违例

队员控制球后将球掷、拍或滚在地面上，并在球接触另一队员之前再触及球为运球开始。队员运球后，队员用双手同时触球或使球在一手或两手中停留的瞬间运球即完毕。队员第一次运球结束后不得再次运球，如再次运球，则为非法运球，即为违例。

罚则：将球判给对方队员在违例地点最近的边线外掷界外球。

### 3. 拳击球和脚踢球违例

篮球是用手进行的运动项目，凡故意地踢球或用拳击球均属违例。但比赛中脚或腿无意中偶然地碰球不算违例。

罚则：将球判给对方队员在违例地点最近的边线外掷界外球。

### 4. 球回后场违例

控制球的队的队员在前场不能使球回后场。判断球是否回后场，必须有以下 3 个条件。

（1）甲队在前场控制球。

（2）在前场的甲队队员最后触及球传到他的后场。

（3）在后场的甲队队员最先触及球。

三者连续发生，才能形成球回后场违例，三者缺一，都不能形成球回后场违例。

罚则：将球判给对方队员在违例地点最近的边线外掷界外球。

5．违反时间规则的违例

（1）3s 违例。某队在该队前场控制球并且比赛计时钟正在走动时，该队队员不得在对方的限制区内停留超过持续的 3s。

（2）5s 违例。5s 违例有以下 3 种情况。

① 当一名持球队员被严密防守（在正常的一步之内）时，持球队员要在 5s 内传、投、滚或运球，否则应判违例。

② 掷界外球队员未在 5 秒内把球掷进场内，应判违例。

③ 罚球队员在裁判员将球置于他处理时，要在 5s 内投球离手。

（3）8s 违例。当一名队员在后场获得控制活球时，该队必须在 8s 内使球进入前场。

（4）24s 违例。当一名队员在场上获得控制一个活球时，该队应在 24s 内投篮。

违反上述规则为违例。

罚则：将球判给对方队员在违例地点最近的边线外掷界外球。

## 三、犯规及罚则

### 1．侵人犯规

侵人犯规是指不管是活球还是死球时与对方队员非法接触的队员的犯规。

队员不准通过伸展他的手、臂、肘、肩、髋、腿、膝或脚，或将他的身体弯曲成“反常”的姿势（超出他的圆柱体）来拉、阻挡、推、撞、绊对方队员以阻碍其行进；也不准放纵任何粗野或猛烈的动作。

（1）定义。

① 阻挡。阻止持球或不持球的对方队员行进的非法的身体接触。

② 撞人。持球或不持球的队员推动或移动到对方队员躯干上的身体接触。

③ 从背后防守。防守队员从对方队员的背后与其发生的身体接触。即使防守队员正在试图去抢球，从背后与对方队员发生身体接触也是不正当的。

④ 拉人。干扰对方队员移动自由而发生的身体接触。这个接触（拉人）能用身体的任何部位来造成。

⑤ 非法用手。发生在防守队员处于防守状态时，用手去接触对方队员阻碍其行进。

⑥ 推人。用身体的任何部位强行移动或试图移动已经或没有控制球的对方队员时发生的身体接触。

⑦ 非法掩护。试图非法拖延或阻止非控制球的对方队员到达希望到达的场上位置的行为。

（2）罚则。凡在比赛中，队员发生侵人犯规，登记该队员的犯规次数，并累计该队本节中全部队员犯规的次数，按如下的罚则处罚。

① 如果对没有做投篮动作的队员发生侵人犯规，则由对方在发生犯规地点就近的界线外掷界外球：若该队犯规已超过每节 4 次时，则由被犯规队员执行 2 次罚球。

② 如果对正在做投篮动作的队员发生侵人犯规，若球投中，则有效，并再判给被犯规队员一次罚球：若球没有投中，根据投篮地点则判给被犯规队员 2 次或 3 次罚球。

③ 如果对没有做投篮动作的队员，发生了违反体育道德的犯规，或者取消比赛资格的犯

规，则判给对方2次罚球和1次掷界外球权。

④ 如果对正在做投篮动作的队员，发生了违反体育道德的犯规，或者取消比赛资格的犯规时，若球投中，则有效，再判给对方1次罚球和1次掷界外球权；若球没有投中，则根据投篮地点，判给对方2次或3次罚球和一次掷界外球权。

⑤ 如果控制球队的队员发生了侵人犯规，则由对方在犯规地点最近的界线外掷界外球。

### 2. 双方犯规

双方犯规是指两名对抗的队员大约同时互相发生接触犯规的情况。

罚则：登记每个犯规队员1次侵人犯规，不判给罚球。

由下列方式重新开始比赛。

（1）当发生双方犯规时如果某队控制球，应在裁判员报告犯规后由原控制球队掷界外球重新开始比赛。

（2）当发生双方犯规时如果两队都不控制球，按交替拥有原则处理。

（3）如果双方犯规的同时投篮有效并得分，要由非得分队的队员在端线外掷界外球。

（4）当一起导致跳球的双方犯规和另一起犯规或多起犯规大约同时发生时，在登记了每一起犯规和执行了最后的罚则后比赛重新开始，就好像没有发生双方犯规一样。

### 3. 违反体育道德的犯规

裁判员认为队员不是在规则的精神和意图的范围内合法地直接地试图抢球，造成的侵人犯规是违反体育道德的犯规。

判断一起犯规是否违反体育道德，裁判员应遵循下列原则。

（1）如果队员不是努力去抢球，这样的犯规通常是违反体育道德的犯规。

（2）如果队员在努力抢球中发生过分的接触（严重犯规），那么该接触被认为是违反体育道德的犯规。

（3）队员拉、打或推对方队员的行为通常是违反体育道德的犯规。

罚则：登记犯规队员1次违反体育道德的犯规，判给非犯规队罚球再加1次球权。

① 如果对未做投篮动作的队员发生违反体育道德的犯规，则判给对方2次罚球和1次在记录台对面边线中点外掷界外球权。

② 如果对在做投篮动作的队员发生违反体育道德的犯规，如投中，应判得分有效，并再判给1次罚球和1次在记录台对面的边线中点处掷界外球权。

③ 如果对在做投篮动作的队员发生违反体育道德的犯规，如投篮不中，则根据投篮的地点判给对方2次或3次罚球和1次在记录台对面的边线中点处掷界外球权。

### 4. 技术犯规

在比赛中，队员、教练员、助理教练员、替补队员或随队人员的行为不符合体育道德精神和良好的比赛作风，漠视裁判员的劝告，在与对方没有发生身体接触的情况下，有意地采取不正当的或者投机取巧性质的行为，并从中获取了不应该得到的利益的技术性违反规则，就是技术犯规。

罚则：由对方球队进行一罚一掷。

# 第八章 排 球

**学习目标**

（1）了解排球运动的基本常识。

（2）掌握排球运动的基本方法。

## 第一节 排球运动概述

排球运动是参与者以身体的任何部位在空中击球，既可以隔网进行集体的攻防对抗性比赛，也可以不设网相互进行击球游戏的一种体育运动项目。它的运动形式多样，主要以竞赛规则、比赛形式、参与人数、运动目的等的不同而分类。

排球运动在 1895 年起源于美国，20 世纪初在美洲、亚洲和欧洲得到流传和普及。1947 年国际排球联合会在巴黎成立，并统一了规则，排球运动随之成为一项世界性的运动项目。随着国际交往的增加，进入 20 世纪 50 年代后，排球运动的技术、战术水平得到了迅速提高，并逐步形成了以快速多变为主的亚洲型和以高打强攻为主的欧洲型两种不同风格的打法。当前，这两种打法正不断取长补短，趋于相互糅合、结合运用。

我国排球运动在新中国成立后得到了迅速发展，技术和战术水平有了迅速提高，创造了“盖帽式”拦网、“平拉开快球”扣球和“前飞”“背飞”等新的技、战术，逐步形成了快速、灵活、多变、全面的技、战术风格，跨入了世界先进行列。20 世纪 80 年代我国女子排球队在奥运会排球比赛、世界锦标赛和世界杯赛上创造了“五连冠”的奇迹，为祖国赢得了荣誉，也为世界排球运动的发展做出了杰出贡献。

排球运动的特点如下。

（1）群众性。排球场地设备简单，比赛规则容易掌握。既可以在球场上比赛和训练，也可以在一般空地上活动，运动量可大可小，适合于不同年龄、不同性别、不同体质、不同训练程度的人。

（2）全面性与专位化相结合。规则规定，每个队员都要进行位置轮转，既要到前排扣球与拦网，又要轮到后排防守与接应。要求每个队员必须全面地掌握各项技术，能在各个位置上比赛。随着自由防守队员的出现，自由防守队员专位化已经形成。

（3）技巧性。规则规定，比赛中球不能落地，不得持球、连击。击球时间的短暂，击球空间的多变，决定了排球的高度技巧性。

（4）对抗性。排球比赛中，双方的攻防转换始终是在激烈的对抗中进行。高水平比赛中，对抗的焦点在网上的扣拦。在一场比赛中，夺取一分往往需要经过多个回合的交锋。水平越高的比赛，对抗争夺也越激烈。

（5）两重性。各项排球技术都可以得分，也能失分，具有攻防的两重性，因此，要求技术既有攻击性，又有准确性。

（6）集体性。排球比赛是集体比赛项目，除发球外，都是在集体配合中进行的。没有严密的集体配合，再好的个人技术也难以发挥，更无法发挥战术的作用。水平越高的队，集体配合就越严密。

# 第二节 排球基本技术

排球技术是指运动员在比赛规则允许的条件下采用的各种合理击球动作和其他配合动作的总称。根据排球技术特点可分为六大类，即准备姿势与移动、传球、垫球、发球、扣球和拦网。

## 一、准备姿势与移动

准备姿势与移动是完成排球传、垫、扣、发、拦等各项技术的前提和基础。准备姿势一般分为 3 种，即稍蹲准备姿势、半蹲准备姿势和低蹲准备姿势（见图 8-1）。

排球-准备姿势和移动

图 8-1

### 1．准备姿势

半蹲准备姿势：两脚左右开立，略比肩宽，一脚在前、一脚在后，两脚尖向前微内收，膝关节保持一定的弯曲。上体前倾，重心在两脚之间略靠前。两臂自然弯曲置于体前，全身肌肉适当放松，两眼注视来球。

### 2．移动

移动的目的在于迅速而及时准确地接近球，取得人与球之间恰当的位置，便于准确地击球。移动的方法有并步、跨步、滑步、交叉步、跑步等多种步法。

（1）并步与滑步。来球较近时采用。如向右并步，右脚先迈出 1 步，左脚迅速并上，落在右脚左侧，然后做击球的动作。

（2）跨步和跨跳步。来球较低，距身体 2m 左右时采用。如向左移动时，右脚用力蹬地，左脚迅速向来球方向跨出，身体重心随之移向左腿。如果判断采用跨步移动仍不能接近球，可采用跨跳步移动。

（3）交叉步移动。来球距身体稍远时，可采用交叉步移动。如向右移动时，上体稍向右转，同时左腿从右脚前向右迈出 1 步，并变成支撑腿，右脚再向右跨出一步成半蹲姿势（见图 8-2）。

图 8-2

（4）跑步移动。当来球离身体较远时，可采用跑步移动。移动时，边跑边观察球的情况，以便取得人与球之间的最佳位置。

## 二、垫球

排球-垫球和传球

垫球是排球运动中最基本的技术之一，是接发球、后排接扣球、保护扣球、保护拦网及防吊球的主要接球方法。垫球可分为正面双手垫球、侧垫球、背垫球、滚翻垫球、垫入网球和单手垫球等。

### 1. 正面双手垫球

正面双手垫球是最基本最常用的技术，是各种垫球技术的基础。垫球时，两手臂对准垫球方向伸直插向球下，两手叠合，两拇指平行，两手掌根紧靠，两臂夹紧，手腕紧压，两小臂外旋，使前臂腕关节以上 10cm 处形成垫击球的平面（见图 8-3）。击球时，运用蹬地、伸髋、提肩抬臂的协同用力动作将球击出（见图 8-4）。

图 8-3　　图 8-4

### 2. 体侧垫球

当来球在体侧时，可采用侧垫球技术。垫球时，两手臂挺直，垫球侧手臂稍高形成向内的斜面，然后利用脚蹬地并伴有向外转体的动作，垫击球的外侧下方。

3. 背垫球

不便采用传球或正面垫球时，可采用背垫球。垫球时，背对垫球方向，两臂伸直靠拢，击球点高于肩，以抬头、挺胸、展腹、扬臂、身体后仰动作将球击出。

4. 练习方法

（1）徒手模仿练习和自垫球。

（2）2 人 1 组，一抛一垫或对垫练习。

（3）3 人 1 组，两人相距 3m 向固定位置抛球、一人左右移动做垫球练习。

（4）多人 1 组，接由对方 3 号位抛向 6 号位的球，将球垫向本方 2、3、4 号位，并移动把球接住。

（5）3 人 1 球，扣、垫、传球练习。

（6）多人 1 组，在 6 号位接对方的近距离发球。

## 三、传球

传球是排球的基本技术之一。传球在组织进攻、攻防战术的串接中起着桥梁和纽带的作用。传球技术主要有正面传球、侧传球、背传球和调整传球等。

1. 正面双手传球

它是最基本和最常用的传球技术，是学习其他传球技术的基础。传球时，两手手指自然张开，稍屈成半球状，手腕稍后仰，两拇指相对接近一字形，以拇指、食指全部，中指 2、3 指节和无名指、小指的末端触球。击球点一般保持在额前上方的 15cm 处。触球时，手指、腕应保持一定的紧张，充分利用蹬地、伸膝、展髋、伸臂等动作和手腕、手指的弹力将球传出（见图 8-5）。

图 8-5

2. 背传球

向后上方传球称为背传球，是具有一定隐蔽性和战术意义的传球技术。传球时，抬头看球，将上臂抬起，手腕后仰，掌心向上，上体后仰。击球点保持在额上方。手臂、手腕、手指向后上方用力将球传出（见图 8-6）。

图 8-6

3. 侧传球

向身体两侧方向传球称为侧传球。传球前的准备姿势与正面上手传球相同。传球时，只是用力方向有所改变。根据来球情况和传球方向及距离，调整传球的出手角度和用力大小。向右侧传球时，右手稍低，左手稍高，身体稍向右侧倾斜。向左侧传球，与向右侧传球动作方向相反（见图 8-7）。

图 8-7

4. 练习方法

（1）在教师的指导下徒手模仿传球动作。自传不同高度的球。

（2）3 人 1 组，一抛一传。2 人 1 组，对传球。

（3）2 人 1 球，一人定位，另一人做不同方向的移动传球。

（4）3 人 1 组，站在一条直线上，中间者背传，另一人从中间者后面远传。

（5）多人 1 球，运用多种传球方法。

## 四、发球

发球是比赛的开始，也是进攻的手段之一。发球方法有正面下手发球、正面上手发球、正面上手飘球、勾手发球、勾手飘球和跳发球。

1. 正面下手发球

发球前，面对发球方向站好，左脚在前（以右手发球为例），两脚前后分开约一步，重心稍偏右腿。发球时，抛球于右肩前下方，距身体约一臂远，右臂由后向前加速挥臂，用掌根或全手掌击球的后下方（见图 8-8）。

图 8-8

2. 正面上手发球

正面上手发球，是用途较广的一种发球技术。发球前，面对球网前后开立，左脚在前，身体重心在右脚上，左手托球于腹前。发球时，左手或双手将球平稳垂直地上抛至右肩前上方约 1m 高度，同时右臂抬起，屈肘后引，使肘与肩平行，手高于头。击球时，五指自然张开，抬头挺胸，展腹送髋，上体稍向右侧转。利用蹬地、收腹、收胸和大臂带小臂的力量加速向前上方挥动，用全手掌击球的后中下部，击球点保持在右肩前上方，并伴有手腕向前推压动作，使球成上旋飞行（见图 8-9）。

图 8-9

3. 勾手飘球

发球时，身体侧对或半侧对球网，两脚自然开立，左手持球于腹前。当左手将球抛向左肩前上方大约 50cm 时，右臂随之向右后方摆动，上体向右倾斜，稍向右转，重心移向右腿。击球时利用蹬地、转体带动挥臂，手指并拢，保持紧张，击球瞬间手腕和手掌紧固并有突停动作，以掌根击球的后中下部，作用力通过球的中心，使球不旋转飞出（见图 8-10）。

图 8-10

## 五、扣球

排球-扣球

扣球是排球最重要的基本技术之一，是最有效的进攻手段，但也是比较难以掌握的技术。扣球技术分为正面扣球、勾手扣球、扣快球、扣调整球和个人战术扣球五种。

1．正面扣球（均以右手为例）

正面扣球是扣球技术中最基本的方法。其优点是：正对球网和对方，便于观察，动作灵活性大，适应性强，并能随时根据对方的拦网和防守情况变化扣球路线（见图 8-11）。

图 8-11

2．扣快球

快球的特点是进攻速度快，突然性大，牵制性强，在比赛中能争取时间和空间上的优势，达到突然袭击、攻其不备的目的。快球可分为近体快球、背快、短平快球、平快球、平拉开快球、前飞、背飞、快抹以及个人战术快球等。

以近体快球为例，扣球队员距二传队员较近，一般采用两步助跑。其特点是球到二传队员手上，扣球队员迅速腾空并做好扣球的准备，当人体在最高点，球上升超出网沿时，立即截击扣球过网。扣快球应做到助跑快，起跳快，击球动作幅度小，利用收胸、收腹、带臂和手腕迅速挥甩动作，击球的后中上部（见图 8-12）。

图 8-12

## 六、拦网

拦网是排球运动的基本技术之一，是变被动防守为主动进攻的重要手段。拦网可分为单人拦网和集体拦网两种。

排球-发球和拦网

1．单人拦网

队员面对球网，两脚分开平行站立，稍宽于肩，距中线约 40cm，两膝稍屈，上体稍前倾，两臂自然屈肘置于胸前。

拦网的移动，通常采用沿中线的平行并步或交叉步移动，在距球远时可采用跑步法移动。移动结束时，必须迅速做好制动动作，两脚尖及上体转向球网。

拦网起跳时，两膝弯曲，身体重心降低，两臂屈肘向上摆动，配合两脚有力蹬地垂直向上跳起，同时收腹防止身体向前冲，以便控制身体平衡（见图 8-13 和图 8-14）。

图 8-13

图 8-14

起跳后，两臂顺势沿着球网的垂直面向上伸，当超过网上沿后提肩向前上方伸臂过网，两手主动接近球，手指自然张开弯曲成弧型，并保持一定的紧张度，在球的前上方采用“盖帽”或封路线式拦击。拦击瞬间，两手手指和手腕应充分用力，并伴有手腕下压动作。

拦网动作结束后，两手臂要立即回缩，以免下落时触网。落地时前脚掌先着地，随即过渡到全脚掌屈膝缓冲。

2. 集体拦网

以两人或三人组成的集体配合。目的在于扩大拦网范围，提高拦网效果，减小后排防守的压力。

以双人拦网为例，双人拦网是集体拦网的主要形式，常有 2、3 号位或 3、4 号位队员组成双人拦网（见图 8-15），对中路进攻，则可能组成 3 号和 2 号与 4 号位队员的三人拦网。

图 8-15

3．练习方法

（1）个人沿网移动做拦网练习。

（2）2 人隔网站立，原地起跳，网上击掌。隔网移动，跳起后网上击掌。

（3）3 人 1 组，按 2、3、4 号位站立，3 号位分别向 2 和 4 号位移动做拦网练习。

（4）2 人 1 组，隔网做拦抛球练习。

# 第三节 排球基本战术

排球战术是指场上队员在比赛中根据规则、比赛规律以及双方的具体情况和临场的变化，有意识、有目的地运用技术配合所采取的行动。

排球战术可分为个人战术和集体战术。集体战术又分为进攻和防守两大部分。

## 一、组成进攻的基本条件

1．阵容配备

阵容配备是指合理地搭配场上队员，充分发挥每个队员的特长和作用的组织手段。主要的配备有“四二”和“五一”两种形式。

（1）“四二”配备。2 个二传手安排在对称位置上，其他 4 人为 2 个主攻手，2 个副攻手，分别站在对称的位置上（见图 8-16）。

（2）“五一”配备。5 个进攻队员和 1 个二传队员的配合（见图 8-17）。这种配备，适合于攻防兼备、技术较全面的队采用。二传队员的对角位置应配备一名接应二传，以弥补二传队员来不及去传球的缺陷。

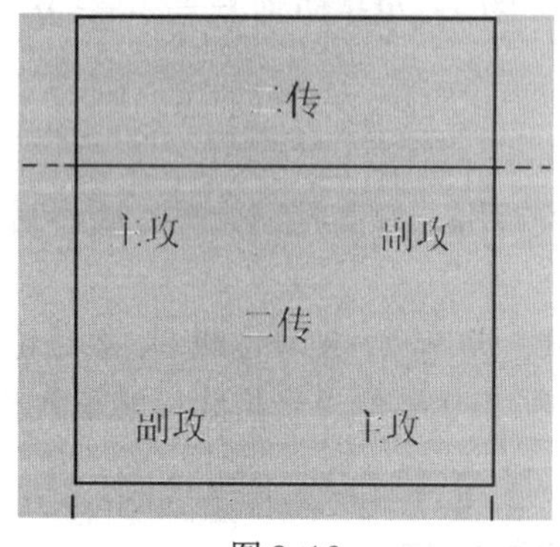

图 8-16

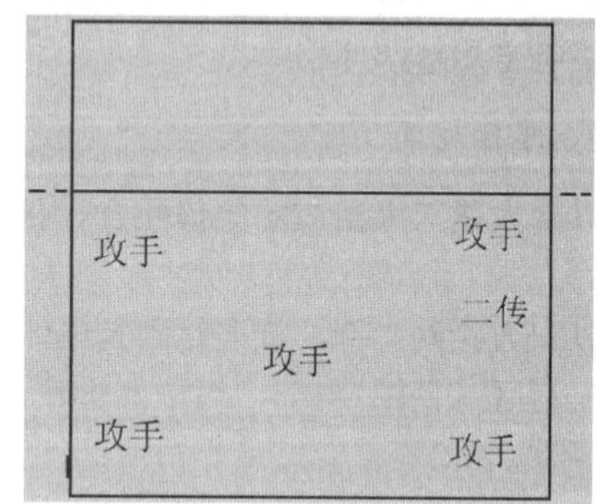

图 8-17

2．进攻阵形

进攻阵形主要有“中一二”“边一二”和“插上”等战术形式。

（1）“中一二”进攻阵形。由 3 号位队员做二传，4、2 号位队员进攻的形式称为“中一二”进攻战术形式（见图 8-18）。这种战术简单易学，适合于技术水平较低的队采用，其缺点是两点进攻、战术变化少。

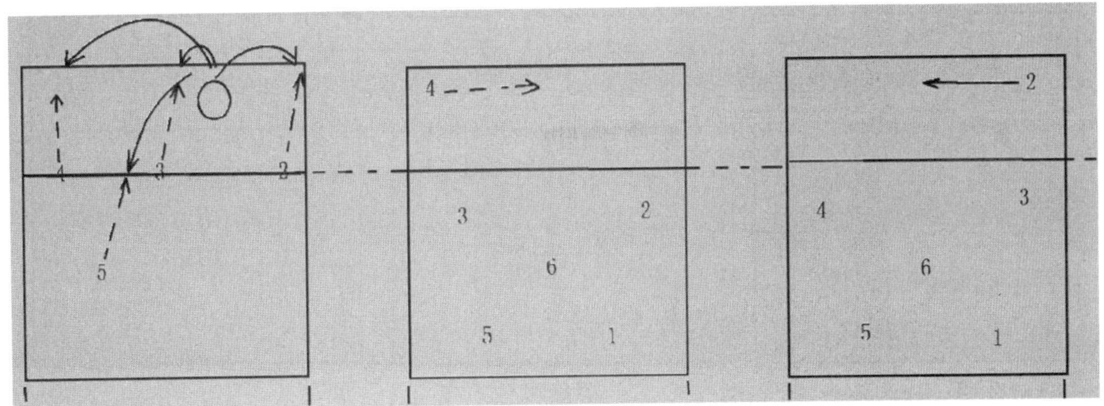


图 8-18

(2)“边一二”进攻阵形。由 2 号位队员做二传，3、4 号位队员进攻的形式称“边一二”进攻战术形式。此战术简单易学，可进行较多的战术变化。

(3)“插上”进攻阵形。由后排队员插到前排做二传，组成的进攻形式称为后排插上进攻战术。这种战术的特点是可以保证前排有三点进攻，而且可以组织多种战术，是当今排球运动的主要进攻战术形式之一。

## 二、防守的基本阵形和战术

### 1．接发球站位

接发球站位阵形一般采用五人接发球和四人接发球。

(1) 五人接发球站位。常在“中一二”和“边一二”进攻战术中运用。可站成“一三二”阵形，也称 W 形（见图 8-19)。

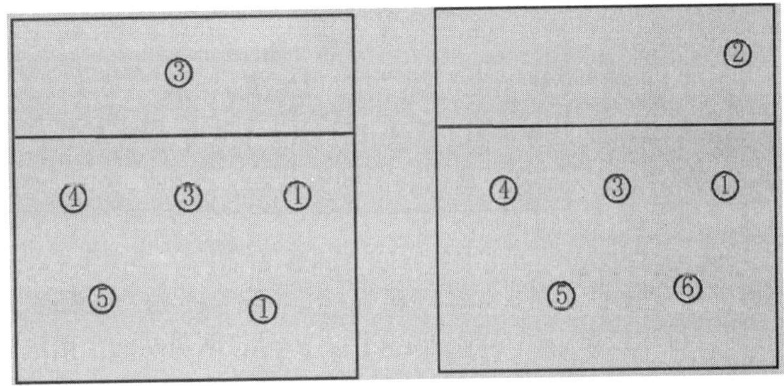


图 8-19

(2) 四人接发球站位。为战术需要可采用这种接发球阵形。如在“插上”进攻战术中，为缩短插上时间，插上队员与同列前排队员站在网前不接球，其他四人站成弧形接发球阵形（见图 8-20)。

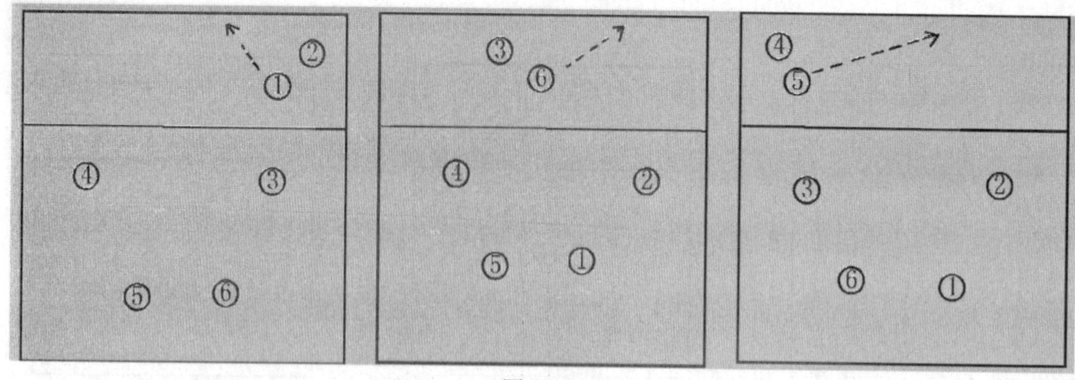


图 8-20

2. 防守战术

防守战术包括拦网、防守阵形、接发球、接扣球、防吊球以及防守反攻等几个相互衔接部分。

（1）拦网。拦网是防守的第一道防线。拦网应根据对方的战术，采用相应的拦网对策，如单人拦网、集体拦网、人盯人拦网、换位拦网等。

（2）后排防守。后排防守是根据前排的拦网人数、战术等情况，采用不同的防守阵形。

① 不拦网的防守阵形（见图 8-21）。

② 单人拦网时的防守阵形（见图 8-22）。

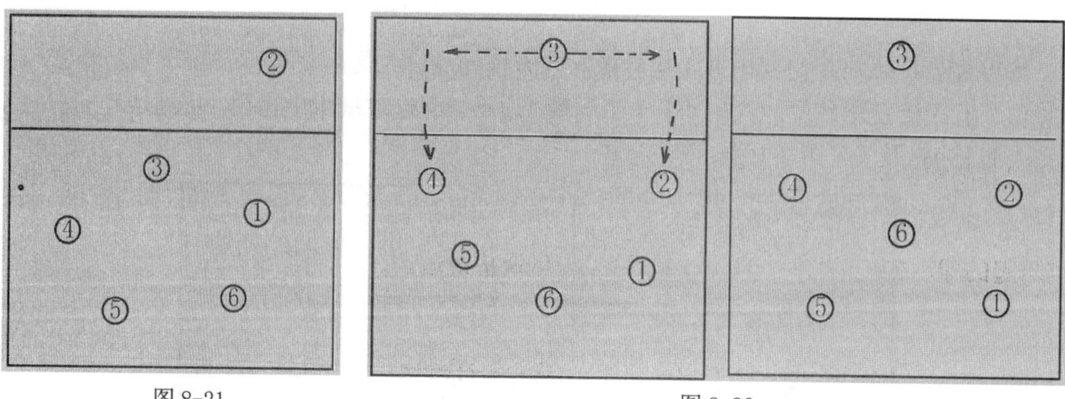


图 8-21　　图 8-22

③ 双人拦网时的防守阵形（见图 8-23）。其中，图 8-23（a）为“边跟进”防守，也称“马蹄形”防守，多在对方进攻较强、吊球较少时采用。1 号位队员从边上跟进防守。优点是后排防守范围较大，缺点是“心空”。图 8-23（b）为“心跟进”防守，多在对方打吊结合时采用。当 2、3 号位队员拦网时，由后排中心的 6 号位队员跟进保护。优点是加强了前区的防守和防吊球能力，缺点是后排“腰空”。

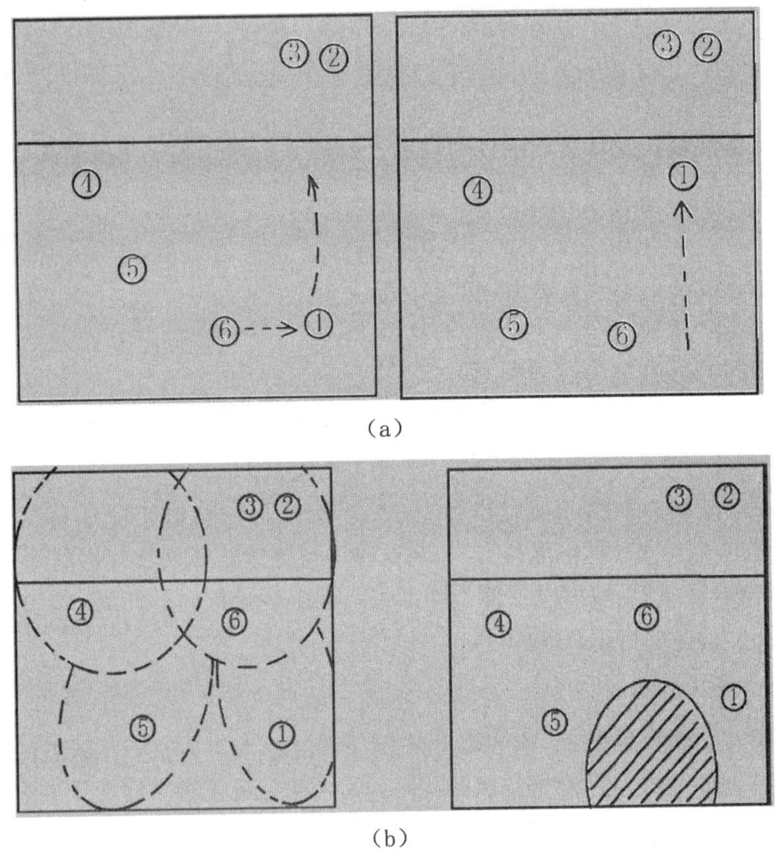

(b)

图 8-23

3. 防守反攻

防守反攻也称防反。防反对比赛的胜负起着十分重要的作用。不论是拦起的球，还是后排防起的球，二传或接应二传队员要力争将球调整给适合进攻的队员，进行反攻。

# 第四节 排球竞赛规则简介

## 一、场地与设备

1. 比赛场地

比赛场地包括比赛场区和无障碍区。比赛场区长 18m，宽 9m。线宽 5cm，线宽包括在比赛场区面积之内。

2. 球网

球网长 9.5m，宽 1m，设在中线的中心线的垂直面上空。球网两端设有两条宽 5cm，长 1m 的垂直于边线和中线交接处的白色标志带。两标志带的外沿分别设有 180cm 并且每 10cm 红白相间的标志杆，标志杆高出球网部分为 80cm。标志带和标志杆均被认为是球网的一部分。

## 二、规则简介

1．发球

队员站在本区端线后发球区内的任何位置，持球手将球抛起或明显撤离后，用一只手或手臂将球击出。

2．界内球

球触击比赛场区的地面，为界内球。

3．界外球

球的整个落点完全在场区界线以外的地面上，球触击场内外空间任何物体或场外非比赛人员。

4．比赛中的击球

每队最多可击球 3 次（拦网除外），一名队员不可连续击球两次（拦网除外）。队员身体任何部位都允许触球。球可以触及身体不同部位，但必须是同时。在第一次击球时，允许身体不同部位在同一击球动作中连续触球。

5．进入对方场区和空间

在不妨碍对方比赛的情况下，允许队员在网下穿越进入对方空间。队员的一只脚或双脚（一只手或双手）越过中线触及对方场区的同时，其余部分还接触中线或置于中线上空是允许的。队员身体的任何其他部分都不允许触及对方场区。

6．手越过球网

拦网时，允许越过球网触球，但在对方击球前和击球时不得妨碍对方。进攻性击球后允许手过网，但击球时必须在本场区空间。

7．过网击球

扣球时，击球点越过球网上沿的垂直面。

8．触网犯规

比赛进行中，队员身体任何部位不得触及球网的任何部分（包括标志带和标志杆），但队员未试图进行击球的情况下偶尔无意中触网，不算犯规。

9．拦网

只有前排队员可以完成拦网。

10．拦网犯规

（1）在对方进攻性击球前或击球的同时在对方场区空间拦网触球。

（2）后排队员完成拦网或参加集体拦网。

（3）拦发球及拦网出界。

11. 暂停与换人

(1) 比赛中只有死球时，教练员或场上队长方可请求暂停或换人。

(2) 每队每局可请求暂停两次。正式比赛采用技术暂停，第 1～4 局，每局有两次技术暂停，各为 1min。决胜局（第 5 局）无技术暂停，每队可请求 2 次 30s 的普通暂停。

(3) 每队每局最多可换 6 人次，可以同时替换 1 人或多人。

12. 胜一分，胜一局，胜一场

比赛采用每球得分制，胜 1 球即得 1 分。前 4 局以先得 25 分，并同时超出对方 2 分为胜 1 局。决胜局以先得 15 分并同时超出对方 2 分为胜。每局均无最高分限制。比赛采用 5 局 3 胜制，胜 3 局的队为获胜队。

13. 关于“自由人”的规定

“自由人”必须穿与本队队员有明显区别的服装，可替换任一后排队员，但必须经过比赛过程。不允许发球和拦网。在任何位置都不可对高于球网的球完成进攻性击球。

可以在比赛成死球时自由地替换队员，且不计换人次数。

## 第五节 气排球运动

### 一、气排球运动概述

气排球运动是一项集运动、休闲、娱乐为一体的群众性体育项目，作为一项新的体育运动项目，如今已经受到越来越多老年朋友的青睐。气排球由软塑料制成。比赛用球重约 120g，比普通排球轻 100～150g；圆周 74～76cm，比普通排球圆周长 15～18cm；比赛场地 13.4m×6.1m（采用羽毛球场地即可），比普通场地长宽各少 5m 和 3m；比赛网高男子 2.1m，女子 1.90m，混合网 2.00m。参赛队员 5 人。球的颜色为黄色。其打法和记分方法与竞技排球基本相同。

排球运动对于中国人来说并不陌生，但竞技排球终究对技、战术和参赛选手的各项素质要求非常高，在群众中推广普及有着一定的难度。

气排球是我国土生土长的一项群众性排球活动。1984 年，呼和浩特铁路局集宁分局为了开展老年人体育活动，在没有规则限制的情况下，组织离退休职工用气球在排球场上打着玩。由于气球过轻且易爆，他们将两个气球套在一起打，最后又改用儿童软塑球。随后又参照 6 人排球规则制定了简单的比赛规则，并将这种活动形式取名为“气排球”。

气排球运动是一项集运动、休闲、娱乐为一体的群众性体育项目，作为一项新的体育运动项目，如今已经受到越来越多老年朋友的青睐。气排球运动可是纯粹的“中国制造”。气排球作为中国老年人体育协会的五大竞技项目之一，自从推出该项目以来，先后在浙江、福建、上海、江苏、湖南、广西、重庆等地得到了很好的推广，打球健身的老年人越来越多，尤其以广西最为普及。

气排球由于运动适量、不激烈，男女都可以混合进场参与，适合各个年龄层次的人进行强身健体活动。

球类特点如下。

1．球质软

富有弹性，手感舒适，不易伤人。

2．球体大

圆周为75～78cm，重量轻，约120～125g。

3．球网低

男高2.10m，女高1.90m，混合网高2.00m；可以采用羽毛球场地。全场长13.4m，宽6.1m，室内外均可开展活动。

气排球属于一项老少皆宜的群众性体育运动，简单易学。每场只需要10个人就可以开始运动。

集体性极强，必须协调配合，有利于表现团结奋进和展现道德风范；规则宽，人体任何部位触球都可以，有时候为了救球，手来不及的情况下，可以用脚踢，只要按规则要求，将球打到对方场内地面上空即为有效。气排球好学易懂，是一项老少皆宜的市民运动。

## 二、气排球运动基本技术

1．半蹲准备姿势

两脚左右开立稍比肩宽，两脚尖稍内收，两膝弯曲成半蹲。脚跟稍提起，身体重心稍靠前，两臂放松，自然弯曲，双手置于腹前。两眼注视来球，两脚始终保持微动放松。

2．垫球

垫球技术动作要点可用“插、夹、抬、压”四个字概括。

插——双手互握插入球下。

夹——两臂夹紧伸直。

抬——提肩抬臂。

压——手腕下压。

击球时，用手腕上10cm的前臂击球的后中下部。

3．正面下手发球

准备姿势：面对球网，两脚前后开立，左脚在前，两膝微曲，上体前倾，重心偏后脚，左手持球于腹前，右臂自然下垂。

引臂：击球的同侧手臂直臂向后摆动。

抛球：左手将球平稳地向上托送竖直抛起，抛球高度为30cm左右。

挥臂击球：右腿蹬地，身体重心随着右臂的直臂前摆而前移，在腹前用掌的坚硬部位击球的后下部。重心随击球动作前移，迅速进场比赛。

4．正面上手传球

准备姿势：看清来球，迅速移动倒球的落点，对正来球，两脚左右开立，约同肩宽，左脚稍前，右脚脚跟稍提起，两膝微屈，上体稍前倾，两臂弯曲置于胸前，两肘自然下垂，两手成传球手形，眼睛注视来球方向。

手型：当手触球时，手腕稍后仰，两手自然张开，手指微屈成半球状。两拇指相对成“一”字形或“八”字形，两拇指间的距离不能过大，以防漏球。

击球点：击球点在前额上方约一球左右。

球触手的部位：拇指外侧，食指全部，中指的二三指节，无名指第三指节和小指第三指节的半个指节。简称为“3、2、1、半和拇指外侧”。

击球部位：后中下部。

用力顺序：蹬腿、展腹、伸臂最后用手指手腕的弹力将球向前上方传出。

5. 正面上手大力发球

准备姿势：面对球网站立，两脚自然开立，左脚在前，左手持球于体前。

抛球：左手将球平稳的垂直抛于右肩的前上方，抛球高度为 1.5m 左右。

引臂：屈肘后引，上体稍向右转，手停于耳旁。

挥臂击球：收腹、振胸、挂肘，上臂带动前臂向前上方弧形挥摆，伸直手臂，在肩的上方用全掌击球的后中部。

击球手法：包满打转，边包裹边推压；全手掌击球，使球呈上旋飞行。

6. 扣球

准备姿势：两脚自然开立，两膝微屈，上体稍前倾，观察二传来球。

助跑：左脚先向前迈出一步，接着右脚迅速跨出一大步，左脚及时并上落在右脚侧前方，两脚尖稍向右准备起跳。

起跳：两臂自后积极向前摆动，随着双腿蹬地向上起跳，两臂协调配合起跳动作用力上摆。

空中击球：起跳至接近最高点时用正面上手大力发球的挥臂动作在右肩前上方击球的中上部。

落地：完成击球动作后，身体自然下落，应尽量用双脚的前脚掌先着地，同时顺势屈膝，缓冲身体下落的力量。

## 三、气排球运动比赛规则

1. 队员

（1）每队最多可有 8 名队员，队员上衣必须有号码，应由 1 号至 8 号。身前号码大小为 $10cm^2$，身后号码大小为 $15cm^2$。场上队长应在上衣胸前有一明显标志。

（2）教练员和队员应了解并遵守规则，以良好的体育道德作风服从裁判员的判定。如有疑问只有场上队长可向裁判员请求解释，教练员不得对判定提问异议或要求解释。

（3）教练员和队员必须尊重裁判和对方队员，不得以任何行为影响裁判的判断。不得以任何行动和表现去拖延死球时间或被认为有意延误比赛。

2. 进行

（1）队员场上位置。双方队员各分为前排三名，后排二名。前排左边为 4 号位，中间为 3 号位，右边为 2 号位，后排左边为 5 号位，右边为 1 号位。每局比赛开始、场上队员必须按位置表排定的次序站位，在该局中不得调换。在新的一局、每个队上场队员的位置可重新安排。

（2）暂停。每局比赛中，每个队可请求 2 次暂停，每次暂停时间为 1min。只有成死球时经教练员或场上队长向第二或第一裁判员请求后才准予暂停。第一裁判员鸣哨后，比赛应立即继续进行。某队请求第三次暂停，应予拒绝、并提出警告。第一裁判员已鸣哨发球，队员尚未将球发出或与鸣哨的同时请求暂停，均应拒绝，如第二裁判员在此时间错误鸣哨允许暂停，第一裁判员也不得同意，应再次鸣哨发球。

（3）换人。每局每队最多可替换 6 人次，一下一上为 1 人次。某队换人时应由教练员或场上队长在死球时向第二或第一裁判员提出要求、并说明替换人数和队员的号码。裁判员准许换人时，上场队员应已做好准备并从前场区上下场，如队员未做好准备，则判罚该队一次暂停。

3. 成绩计算

（1）得分：只有发球队胜一球时，才得 1 分，决胜局则不论发球队或接发球队胜一球即得 1 分。

（2）胜一局：某队先得 15 分并超出对方 2 分时，或双方得分成 16∶16 时谁先得 1 分成 17∶16 时，则该队胜一局。决胜局谁赢得 15 分并超出对方 2 分时，即算该队获胜。

（3）规定比赛时间 5min 后仍不到场者，作弃权处理，对方则以每局 15∶0 的比分和 2∶0 的比局取胜。各队无正当理由不得无故弃权和罢赛。否则，取消该队三年内参加公司体育竞赛资格。

4. 动作和犯规

1）发球

（1）发球队胜一球或接发球队取得发球权时，该队队员必须按顺时针方向轮转一个位置，由轮转到 1 号位的队员发球，如没有按发球次序轮转发球，则为轮转错误，必须立即纠正，并判失去发球权。

（2）发球队员必须在第一裁判员鸣哨发球后 8s 内将球发出，球被抛出发球队员未击球，球也未触及发球队员而落地，允许继续发球。

（3）发球队的队员不得以任何方式阻挡对方观察发球队员和球的飞行路线。

（4）发球时判断队员的位置错误，应以队员身体着地部分为依据，在发球队员击球的一刹那，球未击出前，同排队员的站位不得左右超越或平行，前后排队员不得前后超越或平行。即 4 号位队员不得站在 3、2 位队员的右边，2 号队员不得站在 2、3、4 位队员的前面或平行。否则，应判失球权或对方得分。发球队员与本方 5 号位队员不受站位的限制。

（5）发球触网算违例，发球和比赛过程中球触顶按违例处理。

2）击球

队员击球时，有意或无意把球接住停在手中或用双臂将球夹住停留时间较长或用手将球顺势冲至停留时间较长再将球送出，判击球犯规。队员身体任何部位连续触球多于一次，则判连击犯规（拦网除外）。

3）过中线和触网

比赛进行中，队员踏越中线，应判过中线犯规，队员身体任何部位触及球网，判触网犯规，因对方击球入网而使网触及本方队员时，不算触网犯规。

4）进攻性击球

（1）队员在后场区可以对任何高度的球做进攻性击球，但在起跳时不得踏及或踏越限制线，否则即为违例犯规。

（2）队员有前场区，采用攻击力强的扣、抹、压吊动作，将高于球网上沿的球击入对区、则判犯规。如采用攻击力小的传、顶、挑的动作，击球的底部或下半部，使球具有一定向上的弧度过网不算犯规。

（3）队员有前场区，对低于球网上沿的球，可用任何击球动作将球击入对区。

5）拦网与过网

（1）后排两名队员不得拦网。如有参加拦网并起到拦网作用时应判犯规。

（2）拦网不算一次击球，还可再击球一次。

（3）不得拦对方的发球和对方队员进入前场区直接击过网的球，只允许拦对方队员在后场区直接击过网的球。

（4）甲方队员完成直接向对方击球前，乙方的手触及甲方地区上空的球时，应判乙方队员过网犯规。

可关注全民健身气排球公众号了解更多气排球运动。

# 第九章　足　　球

**学习目标**

（1）了解足球运动的基本常识。

（2）掌握足球运动的基本方法。

## 第一节　足球运动概述

足球运动是世界上开展最广泛、影响最大的体育运动项目之一，号称世界第一运动，深受世界各国和各地区人民的喜爱。队员在比赛中采用各种符合规则规定的奔跑、急停、转身、倒地、跳跃、冲撞等动作，在活动中与对手展开激烈的争夺。足球运动主要用脚支配球，在长方形、平坦的、两端各有一个足球门的场地上，两队互相攻守，激烈对抗，以射门进球多少决定胜负。

1863 年 10 月 26 日，英国人在伦敦成立了世界上第一个足球运动组织英格兰足球协会，并统一了规则，人们把这一天当作现代足球运动的诞生日。1900 年足球被列为奥运会正式比赛项目。1904 年 5 月 21 日在巴黎成立了足球运动的国际性组织国际足球联合会，英文缩写为 FIFA。

现代足球运动经历了由低级到高级，从不完善到逐步完善的发展历程，正向着技术、战术、身体心理高度全面发展的方向前进。在快速多变、激烈对抗的条件下，充分地发挥技、战术水平，是当今足球运动的发展趋势。

足球的运动特点如下。

（1）整体性。足球比赛每队由 11 人上场参赛。场上的 11 人思想统一，行动一致，攻则全动，守则全防，整体参战意识强。只有形成整体的攻守，才能取得比赛的主动权及良好的比赛结果。

（2）大局性。足球比赛场地大，如何利用好场地和人数就是胜负的一个关键。双方利用有效的传切、流畅的配合突破层层防线，通过在空间上大范围地转移球来调动对方以期达到找到漏洞或撕开防线的目的。同时足球联赛的赛季很长，比赛很繁重，合理分配体能，适当轮换球员都是全盘考虑整个赛季比赛的要素。

（3）精细性。足球运动粗中有细，大块头其实是很有智慧的。个人盘带讲求技术细腻到位，时机得当，有时短短的时间差或几步的距离都会造成突破、妙传甚至进球。双方球员不仅在足球上对抗，在心理上也有不断的较量：小动作骚扰，大动作施压造成对方的恐惧，言语上的挑衅激怒别人，关键时刻在高压下处理球（如点球时射手和门将的心态，加时赛时能否保持清醒）等都是足球的看点与值得回味之处。

（4）对抗性。足球运动是一项竞争激烈的对抗性项目，比赛中双方为争夺控制权，达到将球攻进对方球门，而又不让球进入本方球门的目的，展开短兵相接的争斗，尤其是在两个罚球区附近的时间、空间争夺更是异常凶猛，扣人心弦。一场高水平的比赛，双方因争夺和冲撞造成的倒地次数多达 200 次以上，可见对抗之激烈。

（5）多变性。足球运动是一项技术上多彩多姿、战术上变幻莫测、胜负难以预测的非周期性运动项目，比赛中运用技、战术时会受到对方直接的干扰、限制和抵抗，所以技、战术要依场中的具体情况而灵活机动地加以运用和发挥。

（6）易行性。足球竞赛规则比较简练，器材设备要求也不高。一般性足球比赛的时间、参赛人数、场地和器材也不受严格限制，因而是全民健身中一项十分易于开展的群众性的体育运动项目。

## 第二节 足球基本技术

足球运动技术，是指运动员在足球比赛中所采用的合理行动和动作方法的总称，包括踢球、停球、顶球、运球与运球过人、抢截球、掷界外球、射门、守门员技术等。

### 一、踢球

踢球是指用脚的不同部位将球击向预定的目标。踢球的方法主要有脚内侧踢球、脚背正面踢球、脚背内侧踢球和脚背外侧踢球。

1. 技术动作

（1）脚内侧踢球。踢定位球时，正面直线助跑，最后一步稍大，支撑脚踏在球的侧方 10～15cm 处，足尖正对出球方向，膝关节微屈。与此同时摆动腿以髋关节为轴，大腿带动小腿由后向前摆动，在前摆过程中髋关节、膝关节外展，足尖翘起，脚掌与地面平行，用脚内侧（足弓部位）击球的后中部。在击球的瞬间身体稍前倾，踝关节紧张，足跟前送，两臂配合协调摆动，将球击向预定目标（见图 9-1）。

足球–传球和停球

图 9-1

（2）脚背正面踢球。踢定位球时，直线助跑，最后一步稍大，支撑脚以脚跟着地，踏在球的侧后方 10～15cm 处，膝关节微屈，足尖正对出球方向；摆动腿以膝关节为轴，大腿带动小腿屈腿积极向前摆动，当膝盖摆至接近球的垂直上方时，小腿做爆发式的前摆，用脚背正面击球的后中部。击球时脚面绷直，踝关节紧张，上体稍前倾，两臂配合协调摆动（见图 9-2）。

图 9-2

（3）脚背内侧踢球。踢定位球时，斜线助跑，助跑方向与出球方向约成 45°。支撑脚外侧着地，踏在球的侧后方 25～30cm 处，膝关节微屈，足尖指向出球方向，身体稍向支撑脚一侧倾斜并转向出球方向；大腿带动小腿积极前摆，当膝盖摆到接近球内侧垂直方向时小腿加速前摆，同时足尖稍外转，脚面绷直，脚趾扣紧，足尖指向斜下方，以脚背内侧击球的后中部。踢球后，踢球腿随球继续前摆，两臂随踢球动作自然摆动（见图 9-3）。

图 9-3

（4）脚背外侧踢球。踢定位球时，正面直线助跑，最后一步稍大，支撑脚迅速地以脚跟着地，踏在球的侧后方 10～15cm 处，膝关节微屈，足尖正对出球方向；摆动腿以髋关节为轴，大腿带动小腿屈膝积极向前摆动，当膝盖摆到接近球的垂直上方时，小腿加速前摆，同时足尖内转，脚面绷直，脚趾扣紧，足尖指向斜下方，用脚背外侧击球的后中部。踢球后，踢球腿随球向前继续摆动，两臂配合踢球动作协调摆动（见图 9-4）。

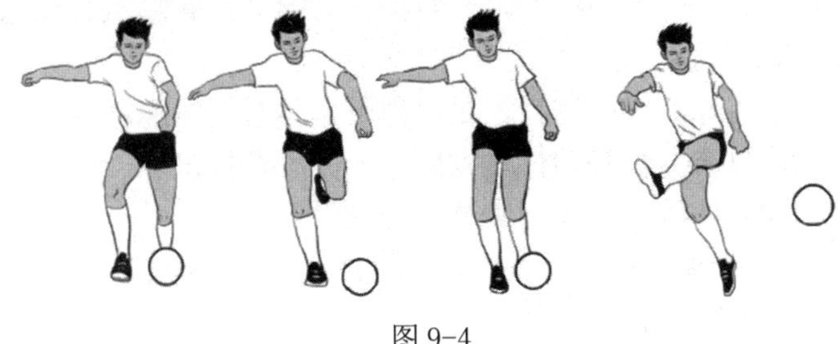

图 9-4

2. 练习方法

（1）脚内侧踢球练习。

① 原地做无球踢球的模仿练习，主要体会摆动腿以髋关节为轴，大腿带动小腿的摆动方法。

② 做向前跨一步的踢球模仿练习，主要体会支撑脚的站位和摆动腿的配合。

③ 助跑 3～5 步的踢球模仿练习，主要体会支撑脚的站位和摆动腿的摆动以及协调、连贯的用力技术。

④ 学生 2 人 1 球，一人用脚底踩球，另一人做原地或上一步的踢球练习。要求踢球力量不能过猛，主要体会支撑脚的选位和摆动腿的摆动动作。

⑤ 面对网或足球墙做踢球练习。开始时距离网或足球墙 5m 左右，用力不要太大，待动作熟练后逐渐加长距离，主要体会踢定位球的动作要领。

⑥ 2 人相距 6～8m 传球，要求力量不要过大，方向要准。

⑦ 将学生分成若干队，每 2 队 1 组，踢迎面抛来的地滚球。每队第一人踢球后跑向队尾，迎面第一人将球接住，轻抛地滚球给对方第二人，然后回到队尾；第二人踢球后，迎面第二人再轻抛给对方第三人。依此类推，直至最后一人踢完，双方轮换做抛球人。

⑧ 面对足球墙，相距 10m，在墙上靠近地面处画 1m 宽、0.5m 高的球门，要求踢出的球击在球门内，每人踢 10 个球，看谁踢进的次数最多。

（2）脚背正面踢球练习。

① 原地模仿练习，要求绷脚面，脚趾扣紧，体会摆腿及脚形的正确技术。

② 上一步模仿练习，体会支撑脚站位与摆腿的配合技术。

③ 助跑 3～5 步面对墙做踢球练习，体会脚背正面踢球的完整技术。

④ 在足球墙距地面高 1m 处画直径为 1.5m 的圆，学生距墙 10m 向圆内踢球。每人只有 1 次机会，但踢进圆的可以连踢，看哪组累计数量多。

⑤ 在场地上画若干直径为 2m 的圆，学生站在距圆 20m 处踢高球，使其落点在圆内，看谁踢得准。

⑥ 同上练习，在学生与圆之间拉一皮筋，要求踢出的球越过皮筋，落点在圆内。

（3）脚背内侧踢球练习。

① 原地和上一步踢球模仿练习，主要体会支撑脚的位置、身体向支撑脚一侧倾斜。

② 助跑踢球的模仿练习，主要体会助跑方向和弧形摆腿的路线、方法及两腿的配合。

③ 两人相距 10m，互相踢球练习。

④ 距足球墙 6～8m，在墙上 1m 高处画圆，要求踢出的球击在圆内。

⑤ 距球门 15～20m 踢定位球练习，要求踢球力量大，方向准确。

⑥ 在罚球弧附近分组进行射门练习，一组在门后捡球，看哪组进球总量多。

（4）脚背外侧踢球练习。

① 原地模仿练习，踢球时脚面绷直，足尖内转，体会摆腿踢球的正确技术。

② 上步模仿练习，体会支撑脚站位与摆腿踢球的配合技术。

③ 原地反复轻踢实心球练习，体会脚触球的部位。

④ 2 人 1 球，对面进行踢球练习。开始可短距离，动作熟练后可适当加长距离，主要体会摆腿方向、击球点和摆腿的力量。

⑤ 踢弧线球射门。在正对罚球弧靠近球门处插两根相距 3m 的标杆，使射出的球绕过标杆进入球门。

## 二、停球

停球是指有目的地用身体的合理部位，将运行中的球停留在所控制的范围之内。常用的停球方法有脚内侧停球、脚底停球、脚背正面停球、脚背外侧停球和胸部停球。

### 1．技术动作

（1）脚内侧停球。停地滚球时，身体正对来球方向，支撑脚的脚尖与来球方向一致，膝微屈。停球腿提起屈膝外转并前迎，足尖稍翘起，使足内侧对准来球，在脚与球接触前的刹那开始后撤，以缓冲来球的力量，把球停留在便于衔接下一个动作的控制范围内（见图 9-5）。

图 9-5

（2）脚底停球。停地滚球时，身体面对来球方向，当球接近体前时，支撑脚踏在球的侧后方，足尖正对来球，膝关节微屈。停球腿抬起，膝弯曲，脚跟离地低于球，脚尖翘起高于球。当球刚刚接触脚掌时，脚掌轻轻下压球的中上部，将球停于脚下（见图 9-6）。

图 9-6

（3）脚背正面停球。停球前，身体面对来球，支撑腿微屈维持身体平衡。停球腿屈膝抬起，小腿前伸主动迎球，用脚背正面接触球的底部。脚背触球前的一刹那，小腿下撤以缓冲来球力量，同时膝关节和踝关节放松，将球停留在体前适当的位置（见图 9-7）。

（4）脚背外侧停球。停地滚球时，停球脚稍提起，膝关节和脚内转，用脚背外侧对正来球，在支撑脚的前侧方接触球的侧后方（偏支撑脚一侧），脚与球接触的刹那向外侧轻拨，将球停在侧方或侧前方。

图 9-7

（5）胸部停球。挺胸停球时，身体正对来球，两脚前后开立，两膝弯曲，上体后仰，重心落在两脚之间，两臂自然张开，微收下颌。当球运行到胸部接触的刹那间，两脚蹬地，胸部上挺、憋气，使球触胸后向前上方弹起，改变运行方向然后落于体前（图 9-8）。

图 9-8

收胸停球时，身体正对来球，两脚前后开立，两臂自然张开，重心前移，挺胸迎球，当球运行至胸部接触前的刹那，重心迅速后移，收胸、收腹以缓冲来球力量，将球停于体前（见图 9-9）。

图 9-9

2．练习方法

（1）原地徒手模仿。练习体会动作方法，或在走动中和跑动中模仿练习，体会动作方法和要领。

（2）停地滚球练习。

① 2 人 1 球，相距 10m，一人用手抛地滚球，另一人迎上用脚内侧将球停在体前或体侧，然后将球拣起用手抛球滚给对方。

② 2 人相距 15～20m，一人用脚内侧将球传给对方，另一人用脚内侧将球停住，同时用脚内侧将球回传。

③ 2 组相距 15～20m，一组第一人用脚内侧将球传给对方，然后排到队尾，另一组第一人用脚内侧将球停住后再用脚内侧回传。

④ 2 人 1 球面对足球墙做踢球练习，将弹回的地滚球用脚内侧停住。

（3）停反弹球练习。

① 每人 1 球，自抛自停。当将球抛起后可用脚掌、脚内侧、脚背外侧等部位进行停反弹球的练习。

② 每人 1 球，自踢自停。用脚背正面颠球 2～3 次后使球落地，然后分别用脚掌、脚内侧、脚背外侧等部位进行停反弹球练习。

③ 2 人 1 球，互抛互停。一人抛弧线球，另一人迎上用脚掌、脚内侧或脚背外侧等部位停反弹球练习。

④ 2 人 1 球，互踢互停。2 人相距 20m 左右，中间插一标杆，互相传球，使球越过标杆后，练习用脚掌、脚内侧或脚背外侧停反弹球。

⑤ 3 人各相距 20m 左右进行三角传球，练习用脚掌、脚内侧或脚背外侧停反弹球。

（4）停空中球练习。

① 每人 1 球，自抛自停。将球抛起后用挺胸停球方法进行停球练习。

② 2 人 1 球，互抛互停。一人抛高空弧线球或平直球，对方用挺胸或收胸停球法将球停下，再用同样的方法回抛。

③ 每人 1 球，自踢自停。用脚背正面将球踢起，然后跑上前去，用挺胸停球法将球停下。

④ 2 人 1 球，互踢互停。2 人相距 25～30m 互相踢球，根据来球的高度，用挺胸或收胸停球法进行停球练习。

⑤ 停球比赛。2 组相距 15m 左右各排一队，一组排头将球传给对面后跑至排尾，另一组排头将球停住后传回对面，跑至排尾，依次进行。只准用规定动作停球，看哪队先做完。

## 三、顶球

足球-运球和头顶球

顶球是有目的地运用头的前额部位直接处理空中球的基本技术。正确运用头顶球技术，可以争取时间，抢占空间，取得空中优势。在发动与组织进攻时，可直接传递、摆渡或抢点射门；在防守时，它又可以阻截、抢断或门前排险，转守为攻。顶球的准确性取决于头触球的部位和用力方向；而出球力量的大小，则取决于来球的力量、顶球的时间、头触球的部位以及全身的协调用力。

1. 技术动作

（1）原地正额顶球。身体正对来球，两脚前后开立，膝关节微屈，上体稍后仰，重心放在后脚上，两臂自然张开。当球运行到身体垂直部位前的刹那，后脚用力蹬地，上体迅速前摆，身体重心移向前脚，同时收下颌，颈部紧张，用前额正面顶球的后中部，上体随球继续前摆，两眼注视出球方向。

（2）跳起正额顶球。原地双脚起跳时，两腿先屈膝，重心下降，然后，两脚用力蹬地跳起，同时两臂屈肘上摆，在跳起上升过程中，挺胸展腹，两臂自然张开，眼睛注视来球。当跳至接近最高点时，身体成反弓形，待球运行到身体垂直部位前的刹那，迅速收腹，折体前屈，用前额正面将球顶出，球顶出后两腿屈膝落地。

助跑单脚起跳时，可做三五步助跑，最后一步的步幅稍大，用力脚迅速蹬地，另一腿屈膝上摆，两臂屈肘上提，使身体向上腾起，并挺胸展腹，两臂自然张开，身体成反弓形，眼睛注视来球，待球运行到身体垂直部位前的刹那，迅速收腹折体，用前额正面将球顶出，球顶出后两腿屈膝落地（见图 9-10）。

图 9-10

2. 练习方法

（1）原地模仿练习，体会动作要领。

（2）利用吊球做原地顶球练习，主要体会上体后仰，迅速前摆屈体和头顶球的部位。

（3）2 人 1 球，一抛一顶练习，主要体会顶球时机。

（4）学生围成圆圈，中间一人抛球给周围的人，周围人依次把球顶回给中间的人。

（5）学生围成圆圈，互相顶传练习，看哪个圈的球落地次数少。

（6）3 人 1 球，三角顶球练习，看哪 3 人顶球次数最多，可规定时间比赛。

## 四、运球与运球过人

运球与运球过人是指运动员有目的地用脚的各个部位连续推拨球，使球处于自己控制范围内的触球动作。它是运动员个人控球能力和个人进攻能力的体现，也是集体战术实力的基础之一。

1. 运球技术动作

（1）脚内侧运球。运球时，支撑脚向前跨，踏在球的侧前方，膝关节稍弯曲，上体前倾向里转。随着身体向前移动，运球脚提起，在落地之前，用脚内侧推球的后中部。在改变方向运球时，经常是用两只脚交替拨球。

（2）脚背外侧运球。运球时，支撑脚保持在球的侧后方，运球脚抬起时，脚跟提起，足尖稍内转，再迈步前伸落地，用脚背外侧推拨球。向前跑动时身体自然放松，上体稍前倾，两臂自然摆动。

（3）脚背正面运球。运球时，身体正对运球方向，运球脚提起时，膝弯曲，脚跟提起，脚尖下指，再迈步前伸落地，用脚背正面推拨球的后中部。向前跑动时身体自然放松，上体稍前倾，两臂自然摆动。

#### 2. 运球过人技术动作

（1）拨球过人。拨球过人是运用脚腕的抖拨动作，以脚背内侧或外侧触球，使球向侧方或侧前方移动。比赛中，一般遇到对手从正面来抢时，可先运球逼近对手，诱使对手伸腿抢截或重心随之移动，然后运球者运用拨球动作从对手的一侧越过。

（2）推球过人。先运球逼近对手，诱使对手伸腿抢球，或当对手积极后退阻截站位失去身体平衡的刹那，快速推球并加快起动，使球从对手胯下或体侧越过的同时，人也跟着越过。

（3）扣球过人。扣球过人是运用转身、膝关节的摆动及脚腕急转压扣的动作，以脚背内侧或外侧触球，将球迅速停住或改变方向，然后运球过人。用脚背内侧扣球称“里扣”，用脚背外侧扣球称“外扣”。一般在正面遇到对手抢截时，可先用向两侧扣球的方法，诱使对手身体随之移动，当其重心移至一侧时，迅速扣球变向从异侧超过。当侧面遇到对手抢截时，可采用向里扣或向外侧回扣的方法过人。用扣球动作改变方向后，应突然加快推拨球动作越过对手。

（4）拉球过人。拉球过人一般在对手伸腿抢球的同时运用。先运球逼近对手，待球向前滚动速度逐渐减慢或已处于停止状态时，诱使对手伸腿抢球。当对手伸腿重心前移的刹那，迅速用脚掌向后拉球闪开对手抢截，紧接着用脚内侧向外侧前方推球越过对手。

#### 3. 练习方法

（1）在走和跑中用单脚或双脚交替运球，熟悉球性，体会推拨球的动作。

（2）学生成一路纵队，第一人运球绕过标杆后往回运，将球交给第二人后，排到队尾，依次进行练习。

（3）学生成一路纵队，第一人向前运球，分别绕过前方 5～8 个实心球再往回运。依次进行曲线运球练习。

（4）一列横队，每人 1 球，按教师的口令或手势做由变向到变速，由运球到过人的运球练习。

（5）2 人 1 球做一运一过人练习。

（6）学生绕圈做各种运球、过人的练习，要求学生最好左、右脚对称依次进行。

注意养成抬头运球习惯，努力做到人球兼顾、视野开阔，并强调学生在运球过人技术练习中，练、想、看、说能力综合发展。

### 五、抢截球

抢截球是指占据有利位置，封堵球的去路或阻挠对手自由地运动，它是运用身体的不同部位和所做的合理动作，以减慢对方推进速度，把对手控制的球夺过来或者破坏掉的一项基本技术。抢截球包括抢球和截球2个内容。

1．技术动作

（1）正面跨步抢球。抢球前迅速靠近对方，做好抢球的准备，两脚前后开立，两膝微屈，重心下降，体稍前倾，面向对手。在对手运球脚触球后即将着地或刚着地时，支撑脚立即用力后蹬，抢球脚疾步跨出，膝关节弯曲，踝关节保持紧张，脚内侧正对球，触球后用力提拉，使球从对方脚背滚过，同时身体重心迅速跟上，把球控制好。若离球稍远抢不到球时，可用脚尖捅抢。

（2）侧面抢球。与运球者平行跑动，待对方远离自己身体一侧的脚落地时，利用合理冲撞动作，使其失去平衡而离开球，乘机将球控制起来。在冲撞时要降低身体重心，靠近对方一侧的手臂要紧贴身体。

（3）正面倒地铲球。两脚前后开立，两膝弯曲，身体重心下降并放在两脚间，面向对手。在对方运球脚触球后即将着地或刚着地时，一脚立即用力后蹬，另一脚沿地面向前滑铲，同时上体侧转后仰倒地，蹬地面成弧形扫踢球，将球留下或破坏掉，铲球后屈肘用手扶地或接着侧滚。

（4）侧后铲球。同侧脚铲球时，在运球者侧后跑动。在对方拨出球的一刹那，后脚用力后蹬成跨步，上体后仰，前脚（同侧脚）以脚外侧沿地面向外侧滑出，用脚背或脚尖将球踢出或捅出，接着小腿外侧、大腿外侧和臀部依次着地。

异侧脚铲球时，在运球者拨出球的刹那，抢球者同侧脚（后脚）用力后蹬成跨步，上体后仰，异侧脚前伸，以脚外侧沿地面向前内侧滑出，用脚掌蹬球，接着小腿、大腿、臀部依次着地。

（5）截球。截球是指比赛中2名队员传球时，对方队员使用踢球、顶球、铲球或停球等技术动作把球断下来或破坏掉。根据临场需要选择使用某种动作，对于对方的传球、射门等的截球，需要用踢球、顶球或铲球等动作来完成，而对于使球处于自己控制之下的截球，则需要用停球动作来完成。

2．练习方法

（1）学生成体操队形，按教师口令做向前跨步抢截球的模仿练习。

（2）一人脚旁放一实心球，另一人做抢球练习，体会脚触球部位。

（3）2人相距4～6m，中间放一实心球，按教师口令同时做向前跨步抢球练习，体会跨步重心前移的抢截技术。

（4）2人相距10m，一人直线运球，另一人做正面跨步抢球练习。

（5）一人直线运球，另一人在侧面做合理冲撞将球抢下。

（6）向前自抛地滚球，追上去两脚轮换做铲球练习。

（7）一人直线运球，另一人在侧后做铲球练习。

（8）学生围成圆圈传球，圈内2～3人做截球人，谁截到球后便站在圈上，传球失误者到圈内截球。

## 六、掷界外球

足球-掷界外球和守门

掷界外球是指按照规则的规定和要求，有目的地用双手将球从场外掷入场内，使比赛继续进行的动作技术，同时它又是一次很好的组织进攻的机会，尤其在对方罚球区附近掷界外球，其威胁更大。若不能很好地掌握这项技术，在掷球时因错误动作而造成违例，便失去一次很好的进攻机会。因此，运动员必须熟练掌握掷界外球技术。

1. 技术动作

（1）原地掷界外球。面对出球方向，两脚前后或左右开立，两膝微屈，上体后仰成背弓，重心移到后脚上（左右开立时，重心在两脚间），两手手指自然张开，拇指相对，持球侧后部，屈肘将球举至头后。掷球时后脚（或两脚）用力蹬地，迅速摆体、收腹、挥臂，当球摆至头上时用力甩腕，将球掷入场内。在掷球过程中，后脚可沿地面滑动，但两脚均不得离地。

（2）助跑掷界外球。助跑要自然协调，速度快慢由掷球远近而定。助跑时两手持球于胸前，在迈出最后一步时，上体后仰成背弓，同时将球举至头后。掷球时用力蹬地，迅速摆体、收腹、挥臂。当球摆至头上方时，用力屈腕，用甩腕和手指的力量将球掷出。

2. 练习方法

（1）原地或助跑 2 ～ 3 步，徒手掷球做模仿练习。

（2）利用实心球做原地或助跑掷球练习。

（3）2 人 1 球，相距 8～10m，进行原地掷球练习。

（4）2 人 1 球，相距 15m 左右，进行助跑掷球练习。

（5）掷准比赛。在前方画直径 0.5m 的圆，前后共 5 个，每圆之间相隔 0.5m，最近的圆距学生 5m，最远的圆距学生 12m，向圆内进行掷准比赛，掷入最近的圆得 1 分，其次为 2 分，最远的是 5 分。比赛看哪队得分最多。

（6）掷远练习。2 人相距 15m，在其背后 20～25m 处各画一条胜负线，一人开始掷球，对方需从球的落点处往回掷，反复进行。先掷过对方胜负线者为胜。

## 七、射门

射门是指进攻到对方球门前时，运用不同的脚法（或头顶球）将球踢（或顶）向对方的球门。射门是得分的主要手段，而破门则是比赛的最终目的。但是，射门常常是在与对手激烈的竞争中进行，需要摆脱对方的阻截、冲撞甚至一些不符合规则的粗野动作，这就要求进攻者技术全面、动作快速、真假结合、起脚突然，这样才能抓住战机、破门得分。

1. 技术动作

射门时运用的各种脚法或头顶球的动作前文中已叙述。掌握好射门技术的关键是起脚时机、脚法正确、准确有力。

2. 练习方法

（1）距足球墙 6m 左右，在墙上画 1.5m 高、2m 宽的长方形为球门，进行射门练习。

（2）每人 1 球，在罚球弧附近进行射门练习。

（3）在罚球点附近插两根标杆，进行射门练习，要求射出的球从标杆两侧绕过。

（4）自己快速运球，跑动中做射门练习。

（5）2 人 1 球，一人向侧前方传球，另一人跑上去射门。

（6）3 人 1 球，一人底线传中，另 2 人跑上去射门（可用头顶球射门）。

（7）6～8 人一组，利用角球进行射门练习，必须用头顶球射门。

（8）射门比赛练习。10 人 1 组，在罚球弧顶/射定位球，看哪组进球数多。要求射门有力。

## 八、守门员技术

守门员技术是守门员在比赛中所采取的有效防御动作技术和在接球后所做的有助于本队进攻的动作技术。

守门员是全队的最后一道防线，他的主要任务是不让球射入本方球门。守门员除了要沉着冷静，具有顽强的意志，快速敏捷的反应能力和全面熟练的守门技术外，还要善于观察全局，随时注意攻守发展情况，扩大自己在罚球区的活动范围，尽早截获来球，起到协助指挥全队防守和进攻的作用。

### 1．技术动作

（1）位置选择。位置的选择应根据射门地点和射门角度来决定，一般应站在射门时球与两门柱所形成的分角线上。为了扩大防守面，可根据射门距离适当前移。

（2）准备姿势。两脚左右开立与肩同宽，两腿自然弯曲，膝稍内扣，脚跟提起，重心落在前脚掌上，上体稍前倾，两臂自然弯曲，手指张开，掌心向下，两眼注视来球。

（3）移动。侧滑步移动时，先用左（右）脚用力蹬地，右（左）脚稍高地向右（左）滑步，左（右）脚快速跟上，使身体正对来球。

交叉步移动时，身体先向右（左）倾斜，同时左（右）脚用力蹬地并快速向右（左）前方跨出一步成交叉步，然后右（左）脚向右（左）侧移动，左（右）脚和右（左）脚，依次快速移动，并蹬地跃起。

（4）接球。

① 接地滚球。直腿式接球时，两腿左右分开约一拳，足尖正对来球，上体前屈，两臂并肘前迎，两手小指靠近，手掌对着球。当手触球的刹那随球后引并屈肘、屈腕，两臂靠近，将球抱于胸前。

单腿跪撑式接球时，身体正对来球，两脚稍前后开立，一腿弯屈支撑身体重心，另一腿内转跪撑，小腿内侧接近地面，膝盖靠近前脚脚踵，上体前屈，两臂下垂，两手小指相对，手掌对准来球前迎。当手触球的刹那，两臂靠近随球后引，屈肘屈腕将球抱于胸前。

② 接平直球。身体正对来球，两脚左右开立，两臂微屈前伸，手指张开，拇指相对。手掌对准来球。当手触球时，两臂顺势后引，转腕将球抱于胸前。

③ 接高球。两臂上伸迎球，手指张开，拇指相对成“八”字形。当球触手时，两臂顺势屈肘后引，转腕将球抱于胸前。

（5）扑球。倒地扑侧面低球时，右（左）脚迅速蹬地，左（右）腿屈膝向左（右）跨出一步，身体左（右）脚着地后，接着以小腿、大腿、臀部、上体和手臂的侧面依次着地。同时两臂向前伸出，左（右）手掌正对来球，另一只手在其上方，两手腕稍向内屈，触球后把球收回胸前，然后站起。

鱼跃扑侧面地滚球时，两膝弯曲，重心下降，在身体向扑球方向侧倒的同时，同侧脚用力蹬地跃出，挺胸使身体展开，两臂快速伸出，两手指展开，手掌对球，向球扑去，以两手接球，前臂、肘、肩部、上体、臀部、大腿、小腿侧面依次着地，并以屈肘、扣腕的连续动作将球抱于胸前，同时屈膝团身，站起。

（6）拳击球和托球。当遇到迅疾而有力的高球，球门附近又比较混乱的情况时，守门员没有把握将球接稳，或者有对方猛烈的冲撞，为了避免接球脱手，常采用拳击球和托球的方法，把球处理掉。

单拳击球时，屈肘握拳于肩前，身体跳起接近来球，在击球前的刹那，快速冲拳，以拳面将球击向预定目标。

双拳击球时，两臂屈肘握拳于胸前，两拳靠拢，拳心相对，当跳起接近最高点至触球的一刹那，两拳同时快速冲出，以拳面将球击向预定目标。

托球时，跳起后全身伸展成背弓，一臂快速上伸，掌心向上，手掌前部或手指用力将球向后上方托起，使球越过门梁。

（7）掷球。单手肩上掷球时，两脚前后开立，两膝弯曲，单手持球于肩上，持球手臂后引，同时身体侧转，重心移到后脚上，利用后脚蹬地、转体和挥臂甩腕的力量将球掷向预定目标。

单手低手掷球时，两脚前后开立，两膝弯曲，单手持球于体侧，持球手臂后引，手腕前屈，同时身体侧转成侧前屈，重心移到后脚上，利用后脚蹬地、向前摆臂、展腕和手指拨球的力量，将球掷向预定目标。

勾手掷球时，两脚前后开立，身体侧对出球方向，单手持球后引，臂微屈，同时重心移到后脚上，接着后脚用力蹬地，转体，重心移向前脚，持球手臂由后经体侧沿弧线摆至肩上，手指和手腕用力将球掷向预定目标。

（8）抛踢球。抛踢球是守门员将所获得的球，直接踢自抛的下落球或踢自抛的反弹球传给同队队员的踢球方法。这两种踢球技术与脚背正面踢球基本相同，但由于要求踢得远，故脚触球的部位一般为球的后下部。

2．练习方法

（1）按教师的手势进行前、后、左、右的移动练习，要求保持随时准备出击的预备姿势。

（2）2 人 1 球进行一抛一接练习。先接正面地滚球，然后接平直球和高空球。

（3）2 人 1 球，一踢一接练习。按地滚球、平直球和高空球的顺序进行。要求踢球者力量不要太大，接球者脚步移动要快。

（4）接连续抛来的球。要求抛球者变换不同角度，接球者手法正确，球不脱手。

（5）双手举球跪在沙坑或垫上，然后腿、上体、手臂依次倒地，成扑地滚球姿势。

（6）跪在沙坑或垫上，按扑地滚球的动作扑适当位置的固定球。

（7）站立扑接侧面抛来的地滚球。

（8）守门练习，接不同角度射来的各种球。

（9）进攻队员从罚球区线开始运球，当守门员冲出到球门区线时，运球队员把球推向球门的两侧底角，守门员迅速转身回跑中扑球。推球的力量要适当。

# 第三节　足球基本战术

足球比赛攻守过程中，为了战胜对手，根据主客观的实际所采取的个人行动和集体配合总称为足球战术。足球战术可分为进攻战术和防守战术两大系统。无论是进攻战术还是防守战术都包含着个人和集体的战术。个人战术是集体战术的组成部分，是为集体战术服务的。集体战术是个人战术的综合。

## 一、比赛阵形

比赛阵形是指在比赛场上队员基本位置的排列，是本队攻守力量搭配和职责分工的形式。阵形的排列顺序是由后卫数向前锋的。守门员不计算在内。

### 1. 发展简况

现代足球从 1863 年英国制定第一个统一规则开始，至今已有百余年的历史。自从足球比赛规定 11 人制后，比赛由重攻轻守的“九锋一卫”“七锋三卫”“六锋四卫”等阵形逐步向攻守人数排列平衡的阵形发展。1930 年前的“塔式”阵形（见图 9-11）就是一个攻守人数排列基本平衡的阵形。

1930 年英国人根据新越位规则精神创造了“WM”式阵形（见图 9-12）。这种阵形一直保持到 20 世纪 50 年代。

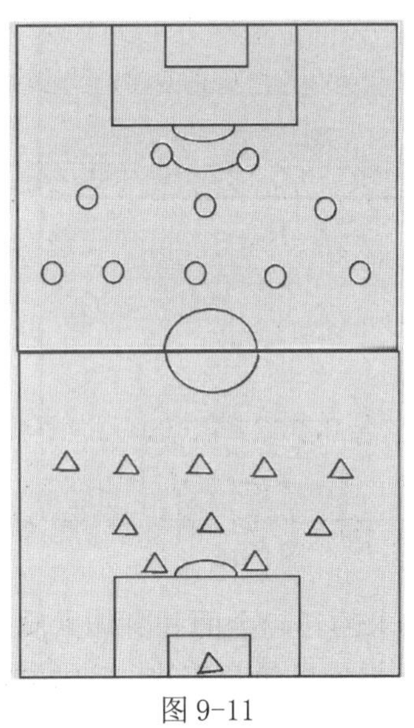

图 9-11

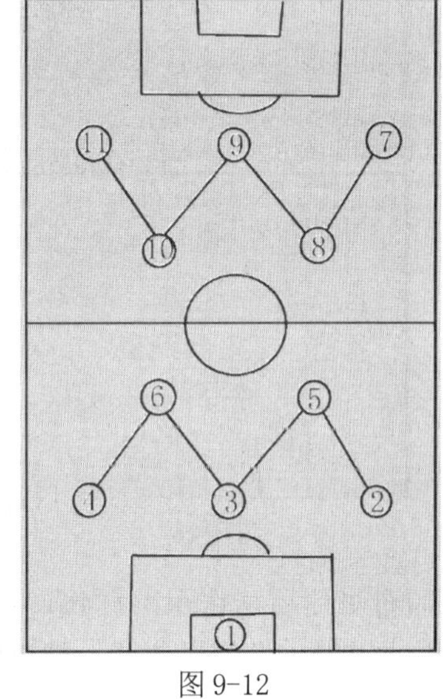


图 9-12

1953 年匈牙利队首创的“四前锋”阵形被誉为足球运动发展中的第一次变革(见图 9-13)。

20 世纪 50 年代后期，巴西队首创“四二四”阵形（见图 9-14），既保持了四前锋强大攻击力的特点，又弥补了 3 后卫防守的缺陷，被誉为足球运动发展中的第二次变革。

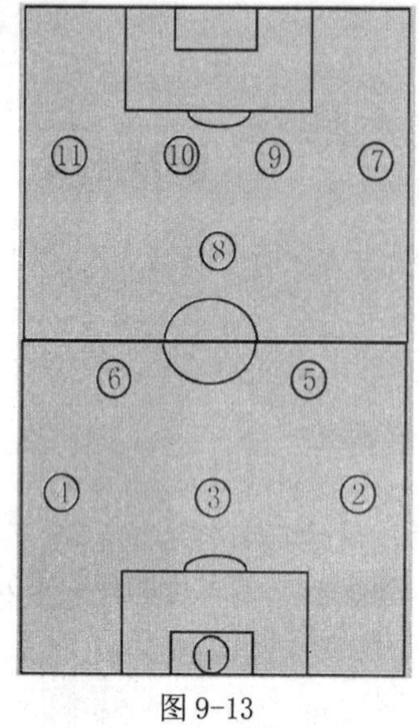

图 9-13

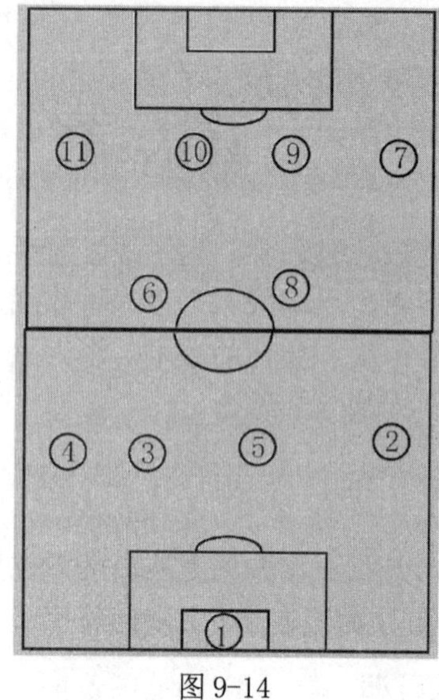

图 9-14

到 20 世纪 60 年代，为了扼制进攻在足球比赛中所占的优势，又出现了旨在加强防守、控制中场的“四三三”（见图 9-15）、“四四二”（见图 9-16）和由此而引出的“四一二三”“一三三三”等阵形。攻守人数的排列又出现了新的不平衡。

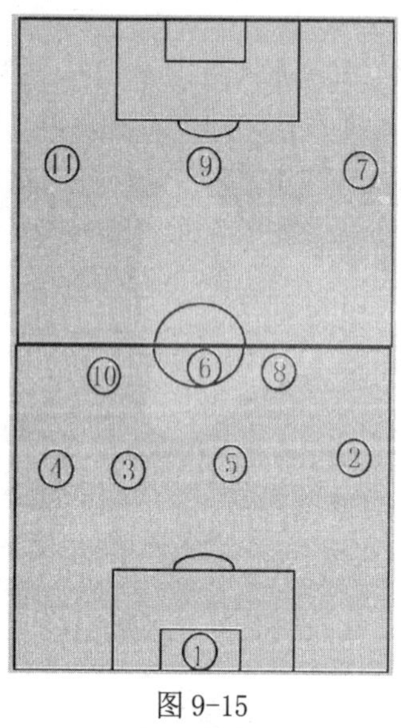

图 9-15

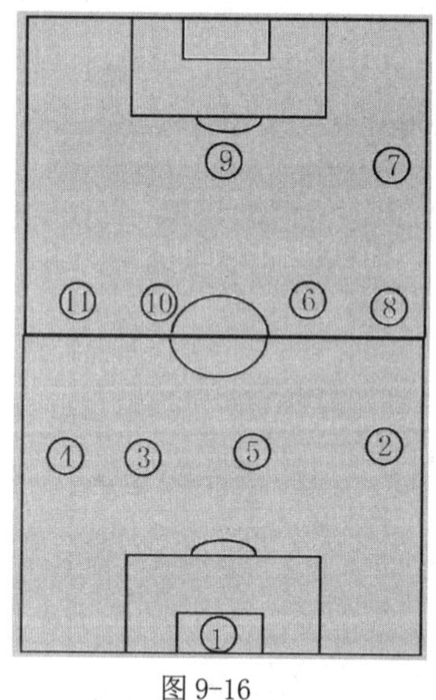

图 9-16

随着人们对足球运动认识的深化，队员技术、战术的日趋全面和身体素质的提高，于 20 世纪 70 年代出现了“全攻全守”的踢法。这种踢法要求队员身兼攻、守两种职能，既会攻又善守，跑到哪个位置就能胜任那个位置的职能。这种踢法使足球比赛出现了崭新的面貌。因而被称为足球运动发展中的第三次变革。

2. 各位置的职责

（1）守门员。主要职责是守住球门。因此必须具备熟练的守门技术，敏锐的观察判断能力。既是门前严密防守的指挥者，又是发动进攻的组织者。

（2）边后卫。主要职责是防守进入自己防区的对手，不让其随意得球或运球突破。进攻时要能及时跟上去接应。在中场起到前卫组织进攻的作用，并伺机插到边锋位置起到边锋作用。

（3）中卫。主要职责是防守对方通向球门的中路危险地带。指挥并组织好门前 30m 的严密防守队形。两个中卫一般分为盯人中卫和自由中卫。盯人中卫主要盯住对方突前中锋，自由中卫拖后对整个后卫线起保护补位的作用。由守转攻时，中卫要跟上接应，在中场起到前卫组织进攻的作用。在看准时机的情况下，也可插到锋线直接参加进攻。

（4）前卫。是锋卫间的桥梁和全队攻守的枢纽。故前卫队员应是队中技术、战术最全面、奔跑能力最强的人。前卫是本队进攻的组织者也是不断的参与者。防守时，前卫要及时回防到位，争夺中场，起到中卫前的屏障作用。

（5）边锋。主要职责是从边路突破对方防线，切入射门或下底传中，给同伴创造射门机会。当一侧进攻传中时，另一侧边锋则应及时包抄，抢点射门。防守时要盯住对方插上进攻的边后卫或退回本方半场，协助前卫争夺中场。

（6）中锋。位于进攻的最前线，通常是队内的“尖刀”和“炮手”。其主要职责是突破射门。进攻中常运用传球配合、运球突破、顶球摆渡等手段为自己或同伴创造机会。

## 二、进攻战术

### 1．个人战术

（1）摆脱与跑位。进攻时，无球队员的任务就是摆脱对手的紧逼，积极地跑位，给有球同伴创造传球的有利条件。

摆脱对手紧逼的方法有突然起动、冲刺跑、急停、突然转向、变速和假动作等。

跑位是指有目的地跑向有利位置或空当。其目的是直接接同伴的传球，或者是牵制、扯动对方的防守，扰乱对方的防线，从而制造空当。

（2）传球。传球是集体配合的基础，是完成战术配合、创造射门机会的重要手段。

传球者要善于观察场上情况，以便迅速决定向哪里传和传什么样的球。同时有几个同伴跑位，应传给对对方威胁大的队员，如向前直传和向空当传。

传球要掌握时机。传球的力量要适当，原则上应有利于同伴接球或处理球。

（3）运球过人。这是进攻战术中一种极为重要的个人战术。在没有传球配合的可能或运球过人后能有更好的传球战机或射门机会时，都应大胆地运球过人。特别是在对方球门前一对一的情况下，运球突破后将直接威胁对方球门。在后场特别是在本方罚球区附近，尽量少采用运球过人，一旦失误被对方截获，会使本方球门遭受威胁。

（4）射门。射门是一切战术配合的最终目的。射门必须突然、果断、有力、准确。

### 2．两人的局部进攻战术

两人的传球配合是集体配合的基础，比赛中最常用的两人战术配合是“二过一”。

（1）二过一配合方法。

① 斜传直插二过一（见图 9-17）。⑪斜回传给处于摆脱的⑩，⑩斜传空当，直线插入接球。⑦运球过△4，横传给⑨，⑨向前斜传，⑦直线插入接球。

② 直传斜插二过一（见图 9-18）。⑩接⑪横传球，向前直传空当。⑪斜线插入接球。

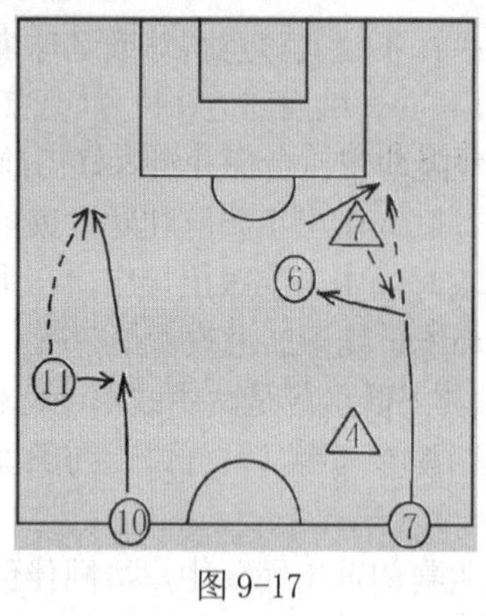


图 9-17

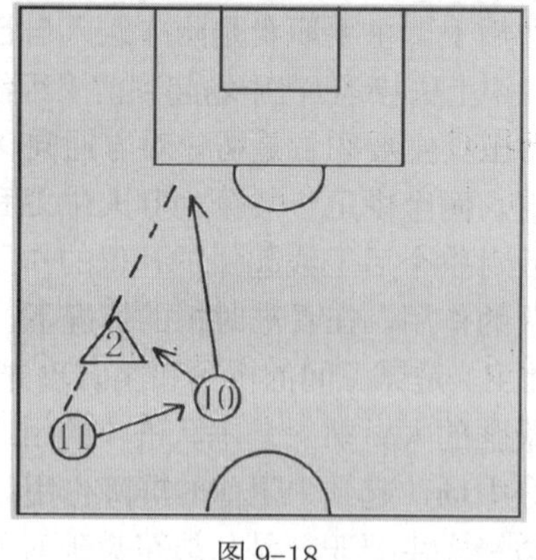


图 9-18

③ 踢墙式二过一（见图 9-19）。⑧向⑨脚下传球，⑨直接出球，球碰在墙上，反弹向△3背后的空当，③快速切入接球。

④ 回传反切二过一（见图 9-20）。⑪回撤迎⑩传给的球，△2紧逼，⑪回传给⑩并转身反切接⑩传至△2身后空当的球。

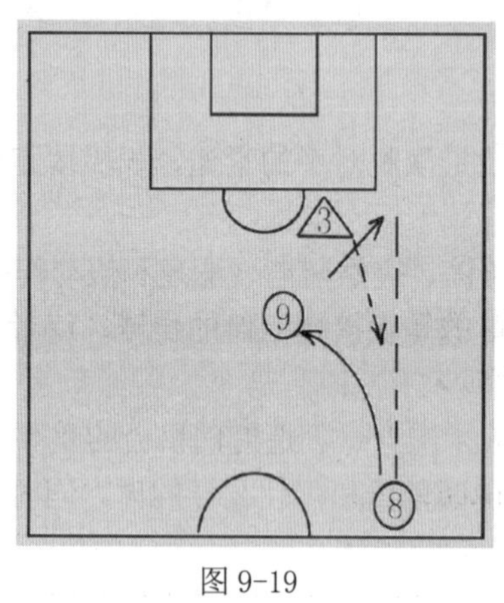


图 9-19

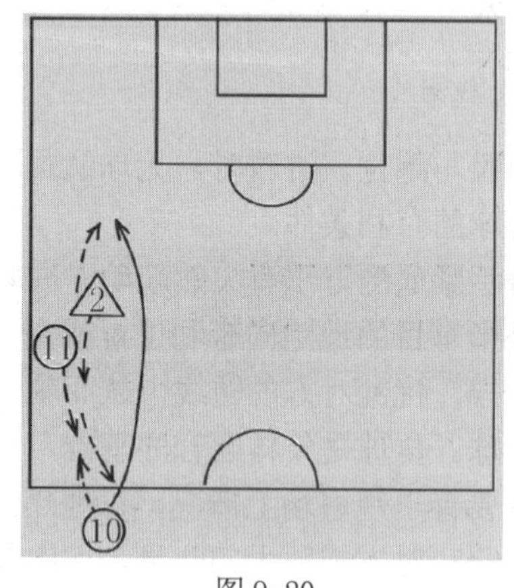


图 9-20

（2）二过一配合应注意的问题。

① 场上局部地区出现二过一的局面往往是极短暂的，因此进攻队员必须抓住这一战机以多打少。

② 在二对一局面中，控制球的队员一定要做运球过人或二过一传球配合的两种准备，这样才更有利于完成二过一配合。

③ 进行二过一配合时，要求插入队员用突然快速的起动去跑位接球。假如防守队员是最后一个后卫，则要注意传球和起动跑位的时间，避免越位。

④ 进行二过一配合时，传球一定要准确，力量要适当，使接球队员便于控制球和处理球。

3. 全局性战术

全局性战术是指进攻的面比较广，投入的人数比较多的进攻战术配合。从后场发动进攻，一般有两种方式：一是快速反击，一是逐步推进。当对方全队压出后方空隙较大时，应采用长传快速反击。若对方后卫及时回防且阵脚已站稳，则采用逐步推进的打法。

（1）边路进攻。在对方半场两侧地区开展的进攻称为边路进攻。一般是由边锋队员通过传球配合或个人运球突破对方边后卫防守后直接切入射门，或者下底传中，其他队员包抄射门。边路进攻时，并非一定是边锋突破防守，往往是前卫和边后卫沿边路插上，这时进攻十分有利。一般都是由边锋回撤佯装接球，引出防守队员，或者走内线扯动防守队员，造成边路空当，由前卫或后卫插上。

（2）中路进攻。在对方半场中间地带开展的进攻称中路进攻。一般是由中路通过两三人的传球配合或运球过人突破对方防线直接射门。

中路进攻时，并非一定是中锋突破防守完成射门。通过中锋的左右扯动，由边锋、前卫突然插入中路，对球门更能造成威胁。

（3）45°角冲吊。在对方半场中部两侧地带，边锋或左右前卫得球后，用长传球传至埋伏在远端球门柱前、球门线外的队员头球射门，或由冲向该区抢点头球的队员完成，效果良好。此为一个简练而有效的战术。

在比赛中，单一采用某种进攻方式，不会取得好的进攻效果。边路进攻、中路进攻和45°角冲吊应结合运用，灵活多变，进攻才能构成威胁。比赛队应根据本队的特点、需要，以对方防守的弱点采用一种为主、其他为辅的进攻战术。

## 三、防守战术

### 1. 个人防守战术

选位与盯人是防守战术中重要的个人战术。防守人员的位置一般应处于对方控制球的队员与本方球门中心所构成的一条直线上（见图9-21）。对非持球对手的防守站位，一般应选在既能有利地观察到球的变化路线，又能兼顾到被防守对手的活动情况的位置。距离被防守对手的远近，则要视球所处位置距该对手的远近而定。

盯人是指对被防守对象实行紧逼的战术。其目的在于阻止对手接球，或把对手脚下的球抢过来、破坏掉。一般情况下，对有球队员及其附近的队员采用盯人战术（见图9-22）。当球和对方队员接近本方球门时，一般要紧逼盯人。距本方球门远时，可松动盯人。

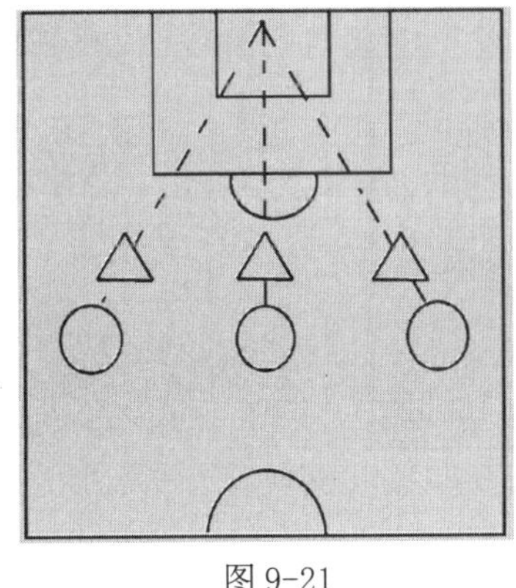

图9-21

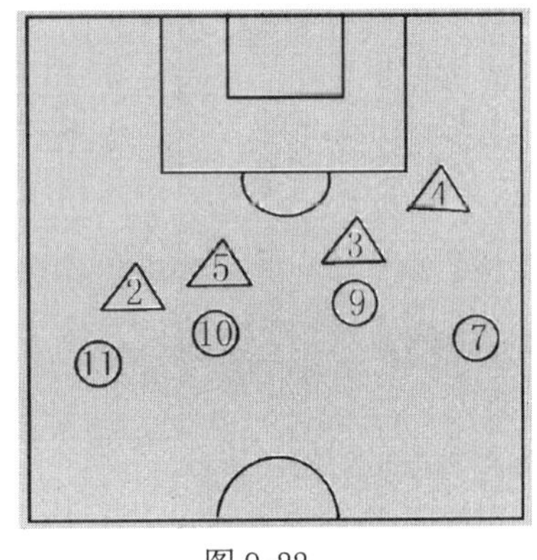


图9-22

盯人防守时，首先要力争断球。不能断球时则靠近对手不让其从容接球转身。若对手已经转身面对防守队员，防守队员的任务就是防对手运球过人或者防对方传直线空当球。

2. 局部的防守配合

（1）保护与补位是防守队员间协同配合弥补漏洞的方法。保护是补位的前提，没有保护也就不可能有效地补位。保护时选位的基本要求是：队员间距离适当且取斜线站位。补位有两种，一种是队员去补空当，另一种是队员的相互补位，即交换防守位置。

（2）围抢。这是指几个人同时围住有球队员进行抢断的一种积极的集体防守方法。一般是在以多防少的有利局面下，在中场边线和底角附近处采用。采用围抢方法既有容易奏效的一面，同时也存在着一旦被对方突围而出，其他地区就可能出现以少防多的被动局面。

3. 全局性战术

（1）3 种防守方法。

① 人盯人防守。除拖后中卫外，每个人都要盯住指定的对手，不给对手随意传接球的机会，促使其配合失调。采取这种方法，要求队员具有良好的速度和体力，个人抢断能力强。否则，一处被突破或被摆脱，就很容易出现漏洞。

② 区域盯人防守。每个队员在自己的防区内进行盯人防守，不管哪个对手进入自己的防区都盯住他，限制其进攻活动。

③ 混合防守。这是现今比赛用得比较多的一种方法。它是把盯人防守和区域盯人防守结合起来的防守。后卫中除中后卫区域防守外，都是采用人盯人防守。前卫和前锋则采用区域盯人防守方法。拖后中卫执行补位任务。

（2）全队防守。一个队在防守时，全队都应投入防守。前锋应就地堵抢，延缓对方发动的快攻，以保证前卫、后卫快速回防到位，保持防守层次。球门前 30m 防守，人数上要相对集中，加强相互保护，减小空隙。

（3）制造越位。制造越位是防守队员利用越位规则，限制进攻队员战术配合的一种防守战术（见图 9-23）。⑪欲将球传给⑨，在⑪击球前刹那，△6指挥△5，两人突然前跑，置⑨于越位位置，这时传球给⑨，⑨就越位。

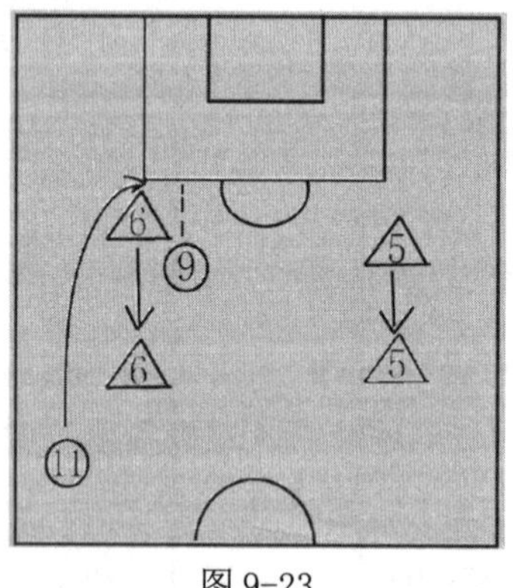

图 9-23

运用这种战术，防守队的几个队员必须十分默契，动作协调一致。一般应听从拖后自由中卫的指挥。

## 四、定位球战术

定位球战术是在比赛开始或成死球后重新恢复比赛时所采用的攻守战术配合，包括中圈开球、球门球、掷界外球、角球、任意球、罚点球等。下面仅简要介绍掷界外球、角球和任意球的攻守战术配合。

### 1．掷界外球战术

掷界外球时没有越位限制。进攻队应很好地利用掷界外球组织进攻。较简单的配合是掷球者将球掷给接应同伴，接球者将球回传给掷球者。

掷球时，接应队员须积极摆脱跑位，或互相策应，拉出空当，以便切入接球。如图 9-24 所示，⑪先回拉再突然反切接球，⑩见⑪拉出空当，快速前插接球，④可将球掷给⑩或⑪。在对方罚球区附近掷界外球时，可直接将球掷到罚球区内，其他队员冲上射门。掷界外球时，一定要掌握时机，向有威胁的地方掷，向摆脱防守的同伴脚下掷或向跑至空当的同伴掷。接应队员不要离掷球者太近，否则，易造成掷球者因掷球动作不连贯而违例。

防守时，防守队应紧盯接应队员，要善于识别对方意图，加强相互间保护，对掷入本方罚球区内的球尤应积极阻截抢断。

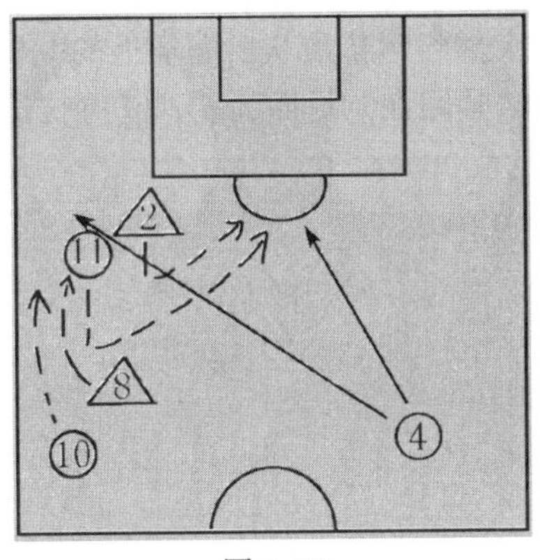


图 9-24

### 2．角球战术

（1）角球的进攻战术。

① 长传门前，抢点射门。主踢队员将球长传至球门远端门柱前 10m 左右的地点，由高大队员或顶球技术好的队员争顶射门（见图 9-25）。

② 短传配合。当对方身材高大，争顶能力强，或遇较大逆风时，多采用短传配合战术，以达射门目的（见图 9-26）。

（2）角球的防守战术。对方踢角球时，前锋、前卫要快速回防。守门员站在远端门柱附近的球门线上，以便于观察球的运行方向及双方队员的活动情况，果断采取下一步行动。由一名边后卫站在近端门柱处以防发向近端门柱的球。一个边锋可站在离球 9.15m 的端线附近，以防进攻队的短传配合和低平球传中，并对踢角球者心理上起一定的扰乱作用。当守门员冲出球门时，需有队员及时补空门。以争顶能力强的队员守住门前危险区，重点防守对方顶球好的队员。其他队员进行盯人防守，不能漏人。

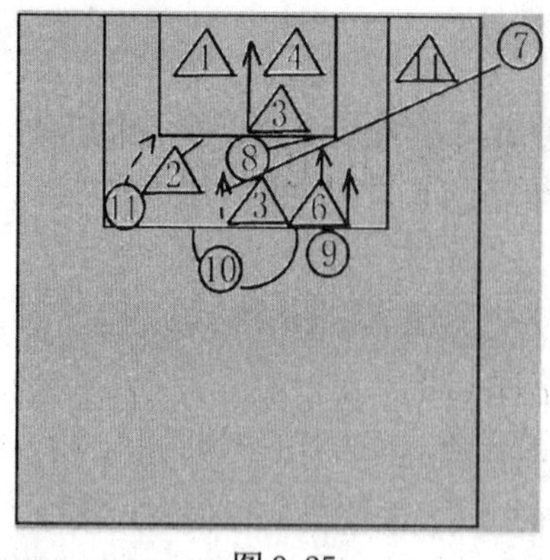


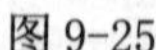
图 9-25

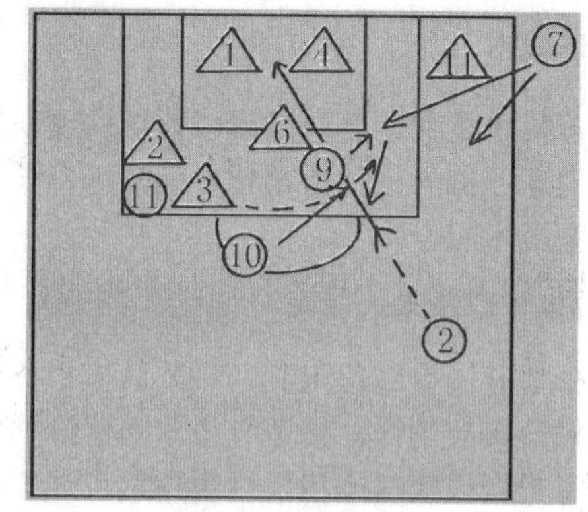


图 9-26

3．任意球战术

（1）任意球进攻战术。

① 直接射门。在罚球区附近罚直接任意球时，由善踢弧线球或踢球脚法好的队员主罚，直接射门。

② 配合射门。其目的就是避开人墙，创造射门机会（见图 9-27）。⑩快速上前佯装射门，却跨过球向人墙一侧插入，⑧突然将球传给从后面插上的⑨射门。也可由⑧踢球过人墙，传给插入的⑩射门。还可由⑧传给紧跟在⑩后面的⑨，⑨再传给插入的⑩，由⑩射门。

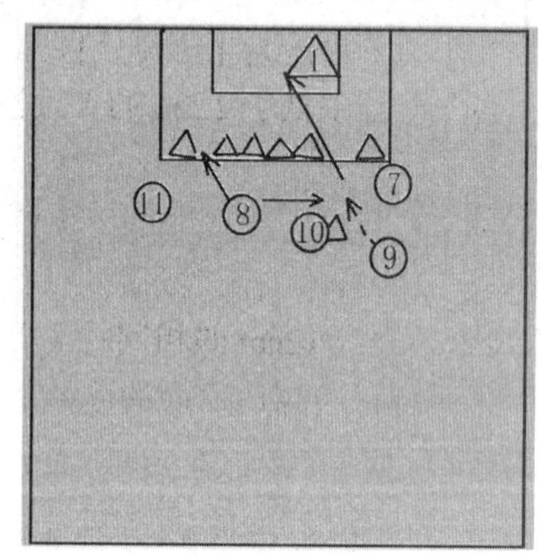


图 9-27

配合射门的方法很多，进行配合射门时应注意：第一，传球次数不宜过多，经一两次传递即应完成射门；第二，传球要及时、准确，配合要默契，插入人墙后面的队员要避免越位。

（2）任意球的防守战术。无论是防守直接任意球还是间接任意球，前锋、前卫都应迅速回防。组织人墙要快。组墙人数的多少，以射门角度的大小而定。一般 2～6 人为宜。人墙封堵距球门较近的一侧，守门员站在距球较远的一侧，人墙要听从守门员指挥。调整位置动作要快。其他防守人员，距球近的盯人，距球远的守区域。但都不得站在人墙线后面，因这时的人墙线就是限制进攻队员的越位线。

# 第四节 足球竞赛规则简介

## 一、比赛场地

根据竞赛规程规定，比赛可以在天然或人造草坪上进行。

(1)尺寸。比赛场地必须是长方形，边线的长度必须长于球门线的长度。长度为90～120m，宽度为45～90m。

(2)场地标记。比赛场地是用线来标明的，这些线作为场内各个区域的边界线应包含在各个区域之内。两条较长的边界线称为边线，两条较短的线称为球门线。比赛场地被中线划分为两个半场。以场地中线的中点为圆心，9.15m为半径画一个圆圈，称为中圈。

(3)球门区在场地的两端，规定如下。从距每个球门柱内侧5.5m处，画两条垂直于球门线的线。这些线伸向比赛场地内5.5m，与一条平行于球门线的线相连接。由这些线和球门线组成的区域范围是球门区。

(4)罚球区在场地的两端，规定如下。从距每个球门柱内侧16.5m处，画两条垂直于球门线的线。这些线伸向比赛场地内 16.5m，与一条平行于球门线的线相连接。由这些线和球门线组成的区域范围是罚球区。在每个罚球区内距球门柱之间等距离的中点11m处设置一个罚球点。在罚球区外，以距每个罚球点9.15m为半径画一段弧。

(5)旗杆。在场地每个角上各竖一根不低于1.5m的平顶旗杆，上系小旗一面。

(6)角球弧。在比赛场地内，以距每个角旗杆1m为半径画一个1/4圆。

(7)球门。球门必须放置在每条球门线的中央。它们由两根距角旗杆等距离的垂直的柱子和连接其顶部的水平的横梁组成。2根柱子之间的距离是7.32m，从横梁的下沿至地面的距离是2.44m。2根球门柱和横梁具有不超过12cm的相同的宽度与厚度。球门线与球门柱和横梁的宽度是相同的。球门网可以系在球门及球门后面的地上，并要适当地撑起，以免影响守门员。球门柱和横梁必须是白色的。

## 二、球

要求：圆形；用皮革或其他适当的材料制成；圆周不长于 70cm、不短于 68cm；重量在比赛开始时不多于 450g、不少于 410g；压力在水平面上等于 0.6～1.1kPa。在比赛中未经裁判员许可不得更换球。

## 三、队员人数

一场比赛应有两队参加，每队上场队员不得多于11名，其中必须有一名守门员。如果任何一队少于7人则比赛不能开始。

替补队员时必须遵守以下规定：替补前应先通知裁判员；替补队员在被替补队员离场，并得到裁判员信号后方可进入比赛场地；替补队员只能在比赛停止时从中线处进场；替补队员进入比赛场地，即完成了替补程序，从那时起，替补队员成为场上队员，而被替补队员终止为场上队员；被替补下场的队员不得再次参加该场比赛；所有替补队员无论上场与否，裁判员均有权对其行使职权。

更换守门员。任何场上队员都可与守门员互换位置，并规定：互换位置前通知裁判员；在比赛停止时互换位置。

## 四、队员装备

（1）安全性。队员不得使用或佩戴可能危及自己及其他队员的装备或任何物件（包括各种珠宝饰物）。

（2）基本装备。运动上衣、短裤、护袜、护腿板、足球鞋。

（3）守门员。每名守门员的服装颜色必须有别于其他队员、裁判员和助理裁判员。

## 五、比赛时间

比赛分为 2 个半场，每半场 45min。特殊情况经裁判员和双方同意另定除外。中场休息不得超过 15min。

## 六、比赛开始和重新开始

预备：通过掷币，猜中的队决定上半场比赛的进攻方向，另一队开球开始比赛，猜中的队在下半场开球开始比赛。开球：所有队员在本方半场内；开球队的对方队员，应距球至少 9.15m，直到比赛进行；球应放定在中心标记上；裁判员发出信号；当球被踢并向前移动时比赛即为进行；开球队员在球未经其他队员触及前不得再次触球。某队进球得分后，由另一队开球。开球可以直接射门得分。

## 七、比赛进行及死球

当球的整体从地面或空中越过球门线或边线时；当比赛已被裁判员停止时，比赛成死球。

## 八、计胜方法

当球的整体从球门柱间及横梁下越过球门线，而此前攻进球的队未违反竞赛规则，即为进球得分。在比赛中进球数较多的队为胜者。如两队进球数相等或均未进球，则比赛为平局。

## 九、越位

（1）越位位置。队员较球和最后第 2 名对方队员更接近于对方球门线。

（2）越位犯规。处于越位位置的队员，在同队队员踢或触及球的一瞬间，裁判员认为其就下列情况而言“卷入”了现实比赛中时才被判为越位犯规：干扰比赛；干扰对方队员；利用越位位置获得利益。如果队员直接从下列情况下接到球，则没有越位犯规：球门球；掷界外球；角球。对于任何越位犯规，裁判员应判给对方在犯规发生地点踢间接任意球。

## 十、犯规与不正当行为

队员在下列情况下将被判罚犯规或不正当行为。

（1）裁判员认为，如果队员草率地、鲁莽地或使用过分的力量有下列 10 种行为中的任何一种，将判给对方踢直接任意球。

① 踢或企图踢对方队员。

② 绊摔或企图绊摔对方队员。

③ 跳向对方队员。

④ 冲撞对方队员。

⑤ 打或企图打对方队员。

⑥ 推对方队员。

⑦ 为了得到对球的控制而抢截对方队员时，于触球前触及对方队员。

⑧ 拉扯对方队员。

⑨ 向对方队员吐唾沫。

⑩ 故意手球（不包括守门员在本方罚球区内）。

罚球点球：在比赛进行中无论球在什么位置，如果队员在本方罚球区内违反了上述十种犯规中的任何一种，应被判罚球点球。

（2）如果守门员在本方罚球区内有下列 7 种行为中的任何一种，将判给对方踢间接任意球。

① 用手控制球后在发出球之前持球超过 6s。

② 在发出球之后未经其他队员触及，再次用手触球。

③ 用手触及同队队员故意踢给他的球。

④ 用手触及同队队员直接掷入的界外球。

⑤ 动作具有危险性。

⑥ 阻挡对方队员。

⑦ 阻挡对方守门员从其手中发球。

罚则：纪律制裁。

（3）只允许对场上队员、替补队员或是已被替换下场的队员出示红牌或黄牌。当场上队员有如下行为时，应被警告。

① 犯有非体育行为。

② 以语言或行动表示异议。

③ 持续违反规则。

④ 延误比赛重新开始。

⑤ 当以角球、任意球或掷界外球重新开始比赛时，不退出规定的距离。

⑥ 未得到裁判员许可进入或重新进入比赛场地。

⑦ 未得到裁判员许可故意离开比赛场地。

（4）如果替补队员或者已替换下场的队员有下列 3 种行为中的任何一种，将被警告并被出示黄牌。

① 犯有非体育行为。

② 以语言或行动表示异议。

③ 延误比赛重新开始。

（5）如果队员有下列 7 种行为中的任何一种，将被出示红牌罚令出场。

① 严重犯规。

② 暴力行为。

③ 向对方或其他任何人吐口水。

④ 用故意手球破坏对方的进球或明显的进球得分机会（不包括守门员在本方罚球区内）。

⑤ 用可能被判为任意球的犯规破坏对方向本方球门移动着的明显的进球得分　机会。

⑥ 使用攻击性、侮辱性或辱骂性的语言及动作。

⑦ 在同一场比赛中得到第二次警告。

被罚令出场的队员、替补队员或替补下场的队员必须立即离开比赛场地附近和技术区域。

# 第十章　乒　乓　球

**学习目标**

（1）了解乒乓球运动的基本常识。

（2）掌握乒乓球运动的基本方法。

## 第一节　乒乓球运动概述

乒乓球运动是双方用球拍在中间隔有横网（网长 183cm，高 15.25cm）的长 274cm、宽 152.5cm 的球台上轮流击球的一项运动。

19 世纪后半期这项运动最早始于英格兰。当时有些英国大学生，在室内把餐桌当作球台，用书或两把椅子挂上一根线当作球网，采用软木或橡胶做成的球，用长柄椭圆形空心球拍在台子上打来打去。后来打这种球的人多了，逐渐成了一种家庭娱乐活动。

我国于 1952 年加入国际乒乓球联合会，并于 1953 年首次参加世界乒乓球锦标赛（简称"世乒赛"）。白容国团 1959 年在第 25 届世乒赛中夺取了第一个冠军后，我国运动健儿在历届的世界级乒乓球赛和乒乓球锦标赛上取得了辉煌的成绩。在 1981 年举行的第 36 届世乒赛上，我国的乒乓球运动水平达到了一个新的高峰，中国乒乓健儿经过奋勇拼搏，夺得了 7 项冠军，创造了乒坛历史上的奇迹。1988 年奥运会上，乒乓球正式列为奥运比赛项目，更加引起了世界各国对乒乓球的重视，从而推动了乒乓球运动在全世界的发展。中国在奥运会中占据了乒乓球项目的优势，始终站在世界乒坛的最顶峰。值得中国人引以为豪的是：长期以来的"乒乓精神"，激励着一代又一代运动员不懈奋斗、不屈不挠、不断钻研、不断创新，形成了为国争光的集体主义精神。

乒乓球运动是一项集健身性、竞技性和娱乐性为一体的运动，深受我国广大人民群众的喜爱，并称之为"国球"。

# 第二节　乒乓球基本技术

## 一、握拍法

世界上流行的握拍法有两 2 种：直握拍和横握拍。不同的握拍法有不同的优缺点。

### 1. 直拍握法

用拇指和食指握住球拍拍柄与拍面的结合部位，即以拇指第一指节与食指第二指节，扣住拍柄，虎口贴于拍柄后面，其余 3 指自然弯曲、重叠。以中指第一指节侧面贴于拍的 1/3 上端处，用中指、虎口、食指、拇指调节拍形（见图 10-1）。

乒乓球-握拍和准备姿势

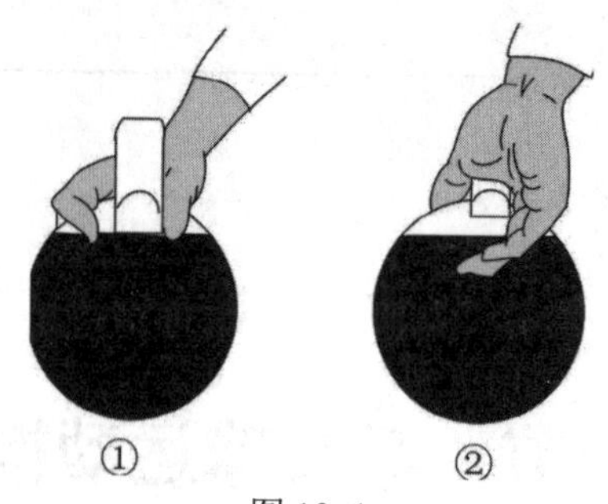

图 10-1

直拍握法的特点是正反手都用球拍的同一拍面击球，出手快，正手攻球快速有力，攻斜、直线球时拍面变化不大，对手难以判断。优点：手腕灵活，正手换反手时不换拍面，摆速较快。缺点：板形不易固定，反手不好发力，左右照顾面小。

### 2. 横握拍法

用中指、无名指和小指自然握住拍柄；拇指、食指成八字形状，一前一后贴于拍面。拇指略弯曲在正面贴于中指旁，食指自然伸直放于球拍的另一面，其余 3 指握住拍柄。用小臂内旋、外旋调节拍形。正手攻球时食指用力，可将食指向上稍微移动，反手攻球或快拨时拇指用力，也可将拇指向上稍微移动。正、反手削球时手指基本保持不变（见图 10-2）。

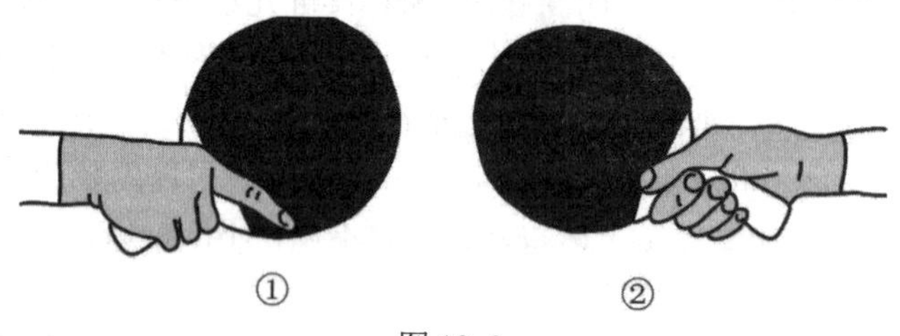

图 10-2

横握拍法的特点是正反手攻球力量大，攻削球时握法变化小，反手攻球容易发力也便于拉弧圈；但正反手交替击球时，需变换击球拍面，攻斜、直线时调节拍形的幅度大，易被对方识破。优点：板形固定，反手易发力，左右照顾面大。缺点：手腕不太灵活，正手换反手时要换拍面，影响摆速。

3．握拍应注意的问题

无论哪种握拍法，握拍都不应过紧或过松。过紧会使手腕僵硬，影响发力时的手腕动作，过松则影响击球力量和击球的准确性；握拍不宜太浅。直握时，食指和拇指构成的钳形不能过大或过小，以免影响手腕动作的灵活性；在变换击球的拍面、调节拍面角度时，要充分利用手指的作用；不要经常变化握拍方法，否则会影响打法类型及风格的形成，尤其是初学者更应注意。

## 二、基本站位、身体姿势及步法

1．基本站位

左推右攻的站位在近台中间偏左处。两面攻打法的站位在近台中间。弧圈球打法的站位在中台偏左处。攻削结合打法的基本站位在中远台。

2．身体姿势

两脚开立，比肩稍宽，踵部稍提起，前脚掌着地，两膝微屈，上体略前倾，重心置于两脚之间。下颌稍收，两眼注视来球。持拍手自然弯曲，置于身体右侧，手腕自然放松。

3．步法

步法移动是在乒乓球运动中为了使进攻取得合适击球位置，确保正确击球动作，提高击球准确性的基本环节之一，也是为争取主动，摆脱被动挨打的重要方法，所以步法移动显得很重要。

（1）单步。

① 以一只脚为轴，另一只脚向前、后、左、右不同方向移动，身体重心随之落在移动脚上。

② 特点与运用。具有移动快、范围小、重心平稳、步法灵活等特点，是经常使用的步法。

③ 要点是两脚掌内侧用力，向右时，左脚蹬地，右脚向来球方向移动，同时引拍，向左时相反。

④ 可结合推挡技术练习，也可专门进行练习，或在准备活动中用游戏方式练习。

（2）并步。一脚先向另一脚并半步或一小步，另一脚在并步脚落地后随即向来球方向移动一步。具有移动快、范围小等特点，是经常使用的步法。实际运用于快攻选手在左右移动中进攻或拉削球选手正反手削球。并步侧身攻多用于拉削球，右脚先向左脚后并一步，以便转体，随之左脚向侧跨一步。要点是两脚掌内侧用力。向右时，左脚先向右脚靠近，在即将着地时，右脚向左侧移动成准备姿势，向左时相反，重心不要上、下起伏。可结合技术练习，也可专门进行练习，或在准备活动中用游戏方式练习。

（3）跨步。一脚蹬地，另一脚向移动方向跨一大步，蹬地脚随后跟上半步或一小步，身体重心移到跨步脚上。步幅较大，在来球急、角度大时使用，是中国快攻特有的步法。实际运用于近台快攻打法，用来对付离身体稍远的来球；削球打法，左、右移动击球；跨步侧身攻，当来球速度较慢，但离身体稍远时，左脚向左前上方跨一大步，右脚随即跟上一小步，同时配合腰部右转动作，完成侧身移动。要点是先以左脚内侧蹬地，右脚向来球方向跨出一大步，同时引拍，在右脚落地的同时击球。击球时，另一脚跟上，重心还原至两脚之间或成准备姿势。练习方法是徒手做跨步练习；陪练者在对推中突然变线（角度要大些），练习者用跨步还击。

（4）交叉步。以靠近来球方向的脚作为支撑脚，该脚的脚尖调整指向移动方向，远离来球方向的脚在体前交叉，向来球方向跨出一大步，身体随之向来球方向转动，支撑脚跟着向来球方向再迈一步，这是前交叉步，后交叉步是在体后完成交叉动作。要点是交叉步先以靠近来球方向的脚作为支撑脚，使远离来球的脚迅速向前，或左、右不同的方向跨出一大步，而原作为支撑的脚跟着脚的移动方向再迈出一步，后交叉方向相反。练习方法是徒手做交叉步练习；陪练者在对推挡或削球时突然变线（角度要大些），练习者用交叉步反击。

## 三、发球与接发球

发球与接发球是乒乓球运动中攻、防矛盾的两个侧面。发球是利用主动以达到先发制人、破坏对方接球的目的；而接发球则是力避被动，以争取转化矛盾，变防为攻。两者既矛盾又统一。

### 1．发球

发球的种类很多，主要有发平击球、发急球、侧上旋球、侧下旋球、正手发轻球等。

（1）发平击球。正手发平击球时，身体离台约 50cm，两脚开立，右脚稍后，身体稍右转，左手掌心托球，置于体前偏右侧，右手持拍，置于身体右侧。当球向上抛起时，挥拍手向后方引拍，接着从身体的后方向前挥拍，当球下降至高度近于网高时，拍面稍前倾击球的中上部，击球后挥拍继续向前，后立即还原（见图 10-3）。反手发平击球时，两脚开立，左脚稍后，身体稍左转，左手掌心托球，置于体前偏左侧，右手引拍于身体左侧。当球向上抛起时，挥拍手从身体的左后方向前挥拍，当球下降至高度近于网高时，拍面稍前倾，用小臂和手腕发力，击球的中上部。特点是速度慢、力量轻、容易掌握，是入门技术和发展基础。

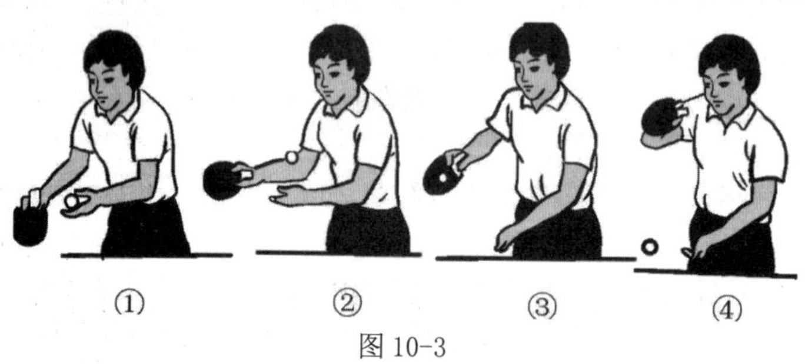


图 10-3

（2）发急球（长球）。正手发急球时，右脚稍后，身体稍向右转，右手持拍于身体的右侧，当球向上抛起时，挥拍手向右后方引拍，待球下落时前臂迅速由后向左前方挥拍，拇指压拍，拍面稍向左偏斜，稍前倾，当球下降至高度近于网高时，球拍沿球的右侧中部向中上部摩擦。击球后，前臂和手腕随势向前挥动（见图 10-4）。

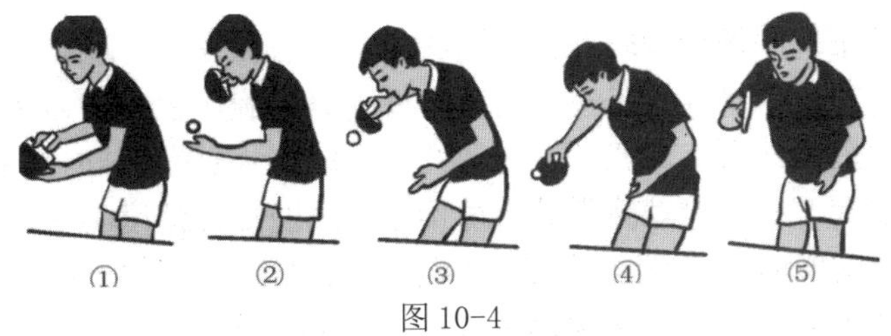

图 10-4

反手发急球时，右脚稍前，身体稍向左转，左手掌心托球于腹前左侧，右手持拍于身体左侧，抛球后，待球下落时前臂迅速向前挥动。击球点应与网同高或稍低于网高，拍面稍前倾，击球的中上部。击球后，前臂和手腕随势向前挥动（见图 10-5）。特点：速度快，前冲力量大，弧线底。

图 10-5

（3）正手发左侧上（下）旋球。发上旋球时右脚在后，身体略向右偏斜，左手掌托球于身体右前方。抛球时持拍手向右上方引拍，当球下落至网高时，手臂迅速向左下方挥动，触球瞬间手腕快速向左上方转动，使拍从球的中部向左侧上方摩擦。发左侧下旋球时，手腕快速向左下方转动，使球拍从球的中下部向左下方摩擦。特点：侧上（下）旋转力较强，对方挡球时向其右侧上（下）方反弹，一般站在中线偏左或侧身发球。

（4）反手发右侧上（下）旋球。右脚在前，身体稍左转，持拍手向左上方引拍，拍柄略向下。当手抛起的球下落时，持拍手前臂和手腕同时发力，向右下方挥拍，当球下落至网高时，触球瞬间手腕快速向右上方转动，使拍从球的中部略偏下向右上方摩擦。发右侧下旋球时，手腕快速向右下方转动，使球拍从球的中下部向右下方摩擦（见图 10-6）。特点：右侧上（下）旋球力强，对方挡住后，向其左侧上（下）反弹。发球落点以左方斜线长球配合中右近网短球为佳。

图 10-6

（5）正手发转与不转的球。发转球时，左脚在前，右脚在后，前臂向后上方引拍，拍面略后仰。抛球后，待球下落时前臂迅速向前下方挥动略外旋，手腕用力转动使拍面后仰角度大些，约与网同高时击球，摩擦球的中下部（见图 10-7）。发不转球时，手臂向前下方挥摆，前臂外旋与手腕的转动要慢，触球瞬间略有内旋，使拍面后仰角度小些，用球拍下部偏右处向前撞击球，减小向下摩擦力（见图 10-8）。特点：球速较慢，前冲力小，主要用相似的发球动作，制造旋转变化去迷惑对方，造成对方接发球失误或为自己抢攻创造机会。

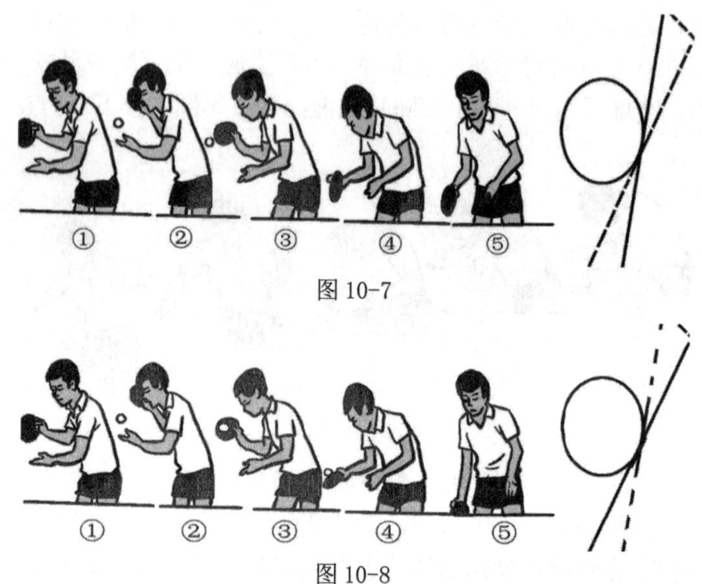


图 10-7



图 10-8

2. 接发球

接发球的站位应根据发球方的位置适当调整自己的基本站位。常用的方法有推、搓、削、拉、攻等。其技术的运用应根据自己的打法特点和对方来球的性能决定回接的方法，并要与自己的打法特点结合起来，这样才能充分把握比赛的主动权。

练习方法：用固定技术接单一发球；用不同技术接各种不同性能、落点来球；在此基础上控制落点的变化；用记分比赛的方法，提高接发球的技术。

## 四、推挡和搓球技术

1. 推挡球

乒乓球-推挡球和攻球

推挡球具有站位近、动作小、速度快、变化多的特点，在对攻中运用快速推压，结合力量、落点和旋转的变化牵制对方，为进攻取胜创造条件；被动时也可起到积极防御的作用。

（1）挡球。两脚平行站立或右脚稍后，身体靠近球台。击球前，两膝微屈，稍含胸收腹。击球时，前臂向前伸，球拍由后向前，拍触球时，拍面与台面近乎垂直，在上升期击球的中部，借助对方来球的反弹力将球挡回。击球后，迅速还原，准备下一次击球（见图 10-9）。特点：球速慢，力量轻，动作较简单，初学者容易掌握，可以帮助初学者熟悉球性，认识乒乓球的击球规律，提高控制球的能力。

图 10-9

练习方法：徒手练习；半台侧面以中线为界，徒手做挡球，结合平击发球练习平挡。注意引拍位置、一板球或把手练习。注意引拍位置，要求板数，不要发力；划出落点范围的练习。在以上练习中，都要做好准备姿势，纠正两脚前后站立的错误。

（2）快推。站位近台，右脚稍后，或两脚平行开立，上臂和肘关节靠近右侧身旁。击球前，前臂稍后引。击球时，前臂向前推出，食指压拍，拇指放松，拍面前倾，在来球上升期击球中上部。击球后，手臂顺势前送（见图 10-10）。快推的特点是站位近，动作小，借力还击，速度快，线路变化多。适用于回击一般的拉球、推挡球和中等力量的攻球；在相持中能发挥回球速度快的优势，推压两大角或袭击对方空当，为自己的进攻创造条件。它是推挡球最常用的一项技术。

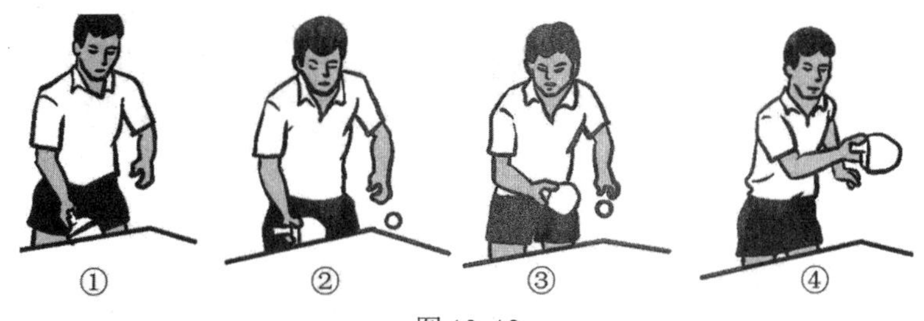

图 10-10

练习方法：在平挡基础上逐渐加快，并注意引拍将球向来球落点后方；徒手练习，纠正调节拍形的动作及控制拍面方向；对有切球动作者，可要求引拍稍低一些，发力方向稍向上一些；划出落点范围的练习；记板数，要求有节奏，不要越打越快。

2. 搓球

（1）慢搓。①反手慢搓。两脚开立，身体离台稍远，手臂自然弯曲，向左上方引拍。击球时前臂内旋配合转腕动作，向前下方用力，拍面后仰，在来球下降期摩擦球的中下部（见图 10-11）。②正手慢搓。两脚开立，右脚稍后，两膝微屈，身体稍向右转，离台稍远。击球前，向右上方引拍，拍面后仰。击球时，前臂和手腕向左前下方挥动，在来球下降期摩擦球的中下部（见图 10-12）。

乒乓球–搓球

图 10-11

图 10-12

（2）快搓。①反手快搓。两脚开立，两膝微屈，身体靠近球台。击球时拍面后仰，前臂配合手腕转动动作向前下方切动，在来球上升期摩擦球的中下部，将球快速搓出（见图 10-13）。②正手快搓。两脚平行站立或右脚稍前，两膝微屈，身体靠近球台。击球前，右手向右上方引拍，拍面稍后仰。击球时，前臂和手腕向左前下方切动，在来球上升期摩擦球的中下部，将球搓出（见图 10-14）。

图 10-13

图 10-14

## 五、削球

削球是一项重要的防守技术。现在削球打法融合了更多进攻性技术，创造了削攻结合的新打法。它能通过旋转和落点的改变，直接得分或在调动对方的情况下伺机反攻。

1. 远削

正手远削方法：两脚开立，右脚在后，身体离台约 1m 以外，两膝微屈，上体稍向右转，重心放在右脚，手臂自然弯曲，引拍至右肩侧。击球时，手臂向左前下方挥动，拍面后仰，在拍与球接触时，前臂加速削击，手腕配合转动，在来球下降期摩擦球的中下部。击球后，迅速还原，准备下一次击球（见图 10-15）。反手远削方法：两脚开立，右脚在前，两膝微屈，上体略向左转，重心放在左脚上，引拍至左肩侧。击球时，上臂带动前臂向右前下方挥动，拍面后仰，手腕跟着前臂用力方向转动，在来球下降期摩擦球的中下部，将球削出，重心移至右脚。击球后，迅速还原，准备下一次击球（见图 10-16）。特点与运用：击球动作大、球速慢、弧线长，有利于削转球与不转球，并以落点变化来牵制对方。常适用于对付对方的扣杀球、弧圈球和提拉球。它是以削球技术为主打法的选手必须掌握的基本技术之一。

图 10-15


图 10-16

2. 近削

正手近削方法：右脚稍后，身体离台稍近，稍向右转，手臂自然弯曲，引拍约与肩平，拍面稍后仰。击球时，前臂用力向左下方切削，手腕配合下压，一般在来球高点期或刚下降时摩擦球的中部或中下部（见图 10-17）。反手近削方法：两脚开立，右脚稍前，两膝微屈，身体离台稍近，并略向左转，手臂自然弯曲，向左上方引拍约与肩平，拍面稍后仰。击球时，手臂迅速向右前下方挥动，以前臂和手腕用力为主，在来球高点或刚下降期摩擦球的中部或中下部，将球削出（见图 10-18）。特点与运用：动作幅度小、回球速度快、前进力较强，多用于近削逼角，有一定的威胁，往往能获得主动或直接得分。一般用来对付轻拉球和一般的上旋球。

图 10-17

①
②
③
④

图 10-18

3．练习方法

模仿削球动作的徒手练习；在接平击球或急球时，用正手或反手将球削回；用正手或反手削对方轻拉过来的球；削斜线球，然后再练习削直线球；正、反结合进行削球练习；远削和近削结合练习；削转和不转球结合练习；削与攻、挡结合练习。

## 六、攻球技术

攻球是极具威慑力的得分手段，也是一项重要的基本技术。攻球分为正手攻球和反手攻球，按站位分为近、中、远台攻球，按击球点和击球时间分为拉、抽、拨、扣、杀等方法。

1．正手攻球

正手近台攻球是近台快攻打法的主要技术之一。常用于还击正手位的发球、推挡球、一般的上旋球等，使对方措手不及，在对攻中将线路、落点变化相结合，调动对方，伺机扣杀。

方法：直拍正手近台攻球时身体靠近球台，右脚稍后，两膝微屈，上体略前倾。击球时，引拍至身体右侧成半横状，上臂和身体约成 35° 角，与前臂约成 120° 角。当球从台面弹起时，手臂由右侧向左前上方迅速挥动，以前臂发力为主。击球时，食指放松，拇指压拍，使拍面前倾，并结合手腕内转动作，在来球的上升期击球中上部（见图 10-19）。

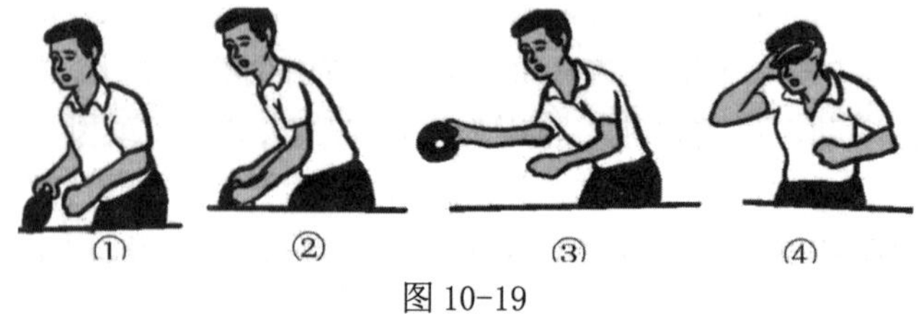


图 10-19

横拍正手近台攻球时，前臂和手腕成直线并与台面接近平行，拍柄略向下。击球的时间、部位、拍面角度及手臂挥动方向，基本与直拍相似（见图 10-20）。

图 10-20

2. 正手拉球

站位近台，右脚稍后，重心放在右脚上。击球前，引拍至身体右侧下方成半横状，拍面近似垂直。当球从最高点开始下降时，上臂和前臂由后下方向前上方挥动，前臂迅速内收，结合手腕转动的力量摩擦球的中部或中下部。击球后，重心移至左脚，球拍随势挥至头部。

3. 正手扣杀

两脚开立，右脚在后，重心在右脚。击球前，身体略向右转，引拍至右后方。击球时，上臂带动前臂由后向前用力挥击，结合腿蹬地和转腰力量在高点期击球。来球上旋，击球时拍面稍前倾，击球的中上部；来球下旋，击球前拍面要略低于来球，击球的中部。击球后，球拍随势挥至左胸前，重心前移至左脚（见图 10-21）。

图 10-21

4. 侧身正手攻球

首先要迅速移动脚步至侧身位置，身体侧向球台，两脚开立，左脚在前，右脚在后，上体略向前倾并稍收腹。击球时，根据来球情况，可以在侧身位置用正手近台攻球、拉球、扣杀等技术击球。

5. 正手中远台攻球

右脚在后，重心在右脚，身体距离球台 1m 左右或更远些。击球前的准备动作与正手近台相似，但动作幅度大些。击球时上臂稍向后拉，带动前臂和手腕向左前上方挥动，在来球下降前期或后期击球的中部或中下部，击球后身体重心前移。

6. 杀高球

两脚开立，右脚稍后，身体右转，手臂向右后方拉开，重心放在右脚。击球时，上臂从下向上环行挥动，拍面前倾，前臂和手腕同时下压，在头和肩之间的高度击球的中上部。击球后，手臂随势下压挥拍至左侧，上身配合左转，重心移至左脚（见图10-22）。

图10-22

7. 正手内台攻球

站位靠近球台。接右方近网短球时，右脚迅速向右前方跨出一步，上体略前倾，贴近球台，同时迅速将球拍伸进台内。待球跳至高点期时，前臂内旋结合手腕转动进行击球。来球上旋，食指应放松，拇指压拍，使拍面稍前倾，击球中上部，击球时前臂和手腕以向前发力为主；来球下旋，拍面角度稍后仰，击球中下部，前臂手腕向上、向前发力。

8. 反手攻球

反手攻球根据握拍法可分为直拍反手攻球和横拍反手攻球，其中直拍反手攻球是我国的独特技术，具有动作小，出手快的特点，能抢先上手，为正手大力扣杀争得主动机会。动作要领是：右脚稍前，膝关节微屈，前脚掌着地，收腹弯腰。击球前腰肢略转，球拍后引，来球后，球拍迅速向前迎击球的中上部。要根据来球的不同性质，用大小臂和手腕相对地做出不同动作，从而形成中、近台攻球，便于使用拉、扣、拨等技术（见图10-23）。

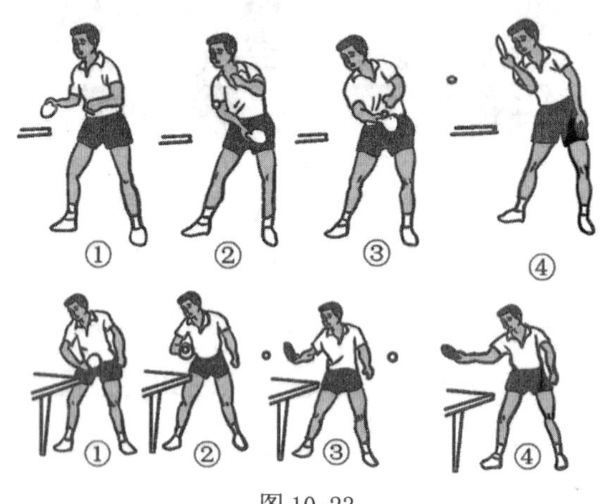

图10-23

9. 侧身攻球技术

侧身攻球技术的特点是速度快、力量重、攻势强，它是各种不同类型打法都必须掌握的

一项重要技术。侧身攻运用多少在很大程度上标志着进攻能力的强弱。侧身后，要保持上体与球台的合适角度，既能攻斜线，也能打直线，同时不妨碍下一次击球。要有足够的击球空间（收腹）应尽量避免在移动过程中击球。攻球时要利用右脚蹬地的力量，重心适当前移，前臂稍向前发力。

# 第三节 乒乓球基本战术

在比赛中，可根据自己和对方的具体情况，有目的、有意识地运用各项技术，便形成了所谓的战术。可见战术是以技术为基础的，技术越全面、越扎实，战术运用也就越灵活多样。在比赛中，要“以我为主”“知己知彼”，即在制定一套行之有效的战术之前，要对对方有全面的了解，抓住对方最基本的东西，然后结合自己的特点来制定。

战术运用的基本原则是：对己“扬长避短”；对彼“避长攻短”。在运用战术时，应做到有的放矢、随机应变、灵活运用，必要时调整战术。

## 一、发球抢攻

发球抢攻是快攻类打法中先发制人的一项主要战术，是比赛中得分的重要手段。

乒乓球–发球和接发球

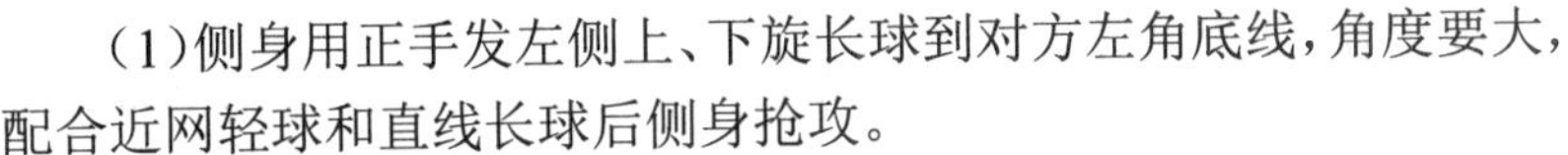

（1）侧身用正手发左侧上、下旋长球到对方左角底线，角度要大，配合近网轻球和直线长球后侧身抢攻。

（2）反手发右侧上、下旋球到对方正手近网处，配合发反手底线长球，侧身抢攻。

（3）反手发急球、急下旋长球到对方反手或中路，配合近网轻球，迫使对方打对攻或后退削球。

（4）正手发右侧上旋急球、急下旋长球到对方中路或正手，配合近网轻球，迫使对方打对攻或后退削球。

（5）正手发转与不转短球，配合发长球伺机抢攻。

## 二、对攻

对攻是进攻类打法在互相对抗时力争主动的一种重要手段，主要是发挥其快速多变的特点来调动对方。

（1）具有左半台技术特长的常采用紧压反手、结合变线、伺机抢攻的对攻战术。

（2）调右压左，是对付具有推攻（反手攻）和侧身攻特长的主要对攻战术。

（3）加、减推压中路及两角，伺机强攻，是对付两面拉弧圈球打法的主要对攻战术。

（4）连压中路或正手，伺机抢攻，是对付两面攻或横拍反手攻球较强时所采用的一种战术。

（5）被动防御和打回头。在被动中，可采用正、反手远台对攻，宜打相反球路，还可采用放高球战术来防守，并准备随时打回头，变被动为主动。

### 三、拉攻（对付削球打法的主要战术）

（1）拉反手后侧身突击斜线，然后扣杀中路或两角，是拉攻的常用战术。侧身攻斜线是直拍快攻类打法的特长。

（2）拉不同落点突击中路或直线，然后扣杀两大角。中路防守是削球选手的普遍弱点，直接线路短削球选手也较难还击。

（3）拉对方中路左、右，伺机突击两角再杀空当。这是对付以逼远角为主或控制落点较好的削球选手所采用的战术。

（4）拉对方正手找机会突击中路后连续扣杀两角。当对方反手削球控制较好或自己不太适应时，可用此技术。

（5）长短球和拉搓结合伺机扣杀。对付稳削打法，一般站位较远时常用此战术。

（6）攻中防御。在拉攻时，遇到对方的反攻，必须加强积极的防御，随时做好对攻的准备。

### 四、搓攻

搓攻是快攻类打法对付攻球和削球打法的辅助战术，主要利用其旋转和落点变化，为进攻创造机会。

（1）快搓加转短球为主，结合快搓转与不转长球至对方的反手或突然搓正手大角，伺机突击或抢先拉起。这是对付攻球打法的搓攻战术。

（2）快搓转与不转至不同落点，伺机突击中路或两角。这是对付削球打法的搓攻战术。

### 五、接发球

对付各种侧旋、上旋或下旋不太转的球，在位置比较好的情况下，可以大胆采用接发球抢攻战术。短球可用快推，长球可用快攻，落点宜中路和正手。两面攻打法可以发挥两面抢攻的特长。

对不太强的下旋或不转的球，也可用拉球或推挡控制对方反手为主，配合突然变正手与中路；对强烈的侧下旋、下旋短球或对方突发的底线下旋球，可用快搓短球为主，结合快搓底线长球控制对方，然后力争主动先拉或加力突击。

## 第四节　乒乓球竞赛规则简介

### 一、球台

（1）球台的上层表面称为比赛台面，应与水平面平行，长 2.74m、宽 1.525m，离地高 76cm。

（2）比赛台面由一个与端线平行的垂直的球网划分为两个相等的台区，各台区的整个面积应是一个整体。

（3）双打时，各台区应由一条 0.3cm 宽的白色中线，划分为两个相等的“半区”。中线与边线平行，并应视为右半区的一部分。

## 二、球网装置

（1）球网装置包括球网、悬网绳、网柱及将它们固定在球台上的夹钳部分。

（2）球网长度为 183cm、高为 15.25cm，网顶要有 1.5cm 宽的白边，网为深绿色，网眼是正方形，每个网格边长为 0.75～1.25cm。

## 三、球拍

（1）球拍的大小、形状和重量不限，但底板应平整、坚硬。

（2）底板厚度至少应有 85%的天然木料，加强底板的黏合层可用诸如碳纤维、玻璃纤维或压缩纸等纤维材料，每层黏合层不超过底板总厚度的 7.5%或 0.35cm。

## 四、定义

（1）“回合”。球处于比赛状态的一段时间。

（2）“球处于比赛状态”。从发球时球被有意向上抛起前静止在不执拍手掌上的最后一瞬间开始，直到该回合被判得分或重发球。

（3）“重发球”。不予判分的回合。

（4）“一分”。判分的回合。

（5）“执拍手”。正握着球拍的手。

（6）“不执拍手”：未握着球拍的手。

（7）“击球”。用握在手中的球拍或执拍手手腕以下部分触及处于比赛状态的球。

（8）“阻挡”。当球处于比赛状态时，对方击球后，处于比赛状态的球尚未触及本方台区也未超过比赛台面或其端线，即触及本方运动员或其穿戴（带）的任何物品。

（9）“发球员”。在一个回合中，首先击球的运动员。

（10）“接发球员”。在一个回合中，第二个击球的运动员。

（11）“裁判员”。被指定管理一场比赛的人。

（12）“裁判助埋”。被指定在某些方面协助裁判员工作的人。

（13）运动员“穿或戴（带）”的任何物品，包括其在一个回合开始时穿或戴（带）的任何物品，但不包括比赛用球。

（14）球从突出台外的球网装置之下或之外经过，或回击的球越过球网后又回弹过网，均应视作已“超过或绕过”球网装置。

（15）球台的“端线”，包括端线两端的无限延长线。

## 五、合法发球

（1）发球时，球应自然地放在不执拍手的手掌上，手掌张开和伸平，保持静止。

（2）发球员须用手把球几乎垂直地向上抛起，不得使球旋转，并使球在离开不执拍手的手掌之后上升不少于 16cm。

（3）当球从抛起的最高点下降时，发球员方可击球，使球首先触及本方台区，然后越过或绕过球网装置，再触及接发球员的台区。在双打中，球应先后触及发球员和接发球员的右半区。

（4）从抛球前球静止的最后一瞬间到击球时，球应始终在比赛台面的水平面之上和发球员的端线以外。

（5）击球时，球应在发球方的端线之后，但不能超过发球员身体（手臂、头或腿除外）离端线最远的部分。

（6）运动员发球时，有责任让裁判员或副裁判员看清其是否按照合法发球的规定发球。

（7）如果裁判员怀疑发球员某个发球动作的正确性，并且裁判员或者副裁判员都不能确信该发球动作不合法，一场比赛中此现象第 1 次出现时，裁判员可以警告发球员而不予判分。

（8）在同一场比赛中，如果运动员发球动作的正确性再次受到怀疑，不管是否出于同样的原因，不再警告而判失 1 分。

（9）无论是否第一次或任何时候，只要发球员明显没有按照合法发球的规定发球，将被判失 1 分，无须警告。

（10）运动员因身体伤病而不能严格遵守合法发球的某些规定时，可由裁判员做出决定免予执行，但须在赛前向裁判员说明。

## 六、合法还击

对方发球或还击后，本方运动员必须击球，使球直接越过或绕过球网装置，或触及球网装置后，再触及对方台区。

## 七、比赛次序

（1）在单打中，首先由发球员合法发球，再由接发球员合法还击，然后两者交替合法还击。

（2）在双打中，首先由发球员合法发球，再由接发球员合法还击，然后由发球员的同伴合法还击，再由接发球员的同伴合法还击，此后，运动员按此次序轮流合法还击。

## 八、重发球

回合出现下列情况应判重发球。

（1）如果发球员发出的球在越过或绕过球网装置时，触及球网装置，此后成为合法发球或被接发球员或其同伴阻挡。

（2）如果接发球员或同伴未准备好时，球已发出，而且接发球员或其同伴均没有企图击球。

（3）由于发生了运动员无法控制的干扰，而使运动员未能合法发球、合法还击或遵守规则。

（4）裁判员或副裁判员暂停比赛。

（5）在双打时，运动员错发、错接。

## 九、得 1 分

除被判重发球的回合，下列情况中运动员得 1 分。

（1）对方运动员未能合法发球。

（2）对方运动员未能合法还击。

（3）运动员在发球或还击后，对方运动员在击球前，球触及了除球网装置以外的任何东西。

（4）对方击球后，该球越过本方端线而没有触及本方台区。

（5）对方阻挡。

（6）对方连击。

（7）对方用不符合要求的拍面击球。

（8）对方运动员或他穿戴的任何东西使球台移动，

（9）对方运动员或他穿戴的任何东西触及球网装置。

（10）对方运动员不执拍手触及比赛台面。

（11）双打时，对方运动员击球次序错误。

（12）执行轮换发球法时，接发球运动员或其双打同伴，包括接发球一击，完成了 13 次合法还击。

## 十、一局比赛

在一局比赛中，先得 11 分的一方为胜方，10 平后，先多得 2 分的一方为胜方。

## 十一、一场比赛

（1）一场比赛由奇数局组成。

（2）一场比赛应连续进行。但在局与局之间，任何一名运动员都有权要求不超过 2min 的休息时间。

## 十二、发球、接发球与方位的选择

（1）选择发球、接发球和这一方那一方的权力应由抽签来决定，中签者可以选择先发球或先接发球，或选择先在某一方。

（2）当一方运动员选择了先发球或先接发球，或选择先在某一方后，另一方运动员应有另一个选择的权力。

（3）在获得每 2 分之后，接发球方即成为发球方，依此类推，直至该局比赛结束，或者直至双方比分都达到 10 分或实行轮换发球法，这时，发球和接发次序仍然不变，但每人只轮发 1 分球。

（4）在双打的第一局比赛中，先发球方确定第一发球员，再由先接发球方确定第一接发球员。在以后的各局比赛中，先发球的一方确定第一发球员，第一接发球员应是前一局发球给他的运动员。

（5）在双打中，每次换发球时，前面的接发球员应成为发球员，前面的发球员的同伴应成为接发球员。

（6）一局中首先发球的一方，在该场下一局应首先接发球。在双打决胜局中，当一方先得 5 分时，接发球方应交换接发球次序。

（7）一局中，在某一方位比赛的一方，在该场下一局应换到另一方位。在决胜局中，一方先得 5 分时，双方应交换方位。

## 十三、发球、接发球次序与方位的错误

（1）裁判员一旦发现发球、接发球次序错误，应立即暂停比赛，并按该场比赛开始时确立的次序，按场上比分由应该发球或接发球的运动员发球或接发球；在双打中，则按发现错误时那一局中首先有发球权的一方所确立的次序进行纠正，继续比赛。

（2）裁判员一旦发现运动员应交换方位而未交换时，应立即暂停比赛，并按该场比赛开始时确立的次序按场上比分运动员应站的正确方位进行纠正，再继续比赛。

（3）在任何情况下，发现错误之前的所有得分均有效。

## 十四、轮换发球法

（1）如果一局比赛进行到 10min 仍未结束，或者在任何时间应双方运动员或配对要求，应实行轮换发球法。如果一局比赛比分已达到至少 18 分，将不实行轮换发球法。

（2）当时限到且须实行轮换发球法时，球仍处于比赛状态，裁判员应立即暂停比赛。由被暂停回合的发球员发球，继续比赛。

（3）如果实行轮换发球法时，球未处于比赛状态，应由前一回合的接发球员发球，继续比赛。

（4）此后，每个运动员都轮发 1 分球，直至该局结束。如果接发球方进行了 13 次合法还击，则判接发球方失 1 分。

（5）轮换发球法一经实行，该场比赛的剩余部分必须继续实行，直至该场比赛结束。

# 第十一章　羽　毛　球

**学习目标**

（1）了解羽毛球运动的基本常识。

（2）掌握羽毛球运动的基本方法。

## 第一节　羽毛球运动概述

羽毛球运动是 2 人或 4 人在中间隔一网的场地上，用球拍往返拍击一个软木托上插有羽毛的球的一项球类运动。

国际羽毛球联合会（简称“国际羽联”）成立于 1934 年。1948—1949 年度举办了第 1 届汤姆斯杯比赛；1956—1957 年度，国际羽联举办了第 1 届尤伯杯比赛；1977 年开始举办世界羽毛球锦标赛；1981 年举办世界杯羽毛球比赛；1989 年举办苏迪曼杯羽毛球比赛；1992 年又正式举办奥运会羽毛球比赛，从此羽毛球运动进入新的发展时期。目前国际性的羽毛球大赛主要有汤姆斯杯赛、尤伯杯赛、世界羽毛球锦标赛、世界杯羽毛球赛、苏迪曼杯赛、奥运会羽毛球赛、全英羽毛球锦标赛和国际系列羽毛球大奖赛等。

羽毛球运动器材设备简便，十分便于开展，而且简单的基本技术也较易掌握，运动量可大可小，不同性别、年龄和身体状况的人都可以从事这项活动。经常参加羽毛球运动不仅可以发展灵敏性和协调性，提高动作的速度和上、下肢活动的能力，改善内脏器官的功能，使身体得到全面发展，还能锻炼和培养机智、沉着、勇敢顽强等心理素质，因此深受广大群众和青少年学生的喜爱。

# 第二节　羽毛球基本技术

## 一、基本技术

### 1．握拍

羽毛球-握拍法

（1）正手握拍法。握拍时，先用左手拿住球拍的腰杆，使拍面与地面垂直，然后张开右手掌，虎口对准拍柄侧面内沿，拇指与中指接近，食指稍分开自然放松，其他三指自然地握住拍柄（见图 11-1）。

（2）反手握拍法。在正手握拍的基础上，把拍柄稍向外转，食指收回，拇指的第二节内侧紧贴在拍柄的内侧棱上或面上，其他三指放松地握住球拍，手心与拍柄之间留有一定的空隙，使手腕和手指能灵活运动（见图 11-2）。

图 11-1　　图 11-2

### 2．发球和接发球

羽毛球-发球和接发球

（1）发球。发球技术有正手和反手两种。按球在空中飞行的弧线可分为发高远球、平高球、平球和网前小球四种。

① 正手发球。以发高远球为例，左肩侧对球网，左脚在前，右脚在后，脚尖稍向右侧，身体重心在右脚上。右手的上臂和前臂同时向右肩后侧上方举起，肘部微屈，左手持球举在腹部右前方，发球时左手放球下落的同时，球拍由下而上快速挥动，拍击下落的球底。这时，球借臂力、腕力和球拍的弹力向前飞出（见图 11-3）。

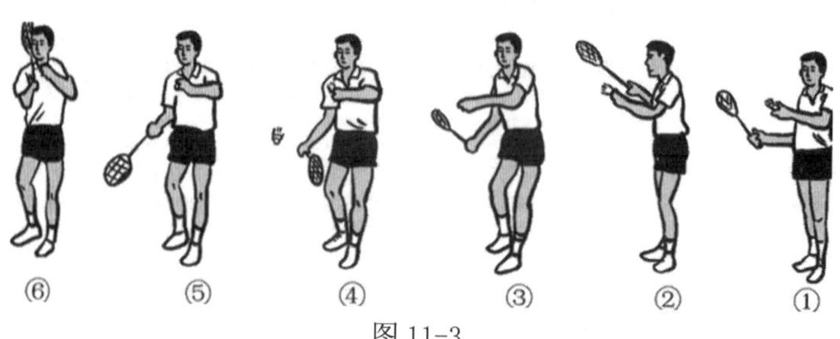

图 11-3

② 反手发球。这种发球的特点是动作小，速度快和隐蔽性强，易于迷惑对方。发球人站位应靠近发球线，左右脚在前均可，身体重心放在前脚上，上体稍前倾，右手反手握拍，拍

面稍后仰，置于左腰侧，手背朝网，适当抬起，肘部弯曲。左手持球，注意击球点不应过腰，要充分利用前臂带动腕、手指做向前横切推送，使球落在对方场区的前发球线附近(见图 11-4)。

图 11-4

（2）接发球。接发球时，站位应在本场区中间附近处，左脚在前，右脚在后，侧身对网，后脚跟稍提起，身体稍前倾，右手持球拍在右侧身前，两眼注视对方。

3. 击球

击球技术依据动作特点，一般可分为高手击球、网前击球和低手击球 3 种。

（1）高手击球。①高远球：高远球可分正手、反手击高远球和头顶击高远球，以正手击高球为例，正手击高远球是将来球击得较高、较远而垂直降落在对方底线附近。击球时，右手举拍向后拉引，肘弯曲比肩略低，当球落到一定高度时，手臂迅速向上挥拍，手腕充分后屈，以肩为轴，上臂带动前臂快速向前甩动手腕（见图 11-5）。②吊球：把对方击来的高球还击到对方网前区。吊球有轻吊、劈吊 2 种。轻吊带有切削动作，用力较轻，球速较慢，有一定幅度，落点离网较近。劈吊切削动作幅度比轻吊稍大些，球速快，弧度较平，落点一般都超过前发球线。动作要领：球拍面的正面向里倾斜，形成半弧形。触球时，手腕快速“闪”动。③扣杀球：把对方击过来的球，用力迅速地往对方场区下压。扣杀球可分正手扣杀球、反手扣杀球和头顶扣杀球 3 种。以正手扣杀球为例，准备击球时，身体稍向后倾，选择最高击球点，当击球的刹那间，要充分伸直手臂紧握球拍，用前臂带动手腕向下猛扣。

图 11-5

（2）网前击球。网前击球一般包括搓球、推球、勾球、扑球等。搓球动作要领（以正手网前为例）：在击球的刹那，拍面与网成斜面，利用手腕及手指的力量迅速地向前切削搓击球托的左下侧面，使球滚过网去。推球动作要领：击球的刹那，拍面几乎与网平行，向前转动腕、指，利用手腕和手指的力量向前快速“闪”动，将球击到对方的底线。勾球动作要领：

在击球的刹那，拍面向里倾斜，球拍击球托的侧面，手腕和手指同时向里勾动。扑球动作要领：当对方打来的球在网前上空时，快速举拍向前，利用小臂和手腕的力量，轻轻向下方“闪”动球拍。

4. 步法

羽毛球步法有上网步法、后退步法和两侧移动步法3种。

（1）上网步法。以两步上网步法为例，左脚先迈出一小步后蹬地，右脚紧接着迅速向前跨出一大步，以脚掌外侧和脚后跟落地滑步缓冲。左脚随即向前跟进，以协助右脚回蹬。上体侧身向前倾，两腿成弓箭步，右脚尖朝外斜。击球后，以并步或小跑步返回原来位置。

羽毛球-上网步法

羽毛球-后退步法

（2）后退步法。以并步后退步为例，当对方快击球至后场时，轻跳调整重心，然后右脚蹬地，快速向右后撤一小步，髋关节随着带动上身转体侧身向网，接着左脚并步靠近右脚跟，右脚再向后移至击球位置。

（3）两侧移动步法。当对方将球击出后，迅速调整重心，上身稍倒向左侧，左脚掌内侧用力蹬地，右脚同时向右跨一大步，左脚随之跟进。

## 二、练习方法

1. 发球练习

（1）按各种发球动作的要领，反复做持拍的模仿练习。

（2）击吊线球（球的高度与腰齐）或右侧对高墙做各种发球挥拍练习。

（3）用多球进行提高落点准确性的发球练习。在对方场区划出若干区域，要求发出的球落入指定的区域内。

（4）两人面对球网站在底线附近，做直线、对角线发球练习。

2. 高球、杀球、吊球练习

（1）按各种击球动作要领，反复做持拍的模仿练习。

（2）用细线把球吊在身体的右肩上方位置，反复做高球、杀球和吊球练习。

（3）两人面对球网站于两底线附近处，原地或跑动相互做对击直线、对角线的高球、杀球和吊球练习。

（4）提高落点准确性的高球、杀球、吊球练习。

3. 网前球练习

（1）用多球进行搓球、推球、勾球、扑球等练习。

（2）两人面对球网站于网前附近处，做对搓、对推、对勾、对扑直线、对角线的练习。

（3）一方给对方喂球，而对方则反复做搓、推、勾、扑直线或对角线的练习。

4. 步法练习

（1）按动作要领进行单个步法的练习。

（2）按各种信号，进行单个或综合性步法的练习。

# 第三节 羽毛球基本战术

## 一、单打战术

（1）压后场。采用高远球或平高球反复攻对方后场底线，造成对方被动，然后伺机扣杀或吊球攻击对方空当位置。

（2）发球抢攻。发网前低球结合平快球、平高球的方法，迫使对方挑高球或勉强进攻，以便乘机发动抢攻、强攻或守中反击。

（3）攻四方球结合突击。此战术是以准确的落点攻击对方场区的前后左右四个角落，迫使对方四处奔跑，消耗体力，然后伺机突击其空当。

## 二、双打战术

（1）攻人（避强击弱战术）。取得进攻机会时，如当对方两名选手的技术或体力状况明显不均衡时，不论来球的落点在何处，都集中力量攻击对方较弱的那个队员，迫使对方的特长得不到发挥，使其弱点暴露得更加充分。

（2）攻中路。当对方采用分边或前后站位时，可将球尽可能地回击到两人之间的空隙区，造成对方击球时犹豫不决而漏接失误。

（3）挑底角，伺机反击。通过挑、拉高远球至对方两底角，诱使对方在移动中进攻，伺机反击，后发制人。

# 第四节 羽毛球竞赛规则简介

羽毛球比赛分单打和双打两种。双方力求在球未触地前将球击到对方场区内，迫使对方回球失误而得分。

比赛开始时，由选择了发球权的一方先在右发球区向对方右发球区发球，接球者在相应的区域内接发球。

## 一、新规则

21 分制，任何一方只要将球打“死”在对方的有效位置，或者因为对方出现违例或失误，均可得分。除非特殊情况（如地板湿了，球打坏了），球员不可再提出中断比赛的要求。得分者方有发球权，如果本方得单数分，从左边发球；得双数分，从右边发球。取消后发球线。

## 二、单打比赛

（1）每场比赛采取 3 局 2 胜制。

（2）率先得到 21 分的一方赢得当局比赛。

（3）如果双方比分打成 20∶20，获胜一方需超过对手 2 分才算取胜。
（4）如果双方比分打成 29∶29，则率先得到第 30 分的一方取胜。
（5）首局获胜一方在接下来的一局比赛中率先发球。
（6）当一方在比赛中得到 11 分后，双方队员将休息 1min。
（7）两局比赛之间的休息时间为 2min。

## 三、双打比赛特殊规则

（1）改双发球权为单发球权。
（2）后发球线保留，现行规则适用。
（3）比赛开始前，双方选手通过投掷硬币方式确定由哪一方来选择是先发球还是后发球。

## 四、发球违例

越出发球区发球，或在发球区发球有两脚移动、跳起和踏线等情况属违例；发球时球的任何部分在击球的瞬间高过发球运动员的腰部或球拍顶端未指向下方，使得整个拍框明显低于握拍手部等情况属违例；发球时击球不过网，或球落在错误的发球区或没有超过前发球线（短球），或落在后发球线以外（长球），或落在发球区以外均属违例。

## 五、接发球违例

在对方球发出前，接球者双脚移动、踏线或跳起均属违例，接球者和同伴（双打）做假动作或者任何妨碍对方发球的行为属违例。

## 六、击球违例

击球过网面，连续击球两次或击球时球在球拍上有停滞或拖带现象属违例，击出的球落在场地界线之外；或击球时身体、衣服、球拍碰到球柱、球网属违例；球未过网未进入本方场区即进行拦击，或一方在近网处击球，另一方在网前做虚晃或举拍动作属违例。

# 第十二章　网　球

**学习目标**

（1）了解网球运动的基本常识。

（2）掌握网球运动的基本方法。

## 第一节　网球运动概述

网球运动是受人们普遍喜爱、富有乐趣的一项体育活动。古代网球起源于波斯湾和希腊一带。最初是用一种塞满头发和绒毛的小布袋当“球”，以绳为“网”，用手做“拍”去打的游戏，过了很久才改用木板做球拍。直到 15 世纪发明了穿线的网拍。约在公元 10 世纪，网球进入法国。法国国王路易五世把网球定为王室贵族运动，禁止平民参加。正是由于这段历史，再加上网球运动对场地要求较高，球和拍的价格昂贵，所以至今仍有“贵族运动”之称。

现代网球运动起源于 19 世纪。1873 年，第一部竞赛规则由英国温菲尔德少校制定。1881 年，美国草地网球协会制定了更详细的竞赛规则，使网球成为一种有章可循的运动。

## 第二节　网球基本技术

网球的基本技术有握拍、发球、准备姿势、接发球、截击球。

### 一、握拍

网球有 3 种基本握拍方法，即“东方式”“西方式”和“大陆式”。握拍的命名与最先在何处流行有关。如在欧洲大陆流行的握拍方式称为“大陆式”，在美国海岸东西方流行的分别称为“东方式”和“西方式”（见图 12-1）。

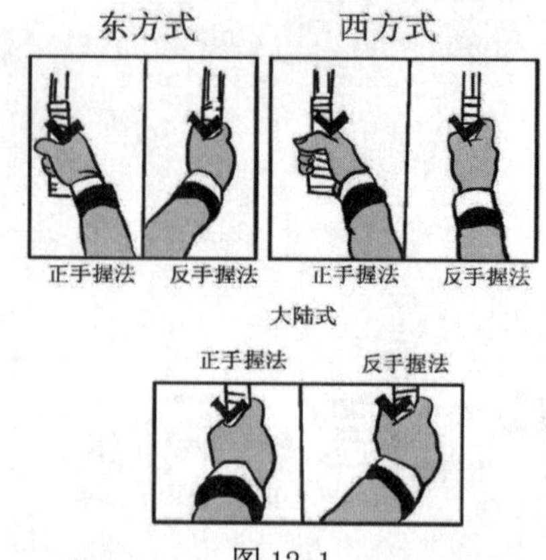


图 12-1

1. 握拍方法

（1）东方式。正手握法：先使拍面与地面垂直，然后如同与球拍握手一样握住球拍，即用手掌平对拍弦，顺着拍面向拍柄后滑，握好拍柄。反手握法：即在正手握法基础上向左移一条棱的位置。

（2）大陆式。同东方式的反手握拍方法相似，即在东方式正手握拍的基础上向左转动的手掌大约是拍柄周长 1/6 的距离。

（3）西方式。若把球拍放在地板上，然后像提长柄平锅那样，就是标准的西方式握拍法。

2. 运用特点

（1）东方式。发力灵活，能妥善处理任何高度的球，但正、反手击球需换握拍法。

（2）大陆式。最大优点是可以击任何球，最大缺点是击正手球和反手球时，必须旋转手腕以伸直拍面来击平球和上方旋球，所以需要较大腕力，手腕易疲劳。

（3）西方式。对击与肩同高的球特别有效，能打出漂亮的上旋球，缺点是打截击球、下旋球很困难，反手球常常须改为大陆式或东方式击球或用双手击球。

## 二、准备姿势

运动员击球前都要从一个准备姿势开始起动，准备姿势正确与否关系到起动快慢和击球效果，也关系到比赛的胜负。

正确的准备姿势是两脚开立比肩略宽，前脚掌着地，两膝稍屈，身体重心落于两脚之间，上体稍前倾，两眼注视对手或来球，球拍置于腹前，拍头指向前方略偏左，微上翘，手腕低于拍头（见图 12-2）。

图 12-2

## 三、发球

发球是比赛开始的第一个动作，也应当把发球看作是进攻的开始。它是网球技术中非常重要的一类技术，也是唯一能由自己掌握而不受对方影响与干扰的技术。好的发球应具有攻击性，并使发出的球在速度、力量、旋转和落点方面有变化。

网球-发球技术

发球时有固定的位置和规定。站在端线后，中点和边线的假定延长线之间的区域内。

根据球拍触及球的不同部位分为侧旋发球、平击球、上旋球等 3 种发球方式。发球时，触球点在球的正后面称为平击球。触球点在球的右（左）侧称为侧旋球，触球点在球的右（左）侧上方称为上旋球。无论哪种发球方式，都由以下几个动作环节组成（见图 12-3）。

图 12-3

### 1. 握拍与站立姿势

发球时大都采用东方式或大陆式握拍法，而避免用西方式握拍法等。以右手击球为例，发球时左手手掌持球，左手指尖托住拍柄使拍头刚好过腰指向球网，双脚与肩同宽侧对球网站立，初学者重心在后脚。

### 2. 后摆

后摆动作应两手“同上同下”，即左手垂下准备抛球，右手握拍由下往后摆，指向身后准备挥臂击球。

### 3. 抛球、击球

抛球时应直臂垂直上抛，抛至头部偏右位置，抛完球后，握拍右手肘部弯曲，垂下拍头，然后迅速向上击球。

### 4. 随球动作

触球后，球拍继续沿运动轨迹运动至身体左侧。

### 5. 练习方法

（1）持拍的发球动作模仿练习。

（2）抛球后，使球落入右脚前方约 30cm 处。

（3）一人发球一人接发球或多发球练习法。

（4）对墙发球法。

## 四、正、反手击球

### 1. 正手击球

正手击球是在端线附近回击来球和进攻的重要基础技术，是初学者最先学习的击球动作。它既是网球初学者的入门技术，又是大多网球运动员得分的手段。

运动员右手持拍，从准备姿势开始，移动到来球位置，右脚在前，身体左侧朝向来球方向。这时将球拍充分向后挥摆，拍头翘起，手臂伸展，眼睛注视来球。向前挥拍迎球过程中，球拍由低向高挥动，击球点在身体右前方，高度保持在腰与肩之间。接触球时，拍面垂直或稍前倾，击球中部或中上部，手腕固定握紧球拍，大腿和腰部随身体转动向前上方协调配合用力，重心再从右脚过渡到左脚。击球后球拍随势挥至身体的左侧前上方。击完球后迅速还原成准备姿势（见图 12-4）。

网球-正手击球

图 12-4

### 2. 反手击球

当球飞向反手方向时，移动到来球位置右脚在前，身体右侧朝向来球的方向，球拍向左后挥摆。这时持拍手的肘部保持适当弯曲，拍头稍翘起。在迎球过程中，挥拍手臂与右转体动作相配合。

### 3. 反手抽球

反手抽球是球落在身体左侧采用的一种击球方法，是网球的重要基础技术之一。一般人往往正手技术掌握较好，反手技术掌握差，比赛中反手常常是对手攻击的一个薄弱环节。因此，初学者必须对反手技术更加用心苦练。

当来球飞向反手方向时，移动到位的最后一步，要保持右脚在前，身体右侧朝向来球方向，球拍向左后挥摆。这时持拍手臂的肘部保持适当弯曲，拍头稍翘起，在迎球过程中，挥拍手臂与向右转体动作相配合，使球拍由低向高挥起，击球点在身体左前方，高度在腰间。拍触球时手腕固定握紧球拍，拍面垂直或稍后仰，击球中部附近部位。击球后球拍随势挥至身体的右侧前上方，身体重心从左脚逐渐移到右脚，然后迅速还原成准备姿势（见图 12-5）。

图 12-5

4．练习方法

对墙击球，待球反弹落地后，再将球击向墙面，反复练习，使击球动作定型。使用反手击球。用球拍练习拍球，提高球感。与同伴练习正、反手击球技术。

## 五、截击球和高压球

截击球是网前技术中的一种攻击性击球方法，当球在落地之前，将球击回到对方场区，其特点是回球速度快、力量重、威胁大。

截击球的后摆动作不应过大，击球点应保持在身体前方约 30～60cm，要向前迎击来球。注意拍头不要下垂，要保持拍头高于手腕，击球时手腕固定，拍子应紧握，击球时拍子不能转动。

高于网的球，截击时平击的成分可多一些，打出具有进攻性的力量较大的深球或斜球。低于网的球，必须充分下蹲，保持拍头仍然要高于或平行于手腕，以利身体重心的稳定。

1．正手截击的动作方法

截击时站在网前 2.5～3m 位置，准备姿势与一般击球大体相同，但球拍要举得高一些，约与眼部同高。截击时后摆动作要小，击球点保持在身体前方，拍触球瞬间手腕固定，用力紧握球拍，略加向前推击的动作即可。截击较近的球，左脚跨出一步，截击较远的球要跨出一大步（见图 12-6）。

网球-正手截击

图 12-6

2. 反手截击的动作方法

准备姿势同正手截击球一样，动作区别是反手截击球比正手截击球的击球点要靠前一些，因此要及早跨出右脚，重心也要置于右脚上。击球时手腕固定，用力紧握球拍，拍面稍前倾，触球中上部。击球后右臂伸展，向前下压送（见图 12-7）。

网球-反手截击

图 12-7

3. 高压球动作方法

高压球的动作与发球动作相似，只是没有向后拉拍的挥拍动作，而是直接把球拍引向头后。在向来球方向跑动中，抬头仰视球，上体右转，同时使球拍垂向背后，完成击高压球的准备动作。当球下落到合适高度，左脚蹬地起跳，在头部上方，跳起向前下挥击，完成高压动作（见图 12-8）。

网球-高压球

图 12-8

4. 练习方法

（1）一人抛球，一人判断起动截击球。

（2）一人挑高球一人截击球练习，注意练习中加强进攻球的路线变化和截击球的力量变化。

（3）对墙正反手截击球。

（4）对墙高压球练习。

## 六、击打特殊的落地球

落地球就是来球在第一次着地以后，第二次落地被回击过网的球，如前面介绍的，正、反手击球技术动作就是落地球的技术动作。

落地球除双方底线来回击球外，还有其他 6 种基本的击球方式：接发球、抽球上网、反弹球、破网、挑高球及放小球，下面略作介绍。

（1）接发球：即接对手发过来的球。对付较弱的发球需要转动双肩，采取适当的后摆，用常规的正手或反手回球即可，对付有力或旋转较强的发球只要稍微转一下肩击球即可。

（2）抽球上网：当双方在底线上抽时，其中一人打一个较浅的球，然后另一选手冲上前去抽球抢占网前位置。抽球上网本身并不是目的，而是为了抢占位置用截击球进行得分的手段。抽球上网有两点要注意：第一，因距离球网较近，所以球拍后摆幅度要小；第二，由于身体在往前冲，所以要停顿一下再接球，以免因前冲的力量而导致击球出界。

（3）反弹球：是击一个刚落地弹起在上升的球。与前面介绍的正手击球不同的是，正、反手击的是落地弹起后正在下落的球。因此，击反弹球要求手腕固定，保持球拍面与地面垂直，击球前的后摆动作要紧凑，击球后随球动作要低。

（4）破网：当对方上网后，运用底线击球技术，打出各种不同方向的球，牵动对方全场跑动而最后得分。打破网球时要注意两点：第一，逼真的假动作，使对手难以判断出破网的方向；第二，上旋球，因上旋球过网后会下坠，即使对手够得着球，也只能打反弹球或难度大的低截击球。

（5）挑高球：即把球挑高，挑到对方底线附近，挑高球既可进攻也可防守。当对方上网时，挑高球能为自己得分。同样，挑出一个又高又深的球，使对手难以扣杀，又可以让自己回到原位赢得时间。防守性挑高球的常见错误是缺少随球动作，而进攻性的挑高球则要求击出的球更加突然、低轨迹、刚好越过对手伸直球拍的高度。

（6）放小球：就是把球刚好“吊”过网使对手不能够或勉强够得着球。放小球的优缺点很明显，打出一个好的小球能得分，但放得不好的小球无疑是个灾难，因为它使得对方控制了网前位置。

# 第三节 网球基本战术

## 一、单打战术

单打战术要从发球、接发球、把球打深、调动对手和网前截击开始。

### 1. 发球

发球要考虑落点、力量和旋转等因素的变化才能有良好效果，如果发过去的球，接球者不需要移动就能还击，说明发球落点欠佳。若发出的球有角度，使球反弹出边线，就能迫使对手离开基本位置，则发球效果良好（见图 12-9）。若对手站位离中线较远，可发球到接发人的中线附近，以牵制对方。第一次发球应尽量利用大力发球，以加强攻击性，给对手造成压力。第二次发球应具有稳健性，以保持较高的命中率，可尽量减少双误。

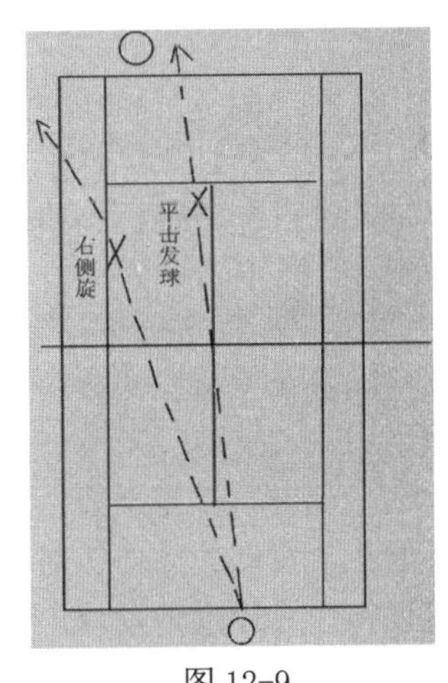

图 12-9

2. 接发球

在第一回合较量中对手发角度大而弹出边线的球时，若球速慢，可用进攻方法还击。也可还击大角度球，以牵制对手发球后抢攻。接大角度球时，不要向后跑，而应向前迎球，用拉球还击。接发球时应选择合适位置，其标志是使正手和反手各有 1/2 的机会接球。切忌在中场等球，应将中场视为接球时不站人的区域。

如果用一种方法接发球效果不佳，就应改变或使用不同的方法，站得前一些或更后一些，打得轻一些或更重一些，角度小一些或更大一些等。当对方发球较软时，可以缩短自己的后摆，接球后抢先上网。若对方大力发球很有功底，并能发球上网，这时就应调整接发球的基本站位，用以对付发球上网的对手。若接发球感到吃力，就可向后站得较远些。

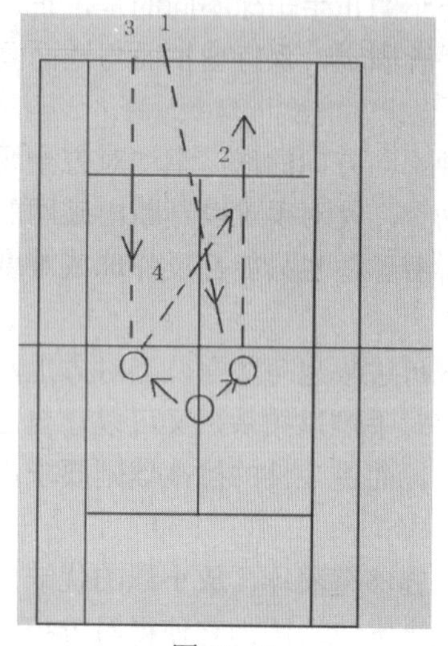

图 12-10

3. 把球打深

把球打深是指击出球的落点要靠近球场端线附近，给自己赢得充分时间击下一次球，同时可以减少对方回击的角度。

4. 调动对手

就是把对手调离其能较好发力击球的位置。使场上出现空当，夺取比赛主动权，如图 12-10 所示就是通过打斜线球和直线球达到目的。

5. 网前截击

向空当还击。如果对手打斜线球，则下一板截击直线球；如果对手打一直线球，则下一板截击斜线球（见图 12-10）。

## 二、双打战术简介

1. 双打的基本站位

双打时除发球和接发球的运动员在端线附近外，一般都站在网前位置。发球队员站在规定发球区的网前，接发球队员则站在规定发球区的另一侧的网前。有时发球队员的同伴也可以站在端线附近，位于发球人的另一侧。在后场的队员站在基本站位上，发球人站在规定的发球位置，接球人站在端线附近，准备接发球。有时接发球队员的同伴不直接站在网前，而是站在发球线附近，当对手打球后再向左前或右前扑截球。

2. 发球

双打发球落点要深，如果发球有足够深度，就能控制对手冲到网前进行截击。第一发球应采用大力发球，发球后随球上网，这时动作要迅速，先冲前三四步，然后停下来，准备进行第一截击。如果不能上网，可打出一个浅球，到接发球员一侧，或挑一个高球高过网前对手的头。发球的同伴在对手接球后，往往可以用截抢的办法，这时经常是向斜前方移动。也可以向边线外远角发球，以破坏接球员的节奏。如果对手能回接，再发中场直线球，以试探其接球的能力。

3. 接发球

对方发球时，接发球的同伴一般站在发球线附近，接发球人回球的情况将直接影响其同伴的动作。如果接球人能有效地接过发球，并且能够上网，这时两个人都应同时上网；如果接发球还击的球力量较弱，这时接球人的同伴就应立即退到端线附近，不要停在原地。对发过来的球不能做有力的还击，就要想到在端线附近进行防御。如果两人同在后场站位时，应保持使球落在中间地带，以减小对手回球的角度。

4. 及时补位

双打比赛中两个人及时补位很重要，它可以补救场上出现的薄弱地区。例如，发球队员的同伴由于截抢冲力过大，而冲过中线，这时发球队员就应及时向空当补位（见图 12-11）。如果遇到两个对手同时上网时，同伴向中路回球较低，被对手截击，这时处在截击队员对面的网前队员应及时截抢（见图 12-12）。如果接球员将球打给网前队员，这时接球员的同伴应迅速后退到中场（见图 12-13）。

双打是两个人互相配合而进行的比赛，两个人应当发挥出作为一个整体的水平来。优秀运动员双打时，采用的理想阵势是两个在前或两个在后。如果两个人是处于双上网的位置，而同时对方也是双上网，这种情况下双方都会向有球的一侧动，多数球是在中场来回击打，因此球场另一部分就会出现一个很大的空区。这一空区往往是对手进攻偷袭的地区，比赛中应当有意识地注意这一地区。如果两个人是处于双底线位置，那么还击时就应当使球多落在中间场区，以减小对方回球的角度。另外，双打比赛应随时重视保护中间地带，这一地带是被攻击的主要目标，所以要求两个人有很好的配合。

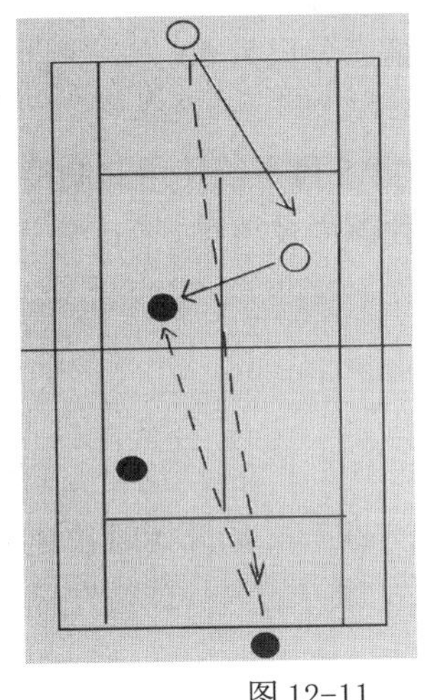
图 12-11

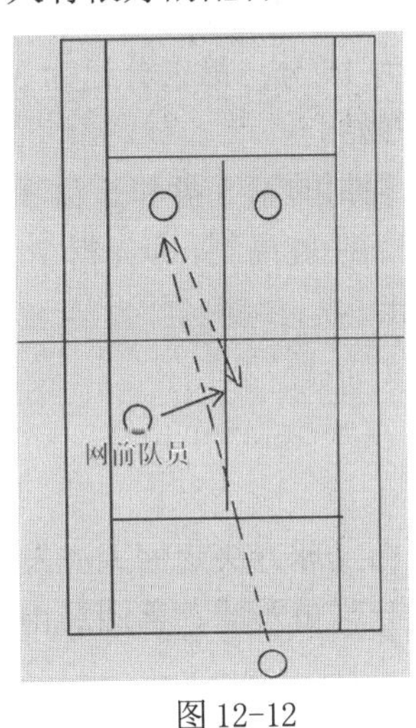

图 12-12

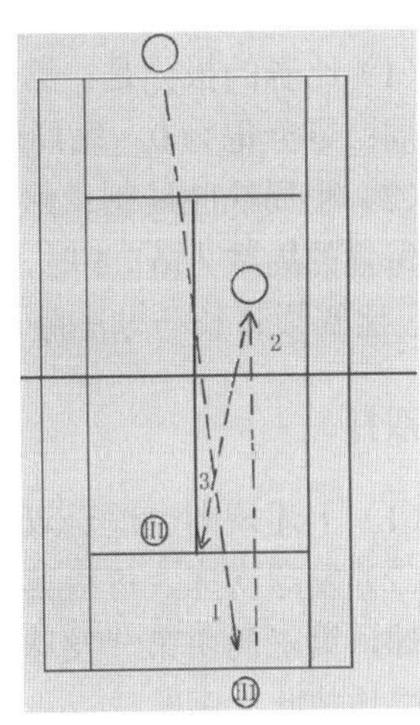

图 12-13

# 第四节　网球竞赛规则简介

## 一、发球

（1）发球员不能改变在整个发球动作中原来站的位置。

（2）每局开始先从右区端线后发球，得（失）分后，换到左区发球，第一次发球失误后不算失分，应在原位置进行第二次发球。

（3）第一次发球失误后发觉位置错误，改在另一区发球，但只能再发 1 次。

（4）一局比赛终了，接球员成为发球员，以后每局终了，依次交换，直至结束。

## 二、场地交换

双方应在每盘的第一、三、五等单数局结束后以及每盘结束双方局数之和为单数时，交换场地，如双方局数之和为双数，则须等下一盘第一局结束后再交换。

## 三、失分

（1）发球员连续两次发球失误。

（2）在球第二次着地前未还击球过网或还击空中球失败。

（3）球出界、过网击球、连击、抛拍击球。

（4）除球拍外，运动员身体或穿戴的物体触球。

（5）压线球为界内球，不判失分或失误。

## 四、盘、局、分

在正规国际比赛中，男子多采用 5 盘 3 胜制，女子采用 3 盘 2 胜制，每盘为 6 局，每局为 4 分。得 1 球为得 1 分，得 4 分为胜 1 局，比分为 3∶3 时，要净胜 2 分才算胜 1 局，先胜 6 局并净胜对手 2 局为胜 1 盘，当局比分为 5∶5 时要净胜 2 局才胜 1 盘。

（1）比赛的报分是：第一分记为 15 分；第二分记为 30 分；第三分记为 40 分；第四分记为 1 局；零分记为 0，每局均从 0 开始。

（2）平局决胜局制：除 3 盘 2 胜制的第 3 盘和 5 盘 3 胜制的第 5 盘不能使用此制度，一般当每盘的局数为 6∶6 时，可用平局决胜局制，即先得 7 分者为胜该局及该盘。若比分为 6∶6 时，比赛须延长一方净胜 2 分为止。

## 五、双打

（1）上述规则也适合双打。

（2）发球次序。每盘第一局，由发球方决定何人先发球，对方在第二局开始时决定何人先发球，第三局由第一发球方的另一球员发球，第四局由第二局发球方的另一球员发球，以后各局均按此次序发球。

（3）接球次序。第一局接球方决定何人接第一分发球。同样，在第二局开始时，对手决定何人在该局接第一分发球，先接第一分发球的运动员的同伴应当接本局的第二分发球，这一次序一直延续到该局和该盘结束。

（4）还击。接发球后，双方应轮流由其中任何一名队员还击，如运动员在其同队队员击球后，再以球拍触球，则判对方得分。

# 第十三章 健 美 操

> **学习目标**
> （1）了解健美操运动的基本常识。
> （2）掌握健美操运动的基本方法。

## 第一节 健美操运动概述

健美操运动是在美国兴起的。1968 年，美国太空总署的医生古柏博士把健美操列入宇航员的体能训练内容，人类第一次登月成功所引起的轰动效应也使健美操像太空服装、太空食物、太空饮料一样不胫而走。好莱坞著名影星简·方达的《简·方达健美术》又对健美操的推广与普及起了巨大作用。这本书自 1981 年首发以来，一直畅销不衰，并被翻译成 20 多种文字，在世界 30 多个国家发行，版权与稿费收入远远高于美国总统退职后的回忆录。她以自己为了追求人体美，多年来采用节食、饥饿、药物减肥而使身体虚弱和用健美操来恢复身体健康和保持体态苗条的成功经验来提倡健美操。

健美操不仅有强身健体的功效，更能使人心旷神怡，乐在其中。练习者在节奏明快、旋律优美的音乐伴奏中做健美操，可以平衡心理、消除疲劳、增强体质，提高学习和工作效率。它能促进人体正常发育，增强人体肌肉韧带和内脏器官功能，能发展人休柔软、协调等方面的基本素质，能增进健康，帮助形成正确优美的身姿体态，协调发展身体的各部位肌肉群，使人体匀称和谐地发展。同时，它还能提高神经系统功能，培养顽强的意志品质，树立正确的审美观和陶冶美的情操。

### 一、健身、健美和健心的一体性特征

健美操-全套动作展示

成套健美操由准备部分，头颈、四肢和躯干动作，跳跃动作以及放松动作四大部分组成，包括发展肌肉的力量、速度和弹性，发展关节、韧带的柔韧性，发展心血管系统、呼吸系统等方面的练习。健美操中许多髋部的动作能有效减少臀部和腹部脂肪的堆积，它既有利于加强髋关

节的弹性，又有利于加强腹腔运动，使吸收和排泄功能得以改善。健美操还讲究动作美观大方、力度适当、造型新颖，体现朝气蓬勃的状态。因此，健美操可有效训练身体各部位的正确姿态，使人体匀称协调地发展，让身体轮廓线条更加清晰优美，从而形成健美的体态和风度，塑造美的形体。总之，它既注重外在美的锻炼，又强调内在美的培养，较为明显地反映了健身、健美和健心的一体性特征。

### 二、动作的多变性和协调性特征

由于健美操的单个动作多、瞬间造型多、动作的节奏变化多，因此，每节操中很少只有单关节的局部活动，大多为多关节的同步运动。健美操不仅有对称动作，还有很多非对称的和依次完成的动作，可有效地提高身体的协调性。这样，不仅使它更富有美感，而且还突出了它的健美价值。

### 三、运动负荷大小具有针对性特征

健美操是依靠身体各部位的自身重量，通过多次重复练习达到一定的负荷量而实现局部或全身健美的，它的运动负荷，不仅可以对全身或某些关节、韧带、肌肉群等进行有效的健美锻炼，而且可以让练习者轻松地自我调节运动量的大小，从而保证它的针对性原则。

### 四、鲜明的节奏感和韵律性的特征

音乐是动作的灵魂，有节奏的健美操能使人的身体发挥最适宜的协调功能，不同的音乐节奏可以形成不同风格的健美操。只有按照音乐的节奏做有力度和美观大方的动作，才能表现出音乐的优美欢快，才能使练习者得到健美操的节奏感和韵律感的体验，提高练习效果，得到美的享受。

## 第二节　健美操的基本动作与练习方法

健美操-基本动作

健美操的基本动作是指身体各个部分在不同方向上用不同方式所做的动作。一个健美操动作的效果受身体姿势、动作方向、动作幅度、动作频率、动作速度、动作线路和动作节奏等因素的影响。改变其中一个或几个因素，就能在原有的某个动作的基础上增添新意，并变化出很多新动作来，一套完整的健美操动作结构分为 3 个部分。

### 一、准备部分

基本动作包括四肢、躯干的伸展拉长，各种原地走步动作，要求动作舒展、呼吸加深、速度缓慢、讲究姿态（见图 13-1）。

图 13-1

## 二、主体部分

（1）踝、腕运动包括踝、腕的屈、伸、旋以及掌指关节的各种运动，要求局部幅度大、整体幅度小，灵活巧妙，突出个人风格（见图 13-2）。

图 13-2

（2）头部运动包括头颈的屈、伸、转，要求动作匀速、充分，但转头时可加快（见图 13-3）。

图 13-3

（3）肩部运动包括肩的提、沉、收、展、绕，要求动作充分、有力、稍快（见图 13-4）。

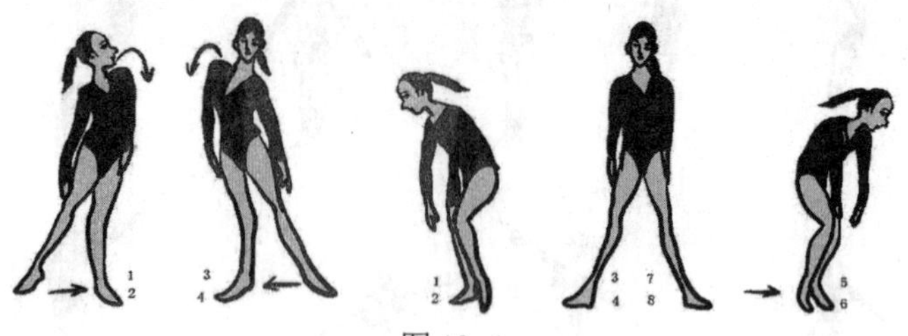

图 13-4

（4）上肢运动包括肩、肘、腕、指的屈、伸、旋转，要求幅度大、呼吸匀、动作充分（见图 13-5）。

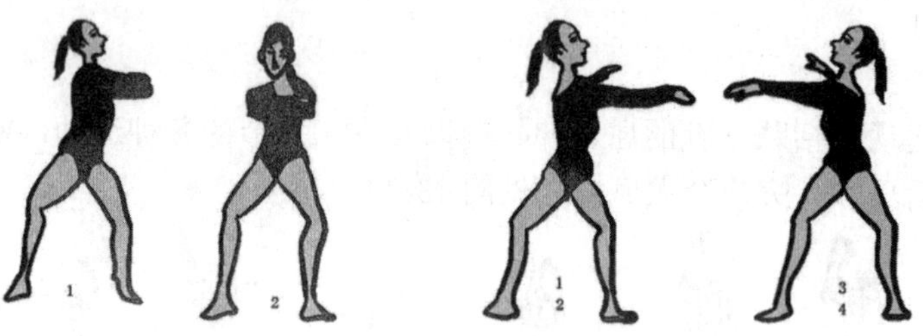

图 13-5

（5）胸部运动包括胸部的含、展、收、扩，要求动作有弹性、有力，侧扩胸时，肘不下垂（见图 13-6）。

图 13-6

（6）躯干运动包括不同姿势的体侧屈，体转，体前、后屈以及绕环，要求幅度逐渐加大、速度中等、呼吸加深、充分拉长（见图 13-7）。

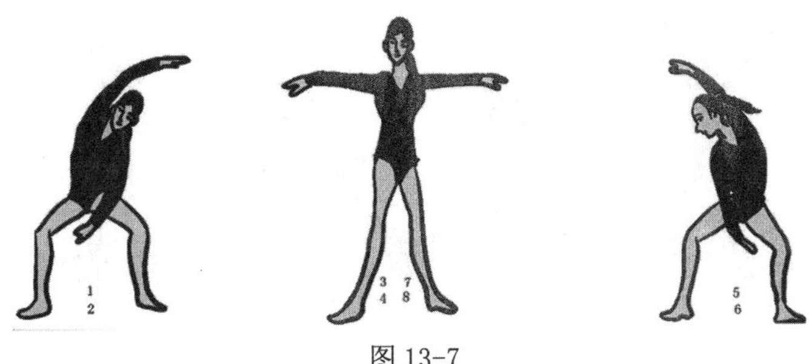

图 13-7

（7）髋部运动包括髋部的前侧、后顶、屈伸和绕环，要求动作协调有力、松弛，速度稍快（见图 13-8）。

图 13-8

（8）全身运动包括四肢和躯干的协调配合，要求动作协调，幅度大，能反映个人特点（见图 13-9）。

图 13-9

（9）腿部运动包括腿的前、侧、后踢和跳跃，要求上踢腿直、幅度大、速度快、跳跃有弹性、轻松、情绪饱满（见图 13-10）。

图 13-10

### 三、结束部分

整理运动包括各种手臂摆动、四肢躯干的伸展、原地各种走步，要求调整加深呼吸、动作松弛、速度渐慢（见图 13-11）。

图 13-11

## 第三节 健身健美操的创编

创编成套健身健美操是一项复杂的创造性工作。要创编出一套易于推广、科学性强的健身健美操，必须付出艰苦的劳动。不仅要有丰富的体育运动知识，并具有一定的音乐、舞蹈、美学等知识，还要把握健身健美操的发展信息，掌握健美操的基本动作语汇，了解创编原则，掌握创编方法和步骤才能创编出较理想、新颖的健身健美操成套动作。

## 一、创编原则

### 1. 明确的目的性和针对性

关于成套健身健美操的创编，首先要明确创编的目的和任务。健身健美操总的目的和任务是增进健康、培养正确的体态、塑造美的形体、陶冶美的情操。具体到某一套操，其目的和任务又有所不同，如有的操的目的在于培养正确的体态，有的操是为了解决身体某部位的健美，有的操是为了加强身体素质训练等，具体的目的和任务不同，创编的要求也应有所不同。更具体地讲，成套健身健美操的创编还应有针对性，要根据不同年龄、性别、职业、能力、身体情况等各方面特点进行创编。提出的任务应与练习对象的要求相一致，内容的选择应与练习对象的各种情况相吻合。

### 2. 身体的全面发展

创编健身健美操必须注重全面发展身体的原则。选择的内容应使人体得到全面的锻炼，使关节、肌肉、韧带得到全面发展，内脏器官机能得到改善。动作的选择应包括人体解剖部位的各种基本动作，如不同方向的屈、伸、振、摆、绕、绕环、转、踢等动作，另外还可以选择走、跑、跳等各种不同类型的动作，目的在于使身体得到均衡的全面的锻炼。

### 3. 合理安排动作顺序和运动负荷

运动负荷的安排是否合理，决定了成套操的锻炼效果。而成套动作顺序安排是否合理又是通过检测成套动作的运动负荷（成套操心率变化曲线和平均心率）来实现的，所以两者是相辅相成的关系。

编排健身健美操成套动作时，必须遵循人体运动的生理规律，运动负荷应由小到大，心率变化由低到高，波浪形地逐渐上升，然后逐渐恢复到平静状态。动作的编排应由易到难，速度由慢到快，强度由弱到强。

国内外专家的研究结果表明，当运动者的平均心率达到同年龄组最高平均心率的 60%～80%时为健身指标区。以青年为例，其最高平均心率为205 次 / min，那么当运动时，达到60%～80%则为 143～170 次 / min，这一数据为健身效果最佳的指标。

成套动作的通常规律是，由远离心脏部位开始到逐渐接近心脏部位，再进行全身、跳跃及整理运动。其顺序排列一般为：上肢或伸展运动、头部运动、肩部运动、胸部运动、体侧和体转运动、髋部运动、全身或腹背运动、跳跃运动、整理运动。根据练习者的特点，中间可以增加踢腿运动等，也可将踢腿运作语汇放到全身运动里面。

## 二、创编要素

健身健美操的创编，主要包含两个要素：一是音乐，二是动作。这两个要素是创编的主要内容。

### 1. 音乐

音乐是健美操的灵魂，一套健美操没有理想的音乐予以配合，是不会受到练习者欢迎的。因为健美操的特点和风格是通过音乐的协调配合而表现出来的，音乐与健美操有密不可分的关系。有人说：“如能选择到理想的音乐，创编工作已完成一半。”这正说明了音乐在健美操

中的作用，而且又强调了它是创编的一部分，动作创编的灵感有时是来自音乐的启发。

（1）音乐的选择。首先应考虑乐曲的类型。迪斯科、摇滚乐、爵士乐等现代风格的音乐，比较适合健美操练习。因为这类音乐在节奏方面强劲有力，节拍也比较清晰，具有激发、振奋人们情绪的效应，具有较强的感染力等。这些方面刚好与健美操的特点相吻合，如健美操的激情，动作的力度表现，都是在接受音乐刺激后产生的。另外也可以选择具有鲜明节奏特点的民族乐曲，这类乐曲也能产生较强的艺术效果。

然后考虑音乐的速度。音乐的速度应根据练习对象的年龄、性别、能力等实际情况来选择。健身健美操的音乐速度一般为 18～23 拍 / 10s，除跳跃运动时音乐速度稍快，一般不超过 23 拍 / 10s。

另外，要考虑乐曲的结构，使其接近健美操的结构。尽可能选择既有开始，又有结尾效果，并具有独特风格、节拍又比较完整的乐曲，这类音乐在创编动作时比较容易创编。

（2）音乐的处理。当选择的乐曲在时间或速度等方面不符合要求时，需要将音乐进行处理，这是创编工作中常遇到的问题。

选择的音乐如果在时间方面不符合要求，可将音乐进行剪辑。音乐剪辑有两种：一种是同一首乐曲的剪辑；另一种是两首或多首乐曲的剪辑，无论哪一种，都可按下面的方法进行操作。

第一步，按乐曲的曲式变化画出节拍表，并在乐曲有明显变化的地方画出标记，这样可对乐曲的段落有初步的了解。

第二步，寻找乐曲有无特殊效果的地方，如乐曲的停顿或空拍等，将特殊效果的地方用特殊符号画出标记。

第三步，寻找乐曲相似和重复的地方，将相似和重复的地方分别用同一符号画出标记。

第四步，有一总体构思并根据所需乐曲的节拍数或时间，考虑乐曲剪辑的部位，剪辑前应有初步的预算。

第五步，根据总体构思的初步预算进行乐曲的剪辑。

2．动作

动作是创编工作中较重要的内容。健身健美操动作繁多，内容丰富，而且又千变万化。这就需要对健美操基本动作有初步的了解，并掌握创编的基本方法，才能进行成套动作的创编。

（1）基本动作。动作创编就是在基本动作上加以扩展，基本动作是动作中最稳定的部分，创编就是以此为核心的，它也是组成复合型动作不可缺少的基础内容，同时也可作为动作创编的基本素材。

健美操基本动作内容很多，根据人体解剖特点，可分为 7 个部位的动作，即头颈、肩、胸、躯干、髋部动作以及上、下肢动作。另外，跑、跳及基本步伐的原型动作也可作为健美操基本动作语汇。所以，基本动作可从 9 个方面进行收集和积累，并不断地充实其内容，才能为成套动作的创编做好充分的准备工作。

（2）动作的变化和组合。动作创编也就是将原有的动作进行变化或重新组合的过程。将动作有机地组合并不断地变化，从中可领悟动作创编的实质。就某一动作而言，它不是凭空而来的，而是经过不断的变化－组合－再变化－再组合过程，一步一步形成的。这就需要不断地进行创编实践并提高对健美操动作创编的理解和认识，逐渐积累将动作进行变化以及将

动作进行重新组合的经验，每一次实践都将会有新的感受和认识，这样可为成套动作创编奠定必要的物质基础。

## 三、成套动作创编的方法与步骤

当对健身健美操基本动作有所了解，又掌握了将动作进行变化和组合的方法后即可进行成套动作创编的实践。创编的方法和步骤如下。

### 1. 确定目的和任务

即明确是什么样的健身健美操，具体的目的任务及要求。

### 2. 明确对象

明确对象的性别、年龄、特点、水平、身体状况、场地器材条件等，即解决为谁编健身健美操的问题。

### 3. 确定风格，设计动作

所谓风格就是创编设计动作素材的取向侧重面，动作形态设计方面的个性特征。如有的是以现代舞为基调编成的带有迪斯科风格的健身健美操；有的是以武术动作、空手道动作为基调编成的具有民间动作风格的健身健美操；有的是以芭蕾动作和艺术体操动作为基调编成的姿态健美操。健身健美操的风格主要是根据创编者的特长与练习对象的具体情况（素质能力等）来定。确定了整套操的风格后，注意所选择的每节动作的风格要统一，切忌一套动作中出现风格各异、不协调等问题。

### 4. 选择音乐

不管是选已有乐曲，还是请专家作曲，都要求音乐的节奏、旋律和风格与动作协调一致。

### 5. 组织编排成套动作的顺序与运动负荷

根据动作编排的规律合理安排顺序，并检测成套操的运动量，绘制运动量曲线图，进行运动量分析，对不合理部分进行修改。

### 6. 记录成套动作

成套操编完之后，需把每节操的图解和文字说明记录下来，记录的内容和顺序如下。

（1）记下每节动作的名称和动作重复次数，如第一节伸展运动（2 个 8 拍）。

（2）绘制动作简图，简图包括预备姿势，每节动作的主要姿态，动作路线和结束姿势。

（3）记录每节操的要求和做法，写出每拍动作的说明，力求简明扼要，术语正确。

首先写明预备姿势，其次写明每拍动作的做法和结束姿势。记录动作时，一般的记录顺序是先下肢后上肢，先左边后右边，并明确指出动作的方向、路线和做法等。

### 7. 实验和修改

可以选择具有代表性的对象进行试验，收集对动作、音乐、运动负荷等方面的意见进行修改。

# 第四节　健美操竞赛规则简介

健美操比赛的目的在于更好地促进和推动健美操运动的普及和提高健美操运动的技术水平，有助于全民健身计划纲要的实施。比赛使人精神振奋、情绪高昂，有利于增进人民的团结和友谊。

健美操比赛主要有规定动作的比赛和自选动作的比赛。计分方法：决赛成绩得分高者名次列前，如果2队或2队以上的成绩相等，以编排成绩优者名次列前，如仍相等则名次并列。

健美操有健身健美操和竞技健美操两种。健身健美操有规定动作和自选动作的评分，竞技健美操有特定规则评分。

在健身健美操比赛中，规定动作一般都有比较详细的图解和说明，它对完成动作的技术规格和身体姿势都有特定的要求，对典型动作的错误扣分也分别列表说明，并将一套动作分成若干部分，附有各个部分的分值，规定动作应在规定的音乐伴奏下进行。

## 一、健身健美操规定动作的评分方法

（1）规定动作评分中3种错误的扣分情况具体如下：轻微错误，扣0.1～0.2分；显著错误扣0.3～0.4分；严重错误扣0.5分。

（2）在评分过程中对完成动作情况的评判，应包括以下几个方面：动作准确性、动作力度、动作幅度、动作熟练性、动作协调性。评分原则是：轻微错误扣0.1～0.2分；有较大错误扣0.3～0.4分；有明显错误扣0.5分。每节操按不同错误分别扣分，但总和不得超过0.5分。

（3）总印象是指全套健美操动作体现健、力、美的风格以及一致性的表现情况和优美程度。优美程度：动作不够优美扣0.1～0.2分；动作不优美扣0.3～0.4分。表现力：表现力稍差扣0.1～0.2分；表现平淡，没有感染力扣0.3～0.4分。一致性：成队动作，一人失去节奏，一致性稍差，扣0.1分；2人失去节奏扣0.2分；多人失去节奏扣0.3分。音乐：部分音乐不符扣0.1～0.2分；整体音乐不符扣0.5分。

## 二、健身健美操自选动作评分办法

（1）全套动作完成时间为4～5min。时间不足或超时，则每秒由裁判长扣0.1分。编排未充分利用场地扣0.2分。

（2）评分因素包括以下几个方面。健身性：整套动作的编排以操为主，操舞结合，要求全套动作包括头颈、上下肢、躯干及全身各部位、各关节的活动。成套动作能全面影响身体，使身体得到全面锻炼。科学性：整套动作的编排结构合理，运动量的安排合适，成套动作符合运动对象的特点。艺术性：成套动作编排新颖、独特；动作连贯，衔接巧妙；动作素材多样化；动作美观大方；音乐选配适当、完整；节奏及动作风格协调一致。

如果整套动作不符合以上要求，则按轻微、显著、严重等级进行减分，从编排分10分中扣除。

（3）完成分值为10分，全套动作包括完成情况、总印象，其评分可参考规定动作评分方法。队员越出场地，每次扣 0.1 分，教练员以任何方式与运动员联络或暗示扣 0.5 分。以上由裁判长从总分中扣除。

## 三、竞技健美操比赛情况简介

（1）竞赛项目。男单、女单、混双、3 人、混合 6 人健美操。

（2）竞赛场地。男单、女单、混双健美操的比赛场地为 6m×6m 地板或地毯，3 人、混合 6 人健美操的比赛场地为 12m×12m。

（3）竞赛时间。混合 6 人健美操为 2.5～3min，其余均为 1′50″～2′10″。

（4）运动年龄。成年组的年龄为 18～40 岁，少年组的年龄在比赛当年不小于 12 岁。

## 四、特定规则

（1）三类特定动作和规格：连续 4 次交替高踢腿、连续 4 次俯卧撑；连续 4 次仰卧起坐。整套动作中可采用劈叉、平衡动作、大跳以及 720° 以下的转体动作。各种动作最多不超过 2 次，必须注意与音乐节奏及情绪的配合。

（2）一项特定要求：成套动作中必须包括连续 30s 的跑跳动作。

（3）若干节对称动作：成套动作中至少有 4 个 8 拍健美操特点的对称动作。

# 第十四章 瑜 伽

**学习目标**

（1）了解瑜伽运动的基本常识。

（2）掌握瑜伽运动的基本方法。

## 第一节 瑜伽概述

### 一、瑜伽的起源与发展

瑜伽起源于古印度，本意是指自我与原始动因的结合与一致，它是一种精神与肉体相结合的运动。近几年来，瑜伽悄然传遍了全世界，尤其在西方，瑜伽受到了普遍欢迎，几乎没有一个国家不开设瑜伽姿势和冥想课程的。近年来，瑜伽走进了中国人的生活中，一些高校的体育教学也增加了瑜伽的内容，瑜伽受到大学生的青睐。

### 二、瑜伽的运动价值

1．强身健体

长期练习瑜伽，使运动系统的血液循环得到改善，加快新陈代谢。瑜伽式呼吸，有利于全身的气体交换。练习瑜伽，使身体各系统得到平衡，从而起到强身健体的效果。

2．减压疏泄

今日的瑜伽，已演变为人们的一种独特锻炼方式，让练习者排除杂念，舒展身体，其减压功效为世人所公认。

3．塑身美体

练习瑜伽，不仅可以减肥，更能使人的身体吐故纳新，舒筋活络，让人的体形匀称、线条优美，并能在不知不觉中保持轻盈灵动的姿态。

4. 防病治病

练习瑜伽能有效地保护和增强心肺功能，瑜伽呼吸法能降低血压、减缓心率，对控制高血压病、防止心血管疾病的发生和发展有显著疗效。通过瑜伽姿势和经络穴位的练习，能改善人体各系统的免疫能力，预防和缓解身心疾病。

5. 提高境界

瑜伽会给人带来一种源自内心的力量，使人青春焕发，神采奕奕，可以改变人的不良生活习惯和脾气，使人摆脱平常琐事的困扰，以一种超凡脱俗的姿态走入另一个崭新的人生境界。

# 第二节 瑜伽姿势与呼吸法

## 一、几种简单的瑜伽姿势

1. 猫式

瑜伽-成套动作编排（上）

运动过程：由跪坐开始；用手支撑双肩，跪趴在地上；吸气，抬头，凹背，同时移动前胸，保持 6s；呼气，慢慢地垂下头并拱起后背，再保持 6s；两臂伸直，垂直于地面。这个动作就好像一只被激怒的猫，所以称为猫式。重复做 5 次（见图 14-1）。

功效：伸展背脊，放松颈部和肩膀；补养神经系统，改善血液循环；消除腹部脂肪。

2. 狗式

运动过程：四肢都放在地上；呼气，伸直双腿直到膝盖想要弯曲，同时伸直双臂，用手按压地面，保持一段时间；吸气，伸直腿锻炼四头肌，保持 1min（如果感到不适，膝盖可微微弯曲）（见图 14-2）。

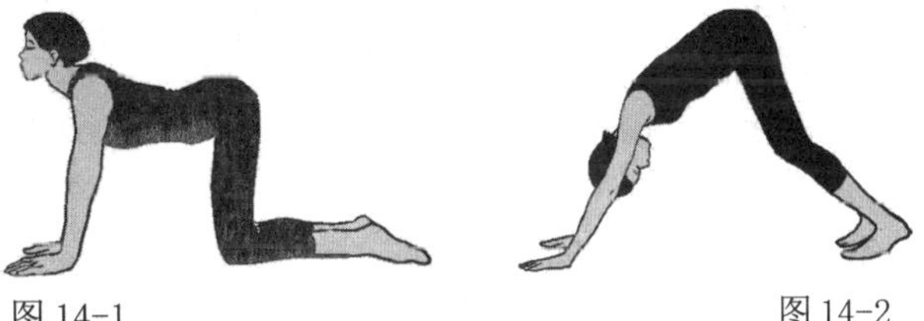
图 14-1　　图 14-2

功效：伸展腿后侧、侧肋消除背、腿、肩部的僵硬和紧张；增强腿部力量。

3. 站立向前倾

运动过程：站立，双脚打开与肩同宽，手臂垂在身体两侧；呼气，臀以上部分向前倾，腿直立并让身体放松，保持 1min（见图 14-3）。

功效：伸展腿部和后背，补养脑、面部和头皮；减缓抑郁，对神经系统起镇静作用。

4. 眼镜蛇式

运动过程：俯卧，手掌撑地，吸气，用手压地板，抬头，提胸，双腿紧贴地面；伸直手臂（但不紧绷），头向上抬，保持 10 s；呼气，回到俯卧，重复做 5 次（见图 14-4）。

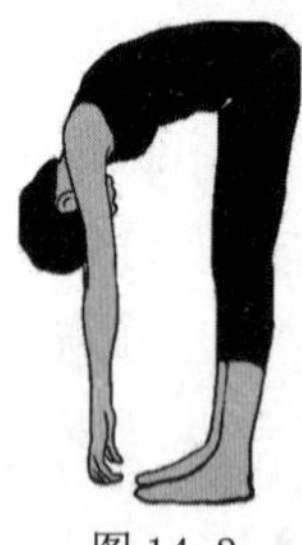

图 14-3

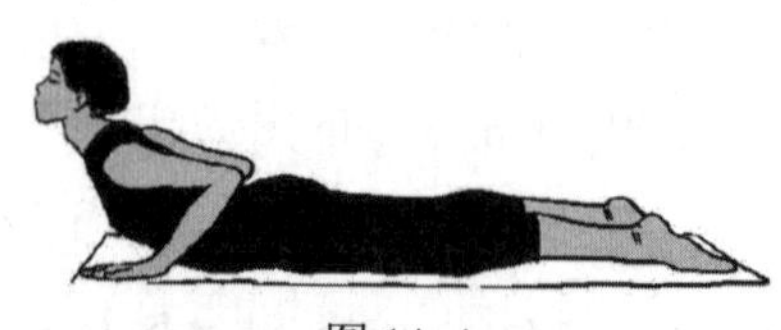

图 14-4

功效：伸展后背、臀部、肋间肌，消除背、颈部的僵硬和紧张。

5. 蝶式

瑜伽-成套动作编排（下）

运动过程：坐在地上，后背挺直，两只脚脚底相接触，膝盖向外打开；后脚跟相对，夹紧盆骨，用力挤压两脚，保持 2min（见图 14-5）。

功效：收紧尾骨、内侧大腿，对骨盆有益；消除坐骨神经痛；预防疝气。

6. 儿童姿势 2min

运动过程：跪在地面上，脚拇趾接触地面；上身坐在脚跟上，呼气，身体向前趴下，前额着地；放松手臂放在地板上，保持 2min。自然呼吸（见图 14-6）。

功效：伸展脊背，补养肝脏和各内脏器官；强壮生殖器官，治疗月经失调。

图 14-5

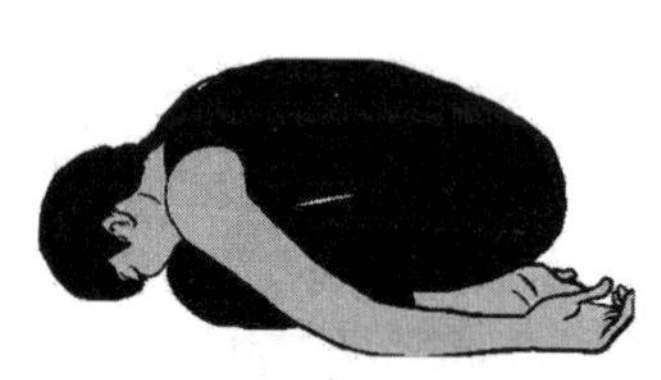

图 14-6

7. 三角伸展式

运动过程：两腿分开，中间保有四只脚的距离，左脚旋转 15°，右脚向外 90°，并在身体两侧伸直手臂；呼气，上身向一侧弯曲，右手放在右腿上做支撑，保持 45s；吸气，回复，换另一边（见图 14-7）。

功效：消除腰部脂肪，健壮髋部肌肉。

图 14-7

## 二、瑜伽的呼吸方法

1. 腹式呼吸

仰卧，将气体直接吸入腹部，此时腹部抬起，横膈膜下降。呼气，腹部向内朝脊柱方向收，将腹部气体全部排出。

2. 胸式呼吸

仰卧，吸气，腹部向内收，胸部扩张，横膈膜上升，呼气时，肋骨向下收，将胸部气体全部排出。

3. 瑜伽式呼吸

瑜伽式呼吸也称完全呼吸法，是把以上两种呼吸法结合起来完成的，是一种自然的呼吸方法。吸气，慢慢将气体吸到腹部，此时腹部抬起，接着将气体压入到胸的下半部、肺部，然后从肺部呼出所有气体，收缩腹部，将腹部所有余气排出。

# 第十五章　体育舞蹈

**学习目标**

（1）了解体育舞蹈的基本常识。

（2）掌握体育舞蹈的基本方法。

## 第一节　体育舞蹈概述

体育舞蹈是当代新兴的国际体育项目，它不仅是一项有运动功能和竞赛性的体育项目，而且还具有其他体育项目无法比拟的独特艺术魅力和表演、社交、观赏等功能，是当今社会的一项时尚运动，深受广大群众的喜爱，并公认其为最佳的室内体育运动项目之一。

体育舞蹈也称为国际标准交谊舞，融艺术、体育、音乐、舞蹈于一体，是健与美相结合的典范。

1924 年，在英国伦敦，由英国发起欧美舞蹈界人士，在广泛研究传统宫廷舞、交谊舞及拉丁美洲国家的各式土风舞的基础上，进行了规范和美化加工，于 1925 年正式颁布了华尔兹、探戈、狐步、快步等四种舞的步伐，总称摩登舞。此种舞蹈首先在西欧得以推广并进行了比赛，继而又推广到世界各国和地区，受到了许多国家的欢迎和喜爱。1950 年，英国 ICBD（international council of ballroom dancing，世界舞蹈组织，1994 年更名为 WDDSC）主办了首届世界性的大赛“Blackpool Dance Festival 1950（黑池舞蹈节）”，并把规范后的舞蹈命名为国际标准交谊舞，以后每年的五月底，都会在英国的黑池举办一届世界性的大赛。

随着此种舞蹈在世界的不断推广，其自身也得到了发展，摩登舞中又增加了维也纳华尔兹。1960 年，在对非洲和拉丁美洲一些国家的民间舞进行规范和加工后又增加了拉丁舞的比赛，拉丁舞也有 5 种舞：伦巴、恰恰、桑巴、牛仔、斗牛。

随着比赛规则的日趋完善，有不少国家把它纳入了体育联合会的管辖范畴，国际标准交谊舞也被称为体育舞蹈。IDSF（international dancesport federation）国际体育舞蹈联合会在 1935 年成立于布拉格，注册地为瑞士洛桑，于 1997 年获得国际奥委会的正式承认。1997 年，体育舞蹈成为芬兰拉赫蒂世界运动会比赛项目；1998 年，体育舞蹈成为曼谷亚运会表演项目；

2000 年，体育舞蹈在悉尼奥运会闭幕式上进行表演；2005 年，体育舞蹈成为曼谷第一届亚洲室内运动会正式项目。目前，国际体育舞蹈联合会正在积极争取将体育舞蹈项目列入奥运会正式比赛项目。

在我国，这个项目起步很晚，但发展很快。正式引进是 1986 年。1990 年 1 月，国家体委首次举办全国体育舞蹈培训班。1993 年在我国又举行了北京、上海国际体育舞蹈邀请赛。现在已成立了中国体育舞蹈联合会。目前正在加紧推广和普及这个运动项目。一股体育舞蹈热潮在我国多个大、中城市悄然兴起，各省市也经常举办体育舞蹈大赛，普及和推广工作正在不断深入。

## 第二节 体育舞蹈的分类及其特点

体育舞蹈分为摩登舞和拉丁舞两大类 10 个舞种，两类舞蹈风格各异。

### 一、高贵典雅的摩登舞

摩登舞（modern），起源于欧洲，具有端庄、含蓄、稳重、典雅的风格，舞步流畅，轻柔洒脱、舞姿优美、起伏有序。五种舞蹈的音乐节奏清晰，舞蹈富于技巧性，强调配合，包括华尔兹、维也纳华尔兹、探戈、狐步舞、快步舞。

特点是由贴身握抱的姿势开始，沿着舞程线逆时针方向绕场行进。步法规范严谨，上体和胯部保持相对稳定与挺拔，完成各种前进、后退、横向、旋转、造型等舞步动作，具有端庄典雅的绅士风度。曲调大多抒情优美，旋律感强。服饰雍容华贵，一般男士着燕尾服，女士着过膝蓬松长裙。

1．华尔兹：舞中之后

华尔兹时英文 waltz 的音译，因其本意是旋转的意思，故也称“圆舞”。

体育舞蹈-华尔兹组合

华尔兹起源于奥地利北部速度较快的农民民间舞，17 世纪末进入维也纳皇宫成为宫舞，进而发展成为历史最悠久的社交舞。华尔兹根据速度划分为快慢两种之后，人们就把快华尔兹称为维也纳华尔兹，而不冠以“维也纳”三字的即为慢华尔兹，它是由维也纳华尔兹演变而来的。

舞曲旋律优美抒情，节奏为 3/4 拍的中慢板，每分钟 30 小节。每小节三拍为一组舞步，每拍一步，第一拍为重拍，三步一起伏循环。

舞蹈风格：华尔兹舞步在速度缓慢的三拍子舞曲中流畅运行，因有明显的升降动作而如一起一伏连绵不断的波涛，加上轻柔灵巧的倾斜、摆荡、反身和旋转动作以及各种优美的造型，使其具有既庄重典雅，舒展大方，又华丽多姿，飘逸欲仙的独特风韵。它因此而享有“舞中之后”的美称。

2．维也纳华尔兹：放纵之舞

维也纳华尔兹是英文 Viennese waltz 的音译，由于风行在奥地利首都维也纳而得名，引入英国后，曾被认为是“少女跳的过于放纵的舞蹈”。

维也纳华尔兹最早来源于奥地利阿尔卑斯地区的农民民间舞，18世纪末逐渐演变，在19世纪初十分流行。

舞曲旋律流畅华丽，节奏轻松明快，为3/4拍节奏，每分钟56～60小节，每小节为三拍，第一拍为重拍。基本动作是左右快速旋转步，完成反身、倾斜、摆荡、升降等技巧。维也纳华尔兹步法不多，多半以快速的左右旋转动作交替，绕着舞池飞舞，间或加入原地左右旋转动作。由于施特劳斯曾为维也纳华尔兹撰写过不少动听的舞曲，更使得这项舞蹈风靡整个欧洲。

舞蹈风格：维也纳华尔兹旋律流畅，节奏轻盈，充满朝气，主要特点是不停地旋转，舞者裙摆飞扬，华丽多姿，显现出轻快、流利、活泼、兴奋的风格。

3. 探戈：舞中之王

探戈是tango的音译，一种阿根廷双人舞。

探戈最初由非洲牧童发现，先传入西班牙，后传至南美洲。1880年，又由阿根廷米隆加舞演变而成。1900年左右，在阿根廷很盛行，成为民间舞，后经整理加工归属舞厅舞。20世纪初，作为一种表演舞介绍到欧美等国家后，发展成一种高雅活泼的舞蹈形式，用于社交舞会。

其音乐特点为中速，每分钟34小节，二或四拍子，旋律与节奏常形成交错。以切分音为特色，断奏式演奏，顿挫感很强。舞步顿挫有力，潇洒豪放，身体无起伏、升降、旋转，表情严肃，有左顾右盼的头部闪动动作。

舞蹈风格：探戈舞步独树一帜，斜行横步，步步为营，气氛严肃神秘，舞态刚劲。步伐果断有力，节奏铿锵。表现出挺拔俊俏，倜傥洒脱，爽快利落，刚劲有力的风格，充满豪迈精神。探戈表演性很强，在交谊舞会中，常作为表演的精彩节目，故有“舞中之王”的美誉。

4. 狐步舞：狐狸的高贵舞步

狐步舞最早来源于美国黑种人的舞蹈，英文fox trot的意思是狐狸快速行走，为此认为狐步舞是模仿狡猾的狐狸行路、流畅、圆滑、多变。1914年狐步舞传入英国，后来成为典型的英国式舞蹈。1920年狐步舞开始流行于欧美。

狐步舞曲是较慢的四拍子，音乐抒情流畅，恬静优美。节奏为4/4拍，重音在第一及第三拍，速度中等，节奏明快，情绪幽静而文雅。每分钟30小节。

狐步舞的舞步轻柔、圆滑、流畅、方位多变且不并步，以足踝、足底、掌趾的动作，完成升降起伏，注重反身、肩引导和倾斜技术。在动作衔接中呈现出降中有升，升中有降的线行流动状。

舞蹈风格：除有华尔兹的典雅大方、舒展流畅和轻盈飘逸外，狐步舞舞态潇洒，步法轻柔，更具有其独有的平稳大方，悠闲自在，从容恬适的韵味。

5. 快步舞：精灵之舞

快步舞也称“快狐步”。在1923年左右，快步舞起源于美国。狐步舞流传后，分为快狐步舞和慢狐步舞两种，慢狐步舞就是今天流行的狐步舞，而快狐步舞则演变为快步舞，风行于欧洲各国。

快步舞曲明亮欢快，舞步轻快灵活，跳跃感强，是体育舞蹈中一种轻快欢乐的舞蹈，节奏是快速的4/4拍，速度为每分钟46～50小节，标准的是每分钟48小节。舞步组合有跳步、荡腿、滑步等动作。

舞蹈风格：快步舞以直线轻快移动为主轴，舞态轻松，步法欢快灵巧，舞步轻盈跳跃，充满青春活力，有如轻风卷起一片柔云，又如欢乐的精灵落入人间，舞者须恰如其分地掌握音乐节奏，快慢有序，所谓“静如处子，动如脱兔”，更能淋漓尽致地展现快步舞的魅力。

## 二、热情奔放的拉丁舞

拉丁舞（latin）起源于非洲、拉丁美洲，具有热情奔放、浪漫的风格特点。舞蹈动作豪放粗犷，速度多变，手势和脚步变换丰富，充满激情，音乐节奏鲜明强烈。包括桑巴、恰恰、伦巴、斗牛、牛仔五个舞种。

特点是舞伴之间可贴身，可分离，各自在固定范围内辐射式地变换方向角度，展现舞姿。步法灵活多变，各舞种通过对跨部及身体摆动的不同技术要求，完成各种舞步，表现各种风格。舞姿妩媚潇洒，婀娜多姿。风格生动活泼，热情奔放。曲调缠绵浪漫，活泼热烈，节奏感强。着装浪漫洒脱，男士着上短下长的紧身或宽松装，女士着紧身短裙，显露女性的曲线美。

1．伦巴：爱情之舞

伦巴是英文 rumba 的音译，拉丁舞中的经典，享有“拉丁舞之灵魂”的美誉。

伦巴舞起源于古巴，故又称为古巴伦巴。四五百年前，非洲黑种人被白种人送至美洲沦为奴隶。非洲黑种人远离家园，在古巴受到压迫，生活困苦，加之思乡情切，因而产生出哀伤的民歌。慢慢地这种悲伤的曲调受当地气候的影响，演变成慵懒的音乐风，再加上拉丁美洲特有的打击乐器，使得伦巴舞曲更富有浪漫的气氛。在古巴的非洲人便随着这种音乐起舞以抒发心中郁闷的情绪，从而形成了伦巴舞。今日的伦巴已没有了悲伤的气氛，但催眠式的演奏气氛仍很浓。

伦巴是一种典型的强节奏舞蹈，4/4 拍，第二拍起跳，每分钟 27 小节。音乐缠绵浪漫，舞蹈动作的特点是两胯轮流撑动，髋部富有魅力地扭摆，上体自由舒展，在抑扬的韵律节奏下，具有文静、含蓄、柔媚的特点。

舞蹈风格：柔媚而抒情，动作婀娜款摆。它以原始的舞蹈风格，融进现代的情调，动作舒展，缠绵妩媚，舞姿抒情，浪漫优美，配上缠绵委婉的音乐，使舞蹈充满了浪漫的情调，是表现爱情的舞蹈。

2．恰恰：企鹅行步

英文 cha-cha，是拉丁舞中最流行的舞蹈，与伦巴一起并称为姐妹舞。

恰恰起源于中美洲的墨西哥、古巴等地，是由一种名为曼波舞的舞蹈发展而来的，因南美洲的土人将曼波的音乐演奏得更快，并加进打击乐使之成为今日的恰恰。

恰恰舞的音乐曲调欢快有趣，热情奔放，4/4 拍，每分钟 30 小节。在动作编排上一反男子领舞的习惯，男女动作不求统一整齐，且多半是男子随后。恰恰由于名称动听，节奏欢快易记，邦伐斯鼓和沙球的咚咚沙沙声与动作相吻合，舞蹈又有诙谐、花哨的风格，所以备受欢迎。

舞蹈风格：恰恰是模仿企鹅行走姿态创编的舞蹈，借以表达青年男女之间追逐嬉戏的情景，舞步花哨可爱，步频较快，具有诙谐风趣的风格，舞步和手臂动作配合紧凑，给人一种轻朗明快、俏皮利落的感觉。

3．桑巴：狂欢之舞

英文 samba 的音译，源于巴西，是巴西一年一度狂欢节跳的舞蹈。

桑巴起源于巴西的里约热内卢，它是非洲人和南美洲人的综合产物，桑巴舞曲最早用吉他演奏，节拍较缓慢，带有小夜曲式的情调，兼富热情活泼的气氛。后来英国舞蹈家专程赴里约热内卢去观察与搜集当地的桑巴舞，回国后将桑巴舞做了一番整理，并制定步法名称及统一跳法而成为目前的桑巴舞。

舞曲欢快热烈，节奏为 2/4 拍或 4/4 拍，每分钟 50 小节。舞蹈者随着音乐节奏一重一轻地自然屈膝弹动，运用下腹部的前后摇摆，带动上身的摆动，并沿着舞程线绕场进行。

舞蹈风格：桑巴舞是拉丁舞中最热烈、最具有特性节奏的舞蹈。它的风格特点是流动性大，动作粗犷，律动感强，步法摇曳紧凑，热烈奔放，富有强烈的感染力。为了将桑巴舞的特点表现出来，舞者必须欢快、煽情、激昂地表演。

4．斗牛：英雄之舞

西班牙文 paso doble，意思是“两步”，是一种两步舞。

斗牛舞起源于西班牙，是从斗牛士在斗牛时的基本动作中发展而来。在斗牛舞中，男士象征斗牛士，女士则扮演斗牛士用以激怒公牛的红色斗篷或牛，视情况而定。在所有拉丁舞中，男伴在斗牛舞中的角色比其他任何舞中的都重要。

音乐为旋律高昂雄壮、鲜明有力的西班牙进行曲，舞蹈风格阳刚味十足。节奏为 2/4 拍，每分钟 60～62 小节。舞姿挺拔，无胯部动作及过分膝盖屈伸，用踝关节和脚掌平踏地面完成舞步。动作鲜明，力度感强，发力迅速，收步敏捷顿挫，女士有相当大的跳跃、旋转动作，男女动作都相当舒展、激烈，和音乐的配合非常一致。

舞蹈风格：由于男女舞伴在舞蹈中扮演的角色，男伴表现出气宇轩昂、刚劲威猛的英雄气概，女伴则表现得英姿飒爽、舞步柔美多变。斗牛舞音乐雄壮，舞态豪放，步伐强悍振奋，风格相当迷人。

5．牛仔：一起来欢乐

英文 jive，美国西部牛仔跳的一种带有踢踏动作的舞蹈，是一种纵情娱乐的舞蹈，舞者仿佛在召唤，“来吧，来吧，一起来欢乐”。

牛仔舞起源于美国，由一种名为吉特巴的舞蹈发展而来。吉特巴是典型的美国舞蹈，它有明确的步法，糅合爵士和查尔斯顿舞的精华而独具一格。牛仔舞剔除了吉特巴中所有的难度动作，增加了一些技巧。波普、摇滚、美国摇摆舞都对牛仔舞有一定的影响。

牛仔舞旋律欢快，强烈跳跃，节奏为 4/4 拍，每分钟 44 小节，六拍跳八步。由基本舞步踏步、并合步，结合跳跃、旋转等动作组合而成。要求脚掌踏地，腰和胯部做钟摆式摆动。

舞蹈风格：舞步敏捷跳跃，丰富而多变，舞姿轻松、热情欢快，舞态风趣，活泼轻盈。其强烈的扭摆和连续快速的旋转，使人眼花缭乱，亢奋热烈，牛仔舞是一种节奏快能耗大的舞蹈，保持了美国西部牛仔那种刚健、浪漫、豪爽的气派。

# 第三节 体育舞蹈竞赛规则简介

## 一、场地

体育舞蹈场地为 23m×15m，一般采用塑料地板拼接而成，应不反光，防滑，平整，四周有界线。

## 二、灯光

各类灯光齐备，大小、色彩、图案追光等及时变化，适于比赛表演等各种用途。

## 三、音响

采用专业音响，配备专业人员工作，保持与主持人、选手的密切配合。决赛时每曲 2′30″，其他赛时每曲不少于 1′30″。

## 四、服装

体育舞蹈对服装的要求如表 15-1 所示。

**表 15-1 体育舞蹈的服装要求**

| 舞种 | 衣服 | | 鞋 | |
|---|---|---|---|---|
| | 男子 | 女子 | 男子 | 女子 |
| 摩登舞 | 男子穿燕尾服 | 女子穿长裙 | 黑舞鞋 | 5～8cm 高厚跟鞋 |
| 拉丁舞 | 拉丁风格宽松长袖衣紧身裤 | 穿露背、腿的短裙 | 黑舞鞋 | 高跟有襻凉鞋 |
| | 男女选手服装必须协调 | | 男女鞋应与服装颜色一致 | |

## 五、评委

正式比赛由专业评委担任，一般 7～9 名。

## 六、评判要素

体育舞蹈的评判要素如表 15-2 所示。

**表 15-2 体育舞蹈的评判要素**

| 基本技术 | 足部动作 | 姿态 | 平衡稳定 | 移动 |
|---|---|---|---|---|
| 音乐表现力 | 节奏 | 风格的理解和体现 | | |
| 舞蹈风格 | 细微区别各种不同舞种之间的风格、韵味上的差别 | | | 个人风格展现 |
| 动作编排 | 动作流畅新颖、运用自如 | 体现舞种的基本风味并有一定技术难度 | 动作与音乐密切配合，发挥音乐效果 | 编排有章法，充分利用场地 |
| 临场表现 | 赛场应变 | 良好的竞技状态，专注、自信，能自我控制临场发挥 | | |
| 赛场效果 | 舞者的风度、气质、仪表及出入场的总体形象 | | | |

## 七、计分

### 1. 淘汰法

从预选赛至半决赛采用淘汰制比赛方式，即根据竞赛编排从参赛人数中按规定录取选手进入下一轮比赛，淘汰其余选手。

### 2. 以顺位法为依据

所谓“顺位法 Skating System”是决赛名次的产生方法，即决赛时评委给选手评定的名次通过顺位排列单项和全能名次。

（1）单项顺位规则。

① 在各位次上领先获得过半数裁判判定的选手便获得该顺位的名次。

② 在同位次上有两对以上选手获得过半数，则按数值多少决定名次，多者名次列前。

③ 在同一顺位上出现相等数时，则将顺位数相加，用括号表示，积分少者名次列前。

（2）全能顺位规则。

① 将总分顺位表的单项名次数相加，按合计数的大小排列选手名次，数小的名次列前。

② 如果名次合计数相等，则看获得顺位的次数多少，多的名次列前。

可关注体育舞蹈圈公众号了解更多体育舞蹈运动。

# 第十六章　民族传统体育

**学习目标**

（1）了解武术的基本常识。

（2）掌握武术的基本方法。

## 第一节　武术概述

武术是以踢、打、摔、拿、击、刺等技击动作为素材，遵照攻守进退、动静疾徐、刚柔虚实等规律组成套路，或在一定条件下遵照一定的规则，两人斗智较力，形成搏斗，以此来增强体质、培养意志、训练格斗技能的体育运动。它具有悠久的历史和广泛的群众基础，是中华民族在长期生活与斗争实践中逐步积累和丰富起来的一项宝贵文化遗产。

### 一、武术的产生与发展

武术在我国有悠久的历史，它缘起于我国远古祖先的生产劳动。在原始社会生产力极为低下的社会条件下，人们为了生存的需要，就必须依靠群体力量同自然界搏斗。在狩猎的生产活动中，人们不仅靠拳打、脚踢、躲闪等徒手动作与野兽搏斗，还拿起石头、木棒与野兽抗争，逐渐积累了劈、砍、刺的技能。这些原始形态的攻防技能是低级的，还没有脱离生产技能的范畴，却是武术技术形成的物质基础。

到了氏族公社时代，部落之间经常发生战争，使用武力就成为掠夺财富的一种最主要的手段。手中武器随作战的需要不断改进，在战场上搏斗的经验也不断得到总结，人们把在战斗中比较成功的一击一刺、一拳一脚，反复模仿着、传授着、习练着，武术的一些技术方法开始包含在军事训练之中。在漫长的历史进程中，武术与军事斗争紧密相连，结伴而行。

武术作为独立的社会文化现象，是同中华民族文明的产生同步的，随着历史的不断演进而发展，伴着社会的前进而丰富。尤其是我国实行改革开放政策以后，极力挖掘和整理武术这一宝贵的历史文化遗产，并积极向世界范围内推广。目前武术运动已遍及五大洲，被众多的民族所喜爱。在我国的积极努力下，武术有望在不久的将来跻身奥运会。

## 二、武术的形式、内容与分类

武术的内容丰富多样，按其运动形式可分为两大类：套路运动和搏斗运动。

### 1. 套路运动

套路运动是以攻守进退、动静疾徐、刚柔虚实等矛盾的运动变化规律编成的整套练习形式，主要内容包括拳术、器械、对练、集体表演。

（1）徒手练习的套路运动。徒手练习的套路运动种类很多，主要有长拳、太极拳、南拳、形意拳、八卦掌、通背拳、象形拳等。

（2）器械。器械的种类很多，分为长器械、短器械、双器械、软器械等。目前在武术竞赛中，刀、枪、剑、棍是重点竞赛项目。

（3）对练。对练是在单练基础上，两人或两人以上，在预定条件下进行攻防的假设性实战练习。对练包括徒手对练、器械对练、徒手与器械的对练等。

（4）集体表演。集体表演是 6 人以上的徒手或器械集体演练，可变换队形与图案，采用音乐伴奏，要求队形整齐、动作协调一致。

### 2. 搏斗运动

搏斗运动是 2 人在一定条件下按照一定的规则进行斗智角力的对抗练习形式。目前武术竞赛中正在逐步开展的有散打、推手。

（1）散打是 2 人按照一定的规则使用踢、打、摔、拿等方法制胜对方的竞技项目。

（2）推手是 2 人遵守一定的规则，使用掤、捋、挤、按、采、挒、肘、靠等手法，双方粘连黏随，通过肌肉的感觉来判断对方的用劲，然后借劲发劲将对方推出，以此决定胜负的竞技项目。

## 三、武术的特点与作用

武术在长期的历史演变中，逐渐形成了自己的运动规律，它以独特的技术风格和多方面的社会功能享誉于世。

### 1. 武术的特点

（1）寓技击于技术之中。武术作为体育运动，将技击寓于搏斗运动与套路运动之中。搏斗运动集中体现了武术攻防格斗的特点，在技术上与实用技击是基本一致的，但是从体育的观念出发，它受到竞赛规则的制约，以不伤害对方为原则。套路运动不少动作在技术规格、运动幅度等方面与技击的原型动作相比有所变化，但在动作方法上仍然保留了技击的特性。

（2）内外合一、形神兼备的民族风格。既讲求形体规范，又讲求精神传意、内外合一的整体观，是中国武术的一大特色。所谓内，是指心、神、意等心志活动和气息的运行；所谓外，即手眼身法等形体活动。内与外、形与神是相互联系统一的整体。

（3）广泛的适应性。武术练习的形式、内容丰富多样，分别适应人们不同年龄、性别、体质的需求，对场地、器材的要求也较低。人们可以根据自己的条件和兴趣爱好进行选择练习。

2. 武术的作用

（1）改善和增强体质。
（2）提高防身自卫的能力。
（3）磨炼意志，培养道德情操。
（4）娱乐观赏，丰富文化生活。

## 第二节　武术的基本功与基础练习

武术的基本功和基本动作一般包括肩、臂、腰、腿、手、步以及跳跃、平衡等练习。练习过程中可穿插一些徒手动作的连接组合练习。

### 一、肩臂练习

肩臂练习主要是增进肩关节韧带的柔韧性，加大肩关节的活动范围，发展臂部力量，为学习和掌握各种拳、掌等手法提供必要的专项素质，其主要练习方法有压肩、绕环、抡臂等。

1. 压肩

预备姿势：面对肋木（或一定高度的物体）站立，距离一大步，两脚左右分开，与肩同宽或稍宽（见图 16-1）。也可以两人面对面站立，互相扶按肩部，做振动压肩动作（见图 16-2）。

2. 单臂绕环

预备姿势：前弓步站立，左手按于左膝下（见图 16-3）。

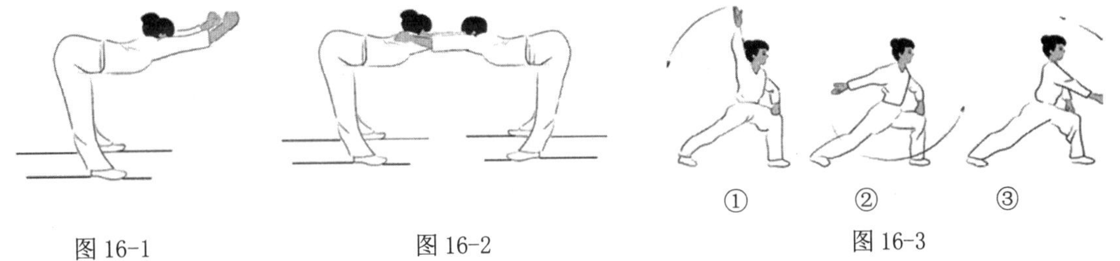


图 16-1　图 16-2　图 16-3

3. 双臂绕环

预备姿势：两脚开立，与肩同宽，两臂垂于体侧。
（1）前后绕环（见图 16-4）。
（2）左右绕环（见图 16-5）。
（3）交叉绕环（见图 16-6）。

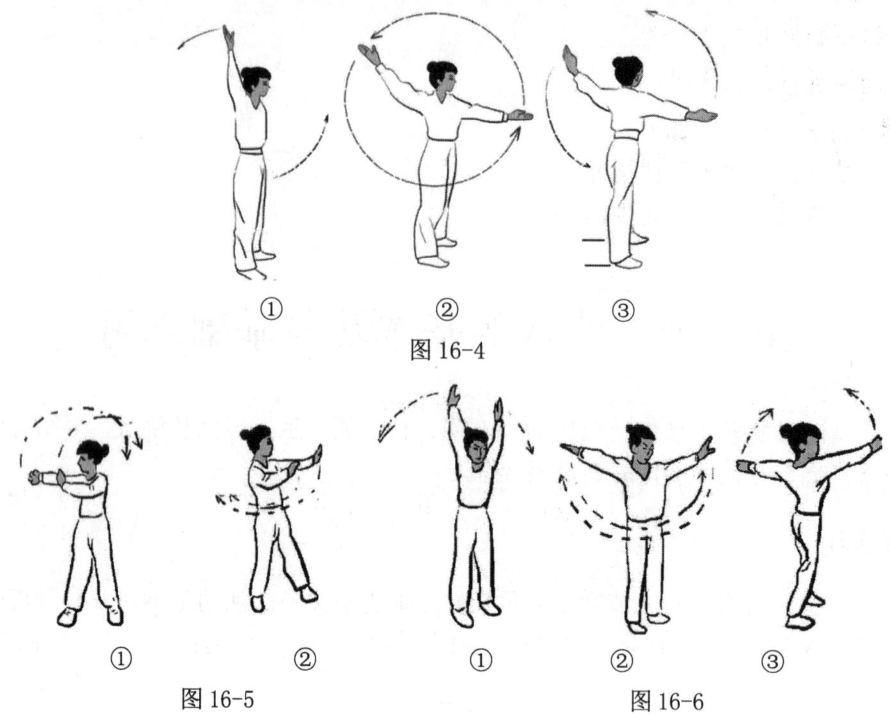

① ② ③

图 16-4

① ② ① ② ③

图 16-5　　图 16-6

4. 仆步抡拍

预备姿势：两脚开立，略宽于肩，两臂垂直于体侧。

动作说明：右仆步抡臂动作，称为右仆步抡拍；左仆步抡臂动作，称为左仆步抡拍（见图 16-7）。

① ② ③ ④

图 16-7

## 二、腿部练习

腿部练习主要是发展腿部的柔韧性、灵活性和力量等素质，练习方法有压腿、扳腿、劈腿和踢腿等。

1. 压腿

压腿的主要作用是拉长腿部的肌肉和韧带，加大髋关节的活动范围。压腿的方法有正压、侧压和后压 3 种。

（1）正压腿（见图 16-8）。

（2）侧压腿（见图 16-9）。

（3）后压腿（见图 16-10）。

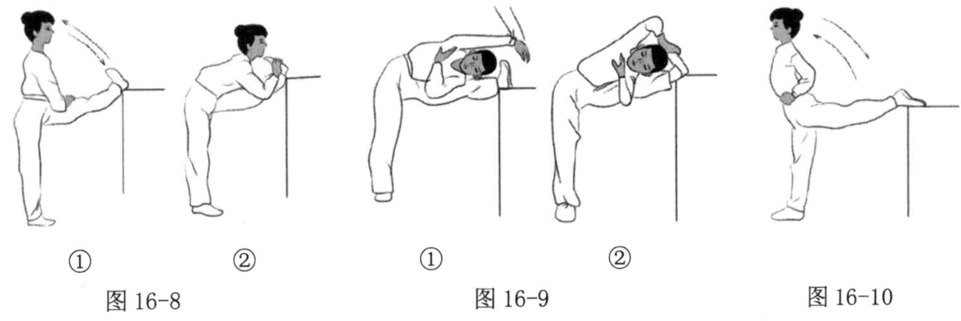

①　②　①　②

图 16-8　图 16-9　图 16-10

（4）仆步压腿（见图 16-11）。

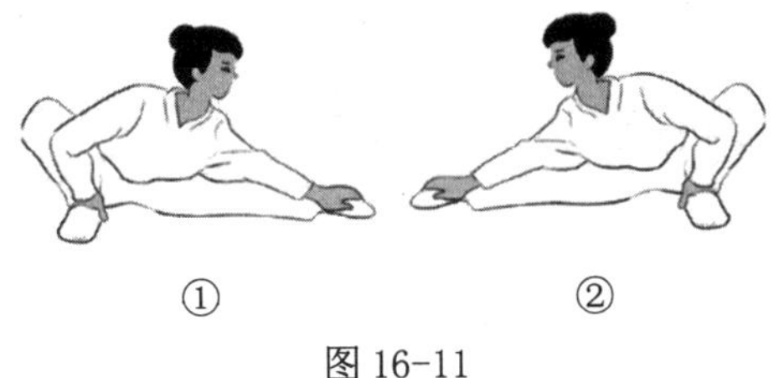

①　②

图 16-11

2. 扳腿

主要是增进腿部的柔韧性、加大髋关节的活动幅度、提高腿部上举力量。扳腿的方法有正扳、侧扳和后扳 3 种。

（1）正扳腿（见图 16-12）。

（2）侧扳腿（见图 16-13）。

（3）后扳腿（见图 16-14）。

①　②　①　②

图 16-12　图 16-13　图 16-14

3. 劈腿

劈腿主要是加大髋关节的活动幅度、增进腿部的柔韧性。劈腿练习可结合压腿和扳腿进行。劈腿的方法有竖叉、横叉 2 种。

（1）竖叉（见图 16-15）。

（2）横叉（见图 16-16）。

图 16-15

图 16-16

4. 踢腿

踢腿是腿部练习中的重要内容，也是基本功训练的主要方面之一，可以较集中地反映出腿部的柔韧、灵敏和控制力量的训练水平。踢腿的方法有直摆性腿法和屈伸性腿法。

（1）直摆性腿法。

① 正踢腿（见图 16-17）。

② 斜踢腿（见图 16-18）。

③ 侧踢腿（见图 16-19）。

图 16-17　图 16-18　图 16-19

④ 外摆腿（见图 16-20）。

⑤ 里合腿（见图 16-21）。

图 16-20　图 16-21

（2）屈伸性腿法。

① 弹腿（见图 16-22）。

② 蹬腿（见图 16-23）。

③ 侧踹腿（见图 16-24）。

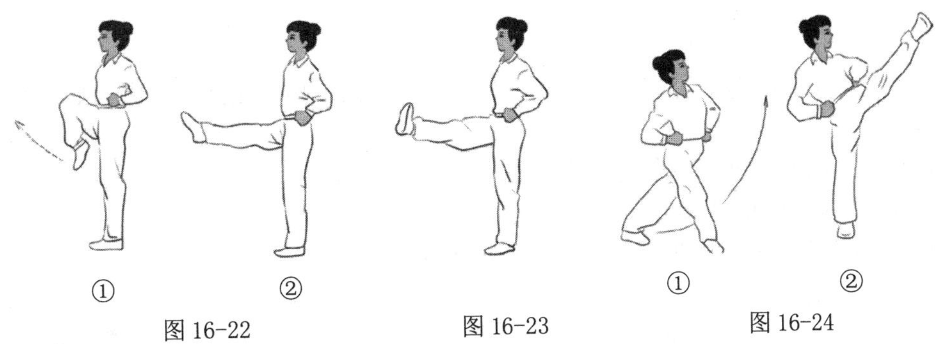


图 16-22　　图 16-23　　图 16-24

## 三、腰部练习

腰是贯通上下肢体的枢纽，俗话说，“练拳不练腰，终究艺不高”。在手、眼、身法、步法 4 个要素中，腰是较集中反映身法技巧的关键。练腰的主要方法有俯腰和下腰两种。

（1）俯腰（见图 16-25）。

（2）下腰（见图 16-26）。

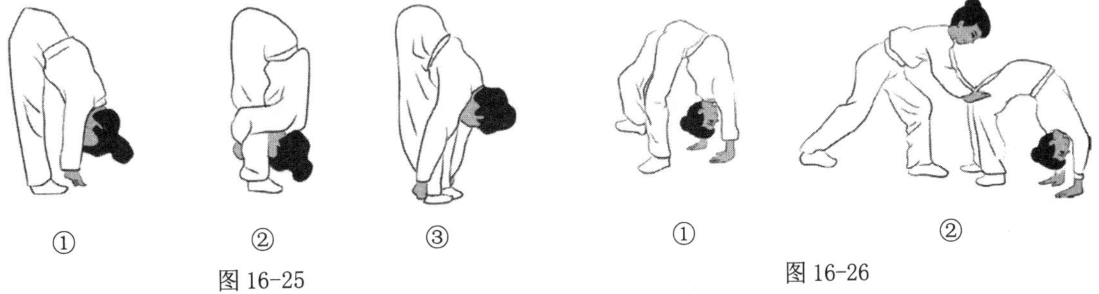


图 16-25　　图 16-26

## 四、手形手法练习

手形手法练习是运用拳、掌、勾 3 种手形，结合上肢冲、架、推、亮等运动方法，操练上肢手法的基本动作。

1．手形

（1）拳（见图 16-27）。

（2）掌（见图 16-28）。

（3）勾（见图 16-29）。

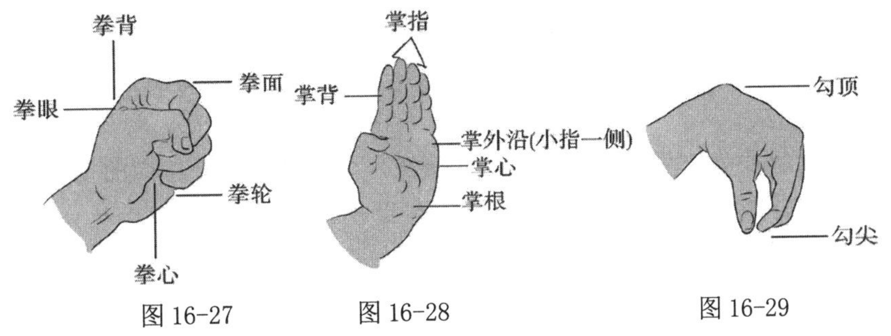


图 16-27　　图 16-28　　图 16-29

2．手法

（1）冲拳。预备姿势：两脚左右开立，与肩同宽，两拳抱于腰间，肘尖向后，拳心向上（见图 16-30）。

（2）架拳。预备姿势与冲拳同，动作如图 16-31 所示。

（3）推掌（见图 16-32）。

（4）亮掌。预备姿势与冲拳同，动作如图 16-33 所示。

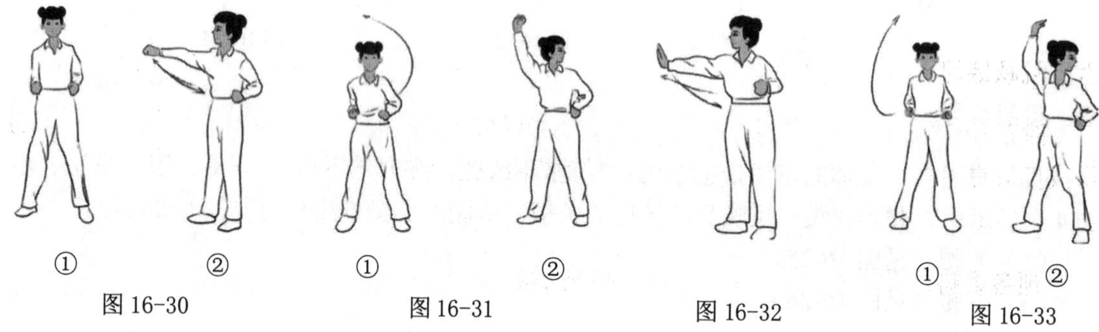


图 16-30　图 16-31　图 16-32　图 16-33

## 五、步形和步法练习

步形和步法练习主要是增进腿部的速度和力量，以提高两腿移动转换的灵活性和稳固性。

1．步形

（1）弓步（见图 16-34）。弓右腿为右弓步，弓左腿为左弓步。

（2）马步（见图 16-35）。脚尖朝前，屈膝半蹲，抱拳腰间。

（3）虚步（见图 16-36）。左脚在前为左虚步，右脚在前为右虚步。

（4）仆步（见图 16-37）。仆左腿为左仆步，仆右腿为右仆步。

（5）歇步（见图 16-38）。左脚在前为左歇步，右脚在前为右歇步。

（6）坐盘（见图 16-39）。左腿在前为左坐盘，右腿在前为右坐盘。

（7）丁步（见图 16-40）。左脚尖点地为左丁步，右脚尖点地为右丁步。

图 16-34　图 16-35　图 16-36　图 16-37　图 16-38　图 16-39

2．步法

（1）击步。预备姿势：两脚前后开立，同肩宽，两手叉腰，动作如图 16-41 所示。

（2）垫步。预备姿势与击步同，动作如图 16-42 所示。

①　②　③　①　②

图 16-40　图 16-41　图 16-42

## 六、跳跃练习

跳跃动作的练习对于增强腿部力量、提高弹跳能力具有很好的作用，是基本动作练习的组成部分之一。一般常见的和最基本的跳跃动作有腾空飞脚、旋风脚等。

1．腾空飞脚

预备姿势：并步站立。动作如图 16-43 所示。

2．旋风脚

预备姿势：开步站立。动作如图 16-44 所示。

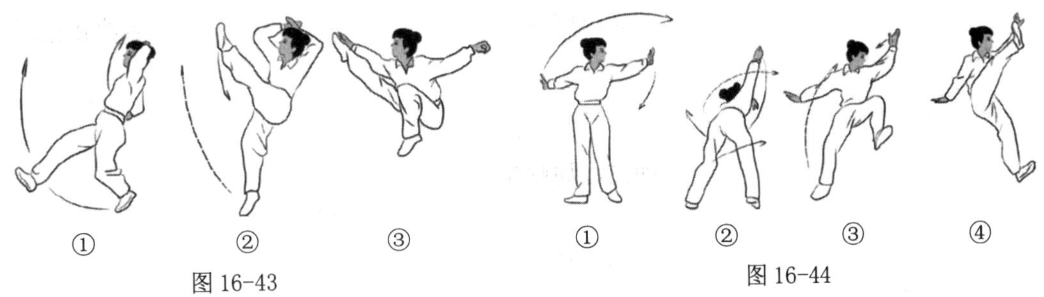
①　②　③　①　②　③　④

图 16-43　图 16-44

## 七、平衡练习

平衡动作分为持久平衡和非持久平衡两种。持久平衡要求动作完成后，保持 2s 以上的静止状态；非持久平衡没有时间上的要求，只要求完成动作后出现静止状态。要做好平衡动作，不仅要求腰、髋有较好的柔韧性，而且要有较好的肌肉控制力量。平衡动作的种类很多，下面仅介绍最基本的提膝平衡和燕式平衡两种。

（1）提膝平衡（见图 16-45①）。

（2）燕式平衡（见图 16-45②、③）。

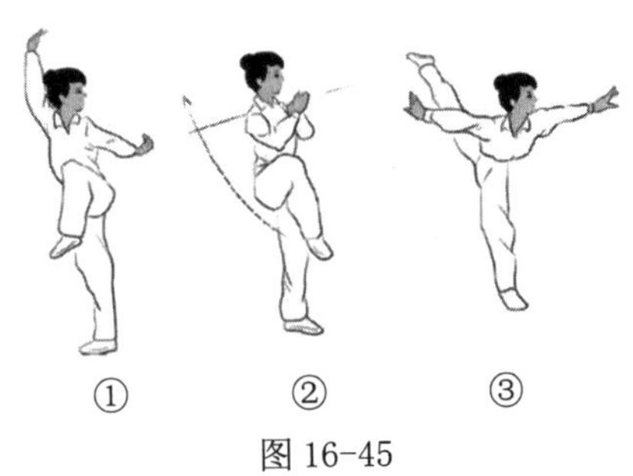
①　②　③

图 16-45

## 八、跌仆滚翻练习

跌仆滚翻练习，对于培养前庭器官的稳定性以及提高协调、灵巧、速度力量等素质，都起着良好的作用。下面选两个动作。

（1）抢背（见图 16-46）。

（2）鲤鱼打挺（见图 16-47）。

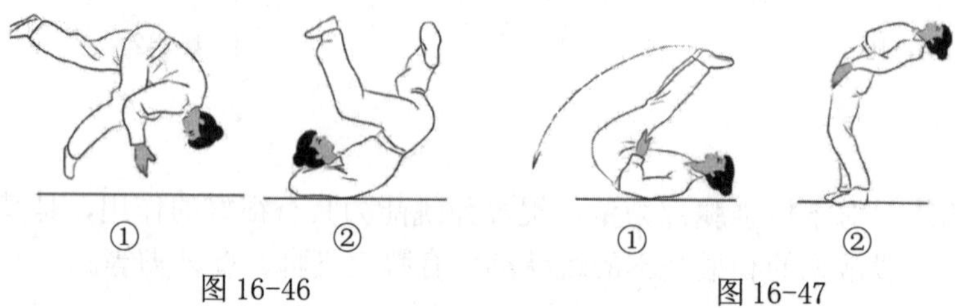


图 16-46　　图 16-47

## 九、五种步形的组合练习

五种步形的组合练习简称“五步拳，”动作包括拗弓步冲拳、弹踢冲拳、马步架打、歇步盖打、提膝仆步穿掌、虚步挑掌。

预备姿势：并步抱拳（见图 16-48）。

（1）拗弓步冲拳。左脚向左迈出一步，成弓步；同时左手向左平搂并收回腰间抱拳，右拳向前冲拳成平拳；目视前方（见图 16-49）。

（2）弹踢冲拳。重心前移，右腿向前弹踢；同时左拳由腰间向前冲拳成平拳，右拳收回腰间；目视前方（见图 16-50）。

图 16-48　图 16-49　图 16-50　图 16-51　图 16-52

（3）马步架打。右脚落地向左转体 90°，两腿下蹲成马步；同时左拳变掌，屈臂上架，右掌由腰间向右冲拳成平拳；头部右转，目视右前方（见图 16-51）。

（4）歇步盖打。左脚向右脚后插一步，同时右拳变掌经头上向左下盖，掌外沿向前，身体左转 90°，左掌收回腰间抱拳，目视右手（见图 16-52）。两腿屈膝下蹲成歇步，同时左拳向前冲出成平拳，右掌变拳收回腰间，目视左掌（见图 16-53）。

（5）提膝仆步穿掌。两腿起立，身体左转，随即左拳变掌，手心向下，右拳变掌，手心向上，由左手背上穿出；同时左腿提膝，左手顺势收至右腋下；目视右手（见图 16-54）。左脚落地成仆步，左手掌指朝前沿左腿内侧穿，目视左掌（见图 16-55）。

（6）虚步挑掌。左腿屈膝前弓，右脚蹬地向前上步，呈右虚步；同时左手向上、向后划弧成正勾手，略高于肩，右手由上向后下、向前顺右腿外侧向上挑掌，掌指向上，高与肩平。目视前方（见图 16-56）。继续练习，动作相同，方向相反。

收势：两脚靠拢，并步抱拳（见图 16-57）。

图 16-53　图 16-54　图 16-55　图 16-56　图 16-57

## 十、武术考试方法及标准参考

### 1. 武术选修套路评分标准

武术选修套路为五步拳，占考试总分的 40%。

90～100：准确连贯地完成全套动作，精神饱满，动作规范，在套路的演练过程中能够把内在的精气神与外部的形体动作紧密结合，做到手到眼到，形断意连，使意识、呼吸、动作协调一致；并能够做到“手、眼、身法、步”的协调一致，体现内在神韵和外在形体美的兼备，表现出五步拳的特点。

80～89：准确连贯地完成全套动作，精神饱满，动作较为规范，并且较能体现五步拳的内在神韵。

70～79：准确连贯地完成全套动作，动作较为一般。

60～69：能够独立完成全套动作，但动作较为一般，节奏不明显。

60 以下：不能独立完成套路，并且连动作都根本无法展示。

### 2. 武术选修套路评分标准

武术选修套路为初级长拳，占考试总分的 60%。

90～100：准确连贯地完成全套动作，精神饱满，动作规范，在套路的演练过程中能够把内在的精气神与外部的形体动作紧密结合，做到手到眼到，形断意连，使意识、呼吸、动作协调一致；并能够做到“手、眼、身法、步”的协调一致，在运动方向、动作路线、往返路线上完全正确，体现出内在神韵和外在形体美的兼备，在整个套路集踢、打、拿于一体，动作舒展大方，能够表现出长拳徒手套路（初级长拳）的风格特点。

80～89：准确连贯地完成全套动作，精神饱满，动作较为规范，在运动方向、动作路线、往返路线上完全正确，并且较能体现该套路的内在神韵。

70～79：准确连贯地完成全套动作，动作较为一般，在运动方向、动作路线、往返路线上较为正确。

60～69：能够独立完成全套动作，动作较为一般，在运动方向、动作路线、往返路线上较为正确，但节奏不明显。

60 以下：不能独立完成套路，并且连动作都根本无法展示。

备注：

（1）在每次套路考核中只能有一名学生测考，并且每人必考上述两套。

（2）根据学生的个体差异酌情打分。

（3）每人分别有三次考试机会，但如果遗忘不能继续完成套路，或停止演练不成套路，则不予评分。

（4）武术选修套路考核实践技能总分按两项套路平均分计算。

## 第三节　二十四式简化太极拳

太极拳是一项松静自然、正稳柔绵的武术运动项目。其运动特点是：心静体松，呼吸自然，轻灵沉着，圆活连贯，上下相随，虚实分明，柔中寓刚，以意导动。具有益气养神、固肾健脾、通经脉和气血、养筋骨利关节等防治疾病和强身健体的功效。

太极拳-全套动作

### 一、起势

（1）身体自然直立，两脚开立，与肩同宽，脚尖向前；两臂自然下垂，两手放在大腿外侧；眼向前平视（见图 16-58①）。

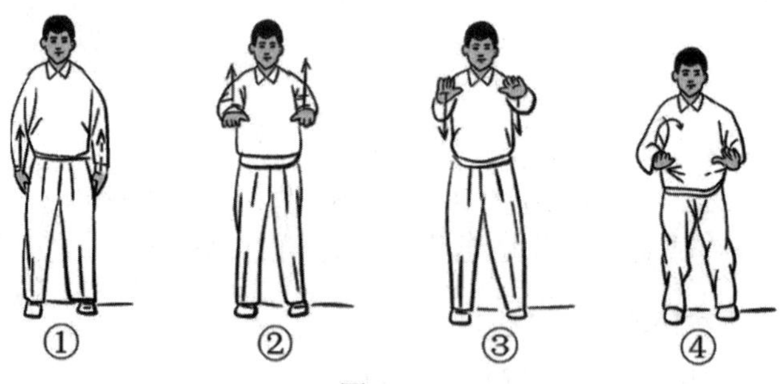

图 16-58

要点：头颈正直，下颏微向后收，不要故意挺胸或收腹；精神要集中（起势由立正姿势开始，然后左脚向左分开，成开立步）。

（2）两臂慢慢向前平举，两手高与肩平，与肩同宽，手心向下（见图 16-58②、③）。

（3）上体保持正直，两腿屈膝下蹲；同时两掌轻轻下按，两肘下垂与两膝相对；眼平视前方（见图 16-58④）。

要点：两肩下沉，两肘松垂，手指自然微屈；屈膝松腰，臀部不可凸出，身体重心落于两腿中间；两臂下落和身体下蹲的动作要协调一致。

### 二、左右野马分鬃

（1）上体微向右转，身体重心移至右腿上；同时右臂收在胸前平屈，手心向下，左手经体前向右下划弧放在右手下，手心向上，两手心相对成抱球状；左脚随即收到右脚内侧，脚尖点地；目视右手（见图 16-59①、②）。

图 16-59

（2）上体微向左转，左脚向左前方迈出，右脚跟后蹬，右腿自然伸直，成左弓步；同时上体继续向左转，左右手随转体慢慢分别向左上右下分开，左手高与眼平（手心斜向上），肘微屈；右手落在右胯旁，肘也微屈，手心向下，指尖向前；目视左手（见图 16-59③、④和图 16-60①）。

（3）上体慢慢后坐，身体重心移至右腿，左脚尖翘起，微向外撇（45°～60°），随后脚掌慢慢踏实，左腿慢慢前弓，身体左转，身体重心再移至左腿；同时左手翻转向下，左臂收在胸前平屈，右手向左上划弧放在左手下，两手心相对成抱球状；右脚随即收到左脚内侧，脚尖点地；目视左手（见图 16-60②～④）。

图 16-60

（4）右腿向右前方迈出，左腿自然伸直，成右弓步；同时上体右转，左右手随转体分别慢慢向左下右上分开，右手高与眼平（手心斜向上），肘微屈；左手落在左胯旁，肘也微屈，手心向下，指尖向前；目视右手（见图 16-61①、②）。

图 16-61

（5）重复（3）的动作，只是左右相反（见图 16-61③、④和图 16-62①）。

（6）重复（4）的动作，只是左右相反（见图 16-62②、③）。

要点：上体不可前俯后仰，胸部必须宽松舒展；两臂分开时要保持弧形，身体转动时要以腰为轴；弓步动作与手分开的速度要均匀一致；做弓步时，迈出的脚先是脚跟着地，然后脚掌慢慢踏实，脚尖向前，膝盖不要超过脚尖，后腿自然伸直，前后脚夹角成 45°～60°（需要时后脚脚跟可以后蹬调整）；野马分鬃式的弓步，前后脚的脚跟要分在中轴线两侧，它们之间的横向距离（即以动作行进的中线为纵轴，其两侧的垂直距离为横向）应该保持在 10～30cm。

图 16-62

## 三、白鹤亮翅

（1）上体微向左转，左手翻掌向下，左臂平屈胸前，右手向左上划弧，手心转向上，与左手成抱球状；目视左手（见图 16-63①）。

（2）右脚跟进半步，上体后坐，身体重心移至右腿，上体向后右转，面向右前方，眼看右手；然后左脚稍向前移，脚尖点地，成左虚步，同时上体再微向左转，面向前方，两手随转体慢慢向右上左下分开，右手上提停于右额前，手心向左后方，左手落于左胯前，手心向下，指尖向前；目视前方（见图 16-63②、③。）

要点：完成姿势胸部不要挺出，两臂上下都要保持半圆形，左膝要微屈；身体重心后移和右手上提、左手下按要协调一致。

图 16-63

## 四、左右搂膝拗步

（1）右手从体前下落，由下向后上方划弧至右肩外侧，肘微屈，手与耳同高，手心斜向上；左手由左下向上、向右下方划弧至右胸前，手心斜向下；同时上体先微向左再向右转；左脚收至右脚内侧，脚尖点地；目视右手（见图 16-64①～③）

图 16-64

（2）上体左转，左脚向前（偏左）迈出成左弓步；同时右手屈回右耳侧向前推出，高与鼻尖平，左手向下由左膝前搂过落于左胯旁，指尖向前；目视右手手指（见图 16-64④和图 16-65①）。

图 16-65

右腿慢慢屈膝，上体后坐，身体重心移至右腿，左脚尖翘起微向外撇，随后脚掌慢慢踏实，左腿前弓，身体左转，身体重心移至左腿，右脚收到左脚内侧，脚尖点地；同时左手向外翻掌由左后向上划弧至左肩外侧，肘微屈，手与耳同高，手心斜向上，右手随转体向上，向左下划弧落于左胸前，手心斜向上，目视左手（见图 16-65②～④）。

（3）重复（2）的动作，只是左右相反（见图 16-66①、②）。

图 16-66

（4）重复（3）的动作，只是左右相反（见图 16-66③、④和图 16-67①）。

（5）重复（2）的动作（见图 16-67②、③）。

要点：前手推出时，身体不可前俯后仰，要松腰松胯。推掌时要沉肩垂肘、坐腕舒掌，同时须与松腰、弓腿上下协调一致。搂膝拗步成弓步时，两脚跟的横向距离保持约 30cm。

图 16-67

## 五、手挥琵琶

右脚跟进半步，上体后坐，身体重心转至右腿上，上体半面向右转，左脚略提起稍向前移，变成左虚步，脚跟着地，脚尖翘起，膝部微屈；同时左手由左下向上挑举，高与鼻尖平，掌心向右，臂微屈；右手收回放在左臂肘部里侧，掌心向左；目视左手食指（见图 16-68）。

图 16-68

要点：身体要平稳自然，沉肩垂肘、胸部放松；左手上起时不要直向上挑，要由左向上、向前，微带弧形；右脚跟进时，脚掌先着地，再全脚踏实；身体重心后移和左手上起、右手回收要协调一致。

## 六、左右倒卷肱

（1）上体右转，右手翻掌（手心向上）经腹前由下向后上方划弧平举，臂微屈，左手随即翻掌向上；眼的视线随着向右转体先向右看，再转向前方看左手（见图 16-69①、②）。

（2）右臂屈肘折向前，右手由耳侧向前推出，手心向前，左臂屈肘后撤，手心向上，撤至左肋外侧；同时左腿轻轻提起向后（偏左）退一步，脚掌先着地，然后全脚慢慢踏实，身体重心移到左腿上，成右虚步，右脚随转体以脚掌为轴扭正；目视右手（见图 16-69③、④）。

图 16-69

（3）上体微向左转，同时左手随转体向后上方划弧平举，手心向上，右手随即翻掌，掌心向上；眼随转体先向左看，再转向前方看右手（见图 16-69⑤）。

（4）同（2）的动作，只是左右相反（见图 16-70①、②）。

（5）同（3）的动作，只是左右相反（见图 16-70③）。

①

②

③

④

图 16-70

（6）重复（2）的动作（见图 16-70④和图 16-71①）。

（7）重复（3）的动作（见图 16-71②）。

（8）同（2）的动作，只是左右相反（见图 16-71③、④）。

①

②

③

④

图 16-71

要点：前推的手不要伸直，后撤手也不可直向回抽，随转体仍走弧线；前推时，要转腰松胯，两手的速度要一致，避免僵硬；退步时，脚掌先着地，再慢慢全脚踏实，同时，前脚随转体以脚掌为轴扭正。退左脚略向左后斜，退右脚略向右后斜，避免使两脚落在一条直线上；后退时，眼神随转体动作先向左右看，再转看前手；最后退右脚时，脚尖外撇的角度略大些，便于接做“左揽雀尾”的动作。

## 七、左揽雀尾

（1）上体微向右转，同时右手随转体向后上方划弧平举，手心向上，左手放松，手心向下；目视左手（见图 16-72①）。

（2）身体继续向右转，左手自然下落逐渐翻掌经腹前划弧至右肋前，手心向上；右臂屈肘，手心转向下，收至右胸前，两手相对成抱球状；同时身体重心落在右腿上，左脚收到右脚内侧，脚尖点地；目视右手（见图 16-72②、③）。

图 16-72

（3）上体微向左转，左脚向左前方迈出，上体继续向左转，右腿自然蹬直，左腿屈膝，成左弓步；同时左臂向左前方送出（即左臂平屈成弓形，用前臂外侧和手背向前方推出），高与肩平，手心向后；右手向右下落放于右胯旁，手心向下，指尖向前；目视左前臂（见图 16-72④、⑤）。

要点：送出时，两臂前后均保持弧形；分手、松腰、弓腿三者必须协调一致；揽雀尾弓步时，两脚跟横向距离不超过 10cm。

（4）身体微向左转，左手随即前伸翻掌向下，右手翻掌向上，经腹前向上、向前伸至左前臂下方；然后两手下捋，即上体向右转，两手经腹前向右后上方划弧，直至右手手心向上，高与肩齐，左臂平屈于胸前，手心向后；同时身体重心移至右腿；目视右手（见图 16-73①、②）。

图 16-73

要点：下捋时，上体不可前倾，臀部不要凸出；两臂下捋须随腰旋转，仍走弧线，左脚全掌着地。

（5）上体微向左转，右臂屈肘折回，右手附于左手腕里侧（相距约 5cm），上体继续向左转，双手同时向前慢慢挤出，左手心向后，右手心向前，左前臂要保持半圆；同时身体重心逐渐前移变成左弓步；目视左手腕部（见图 16-73③、④）。

要点：向前挤时，上体要正直。挤的动作要与松腰、弓腿相一致。

（6）左手翻掌，手心向下，右手经左腕上方向前、向右伸出，高与左手齐，手心向下，两手左右分开，宽与肩同；然后右腿屈膝，上体慢慢后坐，身体重心移至右腿上，左脚尖翘起；同时两手屈肘回收至腹前，手心均向前下方；眼向前平视（见图 16-74①～③）。

（7）上式不停，身体重心慢慢前移，同时两手向前、向上按出，掌心向前；左腿前弓成左弓步；眼平视前方（见图 16-74④）。

要点：向前按时，两手须走曲线，手腕部高与肩平，两肘微屈。

图 16-74

## 八、右揽雀尾

（1）上体后坐并向右转，身体重心移至右腿，左脚尖里扣；右手向右平行划弧至右侧，然后由右经腹前向左上划弧至左肋前，手心向上；左臂平屈胸前，左手掌向下与右手成抱球状；同时身体重心再移至左腿上，右脚收至左脚内侧，脚尖点地；目视左手（见图 16-75）。

图 16-75

（2）同“左揽雀尾”（3）的动作，只是左右相反（见图 16-76①、②）。

（3）同“左揽雀尾”（4）的动作，只是左右相反（见图 16-76③、④）。

图 16-76

（4）同“左揽雀尾”（5）的动作，只是左右相反（见图 16-77①、②）。

（5）同“左揽雀尾”（6）的动作，只是左右相反（见图 16-77③～⑤）。

（6）同“左揽雀尾”（7）的动作，只是左右相反（见图 16-77⑥）。

要点：均与“左揽雀尾”的动作相同，只是左右相反。

图 16-77

## 九、单鞭

（1）上体后坐，身体重心逐渐移至左脚上，右脚尖里扣；同时上体左转，两手（左高右低）向左弧形运转，直至左臂平举，伸于身体左侧，手心向左，右手经腹前运至左肋前，手心向后上方；目视左手（见图 16-78①、②）。

（2）身体重心再渐渐移至右腿上，上体右转，左脚向右脚靠拢，脚尖点地；同时右手向右上方划弧（手心由里转向外），至右侧方时变勾手，臂与肩平；左手向下经腹前向右上划弧停于右肩前，手心向里；目视左手（见图 16-78③、④）。

图 16-78

（3）上体微向左转，左脚向左前侧方迈出，右脚跟后蹬，成左弓步；在身体重心移向左腿的同时，左掌随上体的继续左转慢慢翻转向前推出，手心向前，手指与眼齐平，臂微屈；目视左手（见图 16-79）。

图 16-79

要点：上体保持正直，松腰；完成式时，右臂肘部稍下垂，左肘与左膝上下相对，两肩下沉；左手向外翻掌前推时，要随转体边翻边推出，不要翻掌太快或最后突然翻掌；全部过渡动作，上下要协调一致。如面向南起势，单鞭的方向（左脚尖）应向东偏北（约为 15°）。

## 十、云手

（1）身体重心移至右腿上，身体渐向右转，左脚尖里扣；左手经腹前向右上划弧至右肩前，手心斜向后，同时右手变掌，手心向右前；目视左手（见图 16-80①～③）。

（2）上体慢慢左转，身体重心随之逐渐左移；左手由脸前向左侧运转，手心渐渐转向左方；右手由右下经腹前向左上划弧，至左肩前，手心斜向后；同时右脚靠近左脚，成小开立步（两脚距离为 10～20cm）；目视右手（见图 16-80④、⑤）。

图 16-80

（3）上体再向右转，同时左手经腹前向右上划弧至右肩前，手心斜向后；右手向右侧运转，手心翻转向右；随之左脚向左横跨一步；目视左手（见图 16-81①～③）。

（4）同（2）的动作（见图 16-81④、⑤）。

图 16-81

（5）同（3）的动作（见图 16-82①～③）。

（6）同（2）的动作（见图 16-82④、⑤）。

要点：身体转动要以腰脊为轴，松腰、松胯，不可忽高忽低；两臂随腰的转动而运转，要自然圆活，速度要缓慢均匀；下肢移动时，身体重心要稳定，两脚掌先着地再踏实，脚尖向前；眼的视线随左右手而移动；第三个“云手”，右脚最后跟步时，脚尖微向里扣，便于接“单鞭”动作。

图 16-82

## 十一、单鞭

（1）上体向右转，右手随之向右运转，至右侧方时变成勾手；左手经腹前向右上划弧至右肩前，手心向内；身体重心落在右腿上，左脚尖点地；目视左手（见图 16-83①～③）。

（2）上体微向左转，左脚向左前侧方迈出，右脚跟后蹬，成左弓步；在身体重心移向左腿的同时，上体继续左转，左掌慢慢翻转向前推出，成“单鞭”式（见图 16-83④、⑤）。

要点：与前“单鞭”式相同。

图 16-83

## 十二、高探马

（1）右脚跟进半步，身体重心逐渐后移至右腿上；右勾手变成掌，两手心翻转向上，两肘微屈；同时身体微向右转，左脚跟渐渐离地；目视左前方（见图 16-84①）。

（2）上体微向左转，面向前方；右掌经右耳旁向前推出，手心向前，手指与眼同高；左手收至左侧腰前，手心向上；同时左脚微向前移，脚尖点地，成左虚步；目视右手（见图 16-84②）。

要点：上体自然正直，双肩要下沉，右肘微下垂；跟步移换重心时，身体不要有起伏。

图 16-84

## 十三、右蹬脚

（1）左手手心向上，前伸至右手腕背面，两手相互交叉，随即向两侧分开并向下划弧，手心斜向下；同时左脚提起向左前侧方进步（脚尖略外撇）；身体重心前移，右腿自然蹬直，成左弓步；目视前方（见图 16-85）。

图 16-85

（2）两手由外圈向里圈划弧，两手交叉合抱于胸前，右手在外，手心均向后；同时右脚向左脚靠拢，脚尖点地；眼平看右前方（见图 16-86①）。

（3）左右划弧分开平举，肘部微屈，手心均向外；同时右腿屈膝提起，右脚向右前方慢慢蹬出；目视右手（见图 16-86②、③）

要点：身体要稳定，不可前俯后仰；两手分开时，腕部与肩齐平；蹬脚时，左腿微屈，右脚尖回勾，劲使在脚跟；分手和蹬脚须协调一致；右臂和右腿上下相对。如面向南起势，蹬脚方向应为正东偏南（约 30°）。

图 16-86

## 十四、双峰贯耳

（1）右腿收回，屈膝平举，左手由后向上、向前下落至体前，两手心均翻转向上，两手同时向下划弧分落于右膝盖两侧；目视前方（见图 16-87①、②）。

（2）右脚向右前方落下，身体重心渐渐前移，成右弓步，面向右前方；同时两手下落，慢慢变拳，分别从两侧向上、向前划弧至面部前方，成钳形状，两拳相对，高与耳齐，拳眼都斜向内下（两拳中间距离 10～20cm）；目视右拳（见图 16-87③、④）。

图 16-87

要点：完成式时，头颈正直，松腰松胯，两拳松握，沉肩垂肘，两臂均保持弧形；双峰贯耳式的弓步和身体方向与右蹬脚方向相同；弓步的两脚跟横向距离同“揽雀尾”式。

## 十五、转身左蹬脚

（1）左腿屈膝后坐，身体重心移至左腿，上体左转，右脚尖里扣；同时两拳变掌，由上向左右划弧分开平举，手心向前；目视左手（见图 16-88①、②）。

图 16-88

（2）身体重心再移至右腿，左脚收到右脚内侧，脚尖点地；同时两手由外圈向里圈划弧合抱于胸前，左手在外，手心均向后；眼平视左方（见图 16-88③和图 16-89①）。

（3）两臂左右划弧分开平举，肘部微屈，手心均向外；同时左腿屈膝提起，左脚向左前方慢慢蹬出；目视左手（见图 16-89②、③）。

要点：与“右蹬脚”式相同，只是左右相反；左蹬脚方向与右蹬脚成 180°（即正西偏北，约 30°）。

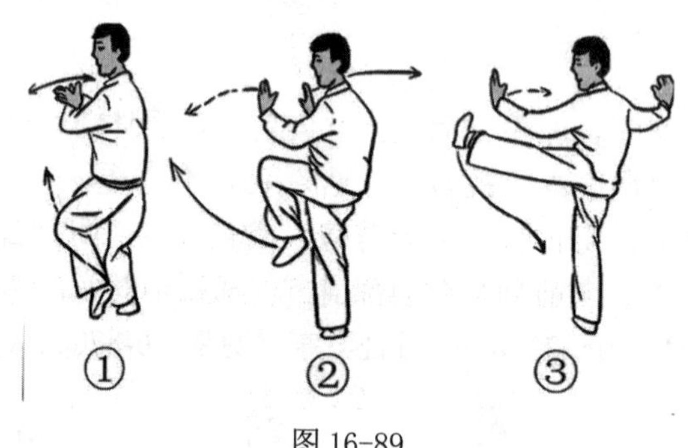


图 16-89

## 十六、左下势独立

（1）左腿收回平屈，上体右转；右掌变成勾手，左掌向上、向右划弧下落，立于右肩前，掌心斜向后；目视右手（见图 16-90①、②）。

（2）右腿慢慢屈膝下蹲，左腿由内向左侧（偏后）伸出，成左仆步；左手下落（掌心向外）向左下，顺左腿内侧向前穿出；目视左手（见图 16-90③、④）。

图 16-90

要点：右腿全蹲时，上体不可过于前倾；左腿伸直；左脚尖须向里扣，两脚脚掌全部着地；左脚尖与右脚跟踏在中轴线上。

（3）身体重心前移，左脚跟为轴，脚尖尽量向外撇，左腿前弓，右腿后蹬，右脚尖里扣，上体微向左转并向前起身；同时左臂继续向前伸出（立掌），掌心向右，右勾手下落，勾尖向后；目视左手（见图 16-91①）。

（4）右腿慢慢提起平屈，成左独立式；同时右勾手变掌，并由后下方顺右腿外侧向前弧行摆出，屈臂立于右腿上方，肘与膝相对，手心向左；左手落于左胯旁，手心向下，指尖向前；目视右手（见图 16-91②、③）。

要点：上体要正直，独立的腿要微屈，右腿提起时脚尖自然下垂。

图 16-91

## 十七、右下势独立

（1）右脚下落于左脚前，脚掌着地，然后以左脚前脚掌为轴转动脚跟，身体随之左转，同时左手向后平举变成勾手，右掌随着转体向左侧划弧，立于左肩前，掌心斜向后；目视左手（见图 16-92①、②）。

（2）同“左下势独立”（2）的动作，只是左右相反（见图 16-92③、④）。

图 16-92

（3）同“左下势独立”（3）的动作，只是左右相反（见图 16-93①）。

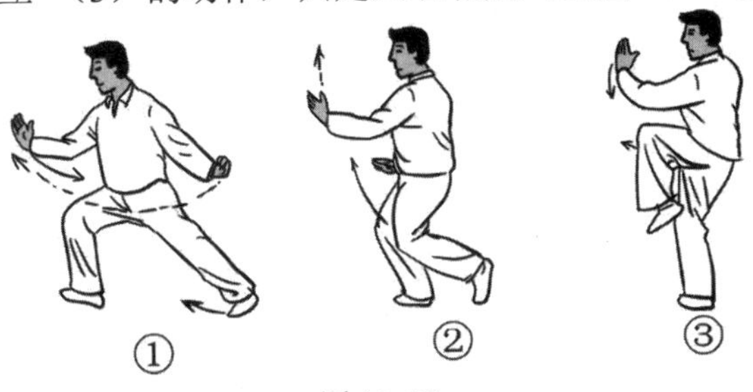


图 16-93

（4）同“左下势独立”（4）的动作，只是左右相反（见图 16-93②、③）。

要点：右脚尖触地后必须稍微提起，然后再向下仆腿；其他均与“左下势独立”的动作相同，只是左右相反。

## 十八、左右穿梭

（1）身体微向左转，左脚向前落地，脚尖外撇，右脚跟离地，两腿屈膝成半坐盘式；同时两手在左胸前成抱球状（左上右下）；然后右脚收到左脚的内侧，脚尖点地；目视左前臂（见图 16-94①～③）。

图 16-94

（2）身体右转，右脚向右前方迈出。屈膝弓腿，成右弓步；同时右手由脸前向上举并翻掌停在右额前，手心斜向上；左手先向左下再经体前向前推出，高与鼻尖平，手心向前；目视左手（见图 16-94④和图 16-95①、②）。

（3）身体重心略向后移，右脚尖稍向外撇，随即身体重心再移至右腿，左脚跟进，停于右脚内侧，脚尖点地；同时两手在右胸前成抱球状（右上左下）；目视右前臂（见图 16-95③、④）。

图 16-95

（4）同（2）的动作，只是左右相反（见图 16-96）。

图 16-96

要点：完成姿势面向斜前方（如面向南起势，左右穿梭方向分别为正西偏北和正西偏南，均约 30°）；手推出后，上体不可前俯；手向上举时，防止引肩上耸；一手上举，一手前推，要与弓腿松腰上下协调一致，做弓步时，两脚跟的横向距离同搂膝拗步式，保持在 30cm 左右。

## 十九、海底针

右脚向前跟进半步，身体重心移至右腿，左脚稍向前移，脚尖点地，成左虚步；同时身体稍向右转，右手下落经体前向后、向上提抽至肩上耳旁，再随身体左转，由右耳旁斜向前下方插出，掌心向左，指尖斜向下；与此同时，左手向前、向下划弧落于左胯旁，手心向下，指尖向前；目视前下方（见图 16-97）。

图 16-97

要点：身体要先向右转，再向左转；完成姿势，面向正西；上体不可太前倾；避免低头和臀部外凸；左腿要微屈。

## 二十、闪通臂

上体稍向右转，左脚向前迈出，屈膝弓腿成左弓步；同时右手由体前上提，屈臂上举，停于右额前上方，掌心翻转斜向上，拇指朝下；左手上起经胸前向前推出，高与鼻尖平，手心向前；目视左手（见图 16-98）。

要点：完成姿势，上体自然正直，松腰、松胯；左臂不要完全伸直，背部肌肉要伸展开；推掌、举掌和弓腿动作要协调一致；弓步时，两脚跟横向距离同“揽雀尾”式（不超过 10cm）。

图 16-98

## 二十一、转身搬拦捶

（1）上体后坐，身体重心移至右腿上，左脚尖里扣，身体向右后转，身体重心再移至左腿上；与此同时，右手随着转体向右、向下（变拳）经腹前划弧至左肋旁，掌心向下；左掌上举于头前，掌心斜向上；目视前方（见图 16-99①～③）。

（2）向右转体，右拳经胸前向前翻转撇出，拳心向上；左手落于左胯旁，掌心向下，指向前；同时右脚收回后（不要停顿或脚尖点地）即向前迈出，脚尖外撇；目视右拳（见图 16-99④～⑥）。

图 16-99

（3）身体重心移至右腿上，左脚向前迈一步；左手上起经左侧向前上划弧拦出，掌心向前下方；同时右拳向右划弧收到右腰旁，拳心向上；目视左手（见图 16-100①、②）。

（4）左腿前弓成左弓步，同时右拳向前打出，拳眼向上，高与胸平，左手附于右前臂里侧；目视右拳（见图 16-100③）。

图 16-100

要点：右拳不要握得太紧；右拳回收时，前臂要慢慢内旋划弧，然后再外旋停于右腰旁，拳心向上；向前打拳时，右肩随拳略向前引伸，沉肩垂肘，右臂要微屈；弓步时，两脚横向距离同“揽雀尾”式。

## 二十二、如封似闭

（1）左手由右腕下向前伸出，右拳变掌，两手手心逐渐翻转向上并慢慢分开回收；同时身体后坐，左脚尖翘起，身体重心移至右腿；目视前方（见图 16-101）。

图 16-101

（2）两手在胸前翻掌，向下经腹前再向上、向前推出，腕部与肩平，手心向前；同时左腿前弓成左弓步；目视前方（见图 16-102）。

要点：身体后坐时，避免后仰，臀部不可凸出；两臂随身体回收时，肩、肘部略向外松开，不要直着抽回；两手推出宽度不要超过两肩。

图 16-102

## 二十三、十字手

（1）屈膝后坐，身体重心移向右腿，左脚尖里扣，向右转体；右手随着转体动作向右平摆划弧，与左手成两臂侧平举，掌心向前，肘部微屈；同时右脚尖随着转体稍向外撇，成右侧弓步；目视右手（见图 16-103①、②）。

图 16-103

（2）身体重心慢慢移至左腿，右脚尖里扣，随即向左收回，两脚距离与肩同宽，两腿逐渐蹬直，成开立步，同时两手向下经腹前向上划弧交叉合抱于胸前，两臂撑圆，腕高与肩平，右手在外，成十字手，手心均向后；目视前方（见图 16-103③和图 16-104①）。

要点：两手分开和合抱时，上体不要前俯；站起后，身体自然正直，头要微向上顶，下颏稍向后收；两臂环抱时须圆满舒适，沉肩垂肘。

## 二十四、收势

两手向外翻掌，手心向下，两臂慢慢下落，停于身体两侧；目视前方（图 16-104②～④）

图 16-104

要点：两手左右分开下落时，要注意全身放松，同时气也徐徐下沉（呼气略加长）；呼吸平稳后，把左脚收到右脚旁，再走动休息。

# 第十七章 跆拳道

**学习目标**

（1）了解跆拳道的基本常识。

（2）掌握跆拳道的基本方法。

## 第一节 跆拳道概述

### 一、跆拳道的起源与发展

跆拳道是一项运用手足技术、重在足部技术进行搏击格斗的朝鲜民族传统体育运动项目。其主要内容包括品势、搏击和功力检测三部分。跆拳道的“跆”字，意为用脚蹬；“拳”字意为用拳头击打和防御；“道”是一种艺术方法，也泛指人生的正确道路，在这里寓指使用手脚的方法和原理。

跆拳道古称跆跟、花郎道、唐手道，是起源于古代朝鲜的民间武艺。后来这些技艺融合发展，逐渐形成了现代跆拳道运动的基础体系。

1961 年 9 月韩国成立了唐手道协会，后更名为跆拳道协会，跆拳道成为韩国全国运动会的正式比赛项目。1966 年国际跆拳道联盟成立。1973 年 5 月在汉城（今首尔）成立了世界跆拳道联合会（简称“世界跆联”），并在同年被国际体育联合会接纳为正式会员。1980 年国际奥委会正式承认世界跆联。在 2000 年奥运会上，跆拳道成了正式比赛项目，共设 8 枚金牌，我国获一枚金牌。在 2004 年雅典奥运会上，我国女子组又夺 2 金。

### 二、跆拳道运动的价值

1．修身养性，培养优秀的意志品质

随着人类文明的发展，人们早已不以“活着”为满足，而是不断追求更多、更强、更广泛的需求，这其中更多的是精神方面的。为了达到这一目的，人们便要把感知和理性当作某项活动的综合体。跆拳道的锻炼正符合这种要求。同时，跆拳道还讲究在训练中致力于一种独特的古朴的心态，这种心态正是依赖于精神上宽宏大量的气度和个性上坚强的自信心。

跆拳道运动有利于人民培养意志和勇气，增强胆量和自信，并培养忍耐性，养成勇往直前的精神。这样，无论面对任何困难，也不易动摇其信念。练习跆拳道，要求人们利用自我牺牲的精神去控制自我，以维持社会或团体共同的秩序，创造出一个有纪律、讲文明的社会。因此，跆拳道是培养人们优秀品格的一种手段和方法，并有助于增强民族凝聚力和激发爱国主义的精神。它是一项高尚的竞技体育运动项目。

2. 强体防身，练就健全体魄

跆拳道是一项较全面的运动，需要活动全身的肌肉和关节。跆拳道的所有动作，都是以自己的防卫本能为基础，然后才逐渐地将其变为一种主观信念，从消极的防御动作发展到积极的进攻形态，最后才能达到绝对自动化的行为阶段。跆拳道正是把手、脚和全身其他所有可动的部位做整体性的组合，按照科学的原理进行连接。跆拳道运动紧张激烈，对抗性强，可以强壮筋骨，提高各关节的灵活性及肌肉的伸展性和收缩能力，提高人的速度、反应、灵敏、力量和耐力素质，提高人体内脏器官的机能和人体神经系统的灵活性，增加人体的击打和抗击打能力。通过跆拳道的攻防练习，可以学习和掌握实用技击术与防身自卫的能力，为保护自身安全和维护社会正义掌握真正本领。

# 第二节　跆拳道基本技术

## 一、基本步型

1. 准备势

两脚开立与肩同宽，身体自然直立，两脚尖略外展，两手握拳置于腹前，两手之间有一拳的间隔。

2. 马步

两脚开立，较肩宽，两脚尖平行或略内扣，挺胸直背，两腿屈膝半蹲，重心在两腿之间，收拳放于腰际，拳口朝上。

3. 弓步

又称前屈立，前后脚分立，两脚相距一步半，前腿屈膝，后腿伸直，前腿膝关节与脚尖垂直，重心大部分在前脚上，左脚在前称左弓步，右脚在前称右弓步。

4. 三七步

又称后屈立，前后脚分立，两脚相距约一步，后脚尖外展90°，后腿屈膝如骑马状，前腿膝关节略屈，重心在后脚上。

5. 前行步

又称高前屈立，如走路姿势。两脚之间距离小于弓步，上体略前倾，前腿膝关节略屈，重心大部分落在前脚上。左脚在前称左前行步，右脚在前称右前行步。

6. 虚步

与后弓步相似，前脚掌点地，脚跟提起，重心落在后脚。

## 二、跆拳道的礼节

跆拳道-礼仪与准备姿势

跆拳道中的礼节又称“礼仪”，是跆拳道运动必不可少，且十分重要的组成部分，也是跆拳道练习过程中必须具备的行为规范。它是跆拳道基本精神的具体体现，在某种程度上反映了一个国家和民族的文明程度，同时也是一项体育运动是否具有强大生命力并被世界公认的基本准则。

跆拳道突出一个“礼”字。因此，在跆拳道练习或比赛前后都一定要向对方敬礼，即跆拳道运动始终倡导的“以礼始，以礼终”的尚武精神。练习时衣着端正，头发整洁，对教练、同伴都要时刻表现出恭敬、服从、谦虚、互助互学的态度。谦逊和正确的言语、忍让和友好的态度、虚心和好学的作风也是跆拳道练习者应遵循的重要礼仪。

礼仪不只是形式上的表现，而是要发自内心地实施它。最常用的礼节表示方式是向教练、同伴敬礼。敬礼动作的具体要求是：面向对方直体站立，向前屈体 15°，头部前屈 35°，此时两手紧贴两腿，两脚跟并拢。训练时，进入体育馆后，以端正姿势向国旗敬礼，然后按馆长、教练和长辈的顺序依次向他们敬礼。运动过程中道服松开，则停止运动，转身背向国旗、会旗和教练员及同伴整理道服，整理好后再转回原来方向。训练之余，无论是在学校还是在家中谈话、用餐、打电话、介绍他人或访问亲友时，都要按一定的礼节进行，将礼仪意识带到练习者生活、学习及工作的各个方面，锻炼克己礼让、宽厚待人和恭敬谦逊的道德品质。

## 三、基本手形

1. 直拳

直拳也称平冲拳或正拳，将手的四指并拢握紧，拳面要平，然后拇指压贴于食指和中指的第二关节上。使用直拳时用拳正面的食指和中指部分击打。

2. 手刀

四指伸直，拇指弯曲靠近食指，用小指侧的掌外沿攻击对方。只局限于在品势、防身术中使用。

## 四、准备姿势及步法

1. 准备姿势

准备姿势也称实战姿势或预备姿势，是竞赛跆拳道比赛中双方开始时的基本站立姿势。左脚在前称为左势实战姿势，右脚在前称为右势实战姿势。

动作要领：两脚前后分开与肩同宽，左脚尖内扣约 45°，斜向前方；右脚略偏右，脚跟抬起，重心落于两脚之间；双手握拳，左拳高与肩平，右拳置于胸前；肘关节自然下垂（见图 17-1）。

图 17-1

2. 步法

跆拳道基本步法-上步、后撤步、前跃步、后跃步

（1）上步。动作方法：右势实战姿势（简称“右架”）站立，以左脚为轴，右脚向前上一步，成为左势实战姿势（简称“左架”），反之左架亦然。

要领：上步时通过转髋带动身体移动，两臂在体侧自然上下移动，重心不要上下起伏过大，上步时贴着支撑腿移动。

（2）后撤步。动作方法：右架站立，左脚向后撤一步，成为左架实战姿势，反之左架亦然。

要领：后撤步时，重心保持平衡移动，通过拧腰转髋完成，两臂在侧自然地上下移动。

（3）前跃步。动作方法：右架站立，两脚同时向前跃进一步，保持右架实战姿势，反之左架亦然。

要领：向前跃步时，重心不宜起伏过大，尽量使重心平稳移动，两脚稍离地即可。

（4）后跃步。动作方法：右架站立，两脚同时向后回撤一步，保持右架实战姿势，反之左架亦然。

要领：向后回撤时，重心不宜起伏过大，尽量使重心平稳移动，两脚稍离地即可。

（5）原地换步。动作方法：右架站立，两脚原地前后交换，由右架换成左架，反之左架亦然。

要领：重心不宜起伏过大，尽量使重心平稳移动，两脚稍离地即可。

（6）侧移步。动作方法：第一种步法是以前脚为轴，后脚向左（右）侧方向移动，用以改变与对手的站位方向；第二种步法是右架站立，右脚先向右（或向左）侧移动一步，随之左脚也迅速向右（或向左）侧移动一步。

要领：一般是将身体重心移向前脚，以利于后脚进攻。

（7）垫步。动作方法：右架站立，右脚向左脚内侧上步，同时左腿迅速抬起以便进攻和防守。

要领：前腿提膝要快，身体随步法同时移动，重心平稳。

## 五、基本腿法

1. 前踢

动作规格：以左势实战姿势开始，右脚蹬地，身体重心前移至左脚；右脚蹬地屈膝提起，左脚以前脚掌为轴外旋，同时右腿迅速以膝关节为轴伸膝、送髋、顶髋，把小腿快速向前踢出，力传达到脚面。踢击目标后右腿迅速放松弹回，落回原地仍成左势实战姿势。

动作要领：膝关节上提时大小腿折叠，膝关节夹紧，小腿和踝关节放松，有弹性；踢击时往前送髋；高踢时往上送髋。前踢攻击的主要部位是头部（见图 17-2）。

跆拳道初级腿法–前踢、横踢、推踢

2．横踢

动作规格：以左势实战姿势开始，右脚蹬地，重心移到左脚，右腿屈膝上提；左脚前脚掌辗地，脚跟内旋约 180°，髋关节左转，同时右腿膝关节向前抬至水平状态，肩、胯、膝关节在一条线上；小腿快速向左前横踢出；击打目标后迅速放松收回小腿。右脚落回成实战姿势。

动作要领：膝关节夹紧，向前提膝，贴紧支撑腿走直线；支撑脚外旋 180°；髋关节尽量送出，身体与大小腿成直线，严格注意击打的力量点，踝关节放松。横踢攻击的主要部位有头部、胸部、腹部和肋部（见图 17-3）。

图 17-3

3．后踢

动作规格：实战姿势开始，以左脚掌为轴脚跟外旋，向身体右后转体；同时右腿屈膝上提，大小腿加紧折叠，勾脚尖，眼睛透过肩峰看目标；送胯，右腿顺势向后平伸后踢出；击打后，右腿收小腿，自然落下成左架，然后后撤右腿，还原成实战姿势。

跆拳道中级腿法–后踢、下劈腿、勾踢

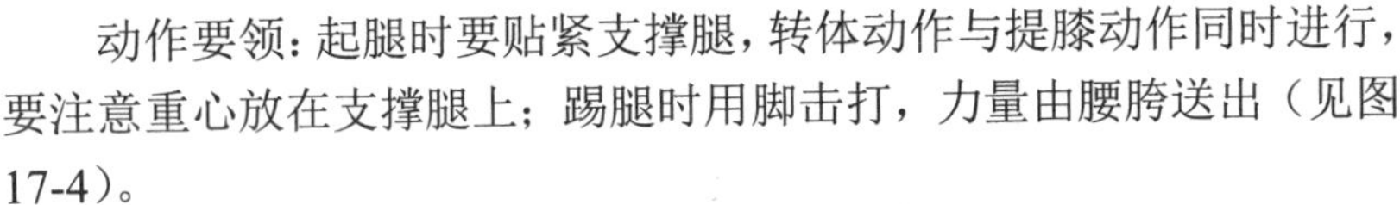

动作要领：起腿时要贴紧支撑腿，转体动作与提膝动作同时进行，要注意重心放在支撑腿上；踢腿时用脚击打，力量由腰胯送出（见图 17-4）。

图 17-4

4．下劈

动作规格：实战姿势开始，右脚蹬地，重心前移至左脚；同时，右腿以髋关节为轴屈膝上提，两手握拳置于胸前；随即充分送髋，上提膝关节至胸部，右小腿以膝关节为轴向上伸直，将右腿直举于体前，右脚过头。然后向下以右脚后跟（或脚掌）为力点劈击，放松收腿成实战姿势。

动作要领：腿尽量往高、往头后举，要向上送髋，重心往高起；脚放松往前落，落地要有控制；起腿要快速、果断；踝关节要放松（见图 17-5）。劈腿的主要攻击部位有头颈、脸部和锁骨。

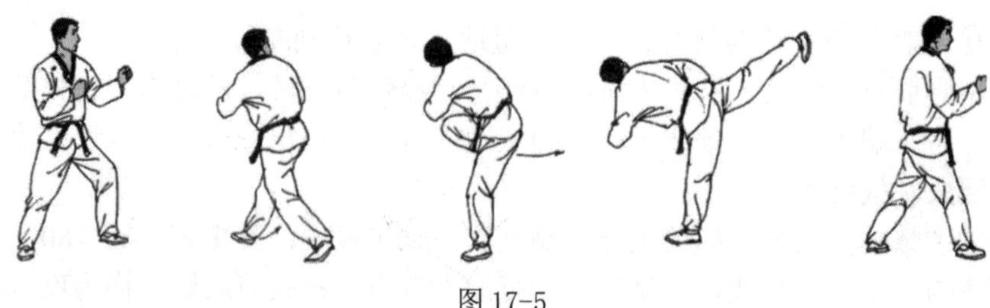

图 17-5

5．侧踢

动作规格：实战姿势开始。右脚蹬地，重心前移，右脚以髋关节为轴提膝前蹬，用右脚脚掌向前蹬推，力点在脚掌，推力向正前方。

动作要领：提膝后尽量收紧膝关节；重心往前移，利用身体的重量为力量；推的时候腿往前伸展、送髋；推的路线水平往前。推踢的攻击目标是腹部（见图 17-6）。

图 17-6

6．后旋踢

跆拳道高级腿法–后旋踢、旋风踢、双飞踢

后旋踢简称后旋。动作规格：实战姿势开始。两脚以两脚掌为轴向内旋约 180°，身体向右转约 90°，两拳置于胸前。上体右转，与双腿拧成一定角度。右脚蹬地将蹬地的力量与上体拧转的力量合在一起，将右腿向后上以髋关节为轴直腿摆起，右腿继续向右后旋摆鞭打，同时上体向右转，带动右腿弧形摆至身体右侧，右腿屈膝回收；右脚落至右后成实战姿势。

动作要领：转身、旋转、踢腿连贯进行，一气呵成，中间没有停顿；击打点应在正前方，呈水平弧线；屈膝起腿的旋转速度要快；重心在原地旋转 350°（见图 17-7）。后旋腿攻击的主要部位是头部。

图 17-7

7．旋风踢

动作规格：实战姿势开始。以左脚为轴，向体后转体 180°，右腿沿左腿转动，空中转髋换腿支撑，以右脚击打目标。

动作要领：转体时，起动腿贴紧支撑腿转动；重心往前移动，髋带动右腿；转体时动作平稳，双脚离地面仅者为宜（见图 17-8）。

图 17-8

8．双飞踢

动作规格：实战姿势开始，攻方先用右横踢攻击对方左肋部，同时，左脚蹬地起跳，身体腾空右转，腾空高度在膝关节以上，但不宜过高；左脚起跳后在空中用左横踢迅速踢击对方胸部或腹部；左右脚交换，右脚落地支撑，左脚横踢目标后迅速前落，成左势实战姿势。

动作要领：右腿横踢目标的同时，左脚蹬地跳起；左脚起腿击打目标后迅速转换腿再次横踢目标；两腿在空中交换，右脚先落地（见图 17-9）。

图 17-9

## 六、跆拳道品势

跆拳道品势练习是学习跆拳道的入门技术和基础。跆拳道品势中，最基本的是太极一章至太极八章（这里仅介绍太极一章）。跆拳道品势，也是根据太极生生不息和太极阴阳理论创编的。因此，它的运动路线与方法遵循具有宇宙基本规律的阴阳八卦图。

太极一章象征八卦中的“乾”位（见图 17-10）。乾则具有宇宙万物根源之初意。换言之，太极一章可视为跆拳道招式的根源，它的演武路线是以“王”表示的。为了让初学者获得充分的修炼，其在构成上也多半使用前屈立姿势，所使用的技法，也只有中段直拳、下段封挡、中段接招、上段接招以及前踢等几个基本内容。

起势：品势准备势。

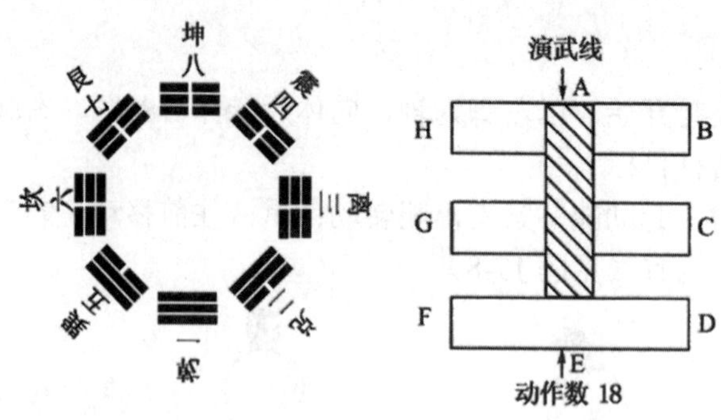


图 17-10

1．屈立势下截

身体左转，左脚向 B 方向（按如图 17-11①所示的方向，下同）左边横跨一步成左高前屈立势，左拳向下截拳防下段，右拳收于腰际（见图 17-11②）。

动作要点：转体迅速，重心落在前脚上，内旋臂下截，力达拳轮。

2．高前屈立势顺攻

右脚向 B 方向上步呈右高前屈立势，同时右冲拳中段顺攻，左拳收于腰际（见图 17-12①）。

动作要点：上步、拧腰、冲拳协调一致，重心落在前脚上，力达拳的正面。

3．高前屈立势下截

身体向右后转体约 180°，同时右脚向身后 H 方向撤步呈右高前屈立势，右拳向下截拳防下段，左拳收于腰际（见图 17-12②）。

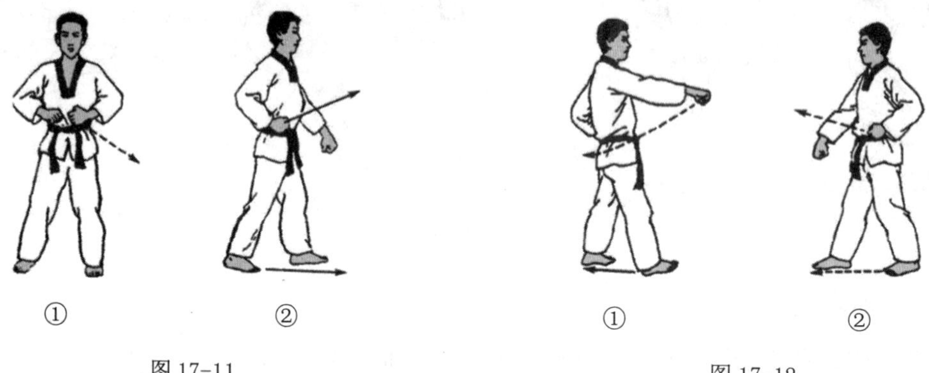


图 17-11　　图 17-12

动作要点：转体迅速，重心落在前脚上，内旋臂下截，力达拳轮。

4．高前屈立势顺攻

左脚向 H 方向上步呈左高前屈立势，左冲拳中段顺攻，右拳收于腰际（见图 17-13①）。

动作要点：上步、拧腰、冲拳协调一致，重心落在前脚上，力达拳的正面。

5．前屈立势下截

身体左转约 90°，左脚移向 E 方向呈左前屈立势，同时，左臂屈肘向下截拳防左下段，右拳收于腰际（见图 17-13②）。

动作要点：重心主要落于前脚，旋臂下截，力达拳轮。

6. 逆攻中段

两脚不动，左转腰，左前屈立势冲右拳（即弓步冲拳）中段逆攻，左拳收于腰际（见图 17-14①）。

动作要点：拧腰冲拳，力达拳的正面，重心主要落在前脚上。

7. 高前屈立势外格

右脚向 G 方向移步，左脚不动，身体右转呈右高屈立势，同时左拳外格挡防中段，右拳收于腰际（见图 17-14②）。

动作要点：移步、转体连贯、外旋臂、外格、屈肘，力达前臂外侧，重心落在前脚上。

①　②

图 17-13

①　②

图 17-14

8. 高前屈立势逆攻

左脚向 G 方向上步呈右高前屈立势，右冲拳攻中段，左拳收于腰际（见图 17-15①）。

动作要点：转腰冲拳一气呵成，力达拳的正面，重心落在前脚上。

9. 高前屈立势里格

以右脚为轴，左后转体，同时，左脚向 C 方向上步呈左高前屈立势，右臂里格挡防中段，左拳不动（见图 17-15②）。

动作要点：转体敏捷，内旋臂、里格、屈肘，力达前臂内侧，重心主要落在前脚上。

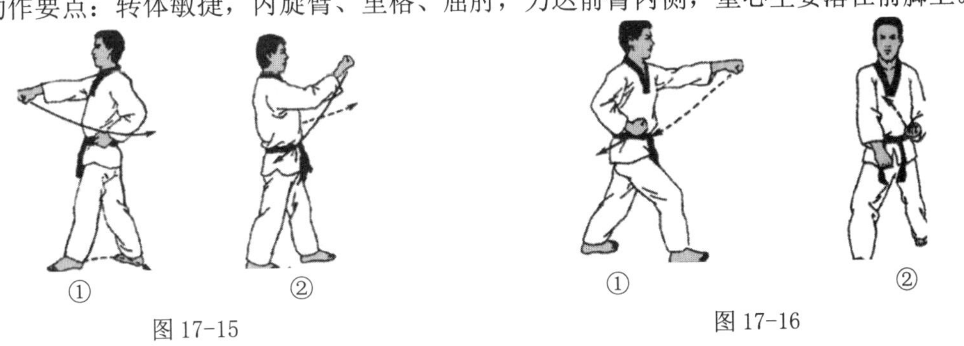

①　②

图 17-15

①　②

图 17-16

10. 前屈立势逆攻

右脚向 C 方向上步呈右前屈立势，左冲拳逆攻中段，右拳收于腰际（见图 17-16①）。

动作要点：拧腰冲拳协调，力达拳的正面，重心落在前脚上。

11．前屈立势下截

以左脚为轴，身体向右转，右脚移向 E 方向，呈右前屈立势，右臂屈肘上抬至肩上方，拳心向上，向内旋臂，向下截拳防右段，左拳收于腰间（见图 17-16②）。

动作要点：转体、移步、内旋臂下截连贯一致，力达拳轮，重心主要落在前脚上。

12．前屈立势逆攻

右前屈立势逆攻不变，左冲拳逆攻中段（即拗弓步冲拳），右拳收于腰间（见图 17-17①）。

动作要点：拧腰冲拳，力达拳面，重心落在前脚。

13．高前屈立势上架

左脚在身体左转的同时，向 D 方向移动，呈左高前屈立势，同时左臂屈肘上架（防左上段）置于额前，拳背朝内，右拳不动（见图 17-17②）。

动作要点：左臂内旋上架，屈肘，力达前臂，重心落于前脚。

14．前踢冲拳

左脚支撑，脚跟微提，右脚由屈到伸前踢，两手自然下截至体侧（见图 17-18①）。右脚自然向前，落地呈右高前屈立势，同时，右冲拳中段顺攻（见图 17-18②）。

动作要点：撑腿，展髋，前踢快速有力，力达前脚掌，稳定支撑腿，冲拳，力达拳面，重心落于前脚。

①

②

图 17-17

①

②

图 17-18

15．高前屈立势上架

左脚为轴，身体右转向 F 方向，上步呈右高前屈立势，同时，右臂屈上架防右段，拳背朝内，左拳不动（见图 17-19）。

动作要点：转体移步要连贯，右臂外旋上架，力达前臂内侧，重心落于前脚。

16．前踢顺攻

右脚支撑，左脚由屈到伸前踢，两手置于体侧（见图 17-20①）。前踢自然落地呈左高前屈立势，同时冲左拳中段顺攻（见图 17-20②）。

动作要点：撑腿，展髋，稳定支撑腿，前踢快速有力，左脚落地紧接着冲拳，力达拳面，重心在前脚。

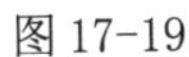

图 17-19

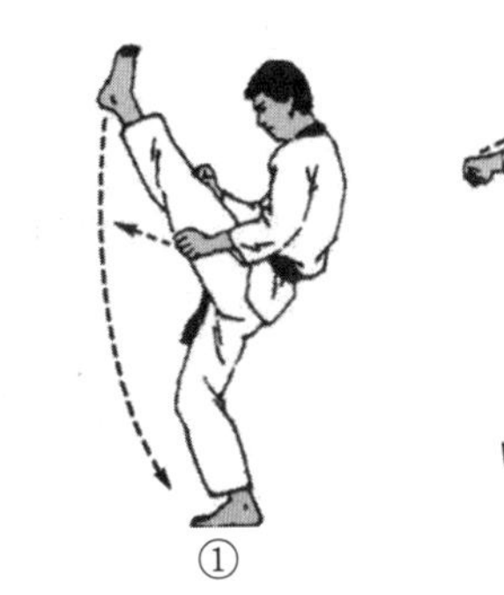

① ②

图 17-20

17. 前屈立势下截

以右脚为轴，身体向右转，左脚向前呈左前屈立势，同时，左臂随肘上抬置于右肩上方，向下截防左下段，右拳不动（见图 17-21）。

动作要点：转体要连贯，内旋臂下截，力达拳轮，重心主要落在前脚。

18. 前屈立势顺攻

右脚向前一步，移向前呈右前屈立势，同时右冲拳中段顺攻，左拳收于腰间。

动作要点：上步、拧腰、冲拳协调连贯，力达拳面，重心落于前脚（见图 17-22①、②）。

收势：右脚向左移步，身体左转 180°，恢复到品势准备势（见图 17-22③）。

图 17 21

① ② ③

图 17-22

# 第三节 跆拳道基本战术

## 一、压迫式强攻战术

这是一种先发制人的主动进攻，是一种有计划有准备的战术行动。在比赛开始后就猛烈进攻，连续使用技术，借以扰乱和破坏对方的心理平衡、战术准备和距离感，使对方忙于防守，疲于招架，消耗对方大量体力，这样在短时间内取得胜利或掌握场上主动权。这种战术的优点是直接掌握主动权，迫使对方只能招架，没有反攻的机会；缺点是自己的体力也消耗得较快，容易露出破绽或是对手用以逸待劳的战术克制自己。

运用这种战术的较好时机：力量、速度、耐力素质比较好，但技术不如对方时；身体素质好，技术比较全面，但比赛经验不如对方时；对方的近战能力比较差时；对方的心理素质比较差时。

## 二、引诱式进攻战术

这种战术是跆拳道比赛中常用的基本战术之一，它是将假动作与真动作联合使用的方法，用以迷惑对手，借机找出对方漏洞来得分。如推踢的假动作加后横踢的进攻或反击腿法，在踢腿时，可亦真亦假，如对方后撤，可以接后横踢进攻；如对方不后撤，可直接变为高腿的前横踢。在跆拳道训练和比赛中，一般采用的引诱式进攻是上下动作结合、左右动作结合、前后动作结合，多采用“声东击西”“指上打下”的战术，引诱对手“上当”。

运用这种战术的时机：对手体力好，但技术不太全面，战术不灵活时；双方选手实力相当，试探对方长处时。

## 三、防守反击战术

当对方正面进攻时，采取快速地向前、后、左、右方向移动步法，避其锋芒，寻找机会制敌的战术方法。主动进攻时身体的一些部位必定会产生防守空隙和薄弱环节，防守反击战术即在防守的同时或之后立即进行反击，从而得分。这就是所谓的“以静制动”。这种战术对于性情急躁，缺乏比赛经验，喜欢猛打猛攻的对手很有效。

## 四、克制对手长处的战术

每一个运动员都有自己擅长的技术，如有的运动员擅长使用横踢进攻，有的运动员擅长用劈腿阻击。在比赛中运动员要能及时发现对方使用的方法，然后及时调整自己的战术，采用相应的方法，使其不能正确发挥其特长技术，并克制对方短处，就必定能取得胜利。

采用这种战术的方法有：第一，克制善于打贴身战的对手，可始终与其拉开距离，可用侧推踢蹬击等技术；第二，克制擅长主动进攻的对手，可采用自己先进攻，迫使对方防守的战术；第三，克制擅长防守反击的对手，可引诱对方主动进攻，自己进攻时使用不易被反击的战术。

## 五、边角战术

指在比赛中利用场地优势进行得分的一种战术。如在比赛中，对方处于防守状态时，利用警戒线给对方制造陷阱，迫使对方犯规而失分。如引诱对手到场地边缘，然后利用猛攻迫使其出界，使对方犯规或被扣分。

## 六、心理战术

比赛开始前，利用情绪、动作和表情等威慑对方，比赛中用气势压倒对方或利用规则允许的各种手段干扰对方情绪，给对方造成心理负担，使对方的技能战术发挥失常，挫伤对方的锐气，发挥自己的优势，在气势上战胜对方。

# 第十八章　游　泳

**学习目标**

（1）了解游泳运动的基本常识。

（2）掌握游泳运动的基本方法。

## 第一节　游泳概述

### 一、游泳运动简介

游泳运动是男女老幼都喜欢的体育项目之一。古代游泳，根据现有史料的考证，国内外较一致的看法是产生于居住在江、河、湖、海一带的古代人。他们为了生存，必然要在水中捕捉水鸟和鱼类做食物，通过观察和模仿鱼类、青蛙等动物在水中游动的动作，逐渐学会了游泳。

现代游泳运动起源于英国。1828 年，英国在利物浦乔治码头修造了第一个室内游泳池，这种泳池到 19 世纪 30 年代时，在英国各大城市相继出现。

1837 年，在英国伦敦成立了第一个游泳组织，同时举办了英国最早的游泳比赛。

1869 年 1 月，在伦敦成立了大城市游泳俱乐部联合会（现英国业余游泳协会），把游泳作为一个专门的运动项目正式固定下来。随之传入各英国殖民地，继而传遍全世界。随着游泳运动的发展，游泳分为竞技游泳、实用游泳和大众游泳三大类。其中，竞技游泳包括自由泳、仰泳、蛙泳、蝶泳；实用游泳包括踩水、侧泳、反蛙泳、救护、潜泳和武装泅渡；大众游泳包括健身游泳、康复游泳、娱乐游泳等。

### 二、竞技游泳

竞技游泳源于英国及澳洲，后来传入其他国家，19 世纪中期至 20 世纪初，世界各国的游泳比赛开始普遍起来，游泳总会也相继成立。英国业余游泳总会（前身为都会游泳总会）于 1869 年成立，是第一个成立的国家游泳总会。在 1850—1860 年，英国与澳洲已有国际游

泳比赛。当国际奥林匹克委员会于 1894 年 6 月 16 日在巴黎成立时，游泳已被列为 1896 年的奥运项目之一。至于国际业余游泳联合会（FINA），则成立于 1908 年。

国际业余游泳联合会（FINA），简称国际泳联，于 1908 年由比利时、丹麦、芬兰、法国、德国、英国、匈牙利和瑞典等国倡议成立，总部设在瑞士的洛桑，已有协会会员 179 个。国际泳联是国际单项体育联合会总会成员，正式用语为英语和法语，工作用语为英语。

从 1896 年第 1 届奥运会到 2016 年第 31 届奥运会，游泳项目从 3 项发展到男女 28 个单项和 6 项团体接力，金牌总数达 34 块，是仅次于田径项目的体育大项。

## 三、游泳对增强体质的作用

### 1. 增强心肌功能

人在水中运动时，各器官都参与其中，耗能多，血液循环也随之加快，以供给运动器官更多的营养物质。血液流速的加快，会增加心脏的负荷，使其跳动频率加快，收缩强而有力。经常游泳的人，心脏功能极好。一般人的心率为 70～80 次/min，每搏输出量为 60～80mL。而经常游泳的人心率可达 50～55 次/min，很多优秀的游泳运动员，心率可达 38～46 次/min，每搏输出量高达 90～120mL。游泳时水的作用使肢体血液易于回流心脏，使心率加快。长期游泳会有明显的心脏运动性增大，收缩有力，血管壁厚度增加，弹性加大，每搏输出血量增加。所以，游泳可以锻炼出一颗强而有力的心脏。

### 2. 增强抵抗力

游泳池的水温常为 26℃～28℃，在水中浸泡散热快，耗能大。为尽快补充身体散发的热量，以供冷热平衡的需要，神经系统便快速做出反应，使人体新陈代谢加快，增强人体对外界的适应能力，抵御寒冷。经常参加冬泳的人，由于体温调节功能改善，就不容易伤风感冒，还能提高人体内分泌功能，使脑垂体功能增加，从而提高对疾病的抵抗力和免疫力。

### 3. 减肥

游泳时身体直接浸泡在水中，水不仅阻力大，而且导热性能也非常好，散热速度快，因而消耗热量多。就好比一个刚煮熟的鸡蛋，在空气中的冷却速度，远远不如在冷水中快。实验证明：人在标准游泳池中游 20min 所消耗的热量，相当于同样速度在陆地上跑步 1h，在 14℃的水中停留 1min 所消耗的热量高达 100kcal，相当于在同温度空气中 1h 所散发的热量。由此可见，在水中运动，会使许多想减肥的人，取得事半功倍的效果，所以，游泳是保持身材最有效的运动之一。

### 4. 健美形体

人在游泳时，通常会利用水的浮力俯卧或仰卧于水中，全身松弛而舒展，身体得到全面、匀称、协调的发展，使肌肉线条流畅。在水中运动由于减少了地面运动时地对骨骼的冲击性，降低了骨骼的老损概率，使骨关节不易变形。水的阻力可增加人的运动强度，但这种强度，又有别于陆地上的器械训练，是很柔和的，训练的强度又很容易控制在有氧范围内，不会长出很生硬的肌肉块，可以使全身的线条流畅、优美。

5．加强肺部功能

呼吸主要靠肺，肺功能的强弱由呼吸肌功能的强弱来决定，运动是改善和提高肺活量的有效手段之一。据测定，游泳时人的胸部要受到 12～15kg 的压力，加上冷水刺激肌肉紧缩，呼吸感到困难，迫使人用力呼吸，加大呼吸深度，这样吸入的氧气量才能满足机体的需求。一般人的肺活量大概为 3 200mL，呼吸差（最大吸气与最大呼气时胸围扩大与缩小之差）仅为 4～8cm，剧烈运动时的最大吸氧量为 2.5～3L/min，比安静时增大 10 倍；而游泳运动员的肺活量可高达 4 000～7 000mL，呼吸差达到 12～15cm，剧烈运动时的最大吸氧量为 4.5～7.5L/min，比安静时增大 20 倍。游泳促使人呼吸肌发达，胸围增大，肺活量增加，而且吸气时肺泡开放更多，换气顺畅，对健康极为有利。

6．护肤

人在游泳时，水对肌肤、汗腺、脂肪腺的冲刷，起到了很好的按摩作用，促进了血液循环，使皮肤光滑有弹性。此外，在水中运动时，大大减少了汗液中盐分对皮肤的刺激。

# 第二节 游泳的基本技术

## 一、自由泳

它是 4 种竞技游泳中速度最快的一种姿势。按规则要求，自由泳比赛中，可采用任何一种姿势游进。但由于自由泳时，身体俯卧在水中，身体几乎与水面平行，有较好的流线型，两腿不停地做上下打水动作，两臂依次轮流向后划水，因此推进力均匀，动作结构简单，划水效果好，动作配合协调，既省力又能发挥最大的速度。所以在自由泳比赛中，人们都采用自由泳技术。

游泳-自由泳完整配合

在游泳竞赛中，自由泳比赛项目最多（共 14 项，占 43%），往往以一个国家的自由泳水平高低为标准来衡量该国的游泳水平。

在游泳教学和训练中，自由泳是基础项目，是 4 种竞技游泳的技术基础，学会了自由泳对掌握仰泳、蛙泳、蝶泳都是有利的，因此普及和提高自由泳技术有很重要的意义。

现代自由泳技术的特点：运动员身体姿势高平，采用高肘、屈臂、曲线、加速划水和晚呼吸配合技术。

1．身体姿势

游自由泳时身体应伸直成流线型，几乎水平地俯卧在水面。稍收腹，脸部和前额浸入水中，臀部接近于水面，身体纵轴与水面构成 30° 角，头与身体的纵轴成 20° ～30° ，眼睛视线应向斜前方（见图 18-1），身体可围绕纵轴有节奏地转动，这种转动一般为 35° ～45° 角（见图 18-2）。

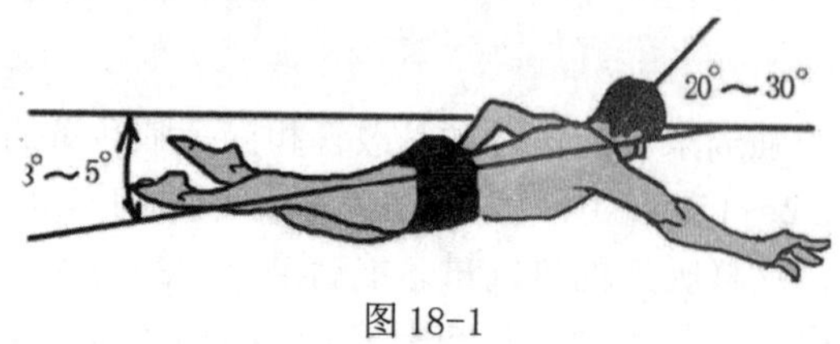

图 18-1

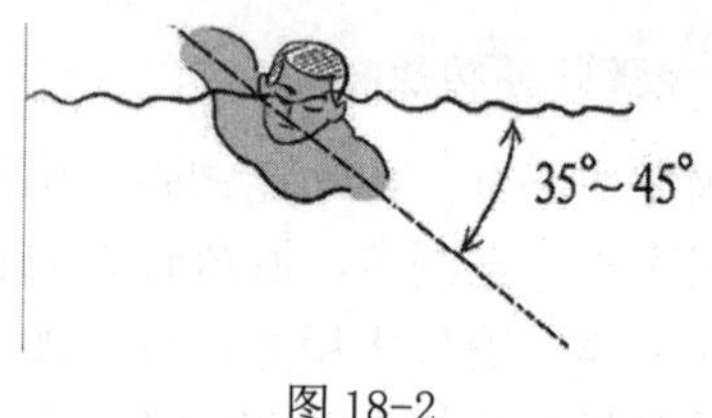

图 18-2

游进时的身体转动是由于划臂、转头吸气形成的自然动作，其优点是：便于手臂出水和空中向前移臂；缩短移臂的转动半径；有利于臂的抱水、划水和维持身体平衡；有利于转头、吸气。

身体转动的大小取决于运动员的技术、个人特点和游泳速度，转动幅度为两肩横轴与水平面构成 35°～45° 角。

2．腿部动作

自由泳的腿部动作主要是起维持身体平衡的作用，使下肢抬高，保持身体流线型以及协调两臂有力的划水动作，并能起一定的推进作用。

自由泳打水的技术要领：两腿自然伸直，两脚稍向内扣，以增大打水面积，踝关节放松，髋关节先发力，以大腿带动小腿做鞭状上下交替打水，打腿幅度以两脚跟的垂直距离为 30～40cm 为宜，脚不要打出水面，但可溅起一点浪花，打水效果取决于鞭状发力和踝关节的灵活性（见图 18-3）。

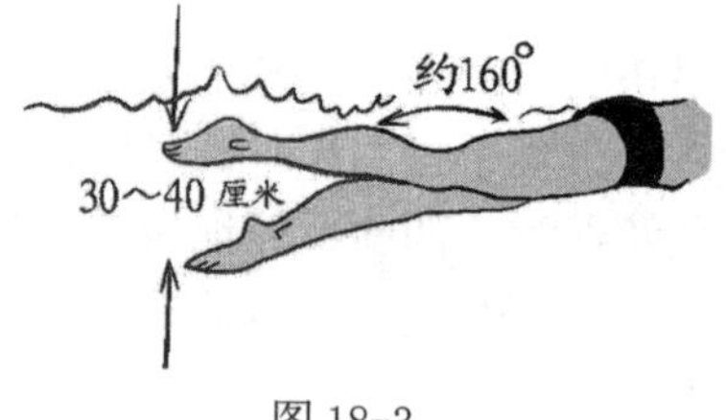

游泳-自由泳打腿

图 18-3

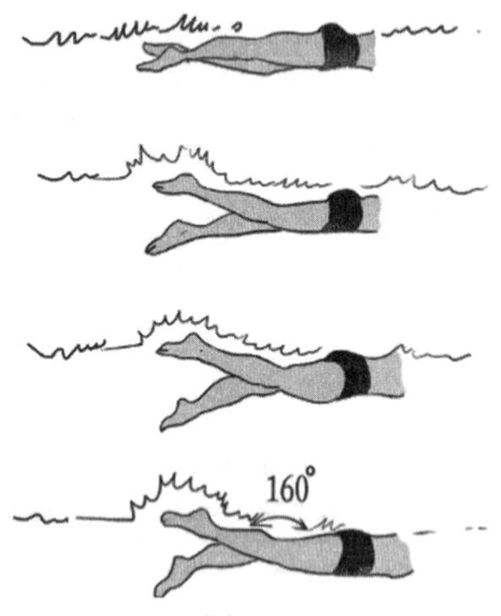

图 18-4

向下打水时，大腿发力开始向下，由于惯性作用，此时小腿和脚仍继续向上移动，膝关节弯曲成 160° 角（见图 18-4），这时大腿还继续带动小腿，使小腿和脚背向后下方打水，这时产生了两个力量，一个是水平分力推动身体向前进，一个是上升力，使身体上浮。当大腿开始向上打水时小腿继续向下，直到伸直膝关节，这两个力量继续作用。做向上打水的动作时，大腿带动小腿向上移，髋关节逐渐展开，腿自然伸直，脚跟接近水面完成向上打水，由于腿受到水的反作用力，也产生一部分推动身体前进的力，但也有一个下沉力（见图 18-5）。所以向上打水时，用较小的力量来完成，而向下打水时要用较大的力量和较快的速度来完成，以便产生较大的推进力和上浮力。

腿从上向下完成打水动作的过程称为下鞭动作。从上向下打水时，踝关节的灵活性对前进的作用很大。如图 18-6①所示，向下打水时，除产生上升力外，还可以产生向前的分力。但是在图 18-6②中，由于踝关节灵活性差，打水只产生向上的分力，而无向前的推进力。

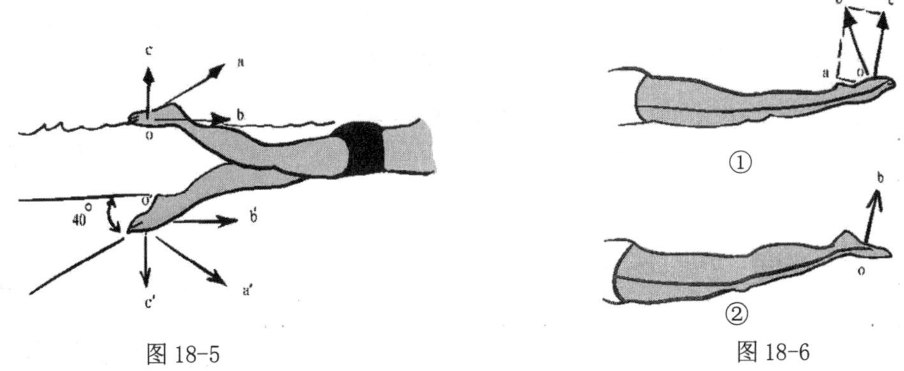


图 18-5　　图 18-6

自由泳的两腿配合是随着运动员的个人特点、臂腿配合技术、两臂划水效果和游泳距离的长短而有所不同的。

3. 臂的技术

游自由泳时，划臂是推动身体前进的主要力量，臂的技术由入水、抱水、划水、出水和空中移臂等 5 个部分组成。

（1）入水臂入水时，肘关节略屈并高于手，手指自然伸直并拢，手指向斜下方切插入水或掌心稍向外侧切入水中，动作要自然放松。

臂的入水点应在肩的延长线上或在身体中线和肩延长线中间（见图 18-7）。当身体转动时，臂正好屈到身体下面，使划水更加有力，臂入水的顺序是手—前臂—上臂。

（2）抱水臂入水后，积极插向前下方，并逐渐开始屈腕，屈肘对水，肘关节通过肩关节的内转而稍向外转，保持高肘。到划水开始，手臂与水平面成 40° 角时，手和前臂已经接近垂直对水，肘关节屈至 150° 角左右，整个手臂像抱一个大圆球一样，使肩带肌群充分拉开，给划水创造有利条件（见图 18-8）。

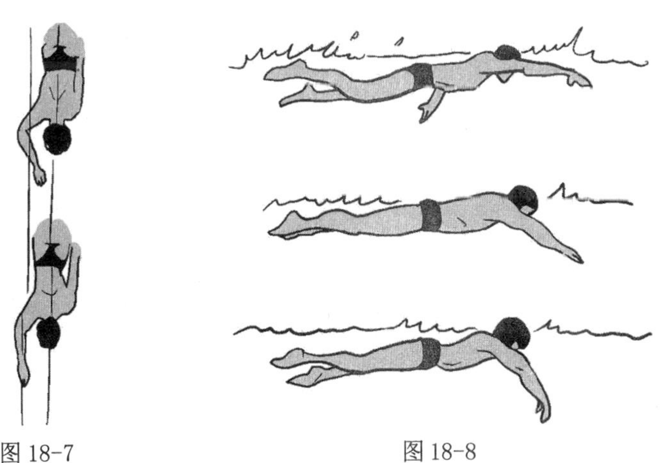

图 18-7　　图 18-8

（3）划水是指手臂与水平面成 40° 角起，向后划至与水面成 15° ～20° 角止的这一动作过程，是获得推进力的主要阶段，这阶段又分为两部分，从整个臂部至肩下方与水平面垂直之前称“拉水”，过垂直面后称为“推水”。

拉水是直臂到屈臂的过程，抱水结束时，屈肘为 150° 左右，拉水时前臂的速度快于上臂；继续屈肘，当臂划至肩下方时，手在体下靠近身体中线，屈肘约为 90° ～120° 角（见图 18-9）。整个拉水应保持高肘姿势，使手和后臂能更好地向后划水。

图 18-9

从拉水到推水，应是连贯地加速完成，中间没有停顿，特别是经过肩下垂直线时，不要失掉手对水的支撑感觉，要使上臂与前臂同时向后划动，同时肩部后移，以加长有效的水路线。

向后推水是通过屈臂到伸臂来完成的。为了使前臂、手掌能以最大的面积对水，在推水中肘关节要向上，向体侧靠近（见图 18-10）。

在推水过程中，为了使手掌始终与水平面保持垂直，推水时要逐渐放松腕关节，使手伸展开，与前臂构成一个为 200° ～220° 角（见图 18-11）。

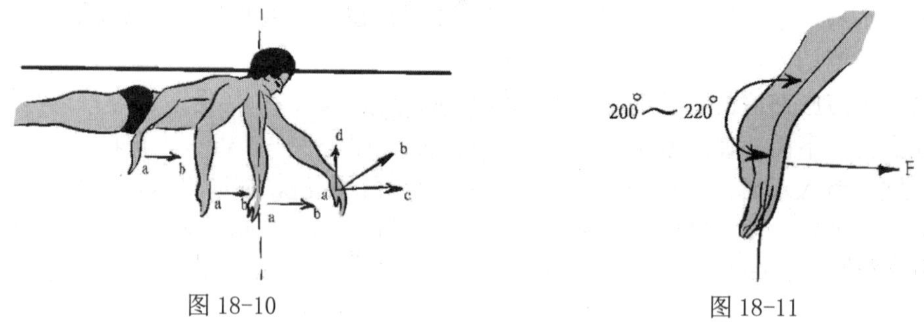


图 18-10　　图 18-11

整个划水动作，手的轨迹是向下—向后—向上。划水路线呈“S”形。

（4）出水在划水结束后，臂由于惯性作用而很快地靠近水面，运动员立即借助三角肌的收缩将臂提出水面（见图 18-12①）。出水时，肩部和上臂几乎同时出水，但肩关节微早一些，掌心朝后上方（见图 18-12②）。手臂出水动作必须迅速而不停顿，同时应柔和，前臂和手掌应尽量放松（见图 18-12③）。

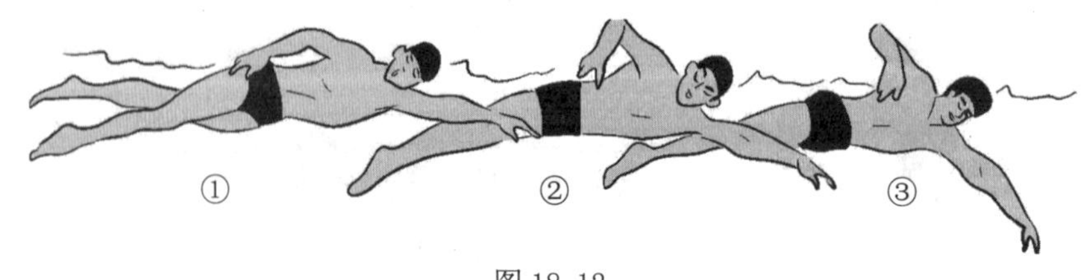


图 18-12

（5）空中移臂。臂在空中前移的动作是手臂出水的继续，不能停顿，移臂时动作要放松自然，尽量不破坏身体的流线型，要和另一臂的划水动作协调一致。

在手臂提出水面前移的前半部分，前臂和手的动作较慢，落后于前移的肘关节（见图 18-13

①），移臂完成一半时，肘部继续弯屈（见图 18-13②）。

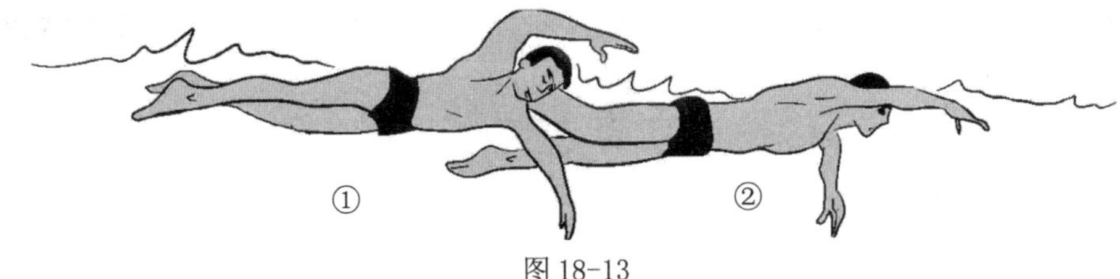


图 18-13

屈肘程度取决于运动员肩关节灵活性和身体绕纵轴转动的程度。

臂移至肩部时，手和前臂赶上肘部，并逐渐向前伸出，掌心也从后上方转向前下方，接着做入水准备动作，在整个移臂过程中，肘部应始终保持比肩部高的位置。

在自由泳划臂的整个周期中，动作是不停顿的，划水动作内部循环是有节奏的，随着阶段的不同，各部分所用的力量也不同，动作速度也有所区别（见图 18-14）。

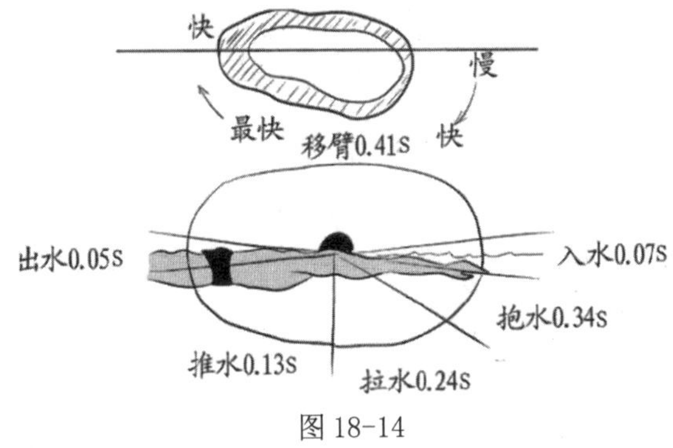


图 18-14

4. 两臂的配合技术

自由泳两臂的正确配合是前进速度均匀性的最重要条件之一，划水时，依照两臂所处的位置不同，可以分为 3 种交叉形式，即前交叉、中交叉、后交叉。

（1）前交叉配合。当一臂入水时，另一臂处于肩前方，与水平面构成 30° 角左右（见图 18-15）。

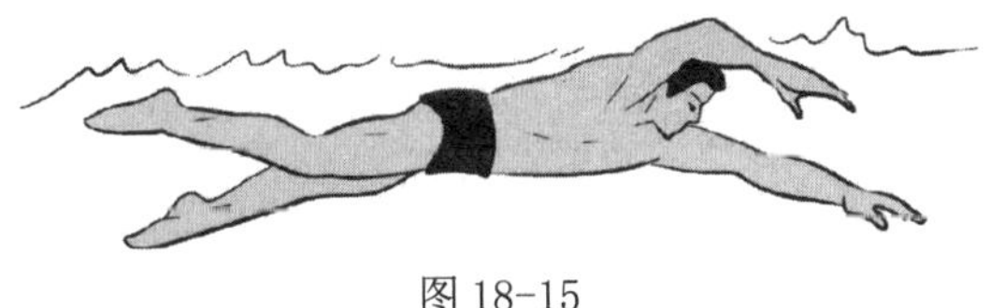

图 18-15

（2）中交叉配合。当一臂入水时，另一臂处于肩下垂直部位，与水平面构成 90° 角左右（见图 18-16）。

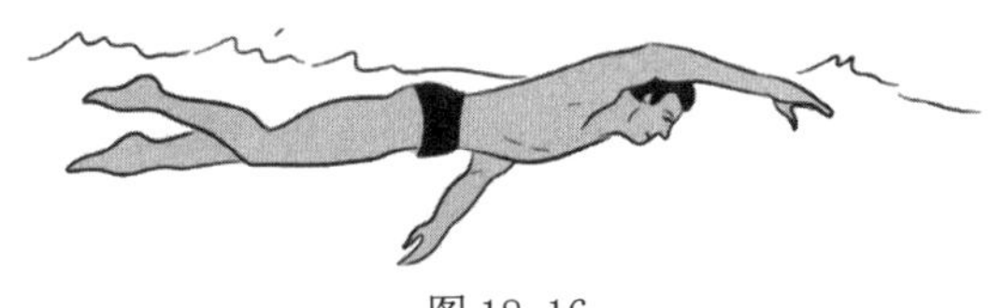

图 18-16

（3）后交叉配合。当一臂入水时，另一臂划水至腹部下方，与水平面构成 150° 角左右（见图 18-17）。

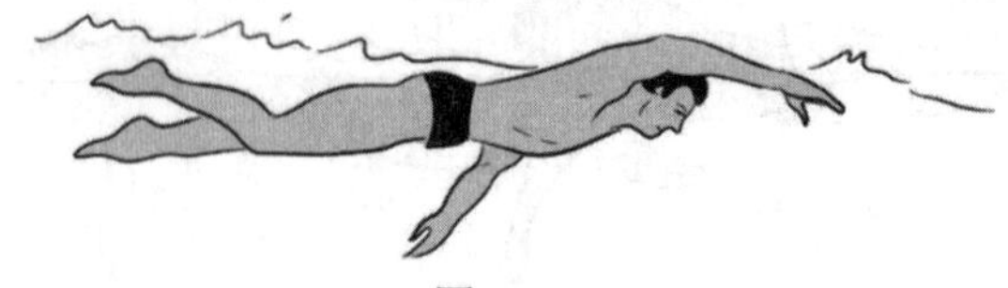

图 18-17

以上 3 种配合形式都有其各自的特点，对初学者来说，可以采用第一种形式，以便掌握自由泳动作和呼吸动作。采用第二种和第三种形式，有利于发挥两臂力量和提高动作频率，加快速度，保持连续的推进力。

5. 呼吸与臂的配合

游自由泳时，呼吸动作应有节奏地进行，一般是在两臂各划 1 次做 1 次呼吸。以右臂动作为例，右手入水后，口鼻开始逐渐呼气，在水中呼气的结束部分，呼气速度加快。同时逐渐向右转头，右臂划水结束，提肘出水，嘴出水时，把剩余的气快速呼出。这样能把嘴唇边的水吹开，以便立即吸气（见图 18-18）。右臂前移过肩时吸气结束，然后闭气并将头转正，右臂随之前移入水。

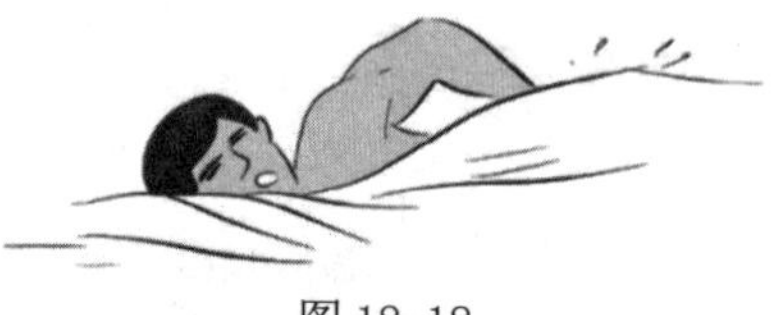

图 18-18

游泳-自由泳划手换气

6. 腿、臂和呼吸的完整配合

完整的配合技术，是运动员匀速地、不间断地向前游进的保证。目前自由泳的配合动作中有两腿打水 6 次，两臂划水各 1 次，呼吸 1 次的配合游法，简称 6∶2∶1；两腿各打水 2 次，两臂划水各 1 次，呼吸 1 次，简称 4∶2∶1；两腿各打水 1 次，两臂各划水 1 次，呼吸 1 次的配合技术，简称 2∶2∶1。另外还有采用不规则打水、交叉打水等多种形式的配合技术。

自由泳的各种配合方法各有其优缺点：6 次打腿配合技术，能保证配合的稳定性，保持臂腿协调配合和身体的平衡，适用于短距离项目；4 次打腿的配合可以减少腿的负担量；2 次打腿配合技术有利于发挥两臂作用，加快臂的动作频率。4 次打腿和 2 次打腿配合技术在中长距离项目中比较多见。

## 二、蛙泳

游泳-蛙泳完整配合

蛙泳是模仿青蛙游泳动作的一种游泳姿势，早在 2 000～4 000 年前，在中国、古罗马、古埃及就有古老的类似蛙泳的姿势。

蛙泳的规则要求：身体呈俯卧姿势。两肩须与水面平行，两腿要同时在同一水平面上弯曲；向外翻脚及做蹬腿动作。两手应在水面下收回，并需从胸前伸出。整个游程中，不得做潜泳动作。

现代蛙泳的技术特点：肩部高拉高起，蹬腿时借助冲力，上身呈“冲潜式”，全身伸直滑行。

1．身体姿势

在游进中，身体必须保持较好的流线型姿势，充分发挥手臂和腿的推进作用。

身体水平地俯卧在水中；稍抬头，头部置两臂间，掌心朝下，两眼俯视前下方，这时身体纵轴与水平面成 5°～10°度角（见图 18-19）。

当吸气时，下颏露出水面，肩部升起，这时身体与水平面的角度较大，约 15°角。

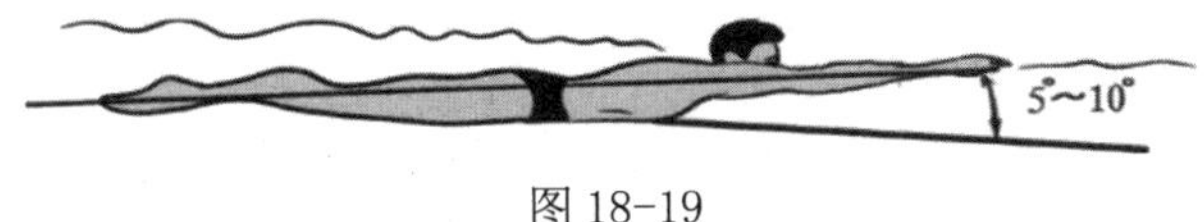


图 18-19

2．腿部动作

蛙泳腿部动作是推动身体前进的主要动力。腿部动作由收腿、翻脚、蹬腿和滑行 4 个阶段组成。

（1）收腿。开始收腿时，两腿随着吸气动作自然向下，两膝自然逐渐分开，小腿向前回收；脚踝向臀部靠拢，边收边分。收腿时，力量要小，放松、自然，两脚和两腿回收时要收在大腿的投影截面内，以减小回收时的阻力。收腿结束后，大腿和躯干成 110°～140°角，两膝内侧与髋关节同宽（见图 18-20）。

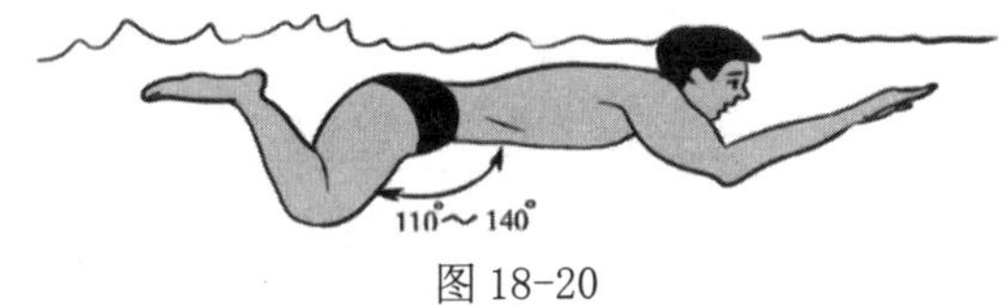


图 18-20

（2）翻脚。收腿结束时，脚仍向臀部靠拢，这时膝关节稍向里扣，同时两膝向外侧翻开，这样能使脚和小腿内侧对着蹬水方向，并加大对水面积，这样为大腿发挥更大力量做好积极准备（见图 18-21）。

游泳-蛙泳蹬腿

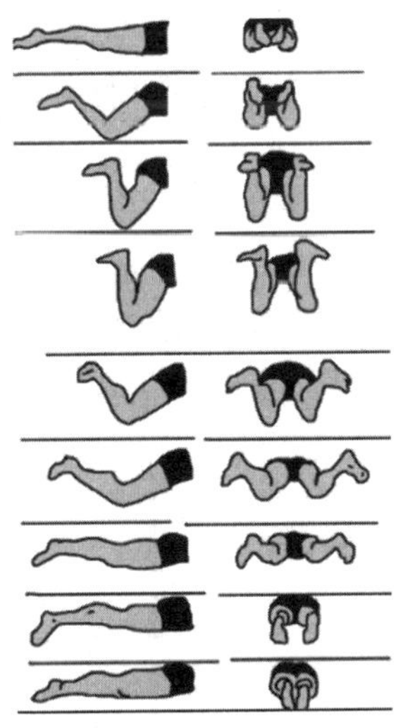

图 18-21

（3）蹬腿。蹬水动作实际包含有夹水动作，由于蹬水较窄，在两腿并拢时，腿有向下压的动作，这种动作可以使身体升起，有利于向前滑行（见图 18-22）。

（4）滑行。蹬腿结束后，腿处于略低的部位，脚距离水面 30～40cm，这时人体应随着蹬水效果向前滑行，使腿保持较高的位置，减小阻力（见图 18-23）。

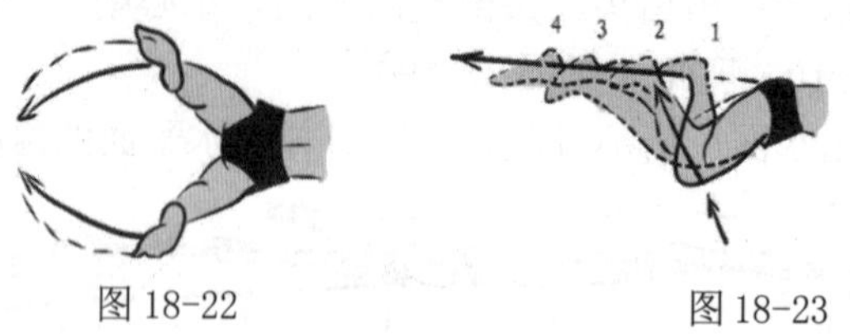


图 18-22　　图 18-23

3. 臂部动作

现代蛙泳技术，强调充分发挥臂划水的作用。因此，掌握合理的臂划水技术，是提高运动成绩的重要条件。臂部动作由开始姿势、抓水、划水、收手和向前伸臂 5 个阶段紧密相连。

（1）开始姿势。两臂自然向前伸直，两臂与水平面平行，掌心向下，手指自然并拢，使身体成一直线，形成较好的流线型（见图 18-24）。

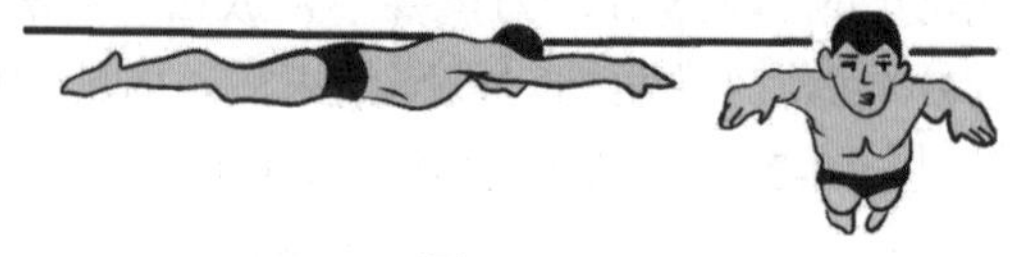

图 18-24

游泳-蛙泳划手换气

（2）抓水。从开始姿势起，手臂先前伸，并使重心向前，前臂和上臂立即内旋，掌心向外斜下方并稍勾手腕，两手分开向侧斜方压水，当手掌向前臂感到有压力时，就开始划水。抓水一方面能给划水创造有利条件，另一方面还能造成身体上浮和前进的作用。

（3）划水。划水是产生牵引力的最有效阶段，在紧接抓水动作后，加速向后划水，整个划水过程保持肘部较高的位置，蛙泳划水主要是拉的力量。

蛙泳划水方向是向侧、下、后、内方。

划水路线是椭圆曲线（见图 18-25）。划水时肘部保持较高的部位，这样做是为了臂能在最有效的角度内向后划水，因此蛙泳的划臂在任何部位，都要求肘比手高（见图 18-26）。

划水中，前臂和上臂屈的角度是不断变化的。一般优秀运动员在划水主要阶段，肘关节都屈成接近 90° 角（见图 18-27）。因为这个角度能发挥最大的力量，同时能很好地利用胸大肌、背阔肌大肌肉群的力量，手臂划至两臂夹角约 120° 时，即应连续过渡到向里做收手动作，划水和收手时，手走的路线应在肩的前下方。

当前，划水技术的特点是：划水路线较宽，屈臂、高肘，手较深的技术。

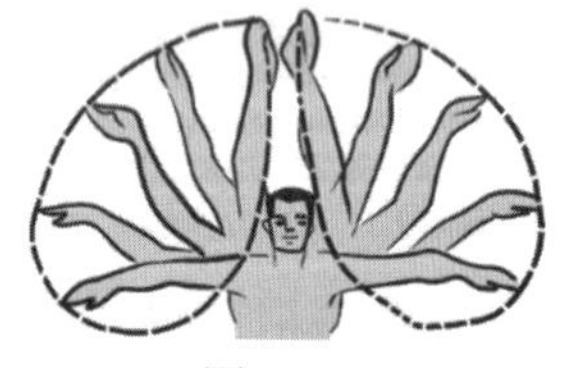

图 18-25

图 18-26

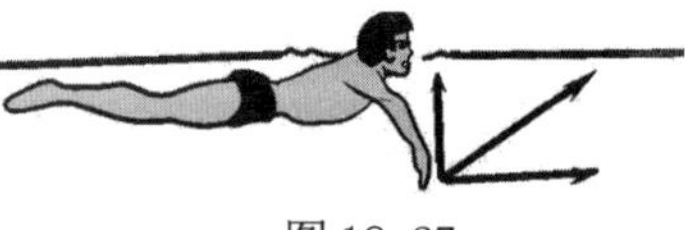

图 18-27

（4）收手。收手是划水阶段的继续，收手过程也能产生较大的推进力和上升力。动作由内向上收缩到头的前下方，继而成两手掌向上，最后掌心向下并拢前伸，收手动作应当有利于做快速前伸手动作（见图 18-28）。在整个收手动作过程中，手的动作应积极地、快速地、圆滑地来完成，收手结束时，肘关节低于手，大小臂成锐角（见图 18-29）。

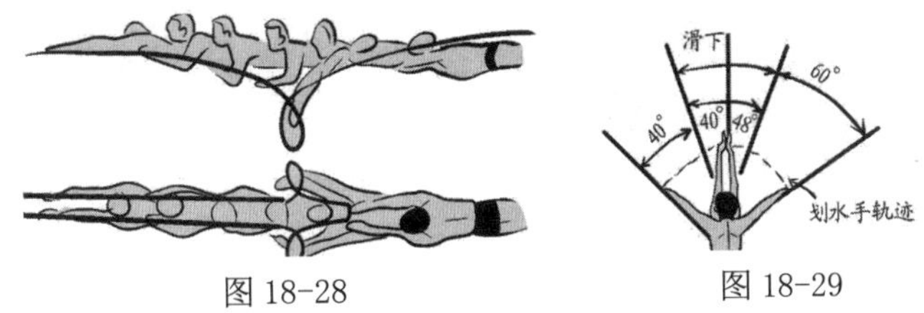

图 18-28　　图 18-29

（5）伸臂。伸臂动作是由伸直肘关节、肩关节来完成的，掌心由朝上逐渐向下方，同时向前伸出。

4. 臂和呼吸与臂、腿、呼吸完整配合

蛙泳的呼吸是和手臂划水动作紧密配合的呼吸方法，它是用口吸气，用口或鼻呼气，当前在蛙泳呼吸技术中，有早吸气和晚吸气 2 种类型。早吸气是两臂划水开始时，头和口露出水面，这时运动员将气最后吐完，并迅速做深吸气动作。继而随伸臂低头闭气，当两臂开始滑下时逐渐呼气。晚吸气是随着臂的有力划水动作，头和肩上升时吸气。

对初学者来说，采用早吸气技术较为有利，优秀运动员则适合采用晚吸气的技术。在比赛中，一般都是一个动作周期呼吸一次。臂腿配合技术是，臂划水时，腿保持放松或自然伸直姿势。臂内划时同时收腿，臂将伸直时开始蹬夹腿。

## 三、仰泳

仰泳也称背泳，是身体仰卧于水中进行游进的一种姿势。仰泳包括“蛙泳仰泳”和“爬式仰泳”。

1. 身体姿势

仰泳时身体平直地仰卧于水中，头和肩略高于臀，身体纵轴与水平面构成一个不大的仰角、整个身体处于较高的位置（见图 18-30）。

（1）头部姿势。头在仰泳技术中起着舵的作用，并可控制身体左右转动。头要自然地仰在水面。后脑浸在水中，颈部肌肉放松，水位于耳际附近，两眼看后上方。

（2）腰腹动作。为了保持良好的流线型姿势，游仰泳时臂部及腰部肌肉要保持适度的紧张，下肋上提，不要含胸。

（3）身体的转动动作。游仰泳时，身体要不断地围绕身体纵轴转动。当一臂划水至一半，另一臂在空中移臂时，身体转动的最大角度一般在 45° 左右（见图 18-31）。

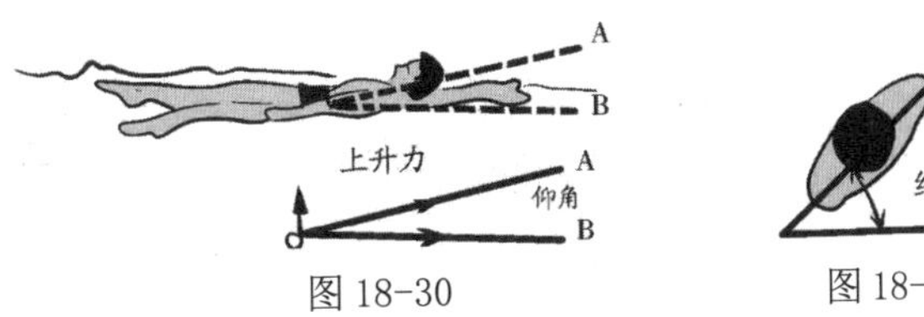

图 18-30　　图 18-31

仰泳时两肩转动一般小于45°角，肩关节灵活性差的大于45°。总之，身体姿势的好坏，对腿部动作效果和配合动作有直接影响，而腰腹肌肉的强弱，对保持身体的姿势和位置以及协调腿臂动作均起重要作用。

2. 腿部动作

仰泳腿部动作的作用是保持身体处于较高的水平姿势，控制身体的摇摆，保持平衡，产生一定的推进力。因此，它能起到平衡、稳定和推进作用。

仰泳腿部动作同自由泳腿部动作相似，不同之处是，膝关节弯曲角度比自由泳稍大，约为135°角，打腿的幅度约为45cm。

仰泳腿部动作通常称“上踢下压”，即“屈膝上踢，直腿下压”。

踢腿动作是以大腿带动小腿，小腿带动脚，以“鞭状”踢水的形式来完成，所以通常把腿部动作称为上鞭和下鞭动作（见图18-32）。

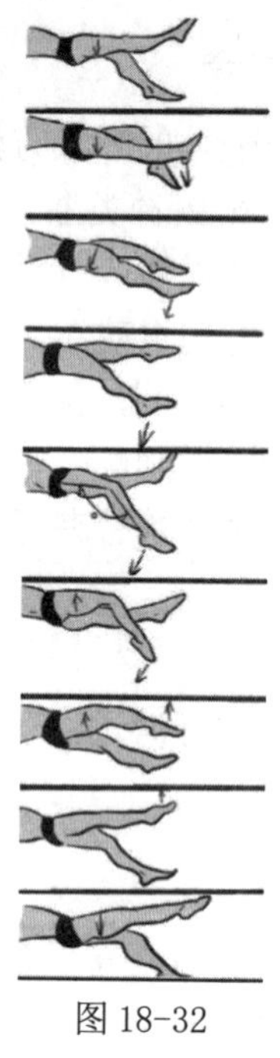

图18-32

当大腿开始向上移动时，小腿由于惯性作用继续向下，小腿向下移动结束时，大腿与小腿构成130°～140°角，两脚相距40～45cm（见图18-33）。由于股四头肌的紧张收缩，大腿带动小腿向后上方踢水。

踢水时，脚背稍向内旋能加大踢水的对水面，踝关节放松灵活，是仰泳踢水产生前进力的关键。

3. 臂部动作

仰泳臂的动作是产生前进力的主要因素。当前仰泳都采用两臂在体侧交替屈臂划水技术。其优点是加长了有效划水路线，使推进力的方向指向前方，划水效果好；调动更多的肌肉群参加工作，增加生理横断面。为便于分析，把划臂约一个周期分为入水、抱水、划水、出水和空中移臂五部分。

（1）入水时，手臂自然伸直，手掌展平小指领先入水，入水点在身体纵轴的延长线上，为了更好地对准水，手掌与前臂应构成 150° ~160° 角（见图 18-34）。这种入水方式，为伸肩做积极的抱水动作创造条件，以便发挥胸大肌、背阔肌的力量。

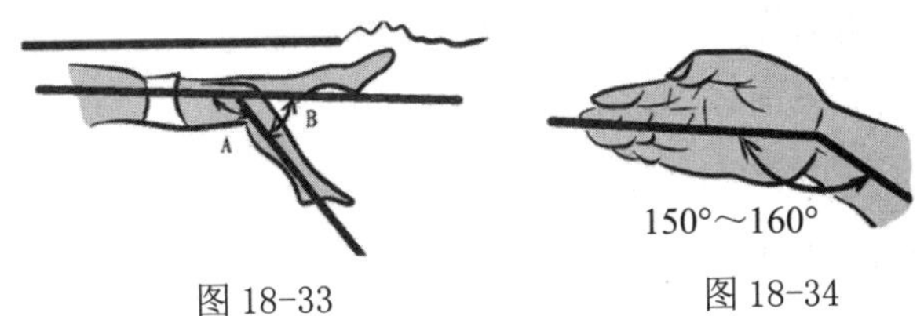


图 18-33 图 18-34

（2）抱水。当手臂切入水中后，躯干向入水的同侧方向转动，借助前移速度，直臂向深水处积极抓水，同时做转腕和肩臂内旋动作并开始屈臂。尽量向前伸肩，使手掌、前臂和上臂处于最有利的向后对水位置，形成有利的划水面。这种动作，通常称为“抱水”，完成抱水动作时，臂和身体纵轴构成 40° 左右的角度，手掌离水面 30cm 左右；肘关节自然弯曲。

（3）划水仰泳的划水动作是推进身体前进的主要动力，整个动作是由抱水开始，以肩为中心，划至大腿侧下方为止，划水包括拉水和推水两部分，拉水是在臂前伸抱水的基础上进行的，开始拉水时，前臂内旋，肘关节向下弯曲 150°左右，并逐渐下沉至靠近腰部。这样，手掌和前臂对准水加大划水面。在游进时，屈肘角度应逐渐减少，手掌离水平面 15cm 左右，前臂与上臂形成角度为 90° ~110° ，手掌、前臂和肘应同时向后移动（见图 18-35）。

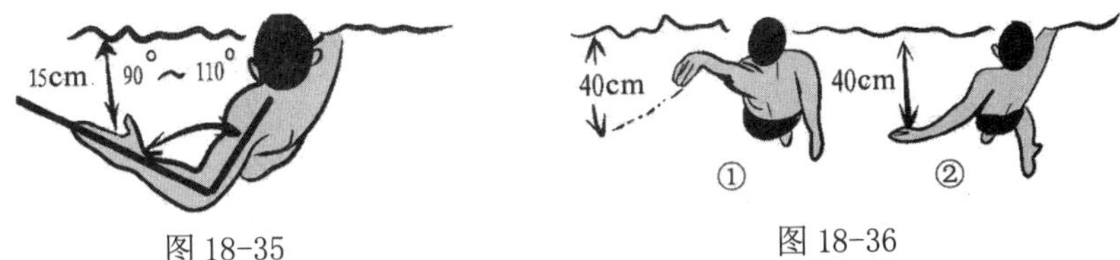


图 18-35 图 18-36

当手臂划过肩线时，应充分利用拉水的速度和划水面，使手掌、前臂和上臂同时用力向后下方做推压的动作，并利用推水的惯性，使手腕做内旋下压的动作，推水结束时，手掌在臂部下方，离水面 40~50cm（见图 18-36）。划水的整个路线呈“S”形（见图 18-37）。

（4）出水臂出水是指手臂划水结束后迅速提出水面这一动作过程，正确的出水动作是先压水后提肩，使肩露出水面后，由肩带动上臂、前臂和手依次出水。划水结束时，手掌自然转向下方，并靠拢大腿，用手臂内旋下压的作用力和肩部三角肌收缩力量，使手臂自然地提出水面（见图 18-38）。

（5）空中移臂。臂出水后，应迅速沿着肩的垂直面向肩前移动。当手臂移过垂直部位后，手掌即开始内旋，使掌心向外翻转（如采用小指先出水则无此动作）为入水动作做好准备（见图 18-39）。

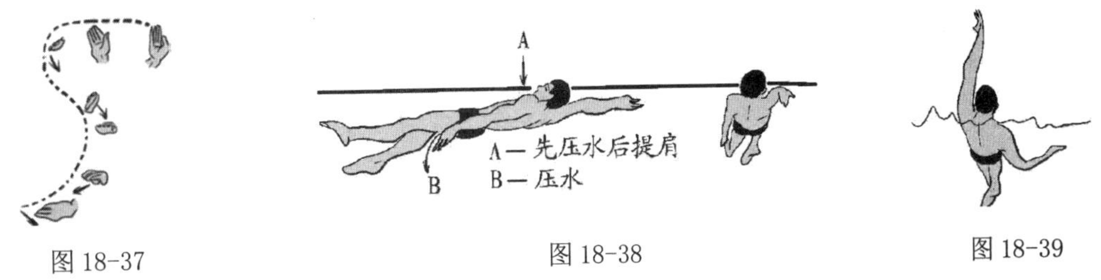


图 18-37 图 18-38 图 18-39

（6）两臂配合仰泳。两臂的配合采用“连接式”的技术，即当一臂划水结束时，另一臂已入水并开始划水，一臂处于划水的中部，另一臂正处于移臂的一半，在整个臂的动作过程中，两臂几乎都处于完全相反的位置，这样的配合能保证动作的连贯性和速度的均匀性，而且还有助于划水力量的加强。

4．仰泳呼吸

仰泳的呼吸要有严格的节奏，一般是划臂 2 次，呼吸 1 次。吸气时要用口来进行，用口和鼻呼气。应在一臂移臂时吸气，另一臂移臂时呼气。这种呼吸方法可防止呼吸频率过快，并可保证充分地吸气和呼气。

5．臂腿配合技术

现代仰泳技术中采用 6∶2∶1 的配合形式，即 6 次打腿、2 次划臂、1 次呼吸（见图 18-40）。这种配合技术能有效地发挥臂和腿的作用，使身体保持平衡和处于较高的位置，也有少数运动员采用 4 次打腿，2 次划臂和 1 次呼吸的配合技术。

图 18-40

## 四、蝶泳

蝶泳是由蛙泳演变而来的。当蛙泳发展到第二阶段（1937—1952 年），人们在比赛中多采用两臂划水到大腿后提出水面，再从空中前移的技术，外形很像蝴蝶，所以称为“蝶泳”。为提高游进的匀速性，有人模仿海豚的击水动作，从而大大提高了游进的速度，因此又把蝶泳称为“海豚泳”。

1．身体姿势

海豚泳没有固定的身体位置，躯干各部分和头不断地改变彼此间的相对位置，由于波浪动作，自然形成上下的起伏。

正确的海豚技术是以横轴（腰）为中心，躯干和腿做有节奏的摆动动作，发力点在腰部，以大腿带动小腿，做上下的鞭水动作，而这些动作与头和臂部动作紧密联系在一起，形成海豚所特有的波浪动作，这个波浪动作由下面几个因素形成。

（1）由于腿向下打水，水对腿的反作用力使臀部上升到水面（见图 18-41）。

（2）由于两臂抱水进入划水前部时，使头和肩抬高，下肢上浮（见图 18-42）。

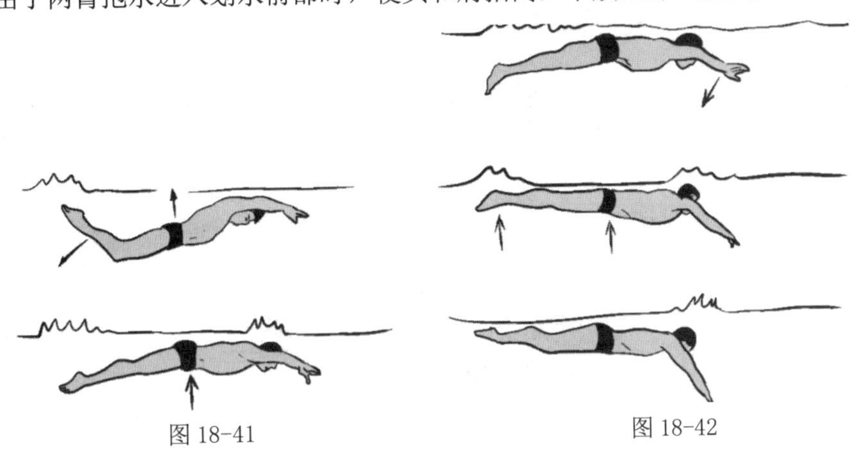

图 18-41　　图 18-42

（3）由于空中向前移臂的情况，使头和肩下沉（见图 18-43）。

（4）由于移臂抬头吸气，使臀部下沉（见图 18-44）。

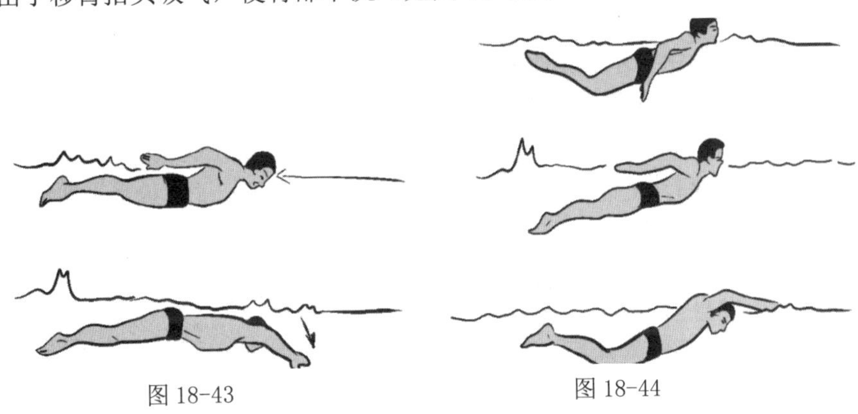

图 18-43　　图 18-44

以上 4 个因素所形成的身体上下波浪状摆动是有节奏和自然的。它有利于身体各部分的协调配合，使身体始终保持在较高的位置，形成较好的流线型，同时给两臂划水和打腿创造了有利的条件。

2. 躯干和腿的动作

海豚泳打水时，两腿自然并拢，双脚掌稍向内旋成八字，当两腿在前一次划水周期向下打水结束后，两脚处于最低点，膝关节伸直，臀部上升至水面，髋关节约屈成 160° 角（见图 18-45①），然后两腿伸直向上移动，髋关节渐渐展开，臀部下沉（见图 18-45②～④）。当两腿继续向上时，大腿开始下压，膝关节随大腿下压动作自然弯曲。大腿继续加速向下（见图 18-45⑤），随着屈膝程度增加，脚抬起接近水面，臀部下降到最低点，膝关节屈成 110° ～130° 角时，脚向上抬到最高点；并准备向下打水（见图 18-45⑥）。当脚向下打水时，踝关节放松，脚面绷直，此时为海豚泳打腿产生推进力的最有利阶段，然后脚面和小腿随着大腿加速下压的动作，使脚面和小腿加速向后推水。当两脚继续加速向下打水尚未结束时，大腿又开始向上移动，当膝关节伸直时向下打水的动作即结束（见图 18-45⑦）。

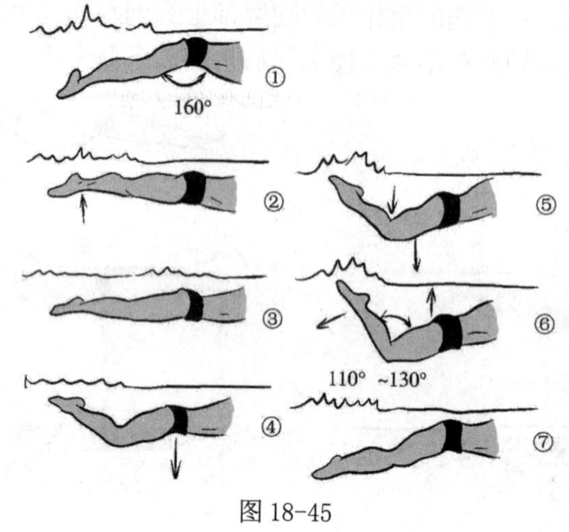

图 18-45

3. 臂部动作

海豚泳中臂的技术：两臂在头前入水，同时沿着身体两侧做曲线向后划水，划水结束时，两臂经空中前移再做第二次划水。

海豚泳中臂的动作是由入水、抱水、划水、推水、出水和空中移臂六部分组成的。

（1）臂入水。海豚泳入水动作有宽入水和窄入水两种类型。现代海豚泳技术中，多采用与同肩宽的肩前入水技术，入水点距肩较近，同时手掌斜插入水，手掌与水面成 45° 角。其优点在于：臂入水后，略向外下侧抓水即可进入抱水和划水阶段，手掌与水平面成一定角度，可以减少手掌带进气泡并能迅速划水，有利于加快动作频率和做高肘划水动作。

臂入水时，手掌领先，小臂、大臂依次入水，入水后不宜向前伸和过分做潜水动作，否则会形成大波浪和引发身体上下起伏现象。

（2）抱水和划水。当两臂入水后，手和前臂内旋向侧下方抓水，接着两臂逐渐向内弯曲，高抬肘，使手掌和前臂成主要的对水面，在进入划水阶段时，使肘保持在较高位置，随后前后做加速划水动作，在划水的前半部分，上臂内旋动作和逐步加大屈臂动作是同时进行的。当两臂划至肩下方时，小臂与大臂之间的角度成 90° ～100° 角。然后，手掌、前臂、大臂继续加速向后推水。在推水过程中，小臂和大臂的角度逐渐加大。划至腹下时，两手距离最近，然后两手弧形向外推水而结束整个划水动作（见图 18-46）。两臂的划水路线是两条对称曲线，优秀运动员一般采用的划水路线，是在抓水后立即使手掌和前臂对好水，向内划水划至头的下方时，两手距离最近，然后加速向后划。这种划水的路线好似钥匙洞，故称之为“钥匙洞”型划水路线。这种技术需要强大的臂力。

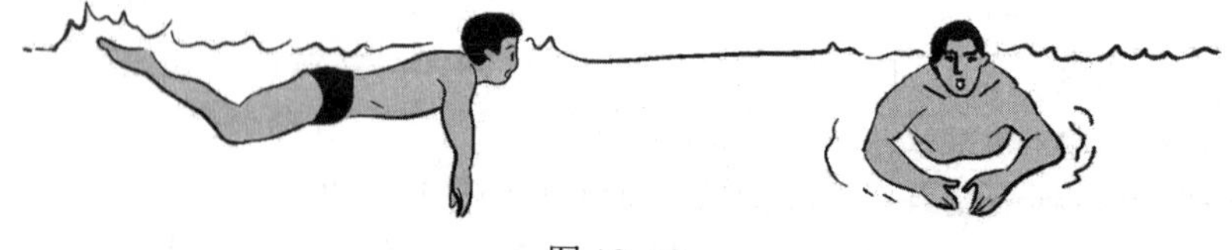
图 18-46

（3）出水。当两臂划至髋部两侧时，利用推水的惯性迅速提肘出水，在两臂推水尚未结束时肘已开始做向上提的动作，它是由于后半部划水产生的加速度，而使两臂做弧形的向外推水动作，并把从划水至推水时产生的动能，移到了提肘出水和空中移臂上（见图 18-47）。

（4）空中移臂。当推水结束提肘出水后，双臂即由空中前移，开始移臂时，肘微屈，手掌向上，肘先于手出水，两臂放松，内旋沿身体两侧低平抛物线前摆（见图 18-48）。整个动作在开始时稍用力，利用臂推水的惯性向前提肘出水。移臂时速度要快，否则会造成躯干下沉。

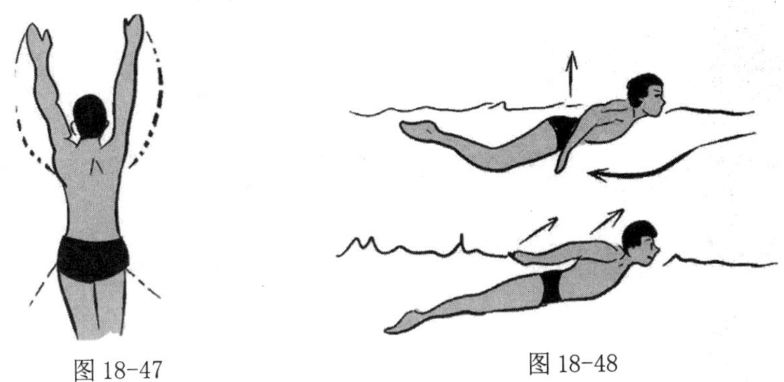

图 18-47　　图 18-48

肩关节的灵活性对移臂动作起着重要作用，开始移臂时肩关节上提，肩胛骨并拢，然后向前转肩，肩关节灵活性好的运动员可以迅速且轻松地完成这个动作。

4．呼吸动作

海豚泳的呼吸是与臂动作配合进行的，海豚泳时借助两臂推水时的惯性，同时使头部抬起，口露出水面吸气；吸气时肩部应保持在水中。

（1）海豚泳的呼吸。一般采用臂划水 1 次、呼吸 1 次。目前海豚泳的呼吸方法一般是晚呼吸。

（2）晚呼吸。在划水后 1/3 时进行，运动员在划水的主要阶段，就已开始抬头，肩部升高，当两臂划至过身体的垂直线到推水时，脸部几乎完全出水，并开始吸气，吸气一直持续到两臂完成推水动作和开始提臂时，颈部应该弯曲，低头入水。晚呼吸的优点是：在身体位置升高时吸气，能使身体保持相对的水平，阻力小。海豚泳的呼吸与两臂配合，除上述以外，为提高速度和身体位置平稳创造条件，很多运动员采用划水 2 次、吸气 1 次的配合方法。也有的运动员在出发后和冲刺时采用闭气游的方法。

5．臂腿配合运动

海豚泳配合技术应该是速度均匀，节奏明显，每次打水的间歇时间大致相同，打水连贯有力。当前运动员多采用 2∶1∶1 的配合技术。

臂腿配合方法是：两臂入水时做第一次向下打水（见图 18-49①～④）。臂抓水时，腿向上（见图 18-49⑤⑥）。当两臂划至胸、腹下部时，开始做第二次向下打水，臂推水结束，打水结束（见图 18-49⑦～⑩）。移臂时腿又向上准备做下一周期的打水动作。

臂入水时做第一次打水动作，能较好地发挥躯干和腿的作用，保持游进时良好的均匀速度并能减少移臂时身体下沉；当两臂划至腹下时，开始做第二次打水，这时游进速度比较快，身体位置也比较高，做第二次打水不仅能产生推进力，而且可以使下肢得到支撑，使身体升高，身体成较好的流线型，可增强划水效果，这种配合形式称为连贯配合技术，为大多数运动员所采用。

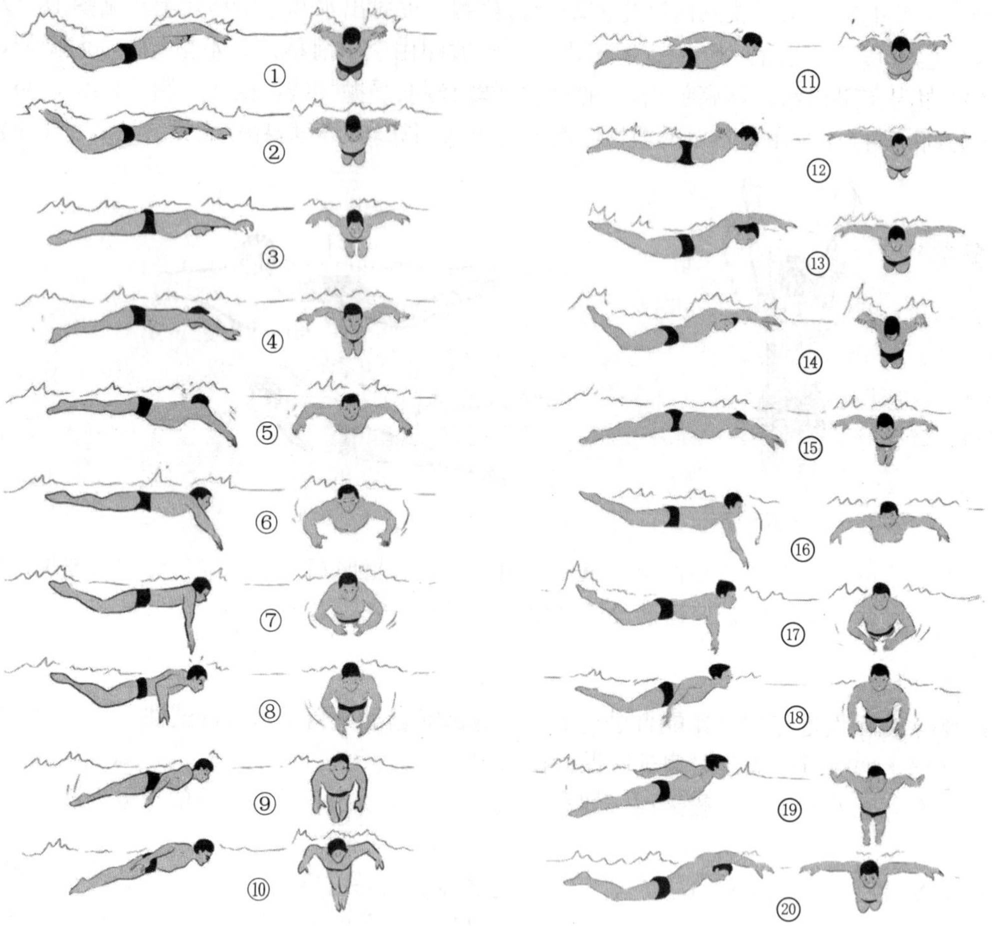

图 18-49

# 第三节　游泳安全与卫生常识

## 一、参加游泳运动的注意事项

学习和掌握游泳安全卫生常识是防止溺水事故、增进健康、保障游泳训练正常进行的一项重要措施。安全卫生工作，人人有责。为此，每位游泳者都要予以高度重视，需要注意的内容如下。

（1）游泳前应进行身体检查，防止患病者游泳时发生意外，同时也避免传染他人。

（2）患有传染性肝炎、活动性肺结核、细菌性痢疾、化脓性中耳炎、心脏病、精神病、皮肤病、严重沙眼以及其他传染病者，不得游泳；女性月经期暂不要游泳。

（3）下水游泳前，要充分做好准备活动，使身体各个部位的肌肉、关节及内脏器官、神经系统都进入活动与兴奋状态，让身体适应激烈的运动和低温水的刺激。

（4）遵守游泳池（场）的规定，要在指定的区域内游泳。游泳者要有同伴，以便互教互学，互相照顾。初学游泳者不得到深水区学游泳。

（5）注意公共卫生，淋浴后方可下水，不准在水中吐痰和便溺，不要租借他人游泳衣（裤）。

（6）出现头晕、恶心、冷战等异常情况时，应及时出水。

（7）出水后淋浴，然后擦干身体，穿衣保暖。

（8）在天然浴场游泳，必须选择水质干净的地方。要注意水的深度、流速，不要越过安全标志线，不要在有血吸虫、漩涡、淤泥、水草、杂石、水质污染及船只来往频繁的航道游泳。

## 二、冬季游泳

入冬后，越来越多的游泳爱好者开始尝试冬泳。但仍有许多人在观望，不知冬泳是否适合自己练，担心会不会留下后遗症。其实，这种担心是不必要的。研究表明，冬泳能够促使血液循环和新陈代谢加快，有利于体内废物和毒素排出体外。同时，人体内各种器官得到合理锻炼，除能增强机体免疫力外，还可以增强心肺功能，提高神经内分泌的调节作用，活跃微循环。

经常冬泳的人反应迅速，思维敏捷，适应能力强。很多冬泳爱好者表示，冬泳健身效果好，见效快，坚持冬泳后，吃得香、睡得好、精力充沛。冬泳后人会有一种振奋感，能大大缓解紧张的情绪，使人情绪高昂；冬泳还可以减轻风湿病患者的疼痛，增强其承受病痛的能力，并且不易感冒，对功能性心血管病、慢性支气管炎、胃肠病、哮喘等也有一定的抑制作用。虽然冬泳有巨大的健身价值，但冬泳时既要接触低气温和冷水的刺激，又要在水中进行运动，对人体的刺激非常大，因此，冬泳必须严格遵循科学的方法。

## 三、游泳救护知识

游泳救护工作是保障人身安全的一项重要措施。因此，在组织游泳活动的同时，要加强救护工作，进行安全教育，学会和掌握一定的游泳救护知识和技术。

游泳-水中救生

（1）树立舍己为人的精神。游泳救护，人人有责。

（2）利用救生器材进行救护。由于水域不同，出现事故的情况也不同。

（3）直接入水救护。在周围无救生器材或不便使用救生器材的情况下，应果断迅速地跳入水中进行救护。

（4）自我救护的方法在游泳中，由于肌肉发生强制性收缩，有可能引起抽筋现象。抽筋的部位主要是小腿和大腿，有时手指、脚趾甚至胃部也会发生抽筋。

（5）防呛水。避免呛水的办法主要是掌握正确的水中呼吸。

# 第十九章　啦　啦　操

**学习目标**

（1）了解啦啦操运动的基本常识。

（2）掌握啦啦操运动的基本技巧。

## 第一节　啦啦操的起源与发展

### 一、国外啦啦操的起源与发展

啦啦操是指在音乐伴奏下，通过运动员集体参与完成复杂、高难度的基本手位与舞蹈动作、该项目特有难度、过渡配合等动作内容，充分展示团队高超的运动技巧，体现青春活力、积极向上的团队精神，并努力追求最高团队荣誉感的一项体育运动。

啦啦操是所有与呐喊助威目的有关的社会文化活动的总称，是在音乐的伴奏下，以徒手或手持轻器械的技巧动作或舞蹈动作为载体，以团队的组织形式出现，为比赛助威、调节紧张对抗的比赛气氛，旨在体现团队意识与集体主义精神，反映朝气蓬勃的精神面貌，是一项具有竞技性、观赏性、表演性等特点的体育运动。

啦啦操原名 cheer leading，其中 cheer 一词有振奋精神、鼓舞士气的意思。

在古希腊的第 1 届奥运会上，观众为参加比赛的运动员呐喊助威，其形式类似于啦啦操的原始形态。进入 19 世纪 60 年代，英国的学生开始在比赛场地旁为运动员加油助威，19 世纪 70 年代，第一个啦啦队俱乐部在美国普林斯顿大学成立。1898 年，美国明尼苏达大学的一年级医学专业学生约翰尼・坎贝尔带领六名男生组建了世界上第一支啦啦队，为明尼苏达大学橄榄球队加油助威，约翰尼・坎贝尔成为历史上第一位啦啦队队长，并被称作“呼喊王”“呐喊领袖”。

20 世纪，啦啦操的表演形式开始逐渐丰富起来，喇叭筒在啦啦操中开始流行，在大学和高中开始用纸制作线球作为道具进行啦啦操表演。随着女性在啦啦操中发挥的作用越来越重要，开始将体操、舞蹈等动作融入其中。1948 年，第一个啦啦操组织——国家啦啦操协会（NCA）成立，由 52 名女孩组成，并创立了口号、标语，设计了丝带和扣环。到了 20 世纪五六十年代，学院啦啦队开始有自己的培训教程和培训班，教授基本的啦啦操技巧，并得到大力推广。进入 20 世纪 70 年代，啦啦操除了为足球和篮球助威外，开始逐渐涉及学校所有项目。1978 年春天，哥伦比亚广播公司通过电视第一次向全国转播学校啦啦操评选赛事，从此，啦啦操开始作为一项运动为人们所认识。20 世纪 80 年代初，啦啦操开始跨越美国国界，向世界传播，并建立统一的啦啦操标准，出于安全考虑，剔除了许多危险的翻转和叠罗汉动作。1984 年，英国成立了啦啦操协会，并与美国国家啦啦操协会合作，积极发展啦啦操运动，成为欧洲最大的啦啦操组织。在英国啦啦操运动的激励及美国啦啦操协会的帮助下，啦啦操在欧洲其他一些国家中迅速传播。许多国家为了正确引导和规范管理啦啦操运动，也成立了他们自己的啦啦操协会，如奥地利、芬兰、德国、卢森堡、挪威、斯洛文尼亚、瑞典和瑞士等。1988 年，美国啦啦操传到日本，在其发展之初便成立了日本啦啦操协会，统一规范管理，取得了良好的效果。直至 20 世纪 90 年代，全明星队出现，队员从小开始练习体操动作，训练的目的就是为了比赛。1998 年，国际啦啦操联盟成立，其成员有澳大利亚、丹麦、芬兰、德国、匈牙利、日本、挪威、俄罗斯、塞尔维亚、斯洛文尼亚、瑞典、乌克兰、英国、美国和中国台湾地区。总之，经过短短 20 多年的发展，啦啦操迅速传到世界各地。到了 2008 年，全世界至少有 48 个国家和地区开展了啦啦操运动，参加人数超过了 600 万，仅美国参加啦啦操运动的人数就超过了 300 万。

2001 年举行了第一届世界啦啦操锦标赛，标志着啦啦操正式晋升为世界性竞赛项目。

## 二、中国啦啦操的起源与发展

中国通过美国的职业篮球联赛（NBA）认识和了解了啦啦操运动。在美国的啦啦操发展过百岁“寿辰”后，中国较正式的啦啦操比赛也悄然兴起。啦啦操在我国还是一项新兴的体育运动项目，但自传入后很快就得到了广大青少年的喜爱，而且在全国的很多赛事中都可见到啦啦操的表演，尤其是 1998 年中国大学生篮球联赛（CUBA）诞生以来，当代大学生的精神风貌和竞技水平得到了充分的展示，激情四射和富有情感的各高校啦啦操表演，给观众留下了深刻印象，也成为篮球场上一道独特的风景线，揭开了啦啦操的中国发展之路。

2001 年，在广州举办了首届全国大学生啦啦操大赛并获得圆满成功，使中国亿万青少年享受到了啦啦操运动带来的乐趣，从此啦啦操运动在中国全面展开。2001 年 9 月 28—30 日，在广州举行了“统一冰红茶迎九运会啦啦操挑战赛”，这是国内首次举办啦啦操比赛，充分展现了大学生青春、动感、健康的精神风貌，标志着啦啦操文化在中国体育史上写下了第一页。

2003 年，我国啦啦操运动的动作内容定义为：以徒手的舞蹈动作及采用彩丝、花球等为道具的舞蹈动作的表演形式，人数为 9～12 人，性别不限，禁止一切抛接动作和空翻动作。由于刚起步，啦啦操的表演形式及舞蹈内容较为单一，仅仅局限于健美操基本动作。自 2004 年以后逐渐加入有节奏的口号、多元素的音乐节拍以及多元化的编排，使啦啦操的发展有了新的飞跃。随后，首次推出了中国啦啦操专业教师、评判员认证系统及啦啦操规定套路。至此，我国啦啦操开始走向正规化发展。

2005 年 6 月，中国蹦床技巧协会第一次举办啦啦操竞赛，从此，中国啦啦操在中国大学生体育协会健美操艺术体操分会与中国蹦床技巧协会这两大机构的大力倡导与推广下蓬勃发

展起来。

2006 年，首届中国全明星啦啦操锦标赛在武汉举行，胜出的六支队伍代表中国出征 2007 年美国奥兰多世界啦啦操大赛，中国啦啦操在国际上崭露头角，捧回了国际女生公开组亚军的奖杯，此后每年我国都选派啦啦队参赛，均获得较好成绩。

为推广、丰富健身活动内容，教育部体育卫生司与艺术教育司于 2006 年联合推出了《系列校园青春健身操》（两套健身操、两套啦啦操），并每年在全国举行“肯德基杯”青少年校园青春健身操分区赛、总决赛等系列活动，从此，啦啦操运动得到了迅速的普及和推广。

2007 年 7 月，北京奥运会体育展示现场表演，啦啦操选拔赛在全国 23 个省市以及香港地区展开，这场历时半年的啦啦队选拔赛引起了全国的普遍关注。同年 12 月，中国学生啦啦操艺术体操协会正式成立并将啦啦操列为体育竞赛项目，从此，啦啦操运动在中国体育赛事中崛然而起。

借 2008 年北京奥运会的契机，第 29 届奥运会组委会文化活动部与国家体育总局体操运动管理中心联合主办了“北京奥运会体育展示现场表演啦啦操选拔比赛”，吸引了不同年龄的爱好者参与，将中国啦啦操运动推向了高潮。

2009 年，“健力宝亚运啦啦队全国选拔赛”在全国 30 个省市、300 余个大中型城市、1 000 多所高校中陆续启动，上万人参加到这场体育盛会中来。“啦啦操风”刮遍华夏大地，中国啦啦操队伍迅速壮大。2009 年啦啦操协会组织与 CCTV 共同举办的“全国啦啦操宝贝选拔赛”在西安、大连、青岛、广州等十余个城市进行了初赛、复赛、决赛。从参赛人数、动作风格、比赛服装、运动员水平中反映出啦啦操项目在我国已被大学生广泛接受，并受到较高的重视。相比 2009 年的比赛，2010 年的“青岛啤酒杯炫舞青春全国啦啦宝贝选拔赛”让人们看到了啦啦操技术的发展，看到了啦啦操内容的快速提高创新，更看到了啦啦操在中国发展的前景。同年在国家体育总局体操运动管理中心的领导和组织下，充分参照国际啦啦操组织编写的规则和基础，结合我国啦啦操运动开展的实际情况，由国内啦啦操专家团队编写的具有中国特色的竞赛规则——《2010—2013 年全国啦啦操竞赛规则》正式颁布，此规则旨在推动啦啦操运动的普及与发展，并充分体现了前瞻性、导向性和兼顾性的特点。此后，全国啦啦操教练员、裁判员魔鬼训练营陆续开班，这一系列活动使啦啦操成为风靡全球的一项体育文化运动，并受到了世界各国的高度关注。2014 年 5 月 1 日起开始执行《2014 年版啦啦操竞赛规则》，其包含了《国际啦啦操规则》《全国啦啦操比赛规定动作评分办法》《全国啦啦操比赛校园课间啦啦操评分办法》《全国啦啦操比赛广场操（舞）比赛评分办法》《“中国啦啦之星”争霸赛评分办法》《中国明星啦啦队选拔办法》，共一个规则五个评分办法。

## 第二节　啦啦操的分类

我国啦啦操及啦啦队的分类方式繁多，分类方法也各不相同。按活动的目的分为竞技性啦啦操和表演性啦啦操两种；按实施的场所分为看台啦啦操和场地啦啦操两种；按表演形式分为轻器械啦啦操和徒手啦啦操两种；按动作性质分为舞蹈啦啦操和技巧啦啦操两种；按发展形势分为公益性啦啦操和非公益性啦啦操两种；按竞赛种类分为全国锦标赛、冠军赛、系列赛、大奖赛、全国体育大会啦啦操比赛等各种赛事活动。目前，我国以按目的分类的方法最为常用（见图 19-1）。

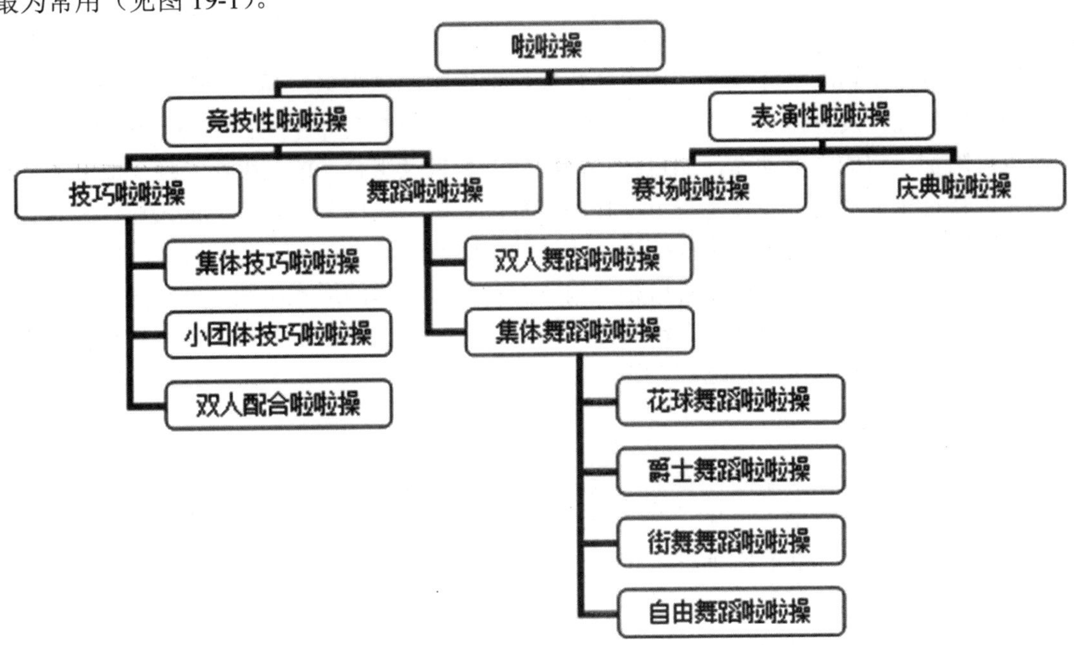


图 19-1 啦啦操的分类

## 一、竞技性啦啦操

竞技性啦啦操作为体育活动的主体，是以参加竞技比赛为目的，在音乐的衬托下，通过队员完成高超的啦啦操难度动作，结合各种舞蹈元素，体现青春活力、健康向上的团队精神，追求最高团队荣誉感而进行的体育运动。竞技性啦啦操分为舞蹈啦啦操和技巧啦啦操两大类别。

### 1. 舞蹈啦啦操

舞蹈啦啦操是一项在音乐伴奏下，运用多种舞蹈元素的动作组合，结合转体、跳步、平衡与柔韧等难度动作以及舞蹈的过渡连接技巧，通过空间、方向与队形的变化表现出不同的舞蹈风格特点，强调速度、力度与运动负荷，展示运动舞蹈技能以及团队风采的体育项目。舞蹈啦啦操分为集体舞蹈啦啦操和双人舞蹈啦啦操，其中集体舞蹈啦啦操包括花球舞蹈啦啦操、爵士舞蹈啦啦操、街舞舞蹈啦啦操和自由舞蹈啦啦操。

（1）花球舞蹈啦啦操。花球组别不允许使用道具，花球的使用应占成套的 80%～100%。若有男性队员参加该项目，则不要求他们使用花球。花球舞蹈啦啦操结合啦啦操基本手位、个性舞蹈、难度动作、舞蹈技巧等动作元素，展现干净、精准的运动舞蹈特征以及良好的花球技术运用技巧，整齐一致，层次、队形不断变换等集体动作视觉效果。花球舞蹈啦啦操的技术特征主要体现为肢体动作通过短暂加速、制动定位来实现啦啦操特有的力度感；动作完成干净利落；在运动过程中重心稳定、移动平稳，身体控制精确、位置准确，并通过动作的强度和快速发力突出运动舞蹈的特征。

（2）爵士舞蹈啦啦操。成套动作由爵士风格的舞蹈动作、难度动作以及过渡连接动作等内容组成，通过队形、空间、方向的变换，同时附加一定的运动负荷，表现参赛运动员的激情以及团队的良好运动和舞蹈能力。动作技术特征主要体现为肢体动作由内向外的延伸感；

通过延伸制动实现爵士舞蹈啦啦操特有的力度感；通过动作松弛有度的强度突出运动舞蹈的特征。

（3）街舞舞蹈啦啦操。成套动作以街舞风格的舞蹈动作为主，强调街头舞蹈形式，注重动作的风格特征以及身体各部位的律动与控制，要求动作的节奏、一致性，与音乐和谐一致，同时也可附加一定的强度动作，如包括不同跳步的变换及组合，或其他配合练习。街舞啦啦操的技术特征主要体现为肢体多关节动作短暂加速、制动定位来实现特有的力度感；动作完成干净利落、身体控制精确、位置准确并通过动作松弛有度的强度突出运动舞蹈的特征。

（4）自由舞蹈啦啦操。以某种区别于爵士、花球、街舞的形式出现，同时具有啦啦操舞蹈特征的其他风格特点、形式的运动舞蹈，是具有一定的民族或地域特色的啦啦操。如各种具有民族舞风格特点的运动舞蹈。

#### 2. 技巧啦啦操

技巧啦啦操是指在音乐的伴奏下，以跳跃、托举、叠罗汉、筋斗、抛接和跳跃等技巧性难度动作为主要内容，配合口号、啦啦操基本手位、舞蹈动作及过渡连接等，充分展示运动员高超的技能技巧的团队竞赛项目，包含翻腾、托举、抛接、金字塔等难度动作。其动作比较随意，用力方向向下，音乐节奏要求明快、热情、动感、奔放，并富于震撼力和感染力。技巧啦啦操竞赛项目包括集体技巧啦啦操自选套路、小团体技巧啦啦操自选套路和双人配合啦啦操自选套路。

（1）集体技巧啦啦操。在音乐的伴奏下，以跳跃、翻腾、托举、抛接、金字塔组合等技巧性难度动作为主要内容，配合口号、啦啦操基本手位及舞蹈动作，充分展示运动员高超的技能技巧，参加队员为 8～24 人的团队竞赛项目。

（2）小团体技巧啦啦操。在音乐的伴奏下，四人或五人在成套动作中以托举、抛接这两类难度动作为主要内容，充分利用多种上架、下架动作以及过渡连接动作进行空间转换、方向与造型的变化，展示小团体高超的技能技巧。

（3）双人配合啦啦操。在音乐的伴奏下，由两人在规定时间内完成托举的动作。

### 二、表演性啦啦操

表演性啦啦操作为活动的客体，是以活跃赛场气氛、鼓舞双方士气、振奋观众情绪，让整个比赛更加精彩和激烈为目的的集体活动，可分为赛场啦啦操和庆典啦啦操两类。

#### 1. 赛场啦啦操

赛场啦啦操即人们常说的“场间啦啦操”，源于橄榄球比赛场边的呼喊，并伴随着橄榄球运动的流行而发展。赛场啦啦操主要在比赛中间休息时进行，目的是活跃赛场气氛、鼓舞双方士气、振奋观众情绪，让整个比赛更加精彩和激烈。随着啦啦操影响的扩大，它已不局限于为某项运动表演助兴，而是广泛地为多项运动服务。高水平的啦啦队表演能够提高体育赛事的精彩性，其自身也具有较强的观赏性，是赛场文化的一个组成部分。

#### 2. 庆典啦啦操

庆典啦啦操是在各种庆祝活动、社区活动、开幕典礼、游行宣传以及慈善活动中进行的啦啦操表演，其目的是为各种庆典活动进行预热及烘托庆典气氛。

# 第三节　啦啦操的特点

啦啦操至今已有一百多年的历史。因其独特的技术风格和热情奔放的表演，受到了世界各国人民的青睐。与其他体育项目相比，啦啦操具有以下特点。

## 一、啦啦操的技术特点

（1）啦啦操上肢的发力点在前臂，手臂的32个基本手位均在肩关节前制动，发力速度快，制动时间短，制动之后没有延伸，身体控制精确，位置准确。

（2）啦啦操动作内容丰富，所有的手臂动作都必须严格按照32个基本手位的标准来完成，没有固定的基本步伐。

（3）啦啦操动作重心较低，在做动作的过程中膝关节不完全伸直，保持微微弯曲的状态，重心稳定，移动平稳。

（4）啦啦操动作完成干净利落，具有清晰的开始和结束，肢体运动中直线动作曲直分明，弧线动作蜿蜒流畅，具有很高的欣赏价值和艺术价值。

（5）啦啦操三维空间高低起伏突出，队形变化多样，能够充分利用场地空间。

（6）啦啦操音乐风格多样，旋律优美，气氛热烈，节奏快慢有致，强弱有别。

（7）啦啦操服装款式各异，绚丽多姿。

## 二、啦啦操的团队特点

### 1. 啦啦操项目的团队精神

啦啦操区别于其他项目的显著特点是团队精神。啦啦操是一个特殊的集体项目，要求队员在展示个体不同能力的基础上，注重与其他队员间的相互协调配合来完成基本动作及翻腾、抛接、托举、金字塔等不同难度的动作。各队员在整套动作的完成中均能在不同的位置扮演不可或缺的角色，强调整个团队完成动作的高度一致性，包括动作一致性、口号一致性、难度动作配合一致性，以营造队员间相互信任的集体氛围，健康向上的团队精神，激励运动员高昂的斗志，提高团队整体的凝聚力，追求最高团队荣誉感，形成一种风险共担、利益共享的团队精神。

### 2. 啦啦操项目的集体精神

一套完美流畅的啦啦操，需要依靠队员间的集体协作来完成，这是啦啦操运动有别于其他运动项目的显著特征。所有队员通过相互协调队员通过相互协调配合共同完成口号、各种动作、难度以及转换不同队形，营造互相信任的组织气氛，激励运动员高昂的斗志，提高团队整体的凝聚力。一场表演或比赛的完美完成需要队员成百上千遍，甚至上万遍的不断重复练习，而啦啦操这一集体协作的项目特点对啦啦操运动员也会产生潜移默化的影响。经过啦啦操项目的专业训练，队员之间不仅能够在训练、比赛时积极发挥各自的作用，通过团队协作取得表演或比赛的胜利，还可以将这种集体精神迁移到日常生活、工作、学习等方面，而这种集体精神是人们踏入社会、走向成功的基石。

## 三、啦啦操的文化特点

啦啦操文化是基于啦啦操运动发展形成的，以表现青春活力、健康向上、团队精神、合作意识为目的的一种体育文化，其文化特点主要体现在以下方面。

### 1. 啦啦队口号

啦啦操区别于其他运动项目，不需要战胜对手的身体对抗，也不需要通过竞争时间和分数赢得比赛，而是依靠队员的热情吸引观众的注意。除了基本动作、技术技巧外，口号也是提高队员的气势、传达表演者激情与活力的特殊意义的工具。

"Rah, Rah, Rah! Sku—u—mar, Hoo—Rah! Hoo—Rah! Varsity! Varsity! Varsiyt, Minn—e—So—Tah!"，这是在 1898 年美国明尼苏达大学的冬季橄榄球赛上，由约翰尼·坎贝尔带领大家喊出的口号，并从此拉开了啦啦队口号发展的序幕。

啦啦队口号一般由具有特殊意义的字、词或短句组成几句或几段简洁、生动、朗朗上口的号召性语言。组成口号的词语或句子大多来自于大会主题、本队或本单位名称、颜色、标志物等，口号多具有鼓动性、号召性、激励性、提示性、宣传性、针对性等特点。通过啦啦队的口号表达啦啦操的主题思想与团队精神，达到振奋人心、鼓舞士气的效果。

啦啦操比赛中对口号也有固定要求。

技巧啦啦操：啦啦操竞赛规则规定，成套动作创编内容中要求有 30s 口号组合。

舞蹈啦啦操：在啦啦操成套动作中，不允许出现口号、颂唱，可佩戴些简单的配饰。

啦啦队口号对现场的鼓动也有具体的要求。

（1）口号使用有激励性和互动性的语言，内容必须健康、文明，积极向上。

（2）全队人员共同参与，与赛场观众互动，形成场上场下呼应的效果。

（3）口号与动作相结合，配合队旗、吉祥物、标志牌等道具与赛场观众互动。

### 2. 啦啦队吉祥物

吉祥物是每一支啦啦队必须拥有的卡通人物。吉祥物一般出自各支参赛队伍对能代表本队特点的动物或当地稀有的动物进行包装设计出的产物。无论是在 NBA、CUBA 等篮球比赛的赛场上，还是在各种盛会的开闭幕式等场合，在啦啦队表演的同时，都会有代表本队的吉祥物在赛场周围同时进行表演，成为表演的一部分融入啦啦队的表演中。吉祥物的表演吸引观众的眼球，活跃赛场的气氛，娱乐观众的情绪，成为啦啦操表演的一大特色。吉祥物是构成啦啦操运动项目参赛队伍形象特征的主要成分，是啦啦操文化传播的重要载体。

### 3. 啦啦操与传统文化

啦啦操内容丰富多彩，形式多种多样，通常融汇着大量本国或本土的传统文化，是体育与传统文化相结合的典型代表，在北京奥运会期间，我国啦啦队的表演除了有融合街舞、机械舞等元素的啦啦操外，有的还融入了传统中国元素和现代竞技比赛的节奏，有剑舞、藏舞、京剧水袖、长绸舞、水兵啦啦操、苗族反排、杂技等，不仅在动作编排中融入了大量的中国色彩，配乐也加入了一些武术的旋律作为前奏，比赛服装配以吉祥的龙凤图案、京剧服饰、水袖、长绸等。这些元素融合在一起，形成了独特的具有现代、时尚、快节奏又有中国特点的啦啦操，这是竞技啦啦操运动和中国传统文化的完美结合。

4. 啦啦操运动与校园体育文化

高等院校是啦啦操运动得以蓬勃发展的沃土，啦啦操运动以学校为发展阵地并非偶然，这与该运动本身的要求和高等院校的特点相吻合，高等院校的强大师资为啦啦操运动的广泛开展提供了平台与载体。啦啦操运动讲究集体风貌和团队精神，而校园中的莘莘学子有组织、懂纪律，富有青春、满怀激情，为啦啦操运动的发展创新创造了得天独厚的条件。啦啦操运动以校园为其生存的土壤，互相促进、相得益彰，校园体育文化建设对啦啦操运动有良好的导向作用，丰富多彩的校园体育文化，如大学生篮球联赛、足球联赛等，也为啦啦操的表演提供了广阔的舞台。

# 第四节 啦啦操基本技术

## 一、32 个基本手位动作及规格

啦啦操手臂动作是有着特殊规定和要求的，运动员必须按照规定的 32 个手位进行动作。

啦啦操-基本动作

要求所有的啦啦操基本手位动作都锁肩并制动于体前。

（1）上 M（up M）：两臂肩上屈，手指触肩，肘关节朝外（见图 19-2）。

（2）下 M（hands on hip）：两手叉腰于髋部，握拳，拳心向后（见图 19-3）。

（3）W（muscle man）：两臂肩上屈，肘关节成 90°，握拳，拳心相对（见图 19-4）。

图 19-2

图 19-3

图 19-4

（4）高 V（high V）：两臂侧上举握拳，拳心向外（见图 19-5）。

（5）倒 V（low V）：两臂侧下举握拳，拳心向内（见图 19-6）。

图 19-5

图 19-6

（6）T（T）：两臂侧平举，握拳，拳心向下（见图 19-7）。

（7）斜线（diagonal）：一臂侧上举，一臂侧下举，握拳，成一斜线（见图 19-8）。

（8）短 T（half T）：两臂胸前平屈握拳，拳心向下（见图 19-9）。

图 19-7　图 19-8　图 19-9

（9）前 X（front X）：两臂交叉于体前，拳心向下（见图 19-10）。

（10）高 X（high X）：两臂交叉于头前上方，拳心向前（见图 19-11）。

（11）低 X（low X）：两臂交叉于体前下方，拳心向斜下（见图 19-12）。

（12）屈臂 X（bend X）：前臂交叉于胸前，拳心向内（见图 19-13）。

图 19-10

图 19-11

图 19-12

图 19-13

（13）上 A（up A）：两臂上举，拳心相对（见图 19-14）。

（14）下 A（down A）：两臂胸前下举，拳心相对（见图 19-15）。

（15）加油（applauding）：两手握式击掌于胸前，肘关节向下，手低于下颌（见图 19-16）。

图 19-14

图 19-15

图 19-16

（16）上 H（touch down）：两臂上举与肩同宽，拳心相对（见图 19-17）。

（17）下 H（low touch down）：两臂前下举，拳心相对（见图 19-18）。

（18）小 H（little H）：一臂上举，另一臂胸前屈，握拳，拳心向内（见图 19-19）。

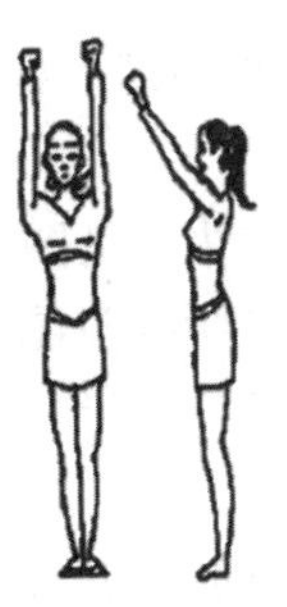
图 19-17

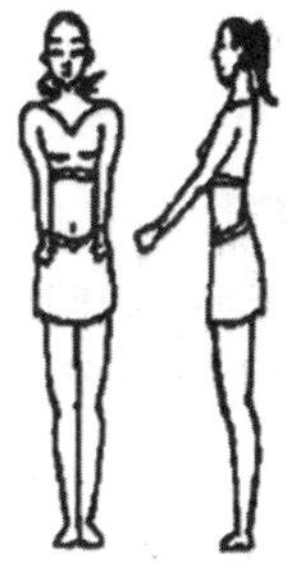
图 19-18

图 19-19

（19）L（L）：一臂握拳，拳心向内，另外一臂侧举握拳，拳心向下（见图 19-20）。

（20）倒 L（low L）：一臂侧举，另一臂前下举握拳，拳心向下（见图 19-21）。

图 19-20

图 19-21

（21）K（K）：一臂前上举，另一臂前下举，握拳，拳心相对（见图 19-22）。

（22）侧 K（side K）：弓步或开立，手臂同 K（见图 19-23）。

图 19-22

图 19-23

（23）R（7R）：一手在头后屈，拳心向内，另一手向前下冲拳，做 K 的一半，拳心向下（见图 19-24）。

图 19-24

图 19-25

图 19-26

（24）弓箭（bow and arrow）：一臂胸前平屈，前臂低于上臂，另一臂侧平举。两手握拳，拳心向下（见图 19-25）。

（25）小弓箭（bow）：一臂侧平举，拳心向下，另一臂胸前屈，拳心向内（见图 19-26）。

（26）高冲拳（high punch）：一臂前上举，拳心向内，另一手叉腰，拳心向后（见图 19-27）。

（27）侧下冲拳（low side punch）：一手叉腰拳心向后，另一臂做下 V 的一半，拳心向后（见图 19-28）。

（28）斜下冲拳（low cross punch）：左手叉腰为例，右臂左前下冲拳，拳心向下（见图 19-29）。

（29）斜上冲拳（up cross punch）：左手叉腰为例，右臂左前上冲拳，拳心向下（见图 19-30）。

图 19-27

图 19-28

图 19-29

图 19-30

（30）短剑（half dagger）：左手叉腰为例，右臂胸前屈，拳心向内（见图 19-31）。

（31）侧上冲拳（high side punch）：左手叉腰为例，右臂侧上冲拳，拳心向外（见图 19-32）。

（32）X（X）：双腿开立，两臂头后平屈，拳心贴头，肘关节向外（见图 19-33）。

图 19-31

图 19-32

图 19-33

## 二、常用下肢动作基本技术及规格

啦啦操-分解动作

啦啦操常用下肢基本动作包括如下内容。

（1）立正站：直立，两腿并拢，手臂贴于体侧（见图 19-34）。

（2）军姿站：直立，脚跟并拢脚尖外开，两手背于体后（见图 19-35）。

（3）弓步站：前腿弯曲，后腿伸直，重心在两腿之间，两手背于体后（也有后腿弯曲的弓步站）（见图 19-36）。

图 19-34

图 19-35

图 19-36

（4）侧弓步站：一腿弯曲支撑，另一腿伸直侧点地，重心在支撑腿上（见图 19-37）。

（5）锁步站：两腿弯曲，一腿交叉于另一腿前（见图 19-38）。

（6）吸腿站：一腿直立，另一腿屈膝抬起，大小腿保持 90°（见图 19-39）。

图 19-37

图 19-38

图 19-39

## 三、常用手型及规格

胜利（victory）：握拳，食指和中指伸直成 V 字形（见图 19-40）。

力量（fist）：拇指握于四指（见图 19-41）。

喝彩（open palm）：十指用力张开（见图 19-42）。

酷（cool）：中指和无名指弯曲，其他三指自然张开（见图 19-43）。

图 19-40

图 19-41

图 19-42

图 19-43

团结（clap）：双手在虎口处相握（见图 19-44）。

真棒（thumb）：四指相握，拇指竖起（见图 19-45）。

勇往直前（forefinger）：握拳，食指伸出（见图 19-46）。

自信张扬（palm）：四指并拢，拇指张开（见图 19-47）。

图 19-45

图 19-46

图 19-47

# 第五节 全国啦啦操比赛评分方法

## 一、全国啦啦操比赛规定动作评分方法

1. 总则

1）宗旨

（1）为全国啦啦操规定动作比赛提供客观、统一的竞赛规则，保证比赛的客观性、公正性和规范性。

（2）为参赛者赛前训练和比赛提供指导依据。

（3）为裁判员公正、准确的评分提供客观依据。

2）项目设置

（1）舞蹈啦啦操规定动作。

① 花球舞蹈啦啦操规定动作；

② 街舞舞蹈啦啦操规定动作；

③ 爵士舞蹈啦啦操规定动作。

（2）技巧啦啦操规定动作。

① 技巧啦啦操规定动作 1 级；

② 技巧啦啦操规定动作 2 级；

③ 技巧啦啦操规定动作 3 级。

3）组别设置

（1）幼儿组。

（2）小学组。

（3）中学组。

（4）大学组。

（5）俱乐部组。

4）参赛人数及要求

（1）每队每项参赛人数为 8～24 人。

（2）参赛人员性别不限。

（3）每队可有 4 名替补队员。

5）出场顺序

比赛的出场顺序在赛前由组委会统一抽签确定。

6）比赛方法

预赛每队按赛前抽签顺序上场比赛，决赛每队按预赛成绩倒序上场。

8）比赛成绩与奖励

（1）预赛成绩不带入决赛，由决赛产生最终比赛成绩。

（2）奖项设置与奖励办法按具体比赛规程执行。

9）服装与装饰

按2014年版啦啦操国际规则执行。

10）有关安全规定

按2014年版啦啦操国际规则执行。

11）场地与设备

（1）比赛场地为14 m×14 m，后有特定标志的背景板。

（2）比赛有专业的放音设备，由大会统一播放音乐。

（3）裁判席设在比赛场地的正前方。

### 2. 评分方法及奖励

1）评分标准及分值

啦啦操规定动作的评分采用100分制，裁判根据2014年版啦啦操国际规则进行评判。

2）计分方式

裁判人数：舞蹈啦啦操规定套路为9人，技巧啦啦操规定套路为10人。每个裁判以100分为满分，剔除一个最高分和一个最低分，其余分相加为最后得分。

3）奖励方式

（1）各组别按决赛成绩取前八名，颁发证书。

（2）每名运动员均可获得荣誉证书。

（3）分赛区各组别前三名的队伍获得参加“年度全国啦啦操联赛总决赛啦啦操规定套路总决赛”的资格。

4）裁判长减分

裁判根据2014年版啦啦操国际规则进行评判。

5）纪律处罚

对检录三次未到者、拒绝领奖者、不服从裁判者和有意干扰比赛者将视情况给予下列处罚。

（1）警告。

（2）取消比赛资格。

（3）取消成绩与名次。

6）特殊情况

运动员在遇到以下特殊情况时，应立即停止做动作并向裁判长反映，在问题解决后重做，在成套动作结束后提出的要求将不被接受。

（1）播错音乐。

（2）由于音响设备而出现的音乐问题。

（3）由于设备问题而出现的干扰——灯光、舞台、会场。

7）其他

上述情况以外的问题，将由仲裁委员会根据具体情况讨论解决，仲裁委员会的决定为最终决定。

3. 教练员、运动员、裁判员行为准则

1）教练员行为准则

（1）熟悉竞赛规程和竞赛规则。

（2）服从组委会领导，遵守大会的一切规定。

（3）在大会规定时间内，带领队员准时检录、试场地、参赛。

（4）比赛时不得进入比赛场地。

（5）比赛中若发生非本队原因造成的比赛中断，有权向裁判长申请重做。

2）运动员行为准则

（1）了解竞赛规程和竞赛规则。

（2）遵守大会的一切规定，服从大会的指挥。

（3）参加并积极配合由组委会召集的开幕式演练活动。

（4）提前 30 min 做好赛前准备，按大会规定时间到检录处检录。

3）裁判员行为准则

（1）从事该项目裁判工作的人员必须精通啦啦操竞赛规程和规定动作评分办法。

（2）按比赛日程安排在指定时间到达赛场，准时参加相关会议。

（3）统一着装。

（4）客观、准确地对比赛结果进行评判。

## 二、“中国啦啦之星”争霸赛评分方法

1. 总则

1）宗旨

（1）为全国啦啦操联赛“中国啦啦之星”争霸赛比赛提供客观、统一的竞赛规则，保证比赛的客观性、公正性和规范性。

（2）为参赛者赛前训练和比赛提供指导依据。

（3）为裁判员公正、准确的评分提供客观依据。

2）中国啦啦之星的定义

中国啦啦之星是指全国啦啦操联赛中表现突出的优秀运动员，中国啦啦操的形象代言人。

3）比赛内容

（1）自我介绍及团队展示。

（2）即兴展示。

4）组别设置

不设组别。

5）参赛人数及要求

以校为单位，每校限报两名选手参加个人赛；全国啦啦操联赛各赛区前五名有资格报名参加“中国啦啦之星”争霸赛总决赛。

6）出场顺序

比赛的出场顺序在赛前由全国啦啦操委员会统一抽签确定。

7）比赛方法

每人按赛前抽签顺序逐一上场比赛，每轮比赛均为淘汰制。

8）入场与退场

（1）可以选择动态入场接开始，也可以选择场内静止造型开始。

（2）入、退场迅速有序。

（3）退场必须包括向裁判员及观众行礼致意。

9）动作时间要求

自我介绍 15s；团队展示 30s；即兴表演 60s。

10）比赛成绩与奖励

（1）预赛成绩不带入决赛，决赛产生最终比赛成绩。

（2）“中国啦啦之星”争霸赛总决赛前 10 名授予“中国啦啦之星”称号，颁发证书。

（3）所有评选出的“中国啦啦之星”需与中国啦啦操委员会签约，并由全国啦啦操委员会统一管理，作为中国啦啦操形象代言人或公众人物，向社会选择推出。其三年内肖像使用权、推广权归全国啦啦操委员会所有，如有异议可不参加评选。

11）服装与装饰

（1）比赛用服装、服饰、鞋、帽等要求符合比赛的需求。

（2）比赛时选手可化妆，彩绘、花纹图案贴纸均可。

（3）可以使用或佩带与表演相关的器械及饰物。

12）有关安全规定

（1）编排的动作中不能出现对身体造成伤害的动作（不安全动作）。

（2）动作的难度适合参赛者的身体能力和运动水平。

（3）编排的动作适合参赛者的年龄特点。

13）场地与设备

（1）比赛场地为 14 m×14 m，后有特定标志的背景板。

（2）比赛应有专用的放音设备。

（3）裁判席设在比赛场地的正前方。

### 2. 动作、编排及音乐

1）自我介绍要求

15s 自我介绍，内容积极向上，表现形式不限。

2）团队展示要求

30s 团队展示，人数为 2～24 人，团队成员需配合选手体现出团队协作能力，突出选手的个人风采。

3）即兴展示要求

60s 即兴音乐由组委会统一随机播放，选手根据随机播放的音乐风格进行即兴展示。

4）参赛音乐

（1）参赛音乐由参赛者自备两份，MP3 格式，载体必须是高质量的 CD 或 U 盘，并且只有参赛音乐。其中1份在报到时交大会放音组，1份备用。

（2）音乐的文件名中必须标明单位、比赛项目和出场顺序。

### 3. 评分办法

1）评审团

评审团一般由特邀嘉宾、体育明星、媒体和专家裁判共5～7人组成。

2）纪律处罚

对检录三次未到者、拒绝领奖者、不服从裁判者和有意干扰比赛者将视情况给予下列处罚。

（1）警告。

（2）取消比赛资格。

（3）取消成绩与名次。

3）特殊情况

运动员在遇到以下特殊情况时，应立即停止做动作并向裁判长反映，在问题解决后重做，在成套动作结束后提出的要求将不被接受。

（1）播错音乐。

（2）由于音响设备而出现的音乐问题。

（3）由于设备问题而出现的干扰——灯光、舞台、会场。

4）其他

上述情况以外的问题，将由仲裁委员会根据具体情况讨论解决，仲裁委员会的决定为最终决定。

### 4. 教练员、运动员、裁判员行为准则

1）教练员行为准则

（1）熟悉竞赛规程和竞赛规则。

（2）服从组委会领导，遵守大会的一切规定。

（3）在大会规定时间内，带领队员准时检录、试场地、参赛。

（4）比赛时不得进入比赛场地。

（5）比赛中若发生非本队原因造成的比赛中断，有权向裁判长申请重做。

2）运动员行为准则

（1）了解竞赛规程和竞赛规则。

（2）遵守大会的一切规定，服从大会的指挥。

（3）参加并积极配合由组委会召集的开幕式演练活动。

（4）提前30 min做好赛前准备，按大会规定时间到检录处检录。

3）裁判员行为准则

（1）从事该项目裁判工作的人员必须精通中国啦啦之星争霸赛竞赛规程和评分办法。

（2）按比赛日程安排在指定时间到达赛场，准时参加相关会议。

（3）统一着装。

（4）客观、准确地对比赛结果进行评判。

# 第二十章 塑身运动

**学习目标**

（1）了解排舞运动、形体训练和健身健美的基本常识。

（2）掌握健身健美的基本技巧。

## 第一节 排舞运动

### 一、排舞运动的起源与发展

排舞属于全球化健身运动类别的一个分支，英文名称为 line dance。line 就是排和线的意思，dance 是舞蹈，翻译过来就是排成排跳的舞蹈。它起源于美国 20 世纪 70 年代的 western country dance（西部乡村舞蹈）。排舞既可以集体共舞，又可以个人独享，形式多样，丰富多彩。

排舞历经多年的发展，风靡全球，全世界的排舞协会、俱乐部、工作室多如牛毛，全球的排舞爱好者数以亿计。随着时代的发展、全球化的普及、各国家艺术家的加入，排舞融合了国际上多种流行时尚的舞蹈元素，越来越现代。这种不断的创新和变化，使排舞获得了持续发展的艺术生命。

排舞丰富多彩、风格多样。除了有高端舞蹈技术的比赛，排舞在国外广泛用于狂欢节、文化节、嘉年华以及大型活动展示等节庆活动。整齐的队列、绚丽多彩的服装服饰、集体的欢歌共舞，充分营造出一种欢快热烈的节日氛围。

排舞自 2002 年开始引入我国，短期内已作为一项新型大众健身项目风靡全国。

2008 年 8 月 8 日，北京奥运会开幕当天的早晨，天安门广场举行了“祝福北京、祝福奥运”的千人排舞大展演。经过此次展演，排舞一炮打响，获得了社会大众的广泛关注以及国内外媒体的宣传报道，各地排舞发展呈星火燎原之势，排舞比赛、表演、展示的群众性活动更是此起彼伏。

## 二、排舞运动的功能

1. 健体价值

经常进行排舞练习，心血管和呼吸系统都能得到良好的锻炼，改善心肺功能，加速新陈代谢，促进消化，消除大脑疲劳和精神紧张，从而达到增强体质、增进健康、延缓衰老、提高人体活动能力等良好的健身作用。

2. 健心价值

从心理学角度来分析，人的注意力是心理活动对一定对象的指向和集中，也就是说注意力是受指向制约的。在翩翩起舞的过程中，其注意力必然都集中在欣赏优雅的舞曲音乐上，并沿着节奏将内心情感抒发在舞姿上，由于注意力的转移，身体其他部分的机能就能得到调整和充分休息，所以参加排舞运动能消除紧张的情绪和缓解压力。练习者在优美动听的音乐、美妙的舞姿中，消除疲劳、陶冶心灵，感受到愉快的情绪，从而达到最佳的心理状态。

3. 健脑价值

在排舞练习过程中不仅要运用形象记忆、概念记忆，而且还要运用情绪记忆和运动记忆。随着年龄的不断增长，人的记忆力会以很慢的速度减退，这是自然规律，也是正常现象。通过排舞练习以及对大脑神经的不断刺激，可以减缓记忆力减退的生理现象，达到良好的健脑效果。

4. 健美价值

排舞练习是在优美动听的音乐旋律中，用心灵共舞，把细腻的情感注入舞姿中，并以高超的舞蹈技艺形神一致地表现出各种动与静的姿态，塑造出各种美妙的意境组合，体现出美的姿态、美的造型，创设出体育与艺术、健与力高度结合的意境，给人们以艺术熏陶和美的享受。因此，排舞练习对形态、姿态、健康等方面都有较高的要求，经常参加排舞练习是一项很好的形体训练，能提高人体的协调能力，强健身体各个部位的肌肉群以及增加骨骼的骨密度，具有十分积极的健美作用。

5. 终身锻炼价值

排舞运动适合各个年龄层次，学练的门槛较低，“凡是会走路的人都会跳排舞”这句话说明了即使没有舞蹈基础，也能进行排舞练习。每一个舞曲都有精心设计的动作规范。针对不同性别、年龄层次的人群都有较为适合的运动量和强度。

总之，排舞是将健身性、娱乐性、观赏性、趣味性和群众性等融为一体的运动形式，并与现代生活方式密切相关，这项运动在世界上已被列在几大最具健身性项目的首位。

可关注排舞中国和江苏排舞公众号了解更多体育舞蹈运动。

# 第二节　形体训练

## 一、形体训练的基本定义

形体训练是一项比较优美、高雅的健身项目，主要通过舒展优美的舞蹈基础练习（以芭蕾为基础），结合古典舞、身韵、民族民间舞蹈进行综合训练，可塑造人体优美的体态，培养高雅的气质，纠正生活中不正确的姿态，可以说它是所有运动项目的基础。形体训练对人们的腰、腿、臀、胸等关键部位进行科学训练，还会利用芭蕾、舞蹈、体操的原理舒展人们的优雅体态，使人们的精神和形体完美统一。

形体训练是一个外来语，还未见到权威的定义。比较典型的意见有两种，即狭义和广义。狭义的形体训练把它定义为形体美训练；广义的形体训练认为，只要是有形体动作的训练就可以称为形体训练，这样各式各样的动作都可以称为形体训练，甚至某些服务行业的程式化动作，如迎宾、端菜、送菜、礼仪姿势等，也可以称为形体训练。

本书认为用形体美训练来定义形体训练比较确切，这也符合大多数形体训练者的意愿。他们花费大量的时间、金钱和体力进行训练，绝不仅仅是为了活动一下身体，娱乐和游戏更在其次，对自身体态美的塑造才是最终目的，具有强烈的目的性。

## 二、形体训练的功能

### 1. 神经功能

神经系统可分为中枢神经系统和周围神经系统两部分。中枢神经系统由脑与脊髓组成，而周围神经系统则是由脑和脊髓发出的神经纤维组成。整个神经系统是人体主要的机能调节系统，人体的各器官、系统的一切活动都是在神经系统的控制下进行的。通过神经系统的调节，人体对内外环境的变化产生相适应的反应，内部与周围环境之间达到协调统一，从而使人体的生命活动得以正常进行。

形体训练，是外环境对机体的一种刺激。这种刺激具有连续、协调、速度、力量的特点，使肌体处于一种运动状态。这种状态下中枢神经将随时动员各器官及系统使之协调并配合机体的工作。经常参加形体训练，就能使神经活动得到相应的提高。除此之外，形体训练还要求动作迅速、准确，而迅速、准确的动作又要在大脑的指挥下来完成。脑是中枢神经的高级部位。形体训练时，脑和脊髓及周围神经要建立迅速而准确的应答式反应，而脑又要随时纠正错误动作，储存精细动作的信息。经过经常、反复不断的刺激，提高人的理解能力、思维能力和记忆能力，从而使大脑更加聪明。所以说，经常参加形体训练，可以加强机体神经系统的功能和大脑的工作能力，使之更加健康和聪明。

### 2. 心血管功能

心血管系统是由心脏与各类血管所组成的，并以心脏为动力的闭锁管道系统，也就是人们常说的血液循环系统。形体训练主要由运动系统即骨骼与肌肉运动参与完成。运动系统在进行工作时要消耗大量的氧气、养料（又要排泄大量的废物），在消耗的同时又要不断地补充供给大量的新鲜氧气及养料，与此同时还要排泄大量的废物。这一繁重的任务，只有依靠体内的闭锁的管道系统——心血管（循环）系统来完成。人体处于安静状态时，平均心率为75 次/min，而心脏的每搏血液输出量大约为 50～70mL，每分钟输出量约为 4.5L。在强烈的肌肉运动时，可以达到安静时的 5～7 倍，这就势必使心肌处于激烈收缩的状态。经常的刺激会使心肌纤维增粗，心房、心室壁增厚，心脏体积增大，血容量增多，从而增加心脏的力量。由于心肌力量的增加，每搏血液输出量增多，心跳的次数相应减少，在平时较为安静的状态下，心脏能够得到较长时间的休息，从而减轻心脏的工作负担，使心脏永驻青春。

3. 矫正形体

其实每个人的形体都有自己独特的魅力，怎样去发掘形体独特的长处、弥补短处呢？为什么市面琳琅满目的训练班和传统的训练方法，如健美操、瑜伽，器械等，不能正中形体缺陷的问题要害，不能真正改变臀部下垂、身体赘肉肥胖、腰粗壮、曲线三围不够玲珑凸显、O 型腿、X 腿、斜肩、驼背、脖子短、腿短、身高显得不够高等问题？改变有些骨感美人唯独腰围不凹，凸显不出“S”曲线的问题？其实人们生就不可能完全达到特别地符合现代模特标准的比例。例如，腰粗壮，通过减肥的方法，即使效果再明显，但是腰部线条比例依旧没有改变，减肥的作用不可能针对这一些缺陷部位去掉份量，只能随着身体的其他热量一起消耗而已。市面上名目繁多的减肥手段、改善形体的手段，也都存在着一定的弊病，并不能真正起到对形体整形、矫正的作用。例如，健美操可能会起到一些燃烧脂肪和减肥的作用，但是针对形体不满意的局部改善却起不到一定的效果。而且单一的跳跃，爆发力过强，甚至可能导致肌肉线条过于粗大（大的肌肉块）而失去女性肌肉的纤细长线条的美。瑜伽虽然注重气息、内在的调节和身体的柔韧，但训练方式也过于缓慢、单一，短期内也很少能见到成效。如果负重合器械训练只是为了增加训练的难度，让人有“训练感”，觉得钱没白扔，那还真不如干脆扔掉算了。它不但不能使人们的姿态变得挺拔，相反还容易加重脊柱的弯曲。例如，练习哑铃可以使某个部位的肌肉发达起来，但对形体的整顿和整形的作用也并不是很大。对于女性来说，过于发达的肌肉线条，也破坏了女子纤细、清秀的柔美，也不是人们所追求的审美。而其他的有氧健身方式也只能起到一些燃烧脂肪的作用，起不到真正改善形体的作用，对局部线条的改善塑造并没有很好的效果。其实真正的形体训练是改变人们自身形体的不足，并预防随着时间流逝，女性生育后其生理形体难以避免的衰老。

## 第三节　健 身 健 美

### 一、健身健美概述

健美，是一种对身体的雕刻，与传统竞技运动完全不一样，起源于古希腊，最初只由男性参加，以男子粗壮的胳膊、发达的胸肌、粗壮的双腿为美。

现代健美运动则从德国人尤金·山道开始，并由他以夸张的宣传手法发扬光大。

负重训练为健美运动的重要训练元素，但健美运动不以追求最大力量为目标，负重训练的目的是增加肌肉量及改善线条；另外，控制体内脂肪比率也是健美运动的重点。

古典健美比赛裁判通常由解剖学与雕塑艺术家等组成。现代健美比赛裁判则由具健美协会组织专业认证的裁判组成。

健美是与人的形体美密切相连的，健美是形体美的基础。人体有对称的造型、均衡的比例、流畅的线条、坚强的骨骼、匀称的四肢、丰满的躯体、弹性的肌肉、健康的肤色，这是形体美不可缺少的条件。健美还要求具有充沛的精神、愉快的情绪和青春的活力。

美的人体应该是健、力、美的结合。美的人体应该是健康的，没有健康的身体，就没有人的形体美。只有健康、匀称的人体形象，才能表现出富有生命力的美，才能显示出生机勃勃和充沛的精力，才能成为人的本质力量的承载体。要造就健美的体形，应积极参加体育锻炼和适当的体力劳动。因为健美的身体可以通过后天锻炼获得。人的身体结构是十分完善的，具有极大的可塑性，必要的营养和经常参加劳动，坚持体育锻炼，是形成健美身体的条件，它能使肢体各个部位得到匀称的发展，肌肉会结实而富有弹性，关节灵活，体形完善，面色红润。

健美的“黄金时期”一般是指从1940年左右一直到1970年。在这段时期，早期审美观开始发生变化，人们追求更加庞大的肌肉，对肌肉的对称性和轮廓清晰度提出更高要求，便成立了国家体格委员会（national physique committee，NPC）。NPC开始成为美国最成功的健美组织，它是国际健美联合会（IFBB）的业余组分部。20世纪80年代末90年代初，美国业余竞技联盟（AAU）赞助的健美赛事每况愈下；1999年，AAU通过投票决定停办健美赛事。在这段时期，类固醇开始被越来越多地使用在健美及其他运动项目中。为了抵制这一现象，IFBB开始引入针对类固醇和其他禁用物质的药检制度，这也是为了使IFBB能被国际奥委会接纳为会员。尽管有了药检制度，大部分职业健美运动员仍然为了比赛继续使用类固醇。20世纪70年代，人们还能公开讨论类固醇的使用，因为它在当时完全合法；然而1990年美国国会通过的《类固醇管制法案》将类固醇列为《管制物品法案》中的III级管制物品。

1990年，职业摔跤团体发起人文斯·麦克马洪宣布成立一个新的健美组织“世界健美联盟”（world bodybuilding federation，WBF）。麦克马洪希望把世界摔跤联盟（WWF）那种风格的表演和更加丰厚的奖金带入健美界，并与13名参赛的运动员签了劳资丰厚的合同，实际上其中一些人在那时的健美界里只是无名小卒。投身WBF的运动健美和健身是两个不同的概念。健身是健美的初级阶段，要求简单，如身体健康，身姿端正，动作协调等就可以了，大多数人能够做到健身。而健美，不仅要达到健身的目的，还需要具有超常的健康和超常的毅力来进行训练，以使身体各肌肉群的肌肉饱满、形状美观，肌肉线条清晰，全身匀称，并且运动员的肩、背、腹、腿等各个肌肉的围度也是审美的参考依据。健美对于腿部力量和肌肉的分离度与质感要求比较严格。而健身往往要求一种综合素质的体现，不只是发达的肌肉，而且要求整体的线条美。

## 二、健身健美的基本技巧

增大肌肉块的十四人技巧：大重量、低次数、多组数、长位移、慢速度、高密度、念动一致、顶峰收缩、持续紧张、组间放松、多练大肌群、训练后进食蛋白质、休息48h、宁轻勿假。

### 1. 重量与次数

健美理论中用RM表示某个负荷量能连续做的最高重复次数。例如，练习者对一个重量只能连续举起5次，则该重量就是5RM。研究表明，1～5RM的负荷训练能使肌肉增粗，发展力量和速度；6～10RM的负荷训练能使肌肉粗大，力量速度提高，但耐力增长不明显；10～15RM的负荷训练，肌纤维增粗不明显，但力量、速度、耐力均有长进；30RM的负荷训练，肌肉内毛细血管增多，耐久力提高，但力量、速度提高不明显。可见，5～10RM的负荷重量适用于增大肌肉体积的健美训练。

### 2. 多组数

什么时候想起来要锻炼了，就做上2～3组，这其实是浪费时间，根本不能长肌肉，必须专门抽出 60～90min 的时间集中锻炼某个部位，每个动作都做 8～10 组，才能充分刺激肌肉，同时肌肉需要的恢复时间越长。一直做到肌肉饱和为止，“饱和度”要自我感受，其适度的标准是酸、胀、发麻、坚实、饱满、扩张以及肌肉外形上的明显粗壮等。

3. 长位移

不管是划船还是卧推、推举、弯举，都要首先把哑铃放得尽量低，以充分拉伸肌肉。这一条与”持续紧张”有时会矛盾，解决方法是快速地通过“锁定”状态。不过，并不能否认大重量的半程运动的作用。

4. 慢速度

慢慢地举起，再慢慢地放下，对肌肉的刺激更深。特别是在放下哑铃时，要控制好速度，做退让性练习，能够充分刺激肌肉。很多人忽视了退让性练习，把哑铃举起来就算完成了任务，很快地放下，浪费了增大肌肉的大好时机。

5. 高密度

“密度”指的是两组之间的休息时间，只休息 1min 或更少时间称为高密度。要使肌肉块迅速增大，就要少休息，频繁地刺激肌肉。“多组数”也是建立在“高密度”的基础上的。锻炼时，要像打仗一样，全神贯注地投入训练，不去想别的事。

6. 念动一致

肌肉的工作是受神经支配的，注意力高度集中就能动员更多的肌纤维参加工作。练某一动作时，就应有意识地使意念和动作一致起来，即练什么就想什么肌肉工作。例如，练立式弯举，就要低头用双眼注视自己的双臂，看肱二头肌在慢慢地收缩。

7. 顶峰收缩

这是使肌肉线条练得十分明显的一项主要法则。它要求当某个动作做到肌肉收缩最紧张的位置时，保持一下这种收缩最紧张的状态，做静力性练习，然后慢慢回复到动作的开始位置。感觉肌肉最紧张时，数六下，再放下来。

8. 持续紧张

应在整个一组中保持肌肉持续紧张，不论是动作的开头还是结尾，都不要让它松弛（不处于“锁定”状态），总是达到彻底力竭。

9. 组间放松

每做完一组动作都要伸展放松，这样能增加肌肉的血流量，还有助于排除沉积在肌肉里的废物，加快肌肉的恢复，迅速补充营养。

10. 练大肌群

多练胸、背、腰臀、腿部的大肌群，不仅能使身体强壮，还能够促进其他部位肌肉的生长。有的人为了把胳膊练粗，只练胳膊而不练其他部位，反而会使二头肌的增长十分缓慢。建议安排一些使用大重量的大型复合动作练习，如大重量的深蹲练习，它们能促进所有其他部位肌肉的生长。这一点极其重要，可悲的是至少有 90%的人都没有足够重视，以致不能达到期望的效果。因此，在训练计划里要多安排硬拉、深蹲、卧推、推举、引体向上这5个经典复合动作。

11. 进食蛋白质

在训练后的30～90min里，蛋白质的需求达高峰期，此时补充蛋白质效果最佳。但不要训练完马上吃东西，至少要隔20min。

12. 休息48h

局部肌肉训练一次后需要休息48～72h才能进行第二次训练。如果进行高强度力量训练，则局部肌肉两次训练的间隔72h也不够，尤其是大肌肉块。不过腹肌例外，腹肌不同于其他肌群，必须经常对其进行刺激，每星期至少要练4次，每次约15min；选3个对你最有效的练习，只做3组，每组20～25次，均做到力竭；每组间隔时间要短，不能超过1min。

13. 宁轻勿假

这是一个不是秘诀的秘诀。许多初学健美的人特别重视练习重量和动作次数，不太注意动作是否变形。健美训练的效果不仅仅取决于负重的重量和动作次数，而且还要看所练肌肉是否直接受力和受刺激的程度。如果动作变形或不到位，要练的肌肉没有或只是部分受力，训练效果就不大，甚至出偏差。事实上，在所有的法则中，动作的正确性永远是第一重要的。宁可用正确的动作举起比较轻的重量，也不要用不标准的动作举起更重的重量。不要与人攀比，也不要把健身房的嘲笑放在心上。

# 第二十一章 休闲时尚运动

**学习目标**

（1）了解高尔夫、轮滑、棒球、垒球、定向运动、散打的基本常识。
（2）掌握轮滑、棒球、垒球、散打的基本技术。

## 第一节 高 尔 夫

### 一、高尔夫运动简介

关于高尔夫运动的起源有种种不同的说法，流传最广的一种是古时的一位苏格兰牧人在放牧时，偶然用一根棍子将一颗圆石击入野兔子洞中，从中得到启发，发明了后来称为高尔夫球的运动。“高尔夫”这个词最早出现在十四世纪苏格兰议会中的文件中。

高尔夫球被称为世界上难度最大的运动，打高尔夫的目的就是用 14 支球杆，以最少的击球次数将球按次序击入 18 个球洞中，总杆数越少表示水平越高。高尔夫球与足球、网球一起并称为世界三大体育运动；

一个标准的高尔夫球场为 18 洞，高尔夫球场是以 9 洞为单位，如石家庄世纪高尔夫为 9 洞球场、广州至尊高尔夫为 18 洞球场、深圳沙河高尔夫为 27 洞球场、中山长江高尔夫为 36 洞球场、北京乡村高尔夫为 54 洞球场等。

二十世纪，高尔夫运动开始传入我国。1931 年，上海成立了高尔夫球游戏中心。同年，中、英、美商人合办高尔夫球俱乐部，在南京陵园体育场旁开辟高尔夫球场。真正起步是从 1984 年中国第一家高尔夫球场——中山温泉高尔夫球场开业，标志着中国高尔夫行业的开始。

### 二、高尔夫运动基础知识

1. 高尔夫球场

高尔夫球场呈带状，铺设在一片开阔地上。球场包括有开球草坪，开球时将一支球托安插在平整草坪上的一个位置，然后把高尔夫球放在球托上，之后用球杆将球击出。击球的目的是为了把球击进或击向一个球洞。球洞也挖在一块平整的草坪上，用一个标志旗示意球洞所在。球被击进洞后，该洞所在的草坪即变成新的开球草坪，把球击向下一个球洞。

2. 打球介绍

球洞与球洞之间一般相距为在90码到540码不等;每个球洞周围都有天然的或人工设置的种种障碍，例如：沙坑、草丛、小溪、池塘，或是灌木丛。非经特别允许，无论球落在球场的何处，均不得移动，必须在落球之处继续击球。如果非经移动而无法击球时，运动员则可站在落点处，面向下一个球洞，手持球举过肩，从背后将球掷下，然后再在新落点处继续击球。

3. 打球顺序

比洞赛和比杆赛是高尔夫球赛常见的两种比赛方式，其规则有所不同，打球的顺序也有所差别。

（1）在发球区。无论是比洞赛还是比杆赛，从发球区打球的一方拥有“优先击球权”，在第一洞的发球区，按照组表决定谁有优先击球权，没有编组表时，往往抽签决定。从第二洞开始，两种比赛的击球优先权根据其特点来决定，比洞赛时由前一洞获胜的一方优先击球，如果双方持平，则由前一洞先发球的球员仍然保持优先击球权。比杆赛时，由前一洞杆数低的一方优先击球，若杆数相同，则跟比洞赛一样，即前一洞优先击球的球员保持击球优先权。

（2）在发球区外。两种比赛都由球离洞的距离决定谁先打，由球距离球洞最远的一方先打。若几方或者双方的球距离相等，则抽签决定。

（3）顺序错误时的处罚。比洞赛时，若球员在对方应该击球的时候抢先击球，则对手有权取消本次击球，打错顺序的球员应该在最接近原来位置的地方重打，不受惩罚。在比杆赛中，如果球员打错顺序也不受罚，在球停止的位置打球即可。但如果根据委员会的裁决，认为这种错误的顺序是参赛者之间商定的，并对某个参赛者有利，那么参与商定的球员就要被取消资格。

4. 计分方法

无论是职业赛或业余赛均以比杆赛的形式较为常见。比杆赛的计分方法，就是将每一洞的杆数累计起来，待打完一场（十八洞）后，把全部杆数加起来，以总杆数来评定胜负。比洞赛亦是以杆数为基础，然其不同处于比洞赛是以每洞之杆数决定该洞之胜负，每场再以累积之胜负洞数来裁定成绩。

5. 十大基本规则

现行的《高尔夫规则》由苏格兰圣安德鲁斯皇家古老高尔夫球俱乐部（R&A）及美国高尔夫球协会（USGA）审定，是世界通用的最权威职业和业余选手之行为规范用书，每四年重新修订、印制一次。其最基本规则有：

第1条：从发球区到击球入洞必须使用同一只球。只有在规则允许时才可换球。

第3-2条：每一球洞必须打进，否则将不得分，并失去参赛资格。

第6-5条：必须始终使用自己的球。应在球作识别标记。

第13条：必须在停球处击球。

第 13-4 条：当球处于障碍区时，无论是沙坑区或水障碍区，在击球前都不可用球杆接触障碍区的地面或水面。

第 16 条：不可铲平由击球者鞋子的钉子留下的印记而改进推球状况。

第 24 条：障碍物是人工设置的，有些可移动，有些不可，所以你必须使球落在距离最近的补救点一杆的范围以内。

第 26 条：如果你的球落在了水障碍区，你可以在障碍区后再发一个球，使得这枚球越过障碍区，落在你和球洞之间。

第 27 条：如果你的球丢失在障碍区以外的地方，回到你上一次击球的地方再击一次，并罚一杆。

第 28 条：如果你的球无法继续使用，你有 3 个选择：从你上一次击球的地方重新击球；把一枚新球抛在距离你原来的球的两杆远的范围之内；找出原有的球在你和球洞之间的点，然后把新球抛在同一条线上，可以重新开始。

## 三、高尔夫运动基本礼仪

随着时代的发展，高尔夫着装经历了较大的发展和变化，已经不再像过去那样保守和束缚了，但是它依然有着自己的一套规范。一般而言，会员制球会对着装都有如下要求：着装干净整齐；男士必须穿有领的 T 恤，宽松的休闲裤；女士必须穿有领 T 恤，宽松的休闲裤或至少超过膝盖的短裤；不允许穿圆领汗衫、吊带背心、牛仔系列服装、超短裙、过短短裤等过于休闲的服装下场；必须穿着高尔夫专业球鞋。

### 1. 安全

在击球或试杆前，球员应确定近旁无人站立或远处无人位于球可能击到之处，并检视地面有无石块、小卵石、树枝等以免挥杆触及飞起，而伤及他人。

### 2. 为其他球员着想

有发球优先权的球员可以在对手或同组竞赛者之前优先发球。当球员准备击球或正在击球时，任何人不得走动、说话、靠近或站在球或球洞之正后方。为共同利益，各球员打球时，不得拖延时间。前组球员未走出落球距离以外时，后组不得击球。球员当发现击出之球显然不易找到时，应立即用手势让后组球员先行通过。找球之时间在尚未达到五分钟时，即应作此手势。待后组球员已通过并离开落球距离时，方可继续击球。一洞打完后，球员应立即离开果岭。

### 3. 发球台礼仪

同组第一洞发球顺序以抽签定先后，并应事先宣告使用球及其号码。第二洞起以上一洞杆数最少之球员先发球。发球台插梯不得超越发球标志线，退后亦不得超出两支 1 号木杆之长度。打者反球搁在发球台上做击球准备时，其他人不得走动及喧哗。非击球者应尽量避免在发球台上空挥杆。发球台应避免踩踏，发球失误或 OB，要等全组都发球完毕再补球。无法立刻判断所打出去的球 OB 或遗失，可向同组球友提出打备用球。要依球童指示，确定前一组全部打完并离开射程后，才能击球。发球后除出界或打进水塘外，均不得打第二球。

4. 球场上之优先顺序

如无特殊规定，二球赛应较任何三球或四球赛有优先权，并得超越之. 单独之球员无优先权，应让任何比赛之球员优先通过。任何打一整合回（十八洞）之比赛，较不打一整合之比赛为优先。如某一组球员不能在球场上保持其应有之位置，并落后前面一组球员超过一洞以上，则应让后面一组超越先打。

5. 果岭礼仪

果岭中禁止直接穿行，以免影响球友，尽可能绕边线而行。在球友推杆时，不可以站在球友的推杆线的正前方及正后方，亦不能踩到球员的推杆线。而在将球推进洞后，应等所有球友全部结束推杆后才一齐离开果岭。击完球时，应快步走向下一个击球点，不要逗留，以免影响下一组的进度。

6. 击球礼仪

注意球杆及球可能击中范围是否有人，清除地上碎石子或树枝，以免伤其他人；除球童外，不得向他人寻求指导；一洞打完后，应迅速离开果岭；打球所花的时间应以快走弥补，勿让同伴等候；找不到球时，应让后面的队伍先行通过；击球挖起之草皮应拾回原位填平；快接近前面一组队伍时，应将速度慢下来；从隔壁球道打出时，应确认安全才挥杆，并在挥杆前后招呼一下，以示礼貌。

7. 观赏礼仪

不要太靠近球，以免危险；保持球场宁静，勿任意喧哗、扰乱球员情绪，这是观赏球赛最重要的一点；穿着宜合乎球场要求，鞋子勿伤及草皮。

# 第二节　轮　　滑

轮滑不仅能增强臂、腿、腰、腹肌肉的力量和各关节的灵活性，对提高平衡能力也有特殊效果，而且对心脑血管和呼吸系统的机能也有改善和加强。少年们参与其中，更会从摔倒爬起中得到启发和磨炼，身心受益。

## 一、轮滑概述

19世纪初轮滑运动产生于英国，随后在欧洲和美国逐渐发展起来，20世纪初，轮滑运动在美国和欧洲得到广泛开展。轮滑运动是指使用各种滚轴类鞋、板等类似器材（主要包括单排轮滑鞋、双排轮滑鞋、滑板等）在各种场所进行的速度轮滑、花样轮滑、轮滑球、极限轮滑（含滑板）、自由式轮滑（也称平地花式轮滑）以及归类项目的竞赛、训练、表演、培训、交流和娱乐等活动。轮滑运动是一项融休闲、娱乐、健身、竞技、技巧、惊险于一体的体育运动项目，它能有效地改善和提高运动者中枢神经系统功能；提高呼吸系统、血液循环系统等内脏器官的功能；全面提高和综合发展人体的速度、力量、耐力、灵敏、柔韧、协调和平衡能力等素质。对培养勇敢顽强的意志品质、积极果断的判断能力和集体主义的道德风尚，以及青少年的身心发展具有积极的作用。

速度轮滑是最能体现轮滑运动竞技性的项目。它与速度滑冰的运动性质相近，但相对于速度滑冰，其在场地和气候条件要求等方面具有一定优势。花样轮滑是最能体现轮滑运动艺术性和技巧性的项目。从运动性质上讲，它与花样滑冰相似，除使用的滑行器材和场地的区别外，从着装规定、技术要领到艺术表现力的要求几乎和花样滑冰完全一致。轮滑球项目与冰球运动十分相似，除能很好地体现竞技性和技巧性以外，最大的特点是激烈的对抗性。

极限轮滑（含滑板）是轮滑运动中最为前卫、最富有刺激性和观赏性的项目，也是脱胎于滑冰运动而更具独立特征的运动形式。平地花式轮滑是轮滑运动中的最新成员，它最能体现轮滑运动休闲性和趣味性的一面，其入门容易，场地和器材要求简单，它是目前轮滑运动各个单项中较适合在大众中普及和推广的运动。

随着轮滑运动在人民群众中的普及，人们平时所提及的轮滑运动，通常指的是速度轮滑和接近速度轮滑的休闲轮滑运动。两者的基本技术是相近的，但速度轮滑对练习者的身体条件要求更高一些。休闲轮滑更注重娱乐和健身，其滑行技术要求相对简单，易于学习和掌握，更适合初学轮滑者和业余轮滑爱好者。

## 二、轮滑基本技术

### 1. 入门基础

轮滑基本技术
-站立与平衡

1）站立

（1）“T”型站立法：左脚跟顶住右脚内侧，成T字形站立，上体稍向前倾。

（2）平行站立法：两脚平行站立与肩同宽，上体稍向前倾。

注意：站立过程中角不要内收或者外展，保持刀架与地面垂直，并在平时的运动中注意养成良好的站立姿势。

（3）蹲姿：上体前倾，肩背稍高于臀部，两手互握或自然摆动，腿部弯曲，上体与地面成15°～20°，膝关节成90°～110°，踝关节成50°～70°。注意在练习过程中体会各动作的蹲姿练习。

2）移动重心练习

（1）原地站立与踏步。踏步包括原地踏步、侧踏步、踏步前行等动作。在踏步前行前，最好花几分钟时间热身，例如可以做 15 次原地高抬腿、踏步及跺脚，主要是为了增强腿部力量，为开始滑行做准备。然后双脚平与肩同宽，两腿微屈，上体稍向前倾，两臂自然下垂，身重心移至左腿，稍抬右腿后放下；重心移至右腿，稍抬左腿后放下，如此反复并逐渐加快速度。

（2）单脚支撑平衡。在掌握原地踏步的基础上，保持原来姿势，手扶栏杆或者同伴，将重心移至一条腿上，另一条腿向侧伸出再收回成开始姿势，换脚重复以上动作。

（3）“八”字形走练习。两脚成外八字站立，重心移至左脚上，右脚向前迈一步，重心随之移至右脚上，然后抬左脚向前迈一步，重心随之移至左腿上，然后抬右脚迈一步，重心移至右腿，如此反复。

（4）交叉步行走。原地站立，先将重心移至左腿上，收右腿，向左腿前外侧迈步成交叉姿势，重心随之移至右腿上，接着收左腿左侧左买一步成开始姿势，反复练习；同时也要练习向右迈步。

3）停止

轮滑基本技术-停止与弯道滑行

（1）借助固定物体。向墙壁或任何合理地固定对象滑去，在接触他们的同时使用你的胳膊缓冲。适用于低速情况（在接触墙体是时候，记得转头，这样就不至于把脸撞到墙上）。注意要学会用胳膊作缓冲（就像在站着做俯卧撑一样）可以这样练习：穿上鞋在离墙 1～2 尺处站定，现在向墙壁倾倒，用手支撑。你应该会有轻微地反弹，前提是要避免头和墙撞上。靠墙的速度越快，反弹的程度越小。人肉刹车会更加有效，注意选择熟悉并且熟练的同伴，并在接近他的时候提醒你正在接近。

（2）T-stop（刹）。滑行过程中，将重心放在右脚上，右膝弯曲同时抬起左脚横放在右脚后成“T”型，然后以左脚四轮的侧面摩擦地面，减缓滑行速度，直到停止滑行。相反的也可以用左脚支撑右脚横放。整个过程中，身体重量主要放在那个保持滑行的（前）脚上。高速的情况下，可以对后面拖着的脚更大的压力，能使你在短时间内停下。切记此时身体重量的大部分还是放在前脚上的。

（3）双脚并拢渐停。想减速时，先双脚滑行，然后用力并拢双脚（不要抬脚），你就会渐渐停下。注意此办法不适用于快速滑行，且双脚不能完全并拢到一起，以免绊到。

（4）双脚急停法。在向前滑行中，两脚并拢，两脚同时向逆时针方向（或顺时针方向）转体 90°，右脚以内侧轮、左脚以外侧轮压紧地面，同时屈膝后坐，上体前倾，身体向左（右）倾倒，两臂前伸，两脚用力压紧地面，就会停止滑行。

2. 基本技术

1）直道滑行

轮滑基本技术-滑行

（1）单脚蹬地双脚滑行练习。右脚内刃蹬地，将重心推送至向前滑行的左腿上，右脚蹬地后迅速与左脚并拢成两脚滑行，接着做左脚蹬地，并拢的动作，交替反复练习向前滑行。

（2）单脚蹬地单脚滑行。上体前倾，两臂自然下垂，两脚稍分开，成外八字站立，重心移至右腿上，用右脚内刃蹬地，左脚用力向前滑出，随着蹬地动作结束，把重心推送至左腿上，左腿呈半蹲支撑惯性滑行，接着向前收右腿，同时左脚蹬地，随左腿蹬地运作结束，把重心推送至成半蹲支撑惯性滑行的右腿上，反复进行。努力让单脚支撑的时间逐渐加长。

（3）初步体会直道滑行方法。上体前倾，肩背稍高于臀部，两手互握放于背后或自然摆动，腿部弯曲，上体与地面成 15°～20°，膝关节成 90°～110°，踝关节成 50°～70°。保持这种姿势做单脚蹬地、单脚支撑惯性滑行练习。

（4）直道滑行的摆臂动作。有力的摆臂是顺着身体纵轴前后加速摆动，当两臂向上摆动时，可增加蹬地腿的蹬地力量。同时，两臂摆动越快，身体重心的移动也越快。所以要提高滑动的频率，就必须减小摆臂的幅度，加快摆臂的频率。

在练习中注意体会单脚支撑要领，注意把鼻、支撑腿的膝盖、脚尖放在同一重垂线上，支撑过程中不允旬用内刃支撑滑行，初学者建议保持刀架与地面垂直。

2）弯道滑行

弯道滑行技术特点在于练习者用交叉步滑行。由于向心力的作用，上体不仅前倾，而且还要向左倾。

（1）左脚支撑、右脚连续蹬地的滑行。从站立姿势开始，左脚用外刃支蹬地后迅速与左脚并拢，接着右脚再做一次蹬地动作，左脚继续做前外曲线滑行。

（2）在圆弧做不连贯的交叉步滑行。在圆弧上用直线滑行步法，中间插入弯道交叉步。当左脚有稳定的平衡时，右脚向左脚左侧前方迈一小步，只要右脚有短暂的滑行之后，左脚就迅速从右腿后方收回，同时右脚蹬左脚直线滑进。重复上述动作。

（3）一脚支撑，另一只脚连续蹬地的滑行。从站立姿势开始，蹬地脚右脚用内刃蹬地后迅速与左脚叉拢，接着右脚再做一次蹬地动作，左脚继续做前外曲线滑行。注意转向侧的脚放在前面，蹬地脚脚尖放在支撑脚中部前后。然后支撑和蹬地脚交换进行练习。

3）滑行中的转弯

（1）双脚平行短步蹬地转弯法。此种转弯比上述所介绍的转弯又进了一步，它主要是用于前进速度比较快的情况。

动作要领：

① 保持双脚平行转弯的姿势。

② 向左转弯时，重心要往左侧倾倒。

③ 左脚外刃、右脚内刃交替往右侧蹬，改变前进方向。两脚蹬一步往左移进一点，通过多次交替使身体在快速中转向左侧。在上述动作的基础上，将重心完全移到左脚上，右脚抬离冰面并在体侧不断地以内刃向侧蹬冰，左脚连续做短切线。形成了向左转弯动作。

（2）压步转弯法。这是轮滑运动较难的一个技术。是双脚平行短步蹬地转弯的进一步发展。

动作要领：

① 保持向左转弯的姿势不变，当有脚内轮向右侧蹬去时，身体重心应落在左腿并支撑滑行。

② 身体前倾并向左侧倒，右脚蹬地结束后，迅速将右脚提到左脚前左侧，并支撑全身的重心。左脚用外刃向右腿下交叉蹬过去，然后将左脚迅速移到右脚前内侧，变成支撑腿，这样一右一左为一个交叉压步。根据弯道的大小，速度的快慢应进行多次重复。

③ 在弯道压步时，身体始终保持向左倾倒。两臂配合蹬地动作，左臂前后小摆动，右臂侧后大摆动，向前时屈肘。

④ 身体倾斜要适度。它与弯道的速度成正比例关系，速度越快身体倾斜度越大。

当身体向左倾斜，左脚支持滑进时，右脚蹬冰后迅速移向左脚前方落冰，左脚以外刃蹬冰。此时身体仍保持向左侧倾斜，右脚支撑体重并以内刃滑行；两膝弯曲，重心下降。

4）倒滑

向后滑行是在基本掌握了向前滑的基础上进行的，初学者一般都是先从学习“向后葫芦滑行”，再学“向后蛇形滑行”，然后过渡到“单脚向后滑行”。

（1）向后葫芦滑行。两脚稍稍分开，平行站立，开始脚尖稍向内，两腿弯曲，用两脚内刃向前蹬地，同时两脚跟向两边分开，向后外滑至最大弧线（两脚稍宽于肩）时，两脚跟收拢，两膝用力伸直，恢复至开始姿势，随后重复上述滑行动作，这样就能连续向后滑行了。

练习方法：

① 在同伴面对面手拉手的协助下，体会两脚用力蹬地和扭转脚腕的协调配合动作。

② 原地两脚平行站立，两臂侧兴趣，上体稍前倾，做小幅度的向后葫芦滑行。然后逐渐

加大幅度和滑行速度。

（2）蛇形向后滑行。站立开始，两脚分开（约一脚距离），两腿弯曲，脚尖稍向内转。用右脚内刃蹬地，身体重心移向左侧，成左脚向后滑行。右腿在体前伸直，随即右脚放在左脚侧面，恢复开始的姿势。然后再用左脚蹬地，身体重心移向右侧，成右脚的向后滑行。左腿在体前伸直，随即左脚放在右脚的侧面。然后依次重复上述动作，做蛇形后滑时，要注意在滑行中上体始终保持稍前倾姿势，两膝保持弯曲，两手上体侧分开侧举。

练习方法：

① 在完成向后葫芦滑行获得一定速度后，即可依照上述动作进行蛇形向后滑行。

② 左右脚各蹬地滑行一次后，依靠滑行的惯性两脚平行站立滑行一次，保护正确的身体滑行姿势，反复练习。

5）180°跳跃

起跳姿势：当有一定速度的时候，双腿变为平行滑行。当到达起跳点时，先膝盖弯曲，重心放低，起跳时膝盖瞬间伸直，身体往上拉，等到脚离开地面后，膝盖尽量往上提，愈靠近胸部愈好。

用力点：用力点在于弹直膝盖的瞬间。

重心：重心是随时在变的，一般来说是不能靠后的。

空中姿势：身体旋转 180°，空中要尽力收腹，使膝盖尽量靠近胸部。最好是在空中膝盖碰着胸了，那就最稳最好看了。手的姿势是一只手摸鞋，一只手高举或平举。

落地时的身体姿势：落地时双腿不能僵直，一定要随着下落而下蹲，而且上身要向前倾。

注意：脚要平均施力在所有轮子上，也就是起跳时所有的轮子都要和地面接触。因为在起跳时，通常脚尖会弯曲，因为可以再多一分往前的力，但是穿轮滑鞋会产生力矩而转动，造成人会想前趴。

6）前溜变后溜

前溜变后溜是很重要的基本动作之一，当速度很快是可以轻跳 180° 来完成。

一开始脚发姿势为一前一后（准备动作右脚在前）。接着把两脚脚跟轻轻抬起，不要抬太多，约 0.5 厘米就可以了，只要脚跟不碰地就行。转动身体，以右脚为中心。在转动的过程中要把左脚整个抬起来离开地面，利用膝盖和左脚往旋转方向带的力转。在没有完成转身的动作时，左脚不要落地。或者双脚脚尖旋转：用脚的最前一个轮子，也就是直接抬起脚跟，旋转 180° 放下脚跟就可以了，后溜变前溜是利用脚跟转。

## 三、花样轮滑和速度轮滑介绍

### 1. 花样轮滑

（1）花样轮滑的种类。世界花样轮滑锦标赛的竞赛项目包括：规定图形（男子/女子）、自由滑（男子、女子）（短节目、长节目）、双人滑（一男一女）（短节目、长节目）、舞蹈（一男一女）（规定舞、创编舞、自由舞）每项比赛均可获得世界冠军称号。在单人滑比赛中，设有规定图形和自由滑两项全能的比赛。

（2）花样轮滑的特点。

① 花样轮滑是技巧性的项目，不是机能性的项目。它与速滑、冰球、田径等机能性项目

的训练有本质上的差别，而与体操、技巧、跳水和花样滑冰却有相同的性质，尤其是与花样滑冰比较，除使用的滑行器材和场地有不同之处外，其他的几乎完全一致。在这个项目中，正确的技术和动作重复的数量是获得成功的唯一道路，技术和数量是训练的重要指标。

② 平衡是花样轮滑的基础。运动员穿着轮滑鞋在地面上滑动，在滑动的基础上完成跳跃、旋转、步法和各种图形，因此，掌握滑动中的平衡是完成各类动作的基础，动作都是在平衡的条件下完成的。

③ 旋转是精髓。无论陆地上的旋转还是空中的旋转。花样轮滑均贯穿一个"转"字。花样轮滑技巧的核心也就是旋转技术，各类动作均离不开旋转。因此，以旋转的技巧作为技术训练的核心是科学的，是迅速取得成绩的保证。

④ 花样轮滑是体育和艺术相结合的项目。这项运动不但要有高度的技巧，也必须有高度的艺术表现力和创造力。编排一套自由滑的动作是一个创作过程，必须具有丰富的想象力，才能使一套自由滑清楚地表达出音乐的主题，提高自由滑的艺术价值，增强艺术感染力。因此，运动员必须进行音乐和舞蹈的训练。

2. 速度轮滑

速度轮滑（Speed Skating，简称"速滑"）是类似速度滑冰的轮滑竞赛项目，它属于周期性耐久力竞速运动项目，超长距离和长距离是速度轮滑运动的基础项目，短距离是核心项目。分场地赛、公路赛、马拉松赛等。

速度轮滑技术的层次是，基本技术，实用技术（长、中、短距离）和适合运动员自身特点的独特的滑跑风格。基本技术可以细化为：滑跑基本姿势、直道滑跑基本技术（侧蹬地动作、收摆腿动作、下轮着地动作、惯性滑进动作、摆臂动作和全身协调配合）、弯道滑跑基本技术（侧蹬地动作、收摆腿动作、下轮着地动作、摆臂动作和全身协调配合）、起跑技术和冲刺技术。在长距离、中距离和短距离项目的实用技术上，特别在竞赛进程中还可以成为领滑技术、尾随技术、超越技术、躲闪技术、突起加速滑技术、接力技术和适应客观条件变化的应变技术等。

可见，速度轮滑技术是最具准确性、熟练性、应变性和全面性特点地运动技术。为此，在教学训练中应不断地增加从实战需要出发的技术、战术相结合的技术训练比重，其核心是提高速度轮滑运动员的变速能力和培养运动员在密集群的高速滑跑中的应变能力。尽管速度轮滑技术趋向于速滑技术。但是，速度轮滑实用技术，因轮滑比赛项目特点和临场运用战术等因素的影响而有其独到之处。如在赛程中对滑跑姿势的要求不古板，有时长、中、短距离的实用技术需要交替灵活运用，在不同的场地和跑道面上进行比赛，除对轮子的硬度和防滑性能有相应的要求外，运动员还需要在技术动作和滑跑技巧方面做必要的适应调整。

# 第三节　棒球、垒球

## 一、棒球、垒球运动简介

1. 棒球起源与发展

棒球运动源于英国的板球（Cricket，也称圆场球 Rounder）。1839 年，美国人窦布戴伊

（Doubleday）组织了第一场与现代棒球运动十分相仿的比赛。1845 年，美国人亚历山大·乔伊·卡特赖德为统一名称和打法，制定了有史以来第一部棒球竞赛规则。规定的场地图形和尺寸至今仍沿用，并正式采用了棒球（Baseball）这一名称。其中多数规则条文迄今仍继续使用，棒球（Baseball）这一名称也一直沿用至今。因此，现代棒球运动源于英国而发展于美国。

1839 年，美国纽约州古帕斯镇举行了有史以来的首次棒球比赛。1860 年，美国开始出现职业棒球运动员。1871 年美国成立了"全国职业棒球运动员组织"；1876 年该组织改名为"全国棒球联合会"。1881 年成立另一个全国性的职业棒球组织，即后来的"全美职业棒球联合会"。1884 年首次举行这两个组织间的冠军赛，即"世界棒球冠军赛"。此后，1910 年时任美国总统威廉·霍华德·塔夫脱正式批准棒球运动为美国的"国球"。

1873 年棒球由美国传入日本。日本职业棒球队创始于 1934 年。第二次世界大战后，棒球运动迅速在欧洲各国开展起来，棒球运动已在世界五大洲的 100 多个国家和地区中开展。1937 年，在美国成立了世界棒球协会，后改称为国际棒球联合会，是世界业余棒球运动的最高领导机构，总部设在美国，会员国（或地区）已由 20 世纪 70 年代的 50 多个增至 113 个。

1978 年国际棒联得到国际奥委会的承认，国际棒球联合会于 1994 年将总部设在瑞士洛桑。中国棒球协会于 1981 年 3 月加入国际棒球联合会，1985 年加入亚洲棒球联合会。

2. 垒球起源与发展

垒球（Softball）技术难度、运动剧烈程度低于棒球，后成为女子项目。垒球运动的诞生完全是处于一种需要，由于恶劣的天气和拥挤的城市影响，棒球运动转移到室内，就形成了垒球运动。垒球诞生于 19 世纪 80 年代的美国芝加哥，这项运动很快发展起来，并逐渐又转移到室外。

同美国四大运动（橄榄球、棒球、冰球、篮球）之一的棒球相比，垒球所需的场地小、球体大、球速慢（因为垒球运动的规则规定在抛球过程中，手必须要在肩下）。由于以上诸多优点，垒球运动很快风靡美国各地。

垒球运动分为两种——快速垒球和慢速垒球。垒球的这两种形式都深受美国人民的喜爱。随着第二次世界大战中美国势力的扩张，垒球运动在全世界得到了推广。此后，垒球逐渐成为女子运动。1950 年代，垒球项目也从大众游戏转变成为竞技体育项目。澳大利亚早在 1947 年就举办了第一届全国女子垒球锦标赛，而相应的男子比赛直到 1984 年才开始。1965 年，在澳大利亚的墨尔本举行的第一届女子垒球世锦赛决赛中，东道主澳大利亚队以 1-0 击败了美国队，夺得了世界冠军。这次比赛后，快速垒球很快成为了垒球运动的主流。

第二届女子垒球世锦赛举行于 1970 年。此后，每隔四年，便分别举办一次男子、女子、青年垒球世锦赛。时至今日，在垒球运动产生百年之后，垒球仍然是全美最受欢迎的运动之一。世界垒球联合会也有了一百一十多个成员国。

垒球运动发展初期，包括四名游击手，每方有十名上场队员。由于慢速垒球的规则要求投手掷出的球必须要有一弧线，从而有效的限制了球速，使得比赛的比分通常很高。与此相反，快速垒球则是低分投手的竞争，比赛中也只有九名上场队员。

## 二、棒球、垒球基本技术

### 1. 棒球基本技术

棒球基本技术由接球，传球，击球和跑垒组成。

（1）接球。用双手到位接球，双眼注视来球，接球时双手应有后挫缓冲动作，以球避免碰撞反弹出手。

（2）传球。要用食指，中指及拇指持球。传球和投球一样，前脚要指向目标，传出时注意甩腕，投传后要把前送和跟进动作做完。传球姿势有 3 种，即肩上传球，肩侧传球，肩下或低手传球。

（3）击球。有 3 种方法；挥棒击，执棒触击，执棒推击。挥击时，双手靠拢，前肘离身，小臂拉平，后肘不宜过于贴身，双足稍分立，挥棒时前脚伸踏不要过大，以免影响挥棒的准确性，甚至妨碍下一步的起跑。挥棒力量主要靠后蹬，转体，拉臂，甩腕。力量大的多用直臂挥击姿势，争取打出“本垒打”。另一种为了安全上垒，采用转体甩腕，双臂稍曲的动作，做到下棒快，棒轨短，打出迅猛而平直的安打球。触击法是双手轻执棒，平放身前，棒头稍高。

（4）跑垒。击球后要利用挥棒的力量迅速迈出第一步，沿跑垒线冲向 1 垒。安全到达 1 垒后可以冲过垒位，但应立即返回。有可能更进一垒时，应按照跑垒指导员的手势，及早作好拐小弯的动作，用左脚踏触 1 垒垒包内侧后，奔向 2 垒。

（5）滑垒。是为了避免守方的触杀，避免冲撞守队队员。滑垒共有 4 种姿势：单脚冲前坐势滑进；双脚冲前，单脚钩垒；双脚冲前从垒侧滑过后，翻身用手抓垒；双手冲前，用腹部滑进触垒。在滑垒中，双方均应注意避免互相冲撞和钉鞋伤人。

（6）接杀。当击球者击出高飞球时，积极跑动，将手套张大，尽量靠近球的落点，使其落入自己手套，在跑动时，应该时刻注意是否有其他球员也要来接球，以免引起碰撞。在跑动时应该先跑到预定位置在张开手套。

### 2. 垒球基本技术

垒球-基本知识

垒球运动与棒球运动可以说是姐妹项目，有许多共同之处。棒、垒球的场地和器材相似，竞赛规则也基本相同。

在比赛中，进攻方的击球员击打防守方投手投出来的球后，待球落在边线以内后才能跑垒，落到边线以外为界外球，击球员继续击球。如击出的球在空中即被防守队员接住，无论界内界外，击球员都直接出局。球落在界内后，防守队员须迅速捡起球并传向指定垒位，如果击球员（或已经在垒上的跑垒员）在球传到相应垒位之前先到达，则为安全，否则就出局，如果击球员沿逆时针方向顺利到达一垒并转变为跑垒员，然后依次跑上二垒、三垒，最后跑回本垒时，得一分。在一局内，如果进攻方有 3 名队员出局，则进攻结束，双方交换攻守。双方各攻守一次为一局。

## 三、棒球、垒球基本战术与规则

### 1. 棒球、垒球基本战术

（1）进攻战术。

观察：即投手投来的第一个球，不击，以观察投手的动作及实力。

积极迎击第一个球：达到攻其不备的目的。

击出高远球：准备牺牲自己促使同队进垒得分。

打带跑：即把球击到1垒跑垒员身后的空隙地带，使其他跑垒员安全进到2垒或抢到3垒，破坏对方企图制造双杀的机会。

跑了再打：跑垒员先偷垒，击球员随后击球。

触击牺牲打：击球员用触击将球击向1垒或（3垒），击出地滚球引诱守队“杀”1垒，击球员牺牲自己，使同队进垒或返回本垒得分。

（2）防守战术。

接球后传1垒封杀击跑员。

双杀：接球后传到垒位封杀跑垒员，随即传球到1垒封杀击跑垒员造成双杀。

夹杀：守队互相配合传球，截杀在垒间的跑垒员，逼赶跑垒员退回原垒，并乘机在垒间触杀之。

防止双偷垒：由接手指挥行动，由游击手，2垒手或投手作中间策应拦截接手传2垒的球，再传回本垒，截杀3垒跑垒员。如3垒跑垒员不抢回本垒，即由守2垒的队员接球，截杀1垒跑垒员。

配球：投手针对击球员不同弱点，投出不同的球，如快速球，变速球，曲线球或下堕球等，使击球员无法击中来球，造成出局。

缩小防圈：为了防止击球员采用牺牲触击球战术，缩短防守距离，明确本垒前各区有人负责截接球，其余各队员应移动补位防守。

总之，不论是攻或守均应有统一指挥，统一暗号，平常训练时反复运用，比赛时才能配合默契，应用自如。

### 2. 棒球比赛规则

棒球比赛的球场呈直角扇形，有四个垒位，分两队比赛，每队9人，两队轮流攻守。攻队队员在本垒依次用棒击守队投手投来的球，并乘机跑垒，能依次踏过1、2、3垒并安全回到本垒者得一分。守队截接攻队击出之球后可以持续碰触攻队跑垒员或持球踏垒以“封杀”跑垒员。攻队3人被“杀”出局时，双方即互换攻守。两队各攻守一次为一局，正式比赛为9局，以得分多者获胜。守队队员按其防守位置及职责规定名称如下：投手，捕手，1垒手，2垒手，3垒手，游击手，左外野手，中外野手，右外野手。攻队入场击球的队员叫击球员。合法击出界内球时，该击球员应即跑垒，称为击跑员。 击跑员安全进入1垒后，即称为跑垒员。

正式比赛需4名裁判员（当季后赛时，裁判会增加到六位，多了两个边线裁判），1人为主审（又称为司球裁判），其余3人为司垒裁判。主裁判位于本垒及接手身后，主要职责为宣判投手的“好”或“坏”球；宣布击球员的“击”和“球”数；判定攻方是得分抑或出局；判定“界内球”，“界外球”或“擦球棒”处理，宣判双方违反规则的行动；宣布比赛结果。司垒裁判负责1、2、3垒位附近的裁判工作；宣判跑垒员是安全还是出局；是否有阻挡，妨碍对方或其他犯规行为；处理踏漏垒及其他问题，并协助主裁判执行规则，使比赛顺利进行。此外，还有2至3名记录员负责记录和技术统计。也有的正式比赛再增加2名外场司线裁判员，其职责为判定落在外野远处的球是界内还是界外球，外野手是否合法接杀，是否击出全垒打等。

投手可以采用正面投球和侧身投球两种姿势。投球前均须用脚踏触投手板。正面投球只许向击球员投出。投球动作开始后，动作必须连续，不得中断。侧身投球可以向有跑垒员的垒位传牵制球，但投球动作开始后，只许投向击球员。投球前必须保持静止持球在身前的姿势至少 1 秒钟。违反投球规则的投球叫“不合法投球”，判投手一个“坏球”；垒上有跑垒员时，叫“投手犯规”，跑垒员得安全进 1 个垒。

攻队必须按“击球次序”名单依此入场击球。击球时不得越出击球区；击出腾空球被守队合法接住，击球员出局；击球员可以用棒挥击、推击或触击。击出界内球后，击球员即应跑垒；投手累计 3 个“好球”（在本垒宽度上空以内，高度在击球员膝上、腋下之间）击球员三击不中出局。如投 4 个“坏球”或投球击中击球员时，击球员安全进 1 垒。击球员击球落入界内时，即成击跑员，应向 1 垒跑进。到达 1 垒时未被防守队员封杀或触杀，为安全到垒，此时即成为跑垒员。跑垒员必须按 1、2、3 及本垒顺序跑垒。不得反向跑垒，不得有意妨碍守队接球，否则判出局。跑垒员可以偷垒，但有被“杀”出局的可能

3. 棒球、垒球主要区别

垒球使用的球比棒球大。垒球各垒之间相距 18.3 m（60 英尺），而棒球垒与垒之间的距离为 27.45 m（90 英尺）。在垒球中，投球距离为 12.2 m（40 英尺），而棒球的投球距离为 18.4 m（60 英尺，6 英寸）。

垒球的投球手采用下手臂运动投球，而棒球投球手则采用举手过肩的办法投球。与棒球的投球手不同，垒球投球手不在突出的土墩上掷球。

在垒球中，跑垒员在球投出掷前必须保持一只脚落地。

垒球有七局，而棒球有九局。如果七局以后，两队仍是平局，垒球规则规定，各队在附加赛时，在各自的半局，跑垒员将从第二垒开始跑，以增加得分机会。

此外，垒球在第一垒有一个安全垒，即附加在普通的白色垒旁边的橙色垒，用来避开冲撞。跑垒员必须跑到橙色的安全垒，而第一垒球员必须跑到白色垒。

最后，在奥运会中，棒球已经采用木制球棒，而大多数垒球击球手仍用铝制球棒。在垒球中甚至还可以使用三面球棒，但人们仍喜欢使用普通的圆形球棒。

# 第四节　定 向 运 动

## 一、定向运动概述

定向运动就是利用地图和指南针依次到访地图上所指示的各个点标，以最短时间到达所有点标者为胜。定向运动通常设在森林、郊外和城市公园里进行，也可在大学校园里进行。定向运动起源于瑞典，最初只是一项军事体育活动。“定向”这两个字在 1886 年首次使用，意思是：在地图和指南针的帮助下，越过不被人所知的地带。真正的定向比赛于 1895 年在瑞典的斯德哥尔摩、挪威的奥斯陆军营区举行，它标志着定向运动作为一项体育比赛项目的诞生。距今已有百年历史。定向运动是一项非常健康的智能型体育项目，是智力与体力并重的运动。它不仅能强健体魄，还能培养人独立思考、独立解决困难的能力及在体力和智力处于

压力状态下做出迅速反应、果断决定的能力。

定向运动是一项学生体育项目。因为它培养学生独立分析解决问题的能力和良好的逻辑思维能力。

定向运动是一项家庭体育项目。周末一家人回归自然，放松身心，自我娱乐，融洽关系，增加乐趣。

定向运动是一项精英人才体育项目。因为它基于挑战，勇于尝试从未被尝试过的方案，并要求全身心地从双腿到大脑以最高时效达到世界顶级目标。

定向运动是一项非常重要的世界军事体育项目，拥有自己的世界锦标赛。

定向运动是一项自然环境体育项目。因为它教会人们如何在大自然中把握自己，爱护自然，遵守郊野公园守则。

定向运动是一项广交朋友的社交性体育项目。在这里，不论男女老少、种族背景、文化阶层、社会地位，相互交流，共享人生。

因此，定向运动吸引了全世界的男女老少、各个阶层、各个年龄段的人们广泛参与。

## 二、定向运动的分类

（1）定向运动按运动工具的不同可分为 2 种。

① 徒步定向，如传统定向越野跑、接力定向、积分定向、夜间定向、五日定向、公园定向等。

② 工具定向，如滑雪定向、山地自行车定向、摩托车定向等。

（2）定向运动按性别的不同可分为男子组和女子组两种。

（3）定向运动按年龄的不同可分为青年组、老年组和少年组三种。

（4）定向运动按技术水平的不同可分为初级组（体验组和家庭组）、高级组和精英组三种。

（5）定向运动按参加人数的不同可分为个人单项、个人双项和集体项三种。

## 三、定向运动的基本常识

### 1. 标定地图

标定地图，即使地图的方位与实地方位保持一致的方法。

标定地图的日的：便于地图与实地对照。在定向运动中，便于利用地图确定运动点、运动方向和运动路线。

标定地图的方法如下。

（1）概略标定。若已知实地方位，只要将地图平展，水平转动，使地图上方（即磁北方向或极北方向）与实地磁（极）北方向保持一致，地图即标定。已知实地方位是根据太阳、季风、植物等自然方向现象判定实地方向。若在夜间进行定向运动，在晴朗夜晚，还可利用北斗星判定实地方向。

（2）指北针标定。使指北针磁针的北方向与地图磁北方向（或一般地图的极北方向）保持一致，地图即标定。

（3）利用直长地物标定。概略标定地图后，使图上的直长地物方向与现地直长地物方向一致，地图即已标定。

(4) 依明显地形点标定。在明显地形点上使用地图时，可首先确定站立点在图上的位置，然后选一图上和现地都有的“远”方明显地形点作为目标点，然后转动地图，使地图上的站立点至目标的连线与现地的站立点至目标的连线相重合，地图即已标定。

2. 站立点

标定地图后，就应立即确定站立点在图上的位置，这是现地使用地图的关键。其方法有目估法、后方交会法、截线法、磁方位角交会法、透明纸法等。

(1) 目估法。利用明显地形点，采用大致估计的方法确定站立点在图上的位置。

(2) 后方交会法。步骤：标定地图；选择离站立点较远的图上和现地都有的两个以上明显地形点；现地交会（把地物与图上的相应符号连一直线，两直线的交点就是站立点)。

(3) 截线法。当站立点在线状地物上时，可利用截线法确定站立点在图上的位置。其方法是：标定地图；在线状地物的侧方选择一个图上和现地都有的明显地形点；进行侧方交会。

确定站立点时应注意的问题如下。

(1) 不论采用哪种方法确定站立点，均应对站立点周围的地形进行仔细研究，防止位置不准、点位判错、目标用错。

(2) 标定地图后，若在使用中移动了地图，须重新标定。

(3) 采用交会法时，交会角不小于 30° 或不大于 150° 。条件允许时最好用第三条方向线进行检查。

3. 行进

按图行进就是利用地形图选定行军路线，通过地图与现地对照，以保持沿选定的路线到达预定地点的行进方法。

按方位角行进是利用指北针，按照预先在图上量测的磁方位角保持正确行进方向的方法。

1）行进过程

出发地：标定地图；明确方向与道路；计时出发。

行进中：边走边对照；随时确定在图上的位置；随时注意要通过的方位物和地形；做到“人在路上走，心在图中移”。

在特殊地形时：在岔路口、转弯点、居民地或地形有变化时，要及时现地对照，保持正确方向。

走错路时：要及时返回或迂回原路，判断正确后再前进。

2）路线选择

点与点之间有多个路线，选择直线距离并不一定是最佳选择。

可关注云南定向世界俱乐部公众号了解更多体育舞蹈运动。

# 第五节　散　　打

## 一、散打概述

散打是两人按照一定的规则，运用武术中的踢、打、摔等攻防技法制服对方的、徒手对抗的武术项目，它是中国武术的重要组成部分，分为古传散手（杀伤性强）和现代散打（限制较多)。古传散手作为散打的最早发展要能对抗单人和兵器或多人的格斗，用头、指、掌、拳、肘、肩、膝、腿、胯、臂等部位攻击，主要的技法为打、踢、拿、跌、摔等，其中还有肘膝等技法，在格斗中讲究出其不意，不讲究花法只讲究打赢实用。现代散打就是常见的以直拳、摆拳、抄拳、鞭拳、鞭腿、蹬腿、踹腿、摔法等技法组成的踢、打、摔结合的攻防技术。散打没有套路，只有单招和组合，见招拆招。

散打，以前称为散手，是中华武术的精华，是具有独特中华民族风格的体育项目，多年来在民间流传发展并深受人民喜爱。散打的起源与发展，是与中华民族悠久历史同步的。它从先辈的生产劳动、生存斗争中缘起，又服务于此，演化至今成为华夏民族灿烂文化遗产中的瑰宝。原始社会时，人类为了猎取食物，长期与野兽搏斗并学会了与野兽搏斗所使用的不同方法，古称相搏、手搏、卞、弁、白打等。

现代的散打是两人按照国家体育总局武术运动管理中心制定的规则，运用武术中的踢、打、摔和防守等方法，进行徒手对抗的现代体育竞技项目，是中国武术的重要组成部分。中国武术有两种表现形式：一种是套路演练形式，一种是格斗对抗形式。散打就是格斗对抗形式的一种。

现代散打比赛始于20世纪70年代末，而2000年的中国武术散打王争霸赛则以全新的形式亮相，相对于传统的锦标赛和邀请赛，武术散打王比赛给人的感觉是更精彩、更好看，也有其竞赛的一些基本规则。

散打王争霸赛的计分是五局总分制，每局比赛中边裁判员都要对比赛分数进行记录，由场上裁判将分数交给记分员，在全部5局比赛结束时，由记分员统计每位边裁判员的记录分数，在一场比赛结束时，被多数边裁判员判为胜方的运动员应被宣布为获胜方。需要注意的是，每个裁判员是独立判分的，不能由3个边裁判员的总分相加来判断胜负。在散打比赛中，只要运动员合理运用各种攻防招法，包括拳法、腿法、摔法均有可能得分，但在比赛中如果使用犯规动作，是要受到扣分惩罚的。

## 二、散打的基本技术

### 1. 实战姿势

站立姿势主要是侧身朝向对方，双手放高保护头部，利于得分后迅速逃离。它是完成进攻和防守动作所采用的最有利的姿势，因人而异，但应具有身体重心稳固，暴露给对方的面积较小，利于防守和启动的灵便，便于发力，利于进攻等优点。两脚前后分开，前脚跟与后脚尖之间为一脚半距离，前脚与后脚间横向距离稍宽于肩，前脚尖略向内侧转，后脚尖朝斜前，脚跟稍离地面，两臂自然弯曲，左拳置于体前略低于眼睛，拳面斜朝前，胸部略含，腹部微收，上体稍前倾，头略低，下额微收，咬紧牙齿，闭合嘴唇，目视前方。

### 2. 基本步法

散打步法是为保持与对手间的距离，实施进攻与防守动作或破坏对手进攻与防守意图，而进行专门的脚步移动方法。步法多种，如滑步、垫步等。

1）滑步

前滑步：实战姿势，后脚蹬地，前脚向前移动，落地时以前脚掌先落地，随之后脚前移，落地后与原基本姿势相同。后滑步反之。

左滑步：实战姿势，后脚蹬地，前脚向左平移，后脚随之向左移动，做完成后与原实战势相同。右滑步反之。

2）垫步

前垫步：实战姿势，前脚蹬地，后脚前移，在前脚里侧落地的同时前脚前移，落步后仍成原基本姿势。

后垫步：实战姿势，后脚蹬地，前脚后移，在前脚里侧落地的同时后脚后移，落步后仍成原基本姿势，变换要快，两腿不可交叉，垫步时身体重心要低，两脚贴近地面滑行。

3. 基本拳法

拳法主要技法有直拳、勾拳、摆拳，其中还演变出刺拳、鞭拳等技法。

1）直拳

左直拳：基本实战姿势站立，左脚在前右脚在后，左脚跟稍外转，重心移至左脚，上体略左转。同时，左臂顺肩伸肘，使拳面向前直线冲击，力达拳面，拳心朝下，右拳至下颌处，目视前方。然后左拳压肘收回，成基本姿势。右直拳反之。

要点：要使蹬地、拧腰之力顺达拳面，整个动作要协调完整，重心不可过多前倾。击打部位的高低区别于左膝度，击拳前不可出现先收拳再击的预兆，也不可在冲拳时将右臂后拉，结合步法的击法应做到拳到步到。

右直拳：要与右脚蹬地拧腰转体的力完整一致，从而获得最大的冲力，身体重心要在冲拳的同时前移，不可提前，左拳不要下垂或外张。

2）摆拳

左摆拳：基本实战姿势站立，右脚蹬地，身体重心移向左脚，左脚跟略离地外转，并辗转脚掌，上体右转同时左臂内旋，抬肘与肩平，使拳由左向右横击高于肩平，然后恢复基本姿势。右摆拳反之。

要点：摆拳时身体不可向右倾斜，要边击拳边抬肘，以拳面击打目标，击打后重心偏左脚，左脚的辗转力不可忽视，要含胸收腹，不可低头。左摆拳击打前右臂不可后拉，重心落左脚，但上体不可过于前倾，边击拳边抬肘。

3）勾拳

左勾拳：基本实战姿势站立，右脚蹬地，重心移向左脚左脚跟略抬外转，脚掌碾地，上体左转略下沉后，左膝及上体瞬间挺伸并向右转体。同时，左臂外旋由下向上击拳，拳面朝上，拳心朝右内，力达拳面，右拳仍置下颌前，目视左拳。然后再恢复基本姿势。右勾拳反之。

要点：左臂外旋与击打不同时，不可外旋后再击打，上体不可过于前倾，屈臂的角度大小根据对方的远近距离及击打的部位而定，上体向左转下沉在蹬地，挺伸与右转瞬间要协调自然，不可断裂或过程太长。

4. 基本腿法

腿法是散打技术中最重要的技法之一，在比赛中使用率最高。腿较手长，可发挥一寸长、一寸强的作用。腿较粗壮有力，攻之威力大。防之有效，腿的攻击面大，容易得手，腿攻击对方下盘比较隐蔽，因此拳家常说“手是两扇门，全凭腿打人”“三分拳七分腿”等，可见腿在散打中的地位。

腿法在散打中占有很重要的地位，拳谚道：“练拳不遛腿，到老冒失鬼。”武术中有四大击法即踢、打、摔、拿。踢就是腿法，腿法在散打比赛中得分最多，据统计占总得分的63.5%。腿法有四大特点：第一，腿居身体之下，每天担负着支撑身体的重大任务，再加上对腿法做了专项训练，两腿十分有力量，同时大腿有人体最粗大的骨骼，下肌群也是人体最发达的肌群，腿和臂相比力量要大得多，当然腿的力量自然要比拳大。第二，腿法进攻距离远，因为腿比臂长，有拳谚道："一寸长，一寸强。"第三，腿法进攻隐蔽性好，腿在人体之下，距离对方眼睛较远，故有进攻隐蔽性好的特点。第四，腿法进攻变化多，高可踢面，低可踢腿，可向四面八方载入，有踢、踹、扫、摆等20多种，有各种连环腿、拳腿组合，低配高、虚配实、左配右等连连出击，势势相承，变化莫测。

腿法主要技法有正蹬腿、侧踹、鞭腿、后摆腿等。

1）正蹬

左蹬腿：基本实战姿势站立，身体重心移至后腿，后腿略屈，左腿屈膝上抬，含胸，收腹。下腿贴近胸部脚尖勾起，脚底朝前下，随即左腿由屈而伸向前上方蹬出，力达脚跟，当脚触击目标时伸胯并使脚尖猛向前下方压踩，使力达全脚掌，两拳自然下落置体前目视前脚部，蹬腿后脚落下，还原成基本姿势。右蹬腿反之。

要点：支撑腿可微屈保持平衡，上体不可过分后仰，屈膝上抬与左伸蹬要连贯。

2）侧踹

左侧踹腿：基本实战姿势站立，重心移至后腿，膝略屈，脚尖外展，左腿屈膝上，抬膝高于腰，脚尖勾起，脚底朝外侧下，随即小腿外翻，脚底朝向攻击点挺膝踹出，力达脚底，同时后腿挺直，上体向后腿侧倾，目视脚面，然后踹出，腿下落，还原成基本姿势。右侧踹腿反之。

要点：提膝时上体略向支撑腿侧转，脚内侧与地面近于平行，踹出时身体向支撑腿侧倾的斜度随攻击点的高度变化，越高倾斜度越大，支撑腿应用脚前掌为轴碾地，使脚跟内收。

3）鞭腿

左侧鞭腿：基本实战姿势站立，重心移至右腿，膝略屈，左腿屈膝上抬，高过腰，上体后略倾，左腿侧转，同时膝略内收，小腿略外翻，踝部放松，随即挺膝，使小腿从外向上，向前向内弧形弹击，并使脚面绷平使力达脚面或胫骨处，目视脚部，然后侧弹腿，下落还原成基本姿势。右鞭腿反之。

要点：弹腿的膝部猛挺发力，但要借助拧腰切胯之力加大力度，弹腿时支撑腿膝伸直并以脚掌为轴，碾地，脚跟内收，上体不可过于倾斜。

5. 基本摔法

"远则拳打脚踢，近则贴身快摔。"这是拳家的谚语。快摔在武术散打中占有重要位置，在同国外选手的交流中，中国选手的快摔法常常令对方不知所措、望而生畏。

1）击头抱腿摔

在格斗中，我方首先左脚向前滑步，同时用左直拳虚晃，右直拳重击对方脸部。对方受击必上体后仰，露出下盘空当，我方抓住时机，右脚向前上步至对方裆部，两手从外向内回抱对方膝窝，同时上体前倾，右肩前顶，合力将对方摔倒。

要领：左右直拳连击要具有威胁，使其上体后仰，露出下盘；上步及时，抱腿顶肩干脆利索，整套动作要连贯。

2）直拳别腿摔

在格斗中，我方首先以左直拳虚击对方面部，紧接着再用右直拳重击其下颌，同时右脚上步别住对方双脚，右手顺势大小臂箍住对方颈部，上下用力，将对方摔倒在地。

要领：左拳虚击轻而快，右拳沉而重，进步别腿与右臂箍颈要迅猛协调、发劲要合。

3）拉臂过背摔

在格斗中，对方以右摆拳攻击我方头部，我方速左转身并以双手挡抓住其手腕，紧接着我方向前上右脚，身体向左转 90° 的同时，将对方右臂置于我方右肩上，然后两手向前拉，臀部向后顶，全身发力，将其背起摔于体前。

要领：双手抓臂及时，上右步迅速，背摔前，对方与我方贴紧，发劲时，双手向下拉与臀部向后顶要相合。整套动作要协调。

4）插裆扛摔

格斗中，对方进左步并用右摆拳击我方头部，我方迅速用左臂由里向外向上格挡，并顺势展指抓住其腕，我方速用右直拳击对方面部，紧接着上右脚于对方两脚中间，同时右手向前、向下插入对方裆下，接着左手抓其腕部向后拉，右臂抱其裆向上提，右肩扛其腹，上体抬起，将对方摔于身后。

要领：挡抓及时，封其面要突然、有力，上步与插裆要迅速到位，左手拉右手提与肩扛上提要协调。

5）挡抓击腹摔

格斗中，对方上右步并用右直拳击我方面部，我方速以左手挡抓其右臂，紧接着上右步于对方右腿后将其腿绊住，同时右手猛击其腹部，将其摔倒。

要领：挡抓及时，与上步绊腿要连贯，绊腿与击腹发力上下合一，干脆利索。

6）击颌撞胸摔

格斗中，对方上右脚，并用右勾拳击我方腹部，我方速收腹，并用左前臂挡开其拳，紧接着以右直拳猛击其下颌，其必后仰或格挡，我方速上右脚于其右脚后将其腿拦住，同时，右手屈臂，横肘击打对方胸部，将其击倒在地。

要领：格挡要快，击颌要狠，上步与击胸要配合，并能同时到位。

# 参考文献


[1] 魏洪峰，丛永柱，闫坤，等. 大学体育与健康[M]. 2 版. 北京：中国水利水电出版社，2018.

[2] 苏兴田. 大学体育[M]. 北京：高等教育出版社，2018.

[3] 中华人民共和国教育部. 普通高中体育与健康课程标准[M]. 北京：人民教育出版社，2017.

[4] 中国乒乓球协会. 乒乓球竞赛规则[M]. 北京：人民体育出版社，2017.

[5] 中国排球协会. 排球竞赛规则 2017—2020[M]. 北京：人民体育出版社，2017.

[6] 中国网球协会. 网球竞赛规则[M]. 北京：人民体育出版社，2017.

[7] 国际足球联合会. 足球竞赛规则 2016/2017[M]. 北京：人民体育出版社，2017.

[8] 中国羽毛球协会. 羽毛球竞赛规则（2017）[M]. 北京：北京大学体育出版社，2017.

[9] 陆孝光. 大学体育理论与实践教程[M]. 北京：国防工业出版社，2014.

[10] 陈才发. 大学体育教程[M]. 长沙：国防科技大学出版社，2013.

[11] 中国田径协会审定. 田径竞赛规则[M]. 北京：人民体育出版社，2012.

[12] 石雷. 大学体育选项指导教程[M]. 北京：人民体育出版社，2009.

[13] 邱丕相. 中国武术教程[M]. 北京：人民体育出版社，2005.

[14] 弓云武. 习武练功 500 问[M]. 北京：北京体育大学出版社，2000.

[15] 江百龙. 武术理论基础[M]. 北京：人民体育出版社，1995.